Sven Feja

Validierung von MultiView-basierten Prozessmodellen

Sven Feja

Validierung von MultiView-basierten Prozessmodellen

mit grafischen Validierungsregeln

Südwestdeutscher Verlag für Hochschulschriften

Impressum/Imprint (nur für Deutschland/only for Germany)
Bibliografische Information der Deutschen Nationalbibliothek: Die Deutsche Nationalbibliothek verzeichnet diese Publikation in der Deutschen Nationalbibliografie; detaillierte bibliografische Daten sind im Internet über http://dnb.d-nb.de abrufbar.
Alle in diesem Buch genannten Marken und Produktnamen unterliegen warenzeichen-, marken- oder patentrechtlichem Schutz bzw. sind Warenzeichen oder eingetragene Warenzeichen der jeweiligen Inhaber. Die Wiedergabe von Marken, Produktnamen, Gebrauchsnamen, Handelsnamen, Warenbezeichnungen u.s.w. in diesem Werk berechtigt auch ohne besondere Kennzeichnung nicht zu der Annahme, dass solche Namen im Sinne der Warenzeichen- und Markenschutzgesetzgebung als frei zu betrachten wären und daher von jedermann benutzt werden dürften.

Coverbild: www.ingimage.com

Verlag: Südwestdeutscher Verlag für Hochschulschriften GmbH & Co. KG
Heinrich-Böcking-Str. 6-8, 66121 Saarbrücken, Deutschland
Telefon +49 681 37 20 271-1, Telefax +49 681 37 20 271-0
Email: info@svh-verlag.de

Zugl.: Kiel, CAU, Diss., 2012

Herstellung in Deutschland (siehe letzte Seite)
ISBN: 978-3-8381-3421-5

Imprint (only for USA, GB)
Bibliographic information published by the Deutsche Nationalbibliothek: The Deutsche Nationalbibliothek lists this publication in the Deutsche Nationalbibliografie; detailed bibliographic data are available in the Internet at http://dnb.d-nb.de.
Any brand names and product names mentioned in this book are subject to trademark, brand or patent protection and are trademarks or registered trademarks of their respective holders. The use of brand names, product names, common names, trade names, product descriptions etc. even without a particular marking in this works is in no way to be construed to mean that such names may be regarded as unrestricted in respect of trademark and brand protection legislation and could thus be used by anyone.

Cover image: www.ingimage.com

Publisher: Südwestdeutscher Verlag für Hochschulschriften GmbH & Co. KG
Heinrich-Böcking-Str. 6-8, 66121 Saarbrücken, Germany
Phone +49 681 37 20 271-1, Fax +49 681 37 20 271-0
Email: info@svh-verlag.de

Printed in the U.S.A.
Printed in the U.K. by (see last page)
ISBN: 978-3-8381-3421-5

Copyright © 2012 by the author and Südwestdeutscher Verlag für Hochschulschriften GmbH & Co. KG and licensors
All rights reserved. Saarbrücken 2012

Kurzfassung

Die Bedeutung und Verbreitung von Software wächst im betrieblichen und privaten Umfeld stetig. Das primäre Ziel bei der Verwendung von Software ist die Optimierung manueller oder bereits (teil-) automatisierter Problem- bzw. Aufgabenstellungen. Der zentrale Bezugspunkt bei der Entwicklung der Software ist die Softwarespezifikation. Diese beinhaltet im Idealfall alle für die Softwarelösung relevanten Anforderungen.

Ein an Bedeutung gewinnender Bestandteil der Spezifikation sind Geschäftsprozessmodelle. Diese beschreiben dabei die Abläufe der zu entwickelnden Softwarelösung in Form von grafischen Prozessdarstellungen. Aufgrund der zunehmenden Anreicherung der Prozessmodelle mit Anforderungen und Informationen wie beispielsweise gesetzlichen Bestimmungen oder Details für die modellgetriebene Softwareentwicklung erwachsen aus einfachen Ablaufdarstellungen komplexe und umfangreiche Geschäftsprozessmodelle.

Unabhängig davon, ob Geschäftsprozessmodelle zur reinen Spezifikation bzw. Dokumentation dienen oder für die modellgetriebene Softwareentwicklung eingesetzt werden, ist ein zentrales Ziel die Sicherstellung der *inhaltlichen Korrektheit* der Geschäftsprozessmodelle und damit der darin modellierten Anforderungen. In aktuellen Softwareentwicklungsprozessen werden dazu häufig manuelle Prüfverfahren eingesetzt, welche jedoch häufig sowohl zeit- als auch kostenintensiv und zudem fehleranfällig sind. Automatisierbare Verfahren benötigen allerdings formale Spezifikationssprachen. Diese werden aber aufgrund ihrer mathematisch anmutenden textuellen Darstellung im Umfeld der Geschäftsprozessmodellierung meist abgelehnt. Im Gegensatz zu textuellen Darstellungen sind grafische Repräsentationen häufig leichter verständlich und werden vor allem im Bereich der Geschäftsprozessmodellierung eher akzeptiert.

Im Rahmen der Arbeit wird daher ein auf formalen grafischen Validierungsregeln basierendes Konzept zur Überprüfung der inhaltlichen Korrektheit von Geschäftsprozessmodellen vorgestellt. Das Konzept

Kurzfassung

ist dabei unabhängig von der Modellierungssprache der Geschäftsprozessmodelle sowie von der Spezifikationssprache der Validierungsregeln.

Zur Verbesserung der Beherrschbarkeit der zunehmend komplexen und umfangreichen Geschäftsprozessmodelle wird zudem ein als MultiView bezeichnetes Sichtenkonzept vorgestellt. Dies dient zur Reduzierung der grafischen Komplexität und zur Zuordnung von Aufgaben- und Verantwortungsbereichen (beispielsweise Datenschutz- und Sicherheitsmodellierung) bei der Geschäftsprozessmodellierung.

Das Gesamtkonzept wurde prototypisch in der Software ARIS Business Architect und als Plug-in für die Entwicklungsumgebung Eclipse realisiert. Eine Evaluation erfolgt zum einen an dem Eclipse Plug-in anhand eines Requirements Engineering Tool Evaluation Framework und zum anderen anhand von Anwendungsfällen aus dem Bereich der öffentlichen Verwaltung, der ELSTER-Steuererklärung und SAP-Referenzprozessen.

Abstract

During the last decades, the use of software has increased in the business sector as well as in the consumer sector. The primary goal of the use of software is the optimization of manual or already (partly) automated tasks. The center of the software development process (SDP) is the software specification, which ideally includes all relevant requirements and information concerning the software solution to be developed. Therefore, the creation of the software specification–called Requirements Engineering–is the first phase of the SDP.

An increasingly important part of software specifications are business process models. These are used to describe the processes which are realized by to be developed software solution as graphical diagrams. Due to the rising focus on business process models more and more requirements and information like legal requirements or details for a model-driven software development (MDSD) are added to process models. Hence, simple process models grow to complex and extensive business process models.

Despite the actual use of business process models (for MDSD of just for specification purposes) a high quality concerning the modeled requirements–the correctness with regards to the contents–is a major goal. Actual SDPs often use manual techniques to ensure the high quality of the process models. However, these manual techniques are very cost intensive and error-prone. Unfortunately, formal specification languages as needed for automatable techniques are often not accepted in the business process modeling discipline. This is mainly due to their textual and mathematical appearance. In contrast, graphical representations are often more comprehensible and are widely accepted especially by the business process modeling community.

Therefore, this thesis presents a concept of formal, graphical validation rules. Generally, the concept allows the specification of formal, graphical validation rules in a desired specification language for a desired (business) process modeling language. In order to handle the growing complexity of business process models, this thesis presents

Abstract

next to the validation mechanism a view concept–called MultiView. Mainly, a MultiView provides capabilities to define stakeholder and responsibility specific views e. g. a data privacy MultiView or a security modeling MultiView. For that purpose, a MultiView defines the graphical representation, visibility and accessibility of the model content.

The validation and MultiView concepts are realized prototypically for the business process modeling tool ARIS Business Architect as well as a modeling and validation plug-in for the IDE Eclipse. The latter is used to evaluate the developed concepts. This is done with a requirements tools evaluation framework. Finally, the possible use of the developed concepts is demonstrated with use cases from the field of business administration, ELSTER tax computation and SAP reference process models.

Vorwort

Mein Dank gilt allen, die mich während der Anfertigung dieser Arbeit fachlich sowie moralisch unterstützt haben und damit maßgeblich zum Gelingen der Arbeit beitrugen.
Mein besonderer Dank gilt meinem Betreuer Prof. Dr. Andreas Speck, der stets für konstruktive Diskussionen sorgte, mich immer unterstützte und mir nicht zuletzt auch durch manch privates Gespräch zu einem sehr geschätzten, freundschaftlichen Wegbegleiter wurde. Ebenfalls sehr herzlich möchte ich Prof. Dr. Bogdan Franczyk und Prof. Dr. Bernhard Thalheim für die Begutachtung der Arbeit danken. Zudem möchte ich mich bei Prof. Dr. Reinhard von Hanxleden und Prof. Dr. Manfred Schimmler für ihre Mitwirkung als Mitglieder der Prüfungskommission bedanken.
Die erfolgreiche Fertigstellung der Arbeit wurde zudem erst durch die intensive Zusammenarbeit mit meinen Kolleginnen und Kollegen in Kiel, Bochum, Leipzig und Jena, den Projektpartner der Projekte OrViA und VbSI und den Kolleginnen und Kollegen im In- und Ausland ermöglicht, weshalb ihnen allen mein Dank gilt. Im Speziellen möchte ich meinen Dank Dipl.-Ing. Sören Witt und Dr. Meiko Jensen für die gemeinsame Zusammenarbeit im thematischen Umfeld dieser Dissertation ausdrücken. Auch für die Unterstützung der studentischen Wegbegleiter möchte ich mich bedanken. Dabei möchte ich besonders Dipl.-Inf. Eckhard Anders erwähnen, der einen großen Anteil an der Realisierung der in dieser Arbeit entwickelten Konzepte hat. Nicht zuletzt möchte ich B. Sc. Timo Hebebrand sehr herzlich für das sehr intensive und konstruktive Korrekturlesen danken.
Ohne die moralische Unterstützung meiner Familie und Freunde wäre die erfolgreiche Fertigstellung der Arbeit ebenfalls nur schwer möglich gewesen, weshalb ich ihnen an dieser Stelle meine innigste Dankbarkeit aussprechen möchte.

Kiel, den 30.04.2012   Sven Feja

Inhaltsverzeichnis

Kurzfassung	i
Abstract	iii
Vorwort	v
Inhaltsverzeichnis	vii
Abbildungsverzeichnis	xv
Tabellenverzeichnis	xix
Listings	xxi

1 Einleitung   **1**
1.1 Problemstellung 3
1.2 Zielstellung 5
1.3 Einleitendes Beispiel 6
1.4 Gliederung der Arbeit 10

I Grundlagen   **13**

2 Anforderung – Definition, Spezifikation und Einordnung   **15**
2.1 Begriffe 16
    2.1.1 Anforderungsbegriff 16
    2.1.2 Funktionale Anforderungen 18

Inhaltsverzeichnis

    2.1.3   Nicht-funktionale Anforderungen 19
    2.1.4   Weitere Begriffe 21
    2.1.5   Eigenschaften und Verwendung von Anforderungen 22
            2.1.5.1   Qualitätskriterien von Anforderungen . 23
            2.1.5.2   Aufgaben der Anforderungen 24
            2.1.5.3   Typen von Anforderungen 25
2.2   Spezifikation und Verwaltung von Anforderungen . . . 25
    2.2.1   Arten der Spezifikation 26
            2.2.1.1   Formalisierungsgrad der Spezifikation . 27
            2.2.1.2   Darstellungsform der Spezifikation . . 29
    2.2.2   Spezifikationstechniken und -sprachen 31
            2.2.2.1   Natürlichsprachliche Spezifikation . . . 31
            2.2.2.2   Künstliche Spezifikationssprachen . . . 32
    2.2.3   Spezifikationsdokument 34
2.3   Einordnung der Anforderungen in den SEP 36
    2.3.1   Vorgehensmodelle des Software Engineering . . 37
    2.3.2   Requirements Engineering 38
            2.3.2.1   Vorgehensmodelle des Requirements Engineering 39
            2.3.2.2   Werkzeugunterstützung im Requirements Engineering 40

3 Modellierungssprachen - Definition, Arten und Einordnung 43
3.1   Begriffe und Ziele der Modellierung 44
    3.1.1   Syntax und Semantik 45
    3.1.2   Geschäftsprozessmodellierung (GPM) 48
    3.1.3   Ziele bzw. Einsatzzweck der (Geschäftsprozess-)Modellierung 49
3.2   Diagrammarten, Grundsätze der Modellierung und Einordnung 52
    3.2.1   Diagrammarten 52
    3.2.2   Grundsätze, Konventionen und Richtlinien bei der Modellierung 55
    3.2.3   Einordnung in den Softwareentwicklungsprozess 58
            3.2.3.1   Modellgetriebene Softwareentwicklung 60
            3.2.3.2   Modellgetriebene Softwareentwicklung: SOA und Web Services 61

3.3	Vorstellung ausgewählter Modellierungssprachen/Modelltypen		62
	3.3.1	Ereignisgesteuerte Prozesskette	62
	3.3.2	Business Process Model and Notation	64
	3.3.3	UML-Aktivität	65
3.4	Sichten		66
	3.4.1	Begriffe	67
	3.4.2	Sichtenkonzepte in Modellierungsmethoden	70
		3.4.2.1 Architektur integrierter Informationssysteme – ARIS	71
		3.4.2.2 BPMN	72
		3.4.2.3 UML	74
	3.4.3	Spracherweiterungen bzw. DSL als Sicht	75
		3.4.3.1 Sicherheitsanforderungen	76
		3.4.3.2 Modellierung (Datenschutz-)rechtlicher Anforderungen	77
		3.4.3.3 Weitere Modellierungsmethodenerweiterungen	78

4 Validierung und Verifikation   **79**

4.1	Definitionen und Überblick zu Validierung und Verifikation		80
	4.1.1	Fehler, Fehlverhalten, Defekt und Irrtum	80
	4.1.2	Validierung versus Verifikation	82
4.2	Validierungs- und Verifikationsverfahren		86
	4.2.1	Klassifikation von Validierungs- und Verifikationsverfahren	86
	4.2.2	Einsatz von Validierungs- und Verifikationsverfahren im Softwareentwicklungsprozess	89
4.3	Ausgewählte Validierungs- und Verifikationsverfahren		92
	4.3.1	Model Checking	92
	4.3.2	Software Inspection	94
	4.3.3	Theorem Beweisen	95
	4.3.4	Walkthrough	95

II TLVF und MultiView   97

5 Visualisierung von Anforderungen   99
5.1 Grafische Anforderungen: Definition 101
5.2 Formale Prüftechniken 103
    5.2.1 Vor- und Nachteile formaler Prüftechniken . . . 105
    5.2.2 Automatisierbarkeit 106
    5.2.3 Vollständigkeit der Aussagen 107
    5.2.4 Zusammenfassung und Auswahl 107
5.3 Model Checking für Prozessmodelle 109
5.4 Temporal Logics Visualization Framework – TLVF . . 112
    5.4.1 TLVF – Aufbau 112
    5.4.2 Operator Symbols Layer 113
        5.4.2.1 Grafische Validierungsregeln des TLVF (*-G-*) 114
        5.4.2.2 Grafische Validierungsregeln des TLVF am Beispiel CTL (*-G-CTL) 116
    5.4.3 Integrated Process Model Layer 117
        5.4.3.1 Process Model Component 117
        5.4.3.2 Graphical Validation Rule Component 118
        5.4.3.3 Transformation Component 119
    5.4.4 Beispiel: EPK-G-CTL 130
5.5 Grafische Anforderungen: Verallgemeinerung 132
    5.5.1 Grafische Validierungsregeln: Wiederverwendung 133
    5.5.2 Grafische Validierungsregeln: Abstraktionsgrade 136

6 MultiView   139
6.1 (Modell-)Sichten 140
6.2 MultiView: Definition 143
    6.2.1 Mittel im Rahmen von MultiViews 144
    6.2.2 Konzeptionelle Beispiele für MultiViews 145
6.3 MultiView: Sicherheitsmodellierung für Web Services (SWS) 147
    6.3.1 Begriffliche Grundlagen für die Sicherheitsmodellierung 149
        6.3.1.1 Sicherheitsbegriff im Allgemeinen . . . 150
        6.3.1.2 Sicherheit im Rahmen von Web Services 151
    6.3.2 MultiView-SWS: Konzept 152

Inhaltsverzeichnis

	6.3.3	MultiView-SWS: Modellierungselemente	154
	6.3.4	MultiView-SWS: Vorgehen	156
	6.3.5	MultiView-SWS: Validierung	160
		6.3.5.1 Ende-zu-Ende-Verschlüsselung	160
		6.3.5.2 Signatur	161
		6.3.5.3 Verschlüsselung auf Nachrichtenebene und Zugangskontrolle	162
	6.3.6	MultiView-SWS: Transformation	163
6.4	MultiView: Integrierte Datenschutzmodellierung		165
	6.4.1	Begrifflichkeiten im Rahmen des Datenschutzes	167
		6.4.1.1 Rechtlicher Hintergrund	167
		6.4.1.2 Datenschutz-Schutzziele	168
	6.4.2	MultiView-IDM: Konzept	169
	6.4.3	MultiView-IDM: Modellierungselemente	170
		6.4.3.1 Datenmodell personenbezogener Daten	170
		6.4.3.2 Annotation des Geschäftsprozessmodells	172
	6.4.4	MultiView-IDM: Vorgehen	172
	6.4.5	MultiView-IDM: Validierung	176

7 Validierung MultiView- basierter Prozessmodelle   **181**

7.1 Grafische Anforderungen, MultiViews und Validierung   182
     7.1.1   MultiView-basierte Prozessmodellierung 182
     7.1.2   Grafische Validierungsregeln 183
     7.1.3   Validierung MultiView-basierter Prozessmodelle durch grafische Validierungsregeln 185
     7.1.4   Einflussfaktoren auf die Ausdrucksstärke der grafischen Validierungsregeln 188
7.2 Vorgehen und Einordnung 192
     7.2.1   Vorgehensmodell der Validierung MultiView-basierter (Geschäfts-) Prozessmodelle 193
     7.2.2   Einordnung in den Softwareentwicklungs- und Requirements-Engineering-Prozess 194
7.3 Zuordnung der Konzepte zu verwandten Arbeiten ... 198
     7.3.1   Validierungs- und Verifikationsverfahren für (Geschäfts-) Prozessmodelle 198
     7.3.2   Sichtenkonzepte für (Geschäfts-) Prozessmodelle 201
     7.3.3   Sicherheitsmodellierung und deren Validierung . 204

7.3.4 Modellierung und Validierung (datenschutz-) rechtlicher Aspekte in (Geschäfts-) Prozessmodellen 207

III Realisierung und Anwendung 211

8 Prototypische Realisierung der Konzepte 213
8.1 Prototypische Realisierung: Auf Basis des ARIS BA . . 214
   8.1.1 ARIS Business Architect: MultiView-basierte Prozessmodellierung 215
   8.1.2 ARIS Business Architect: Validierung-MultiView-basierter Prozessmodelle 216
8.2 Business Application Modeler 218
   8.2.1 BAM: Core 220
      8.2.1.1 Projekterstellung 220
      8.2.1.2 Modellierung der Prozesse 221
      8.2.1.3 Modellierung und Verwaltung der Validierungsregeln 222
   8.2.2 BAM: Tool 223
   8.2.3 BAM: Benutzeroberfläche 224
   8.2.4 BAM: Einordnung in den Requirements-Engineering-Prozess 226
   8.2.5 BAM: Evaluierung durch RET Evaluation Framework 228

9 Anwendungsfälle 235
9.1 Anwendungsfall: E-Government 235
   9.1.1 MultiView-basierte Prozessmodellierung der Prozesse der Mitgliederverwaltung 238
   9.1.2 Validierungsregeln der Prozesse der Mitgliederverwaltung..................... 239
9.2 Anwendungsfall: „Elektronische Steuererklärung" . . . 242
   9.2.1 MultiView-basierte Prozessmodellierung des Prozesses der „Elektronischen Steuererklärung" 244
   9.2.2 Validierungsregeln der Prozesse der „Elektronischen Steuererklärung" 244

9.3 SAP-Referenzprozesse 247
    9.3.1 MultiView-basierte Prozessmodellierung im Rahmen der SAP-Referenzprozesse 249
    9.3.2 Validierungsregeln im Rahmen der SAP-Referenzprozesse 251

10 Zusammenfassung und Ausblick   **255**
10.1 Ergebnisse 256
10.2 Ausblick 258

A Anforderungsdefinitionen   **261**
A.1 Aktivitäten in Validierungs- und Verifikationslebenszyklus 261
A.2 Anforderungen an Multi-View-Ansätze nach Verlage . . 263

B Quelltexte   **265**
B.1 SMV bzw. CTL 265
    B.1.1 SMV-Quelltext der Beispiel-EPK in Abbildung 5.10 265
    B.1.2 SMV-Quelltext des E-Procurement Beispielprozesses in Abbildung 5.11 267

C Prozessmodelle   **271**
C.1 Prozessmodelle des Anwendungsfalles „E-Government" bzw. „Mitgliederverwaltung" 271
C.2 Prozessmodell des Anwendungsfalles „Elektronische Steuererklärung" 275

Abbildungsverzeichnis

1.1	Zielstellung der Arbeit.	5
1.2	Gesamtmodell des zur Demonstration verwendeten Beispielprozesses.	8
1.3	Aufbau der Arbeit.	10
2.1	Einordnung der Arten von Spezifikationen nach [Hof08].	28
2.2	Überschneidung der Visualisierung von Informationen im Allgemeinen, im Bereich des Software Engineering und Requirements Engineering nach [GMM08].	30
2.3	Eine an den IEEE Standard 830-1998 [IEE98] angelehnte Strukturdarstellung eines Spezifikationsdokumentes nach [SBS09].	35
2.4	Vereinfachter Softwareentwicklungsprozess.	36
2.5	Einordnung des Requirements-Engineering-Prozesses in den Softwareentwicklungsprozess.	39
3.1	Diagrammarten nach [Bru05].	53
3.2	Einordnung des Requirements Engineering Prozesses in den Softwareentwicklungsprozess.	58
3.3	Einige Elemente der erweiterten EPK [And10].	63
3.4	Kollaborationsdiagramm der BPMN 2.0 nach [BPM10].	65
3.5	Beispiel einer UML-Aktivität in UML 2.3 [Oes09].	66
3.6	Arten der Sichtenumsetzung.	69
3.7	Das ARIS-Haus in Anlehnung an [IDS10a].	71
3.8	UML-2.3-Diagrammarten und Klassifizierung nach [Oes09].	75
4.1	Die unterschiedlichen Ebenen von Validierung und Verifikation.	84
4.2	Klassifiktation von statischen Validierungs- und Verifikationsverfahren nach [Lig09] bzw. [Ehr02].	87
4.3	Validierungs- und Verifikations-Lebenszyklus nach [Fis07].	90

Abbildungsverzeichnis

4.4 Grundprinzip des Model Checking. 93
5.1 Formalisierungsgrad der Artefakte von Qualitätssicherungsverfahren. 104
5.2 Abhängigkeit von Aussagekraft und Aufwand formaler Methoden nach [Vaa06]. 107
5.3 Erweiterung des Model Checking. 111
5.4 Das Temporal Logics Visualization Framework (kurz TLVF). 113
5.5 Kanten in grafischen Validierungsregeln. 115
5.6 *-G-CTL Symbole. 116
5.7 Beispiel einer grafischen Validierungsregel in EPK-G-CTL-Notation. 119
5.8 Die Überführung der EPK-Konnektoren in die Kripke-Struktur sowie in das CSMV-Eingabeformat. 123
5.9 Ein Beispielprozess mit Konnektorkombinationen. . . . 126
5.10 Die Überführung einer EPK mit parallelen Pfaden in die Kripke-Struktur. 127
5.11 Ausschnitt eines EPK-Geschäftsprozessmodells eines Bedarfsanforderungsverfahrens. 131
5.12 Eine beispielhafte grafische Validierungsregel für den in Abbildung 5.11 dargestellten e-Procurement Geschäftsprozess. 132
5.13 Verallgemeinerung der grafischen Validierungsregel unter Einsatz von Mustern. 134

6.1 MultiViews. 144
6.2 Konzeptionelles Beispiel für MultiViews in der EPK-Notation des prototypisch entwickelten Werkzeuges (siehe Abschnitt 8.2). 145
6.3 Aggregation der konzeptionellen Beispiel-MultiViews. . 147
6.4 Gesamtübersicht über den verfolgten Ansatz nach [JF09]. 153
6.5 Modellelemente des Sicherheitsmodells. 155
6.6 Ein Beispiel für die Modellierung von Sicherheitselementen im Prozessmodell (hier EPK). 158
6.7 Grafische Validierungsregel für die Sicherheitseigenschaft Ende-zu-Ende-Verschlüsselung. 161
6.8 Grafische Validierungsregel für die Sicherheitseigenschaft Signatur. 162

6.9	Ausschnitt des Datenmodells der personenbezogenen Daten.	171
6.10	Integrierte Datenschutzmodellierung.	174
6.11	Der fachliche Prozess und die MultiView-IDM anhand des Beispielprozesses.	175
6.12	Beispiele für EPK-G-CTL-Regeln.	177
7.1	Aufgabenbereich Prozessmodellierung.	182
7.2	Aufgabenbereich Validierungsregelmodellierung.	183
7.3	Aufgabenbereich Validierung.	185
7.4	Beispiele einer Fehlervisualisierung in einer EPK.	187
7.5	Auswirkung von Unterprozessen und Zyklen auf die Validierung.	190
7.6	Beispielhafte grafische Validierungsregeln.	191
7.7	Vorgehensmodell der Modellierung und Validierung von MultiView-basierten Prozessmodellen.	193
7.8	Wiederverwendungspotentiale im Rahmen der Modellierung und Validierung von MultiView-basierten Prozessmodellen.	195
7.9	Einsatz der Validierung von Prozessmodellen im SE- bzw. RE-Prozess.	196
8.1	ARIS Business Architect 7.1 Oberfläche.	214
8.2	Vereinfachte Architektur des Business Application Modeler [And10].	220
8.3	Benutzeroberfläche des Business Application Modeler.	225
8.4	Zuordnung der Funktionalitäten des Business Application Modeler zum Requirements-Engineering-Prozess.	226
9.1	Hauptprozess der Mitgliederverwaltung.	236
9.2	Betrachteter Gesamtprozess der Mitgliederverwaltung.	237
9.3	Zwei Unterprozesse der Mitgliederverwaltung in der MultiView-IDM.	238
9.4	Modellierungsfehler und entsprechende grafische Validierungsregeln der Mitgliederverwaltung.	240
9.5	Typischer Modellierungsfehler.	240
9.6	Beispielhafte grafische Validierungsregeln der Mitgliederverwaltung.	242
9.7	Fachliche EPK des ELSTER-Prozesses.	243
9.8	Ausschnitt des ELSTER-Prozesses in MultiView-SWS.	245

Abbildungsverzeichnis

9.9 Beispielregeln für Regeltypen. 246
9.10 Grafische Validierungsregel Unveränderlichkeit. 247
9.11 SAP-Referenzprozesse der Beschaffung. 250
9.12 SAP-Referenzprozesse des Kundenservice. 251
9.13 Beispielregeln unterschiedlicher Granularitätsstufen für SAP-Referenzprozesse. 252
9.14 Szenariospezifische und allgemeingültige Beispielregeln für SAP-Referenzprozesse. 253

C.1 EPKs der Prozesse der Mitgliederverwaltung. 271
C.2 EPKs der Prozesse der Mitgliederverwaltung. 272
C.3 EPKs der Prozesse der Mitgliederverwaltung. 273
C.4 EPKs der Prozesse der Mitgliederverwaltung. 273
C.5 EPKs der Prozesse der Mitgliederverwaltung. 274
C.6 Web Service MultiView des ELSTER-Prozesses. 275

Tabellenverzeichnis

2.1 Unterteilung von NFA nach [Oes06], [RD09] und [RR06]. 21
2.2 Qualitätskriterien einer Anforderung nach [RD09]. . . . 24

3.1 Vor- und Nachteile grafischer Notationen zur Prozessmodellierung [Leh07]. 51
3.2 Ziele der Prozessmodellierung nach [Leh07]. 52
3.3 Grundsätze ordnungsgemäßer Modellierung nach [BRS95]. 56
3.4 7 Process Modeling Guidelines nach [MRA10]. 57

4.1 Fehlerarten in Prozessmodellen. 82
4.2 Eigenschaften der ausgewählten Techniken. 93

6.1 Anforderungen an Multi-View-Ansätze nach [Ver94]. . . 141
6.2 Eingesetzte Mittel der MultiViews in Abbildung 6.2. . 148
6.3 Eingesetzte Mittel der MultiView-SWS. 157
6.4 Eingesetzte Mittel der MultiView-IDM. 173

7.1 Der Fehlerpfad eines vom Model Checker zurückgegebenen Gegenbeispieles. 188

8.1 Ergebnis der Evaluierung durch das RET Evaluation Framework nach [MS03, Mat05a]. 230
8.2 In [MS03, Mat05b] ermittelte fehlende Funktionalitäten von RETs (Auswahl). 233

A.1 Aktivitäten in den Phasen des Validierungs- und Verifikationslebenszyklus nach [Fis07]. 262

Listings

5.1 Syntax der Ausdrücke NEXT und CASE im CSMV-Modell. 121
5.2 Aktivierung und Deaktivierung des kürzeren parallelen Pfades. 127
5.3 Split in parallele OR-Pfade (Teil 1). 128
5.4 Split in parallele OR-Pfade (Teil 2). 128
5.5 Join von parallelen OR-Pfaden. 129
5.6 Beispielhafte grafische Validierungsregel (mit XOR). . . 131

6.1 WS-SecurityPolicy als Ergebnis der Transformation aus der MultiView-SWS. 164

B.1 SMV Quelltext der Beispiel-EPK in Abbildung 5.10. . 265
B.2 SMV Quelltext des E-Procurement Beispielprozesses in Abbildung 5.11. 267

1 Einleitung

Der Einsatz von Software zur Unterstützung bzw. Automatisierung betrieblicher Prozesse sowie Abläufe der öffentlichen Verwaltung nimmt seit langem stetig zu [FS06]. Dieser Trend umfasst sowohl den Einsatz von Softwareanwendungen für mobile Geräte als auch Softwaresysteme für besonders kritische Bereiche wie das Bankenwesen und die Verwaltung von personenbezogenen Daten im E-Government.

Die Entwicklung einer Software wird meist durch das Ziel der Optimierung einer manuellen oder bereits (teil-) automatisierten Aufgabenstellung initiiert. Die aus der Problemstellung sowie den Optimierungszielen resultierenden Anforderungen an die Softwarelösung stellen daher den zentralen Bezugspunkt bei der Realisierung der Software im Rahmen des Softwareentwicklungsprozesses (kurz SEP, siehe Abschnitt 2.3.1) dar. Mit der Erhebung, Spezifikation, Validierung sowie dem Management von Anforderungen beschäftigt sich die Disziplin des *Requirements Engineering* (kurz RE). Das RE stellt den Ausgangspunkt eines SEPs dar. Das Ergebnis des RE ist die Softwarespezifikation. Diese beinhaltet (im Idealfall) alle für die Entwicklung der Software notwendigen Informationen wie die Anforderungen und Rahmenbedingungen für den Einsatz der Software. Eine Spezifikation besteht dabei aus verschiedenen Arten von Dokumenten wie natürlichsprachlichen Dokumente, Modellen bzw. Diagrammen und Tabellen. Die unterschiedlichen Arten der Dokumente werden aufgrund der unterschiedlichen Eignung für die zu spezifizierende Information verwendet. So lassen sich Anforderungen häufig ohne Vorkenntnisse in natürlicher Sprache aufnehmen. Um hingegen die von der Software zu erledigenden Abläufe darzustellen, sind Modelle bzw. Prozessdarstellungen gegenüber der natürlichen Sprache häufig geeigneter.

Die Nutzung von Modellen zur Beschreibung von Abläufen sowie der damit in Verbindung stehenden Informationen wird unter dem Begriff der *Geschäftsprozessmodellierung* (engl. Business Process Management, kurz BPM) zusammengefasst. Ursprünglich wurden Geschäftsprozessmodelle (kurz GPM) als veranschaulichende Darstellung

Einleitung

von Abläufen eingesetzt. In letzter Zeit ist allerdings der Trend zu erkennen, dass GPMs neben der reinen Ablaufdarstellung mit fachlichen Informationen angereichert werden, die für das detaillierte Verständnis der Prozesse erforderlich sind. Zudem werden GPMs immer häufiger auch um Details zur Realisierung als Softwarelösung erweitert. Dieses Vorgehen, bei dem eine schrittweise Detaillierung der Prozesse erfolgt, wird als *modellgetriebene Softwareentwicklung* (engl. Model Driven Software Development, kurz MDSD) [SVEH07] bezeichnet. Anwendung findet die MDSD von Softwaresystemen basierend auf GPMs häufig im Bereich von *Service-orientierten Architekturen* (kurz SOA) [MLM+06], wie [HWSD07] und [DH08] zeigen. Ein Grund dafür ist, dass Services in einer SOA keine reinen IT-Funktionen darstellen, sondern Geschäftsfunktionen (z. B. Bestellannahme oder Produktionsplanung) mit den entsprechenden zugehörigen inhaltlichen Informationen realisieren [TS07]. Die Hinterlegung der für die Durchführung bzw. Realisierung der Geschäftsfunktion relevanten Informationen in GPMs ist daher naheliegend. Erfolgt dann basierend auf dem GPM die technische Realisierung des Geschäftsprozesses, können alle spezifizierten Anforderungen und Informationen von allen Beteiligten in jeder Phase des Softwareentwicklungsprojektes berücksichtigt werden.

Die zunehmende Informationsanreicherung der GPMs birgt neben den Vorteilen aber auch Risiken, denn damit steigt auch die Komplexität der Prozessmodelle. Das Problem der Komplexität ist aber nicht erst durch das BPM entstanden, sondern gilt grundsätzlich für die Softwareentwicklung. Denn bereits Ende der 60er Jahre trat das Komplexitätsproblem im Bereich der Softwareentwicklung auf. Daher wurde mit dem Ziel der ingenieursmäßigen Entwicklung von Software die Disziplin des *Software Engineering* (kurz SE) [NR69, BR70] erstmals benannt. Das zentrale Anliegen ist dabei die Entwicklung qualitativ hochwertiger und damit vertrauenswürdigerer Software. Im Rahmen des Software Engineering wurden vor allem Vorgehensmodelle und Methoden entwickelt, die zur Entwicklung von qualitativ hochwertiger Software führen sollten. Aber auch derartige Vorgehensmodelle können die Erstellung von fehlerfreier Software nicht garantieren, es ist vielmehr die Integration von Verfahren zu Qualitätssicherung notwendig, um ein gewisses Maß an Qualität sicherstellen zu können [Lig09].

Verfahren zur Qualitätssicherung müssen grundsätzlich in jeder Phase des SEPs eingesetzt werden. Dies gilt daher ebenso für die Phase des Requirements Engineering. Dabei können für bestimmte

Arten von Dokumenten allerdings nur bestimmte Qualitätssicherungsverfahren genutzt werden. So müssen diese Verfahren für GPMs vor allem deren inhaltliche Korrektheit sicherstellen, also dass die erhobenen Anforderungen korrekt in den Prozessmodellen erfasst worden sind. In aktuellen Vorgehen erfolgt dies häufig durch manuelle Prüfungen durch Fachexperten [Leh07]. Obwohl manuelle Inspektions- und Review-Techniken teilweise bewusst ohne Werkzeuge durchgeführt werden [Lig09], ist diese manuelle Überprüfung der GPMs sehr zeitintensiv, fehleranfällig und häufig wirtschaftlich nicht sinnvoll anwendbar [WHJW00].

1.1 Problemstellung

Die Qualitätssicherung im Rahmen des BPM kann, ähnlich wie durch die Vorgehensmodelle des SE gefordert, durch bessere Modellierungsprozesse bzw. -strategien optimiert bzw. erleichtert werden [HPv05]. Aus dieser Forderung ergeben sich für das BPM zwei zentrale Problembereiche, die vor allem durch die zunehmende Komplexität der GPMs entstehen.

Der erste Problembereich resultiert primär aus der *grafischen Komplexität* der GPMs. Werden sämtliche in den Prozessen vorhandenen Informationen in einer Darstellung angezeigt, kann ein GPM durch die Vielzahl der sich möglicherweise auch überlagernden Informationen sehr schnell unübersichtlich werden. Dadurch kann die eigentliche Intention, das Verständnis der zugrundeliegenden fachlichen Abläufe zu verbessern, stark beeinträchtigt werden. Dieser Problembereich richtet sich besonders an die Ausdrucksmöglichkeiten der eingesetzten Modellierungssprache sowie an die Fähigkeiten der Geschäftsprozessmodellierungswerkzeuge (engl. Business Process Modeling Tool, kurz BPMT), die Vielzahl an Informationen zu verwalten.

Der zweite Problembereich entsteht durch die *grundsätzliche Komplexität* der GPMs, welche durch die Vielzahl der in den umfangreichen Prozessmodellen beinhalteten Informationen hervorgerufen wird. Die manuelle Überprüfung der inhaltlichen Korrektheit stößt daher schnell an die Grenzen des wirtschaftlich sinnvoll Machbaren. Der Einsatz von automatisierbaren *Validierungs- und Verifikationsverfahren* setzt aber die Existenz einer maschinenlesbaren Repräsentation der zu überprüfenden Informationen voraus. Die im Rahmen des RE häufig einge-

1.1 Problemstellung

setzten natürlichsprachlichen Anforderungen sind dahingehend nicht geeignet. Automatisierbare Verfahren benötigen vielmehr formale Beschreibungen der betreffenden Informationen. Der Einsatz von formalen Spezifikationssprachen bringt allerdings das Problem mit sich, dass deren formale mathematische Darstellung eine einschüchternde und beängstigende Wirkung besitzt [Jac06]. Laut [O'R06] führen diese sogar zu einem *kulturellen Schock*. Daher werden formale Spezifikationen (im Gegensatz zur natürlichsprachlichen Spezifikation) von den meisten Personengruppen abgelehnt, die am SEP beteiligt sind [Lig09, SBS09].

Damit ist auf der einen Seite „also die Präzision der Mathematik, auf der anderen Seite die Verständlichkeit der Umgangssprache" bei der Anforderungsspezifikation wünschenswert [Hen81]. Ein hoher Formalisierungsgrad wird allerdings schon seit Beginn der automatisierten Datenverarbeitung angestrebt, hat sich aber (bis auf wenige Ausnahmen) nie richtig durchgesetzt [Lam00, SBS09]. Dies liegt vor allem daran, dass die Anforderungsspezifikation von jeder am Entwicklungsprozess beteiligten Personengruppe gelesen und verstanden werden soll. Formale Beschreibungen werden häufig jedoch aus Prinzip abgelehnt. Ein Hauptgrund dafür ist laut [Jac06], dass sich selbst Softwareentwickler trotz ihrer mathematiknahen Ausbildung von der mathematischen Syntax der formalen Notationen einschüchtern lassen, obwohl diese oft leichter verständlich sind als viele Programmiersprachen. [O'R06] erklärt dieses Verhalten durch eine Aussage von David L. Parnas, der der Meinung ist, dass die heutigen Softwareingenieure zu wenig mathematische Grundkenntnisse vermittelt bekommen. Zudem werden laut Parnas zwar aktuelle Technologien gelehrt, aber durch die limitierten Kenntnisse der Grundlagen entstehen dennoch (Software-)Produkte geringerer Qualität.

Das Fehlen der formalen Grundlage für den Einsatz der automatisierbaren Verfahren ist nur einer der Gründe, weshalb die Annahme, dass im 21. Jahrhundert formale Methoden bestimmend in der Softwareentwicklung sein werden, nicht zutreffend ist [Som10]. Daneben sieht [Lig09] vor allem das Fehlen von geeigneten Werkzeugen als Grund für die geringe Nutzung der Verfahren in der Praxis. Doch gerade im Bereich des BPM ist dieses als eine zentrale Anforderung zu betrachten, da die Modellierung der grafischen GPMs in BPMTs erfolgt und daher der Einsatz von losgelösten, textuellen Prüfverfahren als ungeeignet betrachtet werden muss.

Einleitung

1.2 Zielstellung

Entsprechend der zwei in der Problemstellung skizzierten Problembereiche ergibt sich als zentrale Zielstellung dieser Arbeit die Verbesserung bzw. Unterstützung bei der Erstellung, Verarbeitung und Überprüfung von komplexen Prozessmodellen im Allgemeinen sowie Geschäftsprozessmodellen im Speziellen. Die Entwicklung geeigneter Konzepte erfolgt basierend auf den Grundlagen aus den Bereichen *Anforderungen, Modellierungssprachen* sowie *Validierung und Verifikation*. Abbildung 1.1 stellt dies schematisch dar.

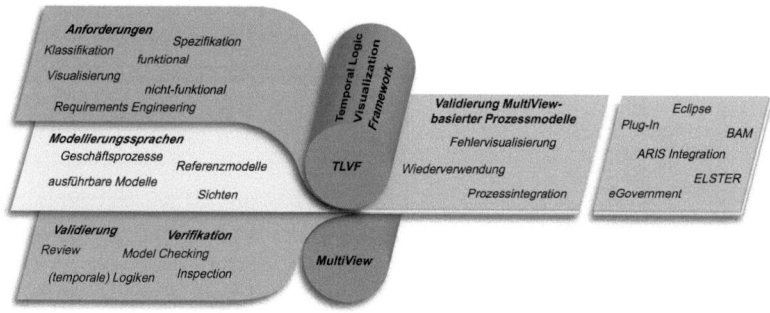

Abbildung 1.1: Zielstellung der Arbeit.

Die in dieser Arbeit entwickelten Konzepte (Abbildung 1.1: *TLVF* und *MultiView*) bilden basierend auf den Grundlagen (Abbildung 1.1: *Anforderungen, Modellierungssprachen* und *Validierung & Verifikation*) das ganzheitliche Gesamtkonzept der *Validierung MultiView-basierter Prozessmodelle*.

Dabei richtet sich das Konzept des *Temporal Logics Visualization Framework* (kurz TLVF) an den Problembereich der grundsätzlichen Komplexität der GPMs. Das Ziel des TLVF ist die Bereitstellung eines generischen Verfahrens zur Spezifikation von *formalen, grafischen Anforderungen*, die zur Überprüfung der GPMs auf inhaltliche Korrektheit im Rahmen von BPMT geeignet sind. Dabei soll das Verfahren grundsätzlich unabhängig sein von der eingesetzten Modellierungssprache des GPMs sowie der Spezifikationssprache, in der die Anforderungen formuliert sind.

Dem Modellierer sollen dadurch neben manuellen Verfahren zur Überprüfung der inhaltlichen Korrektheit der GPMs auch präzise, ausdrucksstarke und formale Methoden verfügbar gemacht werden, wie dies beispielsweise auch von [Jac06] gefordert bzw. angestrebt wird. Dazu soll ein Validierungs- bzw. Verifikationsverfahren oder gegebenenfalls eine Kombination aus verschiedenen Verfahren ermittelt werden, welches für den Einsatz im Rahmen der Geschäftsprozessmodellierung bzw. in einem BPMT geeignet ist. Um die Vorteile der Verfahren für das RE bzw. das BPM zu erhalten bzw. etwaige Nachteile zu verringern [Par98], soll die vollständige Integration der Verfahren in das BPM gewährleistet werden. Werden formale grafische Anforderungen als zusätzliche Repräsentation für natürlichsprachlich Anforderungen eingesetzt, ist der zusätzliche Spezifikationsaufwand als nachteilig zu bewerten. Zur Reduzierung dieses Aufwandes werden die formalen grafischen Anforderungen auf Wiederverwendungspotentiale untersucht.

Das Konzept der *MultiViews* befasst sich mit dem Problembereich der grafischen Komplexität. Das Ziel der MultiViews ist die Bereitstellung von fachspezifischen Sichten auf ein GPM, welche zur Darstellungsanpassung (z. B. Verändern oder Ausblenden) sowie zur Einschränkung der Bearbeitbarkeit der Modellinhalte genutzt werden können. Damit kann eine MultiView als konfigurierbare Darstellung des GPMs für bestimmte Einsatzzwecke betrachtet werden, die durch die Reduktion der grafischen Komplexität des GPMs zum verbesserten Verständnis beiträgt und unter Umständen bestimmten Projektbeteiligten bestimmte Aufgaben- bzw. Verantwortungsbereiche zuordnet.

Das Gesamtkonzept der *Validierung MultiView-basierter Prozessmodelle* stellt eine integrierte Lösung der Teilkonzepte dar, welche über die aus den einzelnen Konzepten resultierenden Vorteile hinaus weitergehende Verbesserungen für die Nutzung von GPMs (wie Wiederverwendungspotentiale oder Unterstützung bei der Auflösung von Validierungsfehlern) liefern sollte. Das Gesamtkonzept wird zudem als *Proof of Concept* prototypisch sowohl in einem existierenden als auch in einem neu zu entwickelnden BPMT implementiert.

1.3 Einleitendes Beispiel

Zur Konkretisierung der vorangegangenen Problem- und Zielstellung dient ein Beispielprozess (Abbildung 1.2) aus der Domäne des E-Commerce. Der Geschäftsprozess beschreibt einen Teil der Bestel-

Einleitung

lung in einem Webshop. Der Ausschnitt des Beispielprozesses beginnt mit Ereignis `Kunde ist auf BezahlenStartseite` und dem aktuellen Warenkorb des Kunden, der die zum Kauf ausgewählten Artikeln enthält. Die vorherige Produktauswahl wird über die Prozessschnittstelle `Produktauswahl des Kunden` angedeutet. Im weiteren Verlauf muss der Kunde zunächst den Kundentyp auswählen, wobei im Beispielprozess nur der Kundentyp *Einmalbesteller* näher betrachtet wird. Da Kunden vom Typ *Einmalbesteller* den Bestellungvorgang ohne Nutzung eines Kundenkontos wünschen, müssen diese zunächst ihre Daten (wie Name, Lieferadresse, usw.) eingeben. Danach kann der Kunde die Zahlungsart auswählen. Entsprechend der Zahlungsart wird eine Buchung im Webshop-System vorgenommen. Ist die Zahlung erfolgreich verbucht, wird die Rechnung erstellt und der Versand durchgeführt. Damit ist die eigentliche Bestellung abgeschlossen. Da dem Kunden aber die Möglichkeit der Rücksendung gewährt wird, wird zunächst abgewartet, ob eine Rücksendung eintrifft. Nach Ablauf der Frist für Rücksendungen oder dem Erhalt und der entsprechenden Rückabwicklung des Kaufes werden die vom Kunden zu Beginn der Bestellung angegebenen Kundendaten gelöscht.

Bei der Modellierung des Prozesses wurden eine Vielzahl von Anforderungen berücksichtigt. Primär entspringen die Anforderungen aus der eigentlichen Problemstellung bzw. dem Anwendungsfall. Darüber hinaus müssen aber auch Anforderungen aus dem Umfeld des Geschäftsfeldes wie gesetzliche Anforderungen beachtet werden. Wie bereits aufgezeigt, entstehen aufgrund der Vielzahl von Anforderungen, die in den Geschäftsprozessen zu berücksichtigen sind, umfangreiche und komplexe Prozessabläufe. Dies soll anhand des Beispielprozesses mit drei Anforderungen aus unterschiedlichen Bereichen demonstriert werden.

Ein Beispiel für eine Anforderung aus der Problemstellung bzw. dem Anwendungsfall ist die Festlegung der zur Verfügung stehenden Zahlungsarten für den jeweiligen Kundentyp. Für Einmalbesteller soll die Möglichkeit der `Kreditkartenzahlung` sowie die `Zahlung per Nachnahme` existieren. Im Beispielprozess ist aber auch die `Zahlung auf Rechnung` zu sehen (Abbildung 1.2 rechts). Der Geschäftsprozess ist an dieser Stelle offensichtlich falsch modelliert. Obwohl dieser Fehler möglicherweise in kleinen Prozessmodellen manuell schnell gefunden werden kann, ist das Auffinden derartiger Fehler in umfangreichen und komplexen Geschäftsprozessmodellen mit vielen Hinterlegungen

1.3 Einleitendes Beispiel

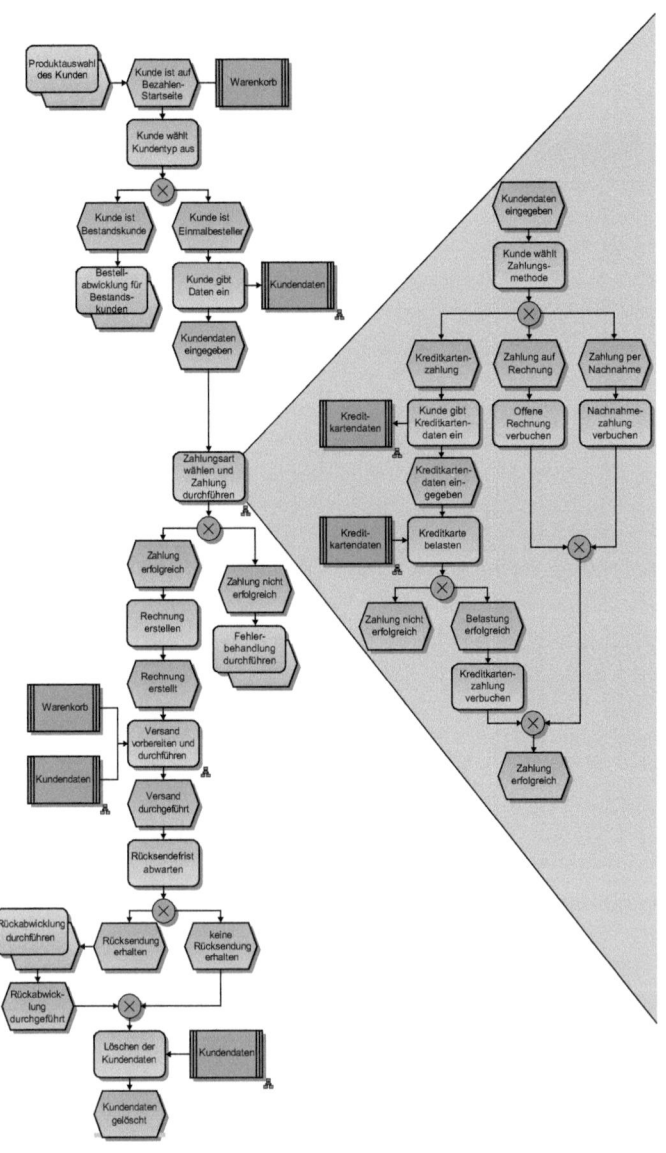

Abbildung 1.2: Gesamtmodell des zur Demonstration verwendeten Beispielprozesses.

Einleitung

sehr aufwendig. Die Ursache für die fehlerhafte Modellierung kann dabei sehr vielfältig sein. Zum Beispiel könnten nachträglich geänderte Anforderungen nicht vollständig in die Prozesse integriert worden sein. Aber auch die Hinterlegungen eines falschen Prozesses an einer Funktion oder „Copy and Paste"-Fehler können zu fehlerhaften Modellen führen.

Die zweite exemplarische Anforderung resultiert aus der gesetzlich geforderten Berücksichtigung des Datenschutzes. Für den Beispielprozess heißt dies konkret, dass z. B. die aufgenommenen Kundendaten für den Kundentyp „Einmalkunde" am Ende des Geschäftsvorganges gelöscht werden müssen. Dies ist im abgebildeten Prozessmodell berücksichtigt worden, da die Funktion **Löschen der Kundendaten** die Löschung vollzieht. Allerdings ist die Einhaltung des Datenschutzes nur oberflächlich vermutbar, da keine genaueren Informationen zum Datenschutz im Prozessmodell integriert sind. Um die Einhaltung des Datenschutzes in allen Geschäftsprozessmodellen überprüfen zu können, ist die Annotation der Modelle mit (teils) maschinenlesbaren Datenschutzinformationen vorteilhaft, da eine manuelle Prüfung ohne besondere Kennzeichnungen im Prozessmodell sehr aufwendig ist.

Die dritte Anforderung richtet sich an die Sicherheit der Daten, die im Prozessverlauf verwendet werden. Es erscheint selbstverständlich, dass die bei der Kreditkartenzahlung verwendeten Daten gesichert verarbeitet werden müssen. Über das intuitive Verständnis hinaus wird der Umgang mit jeglichen, im Zusammenhang mit einer Kreditkartenzahlung stehenden, Daten durch den *Payment Card Industry Data Security Standard* (PCI DSS)[PCI10] festgelegt. Im PCI DSS wird die gesicherte Übertragung der Daten während einer Kreditkartentransaktion als eine Anforderung zur Einhaltung des Standards aufgeführt. Diese lässt sich aber nicht im Modell ablesen.

Angelehnt an die drei beispielhaften aufgezeigten Anforderungen bzw. Fragestellungen wird im Verlauf der Arbeit sowohl ein Konzept zur Überprüfung der inhaltlichen Korrektheit von GPMs als auch ein Konzept zur Integration und Verbesserung der Handhabbarkeit weiterer Informationen in GPMs vorgestellt. Dabei wird die Überprüfung der korrekten Umsetzung der Anforderungen durch das in Kapitel 5 vorgestellte Verfahren ermöglicht. Die Integration weiterer Informationen in GPMs wird in Abschnitt 6 demonstriert.

1.4 Gliederung der Arbeit

Diese Arbeit ist wie schematisch in Abbildung 1.3 dargestellt in die drei Teilbereiche *Grundlagen, TLVF und MultiView* und *Realisierung und Anwendung* untergliedert.

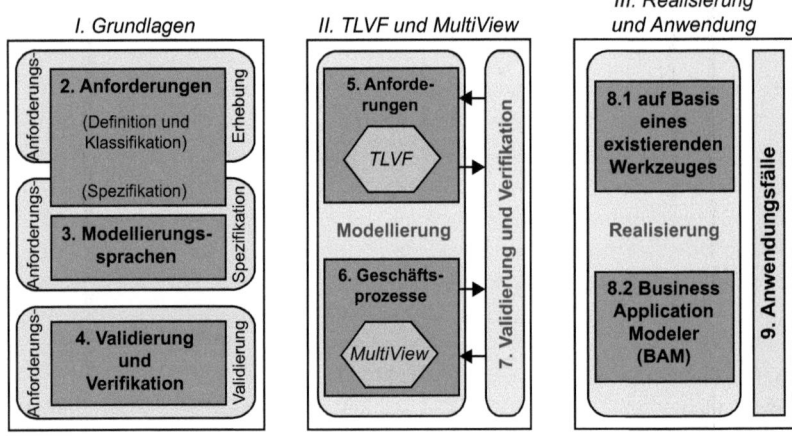

Abbildung 1.3: Aufbau der Arbeit.

In **Kapitel 2** wird zunächst der Begriff der Anforderung sowie weitere Begriffe aus dem Umfeld der Anforderung beleuchtet. Anschließend wird eine grobe Klassifikation von Anforderungen vorgenommen. Definition und Klassifikation von Anforderungen ist der Phase der Anforderungserhebung des RE-Prozesses zuzuordnen. Die in Abschnitt 2.2 betrachtete Spezifikation von Anforderungen sowie der Aufbau von Spezifikationsdokumenten ist hingegen der Phase der Anforderungsspezifikation des RE-Prozesses zuzuordnen (siehe Abbildung 1.3). Abschließend wird die Nutzung der Anforderung im Rahmen des SE- und RE-Prozesses als auch die Werkzeugunterstützung bei der Spezifikation und Verwaltung von Anforderungen betrachtet.

Das **Kapitel 3** legt die begrifflichen Grundlagen der Modellierung bzw. der Modellierungssprachen fest und führt in die Geschäftsprozessmodellierung ein. Dies beinhaltet die Vorstellung von Diagrammarten im Allgemeinen und auch die Vorstellung konkreter Modellierungssprachen. Abschnitt 3.4 erläutert existierende Verfahren und Möglichkeiten zur Beherrschung der grafischen Komplexität.

Einleitung

Kapitel 4 liefert einen Überblick über Begriffsdefinitionen im Bereich von Validierungs- und Verifikationsverfahren. Daran schließt sich die Klassifikation von Validierungs- und Verifikationsverfahren sowie die Erläuterung von Einsatzmöglichkeiten der Verfahren im Rahmen des SEPs an. Abschließend werden ausgewählte Validierungs- und Verifikationsverfahren vorgestellt.

In **Kapitel 5** werden zunächst zentrale Begriffe der Arbeit wie *grafische Anforderung* und *grafisch Validierungsregel* definiert. Danach wird in Abschnitt 5.4 basierend auf den Grundlagenkapiteln das Konzept des *Temporal Logics Visualization Framework* eingeführt. Im Anschluss werden in Abschnitt 5.5 das TLVF bzw. die grafischen Validierungsregeln auf Wiederverwendungspotential untersucht und ein entsprechendes Konzept vorgestellt.

Kapitel 6 befasst sich aufbauend auf Abschnitt 3.4 allgemein mit der Entwicklung des MultiView-Konzeptes. Die Abschnitte 6.3 und 6.4 stellen die Entwicklung von zwei spezifischen MultiViews für die Modellierung von Sicherheits- sowie Datenschutzanforderungen vor. Dabei erläutern sie deren Einsatz sowie den Einsatz des TLVF anhand des in Abschnitt 1.3 vorgestellten Beispielprozesses.

Das **Kapitel 7** behandelt das Gesamtkonzept der *Validierung MultiView-basierter Prozessmodelle*. Dazu werden zunächst die aus den entwickelten Konzepten resultierenden Einsatzmöglichkeiten zusammengetragen sowie Einflussfaktoren auf die Ausdrucksstärke der grafischen Validierungsregeln betrachtet. Abschnitt 7.2 entwickelt ein Vorgehensmodell für den Einsatz des Gesamtkonzeptes und stellt dessen Integration in den SEP vor. Abschließend werden in Abschnitt 7.3 sowohl das Gesamtkonzept als auch das TLVF und das MultiView-Konzept mit verwandten Arbeiten in Beziehung gesetzt.

Kapitel 8 präsentiert die prototypischen Realisierungen der in dieser Arbeit entwickelten Konzepte. Dazu wird zum einen in Abschnitt 8.1 die Integration der Konzepte in den ARIS Business Architect demonstriert und zum anderen die Entwicklung des *Business Application Modeler* als Plug-in für die IDE Eclipse beschrieben.

In **Kapitel 9** wird der Einsatz des Gesamtkonzeptes der *Validierung MultiView-basierter Prozessmodelle* anhand von drei Anwendungsfällen aus dem Bereich der öffentlichen Verwaltung, der ELSTER-Steuererklärung und SAP-Referenzprozessen beispielhaft demonstriert.

1.4 Gliederung der Arbeit

Abschließend wird in **Kapitel 10** eine Zusammenfassung der Konzepte und Entwicklungen im Rahmen der Arbeit geliefert. Außerdem findet darauf aufbauend die Ausrichtung möglicher zukünftiger Weiterentwicklungen statt.

Teil I

Grundlagen

2 Anforderung – Definition, Spezifikation und Einordnung

Der Begriff der *Anforderung* stellt sowohl im Rahmen dieses Kapitels als auch dieser Arbeit einen zentralen Bezugspunkt dar. Die Festlegung einer eindeutigen Definition des Begriffes ist allerdings schwierig. Einer der Hauptgründe dafür ist, dass der Begriff stark kontextbehaftet ist und unter einer Anforderung damit je nach Betrachtungsweise und fachlichen Hintergrund des Betrachters unterschiedliche Dinge verstanden werden [CP09].

Neben dem Begriffsverständnis sind die *Qualitätskriterien,* der *Formalisierungsgrad* und die *Darstellungsform* der Anforderungen von zentraler Bedeutung. Der Formalisierungsgrad von Anforderungen reicht dabei von informal zu formal. Die Bandbreite der Darstellungsformen von Anforderungen beinhaltet textuelle und grafische Darstellungen als auch Mischformen.

Im Folgenden wird daher zunächst der Anforderungsbegriff in den Abschnitten 2.1.1 bis 2.1.3 im Kontext der Softwareentwicklung näher beleuchtet. Dazu werden Definitionen verschiedener Autoren herangezogen, auf deren Basis der Anforderungsbegriff für diese Arbeit festgelegt wird. Nach der Begriffsdefinition folgt in Abschnitt 2.1.5 die Betrachtung der Qualitätskriterien sowie Aufgaben und Typen von Anforderungen. Denn neben der reinen Definition des Anforderungsbegriffes sind konzeptionelle Grundsätze beim Umgang mit Anforderungen zu beachten. Danach werden in Abschnitt 2.2 Spezifikationstechniken und -sprachen sowie Strukturierungsvorgaben für Spezifikationsdokumente vorgestellt. Abschließend wird in Abschnitt 2.3 eine Einordnung der Anforderungen in den Softwareentwicklungsprozess bzw. die Anforderungsanalyse gegeben.

2.1 Begriffe

2.1.1 Anforderungsbegriff

Wie einleitend erwähnt, wird unter einer Anforderung je nach Kontext, Betrachtungsweise und fachlichem Hintergrund des Betrachters etwas anderes verstanden. Für eine eindeutige Definition des Begriffes, wie er in dieser Arbeit verwendet wird, sollen daher zunächst einige existierende Definitionen vorgestellt werden. Die Definitionen stammen dabei aus zwei Bereichen. Zum einen handelt es sich um Definitionen, wie sie in Standards definiert sind und zum anderen um Definitionen von verschiedenen Autoren. Definition 2.1.1 zeigt die Definition des Begriffes *Anforderung* aus dem IEEE Standard 610.12-1990 [IEE90].

Definition 2.1.1 ([IEE90]) ***Requirement***
(1) A condition or capability needed by a user to solve a problem or achieve an objective.
(2) A condition or capability that must be met or possessed by a system or system component to satisfy a contract, standard, specification, or other formally imposed documents.
(3) A documented representation of a condition or capability as in (1) or (2).

Eine Anforderung ist demnach eine Bedingung oder Fähigkeit, die zur Lösung eines Problems benötigt wird bzw. von einem System oder einer Komponente des Systems zur Erfüllung von beispielsweise Verträgen gegeben sein muss. Entscheidend ist dabei, dass die Bedingung bzw. Fähigkeit in einer dokumentierten Repräsentation vorliegen soll. Die Definition 2.1.1 des Anforderungsbegriffes ist allerdings sehr unscharf formuliert. Es lassen sich daraus keine Aussagen über Qualitätskriterien, Formalisierungsgrad oder Darstellungsform von Anforderungen ableiten. Auch die Definition 2.1.2 aus Rupp et al. [RD09] liefert nur eine allgemeine Definition der Anforderung.

Definition 2.1.2 ([RD09]) ***Anforderung***
Eine Anforderung ist eine Aussage über eine Eigenschaft oder Leistung eines Produktes, eines Prozesses oder der am Prozess beteiligten Personen.

2 Anforderung – Definition, Spezifikation und Einordnung

Die Autoren betrachten die Kürze der Definition allerdings als „gut verständlich, umfassend und ausreichend konkret", um ein Grundverständnis der Anforderung im Rahmen der Softwareentwicklung zu ermöglichen. Es wird in dieser allgemeinen Definition oft aber nur auf die tatsächlich zu erfüllende Leistung des Systems fokussiert [RD09]. In der ebenfalls einfach gehaltenen Definition 2.1.3 des Anforderungsbegriffes wird über die Leistung hinaus ein weiterer Bestandteil der Anforderung benannt.

Definition 2.1.3 ([RR06]) *Requirement*
A requirement is something the product must do or a quality it must have.

Nach Definition 2.1.3 wird damit zusätzlich zur Leistung, dass ein (Software-) Produkt *etwas* können soll, auch die Forderung nach einer bestimmten Qualität des Produkts formuliert.

Dieser qualitative Aspekt der Anforderung wird in den Definitionen 2.1.1 und 2.1.2 nicht direkt benannt, die Begriffe Bedingung und Eigenschaft in den Definitionen lassen aber zumindest eine Anspielung auf qualitative Eigenschaften vermuten. Damit lassen sich aus den vorgestellten Definitionen des Anforderungsbegriffes zwei Ausprägungen von Anforderungen ableiten. Dies sind *funktionale* sowie qualitative Anforderungen, wobei letztere in [RR06] als *nicht-funktionale* Anforderungen bezeichnet werden.

Der Anforderungsbegriff in dieser Arbeit entspricht der Definition 2.1.3. Darauf aufbauend wird im Folgenden die konkretere Unterteilung in funktionale und nicht-funktionale Anforderungen sowie deren Charakterisierung vorgenommen. Eine über die Charakterisierung hinaus weitere Unterteilung der funktionalen und nicht-funktionalen Anforderungen, wie dies für das jeweilige Softwareentwicklungsprojekt nötig wäre, ist jedoch im Rahmen dieser Arbeit nicht erforderlich. Es ist allerdings anzumerken, dass nach [Poh10] erst mit einer weiteren Verfeinerung der Anforderungsausprägungen eine praxisrelevante Unterteilung von Anforderungen für bestimmte Anwendungsfelder, Firmen oder Projekte geschaffen werden kann.

2.1 Begriffe

2.1.2 Funktionale Anforderungen

Der Begriff der funktionalen Anforderung (kurz FA) wird in der Literatur von den meisten Autoren anerkannt, wie beispielsweise [Gli07] und [CP09] darlegen. [RR06] definiert funktionale Anforderungen entsprechend Definition 2.1.4.

Definition 2.1.4 ([RR06]) *Functional Requirement*
A functional requirement is an action that the product must take if it is to be useful to its users.

Eine weitere Differenzierung in verschiedene Ausprägungen wird in Definitionen der funktionalen Anforderungen im Gegensatz zu den nicht-funktionalen Anforderungen (siehe Abschnitt 2.1.3) nur selten vorgenommen. Dies liegt daran, dass die FA vollständig vom konkreten Anwendungsfall abhängig sind. Daher ist es nötig, anwendungsspezifische Strukturierungen zu erstellen. Als Orientierung können aber vorgegebene Strukturen von Anforderungsdokumenten (siehe Abschnitt 2.2.3) dienen.

Um dennoch einen Anhaltspunkt für die weitere Differenzierung bzw. Klassifikation von FAs bereit zu stellen, nutzen verschiedene Autoren die Art der Spezifikation als Grundlage. [Oes06] unterscheidet bezüglich der FA die Arten *Anwendungsfälle*, *Geschäftsregeln* und *Schnittstellenspezifikationen*. Ein Anwendungsfall beschreibt danach „anhand eines zusammenhängenden Arbeitsablaufes die Interaktionen mit einem (geschäftlichen oder technischen) System". Obwohl Anwendungsfälle auch *nicht-funktionale Anforderung* (kurz NFA) enthalten können (siehe Abschnitt 2.1.3), werden sie in [Oes06] primär den FAs zugeordnet. Schnittstellenspezifikationen beschreiben entweder Abläufe und Aussehen von Dialogschnittstellen oder legen die Funktionen von Systemschnittstellen fest. Im geschäftlichen Umfeld bzw. der Geschäftsprozessmodellierung (siehe Abschnitt 3.1.2) werden aber besonders FAs der Klasse Geschäftsregel häufig eingesetzt. Geschäftsregeln können dabei entsprechend der Definition 2.1.5 festgelegt werden.

Definition 2.1.5 ([HH00]) *Business Rule*
A business rule is a statement that defines or constrains some aspect of the business.

2 Anforderung – Definition, Spezifikation und Einordnung

Jedoch wird daraus keine Beziehung zu den Klassen von Anforderungen hergestellt, wie sie im Vorangegangenen bzw. im Folgenden dieser Arbeit definiert wurden bzw. werden. Auch hier gehen die Meinungen der Autoren teils stark auseinander. Nur der Begriff *Business* lässt möglicherweise den Schluss zu, dass es sich dabei um eine funktionale Anforderung handeln könnte. Diese Ansicht wird beispielsweise unterstützt von [SBS09] und [Oes06]. Letzterer betrachtet die Geschäftsregel als Spezialisierung einer funktionalen Anforderung. Darüber hinaus findet sich in [End04] eine Auflistung existierender Klassifikationen für Geschäftsregeln.

2.1.3 Nicht-funktionale Anforderungen

Die zweite Kategorie der Anforderungen wird in der Literatur deutlich kontroverser behandelt als FAs. Eine bekannte und zum Begriff der funktionalen Anforderung analoge Bezeichnung ist die NFA.

Damit beschreiben Anforderungen dieser Kategorie, entsprechend dem Begriff nicht-funktional, keine Funktionalitäten einer Software. Es wird daraus aber nicht direkt ersichtlich, was unter einer NFA zu verstehen ist. Die ersten Definitionsversuche der NFA entstanden bereits Mitte der 70er Jahre (siehe dazu [Boe76]). Allerdings haben einige Autoren in der Vergangenheit deren Existenz neben den funktionalen Anforderungen sogar bezweifelt [Hoc97]. Es kommt aber auch heute immer wieder zu Problemen bei der Festlegung, welche Ausprägungen von Anforderungen den NFA zuzuordnen sind. Dies wird vor allem durch die unterschiedlichen Definitionen und Sichtweisen der Autoren deutlich. Die Unterschiede liegen dabei sowohl in der unterschiedlichen Reichweite der Begriffe selbst, als auch in der unterschiedlichen Einteilung der zu berücksichtigenden Ausprägungen von Anforderungen.

So wird beispielsweise im IEEE Standard Glossary of Software Engineering Terminology [IEE90] neben funktionalen Anforderungen (engl. *functional requirements*) zwischen *design requirements, implementation requirements, interface requirements, performance requirements* und *physical requirements* unterschieden. Der Begriff NFA wird in dem Standard nicht verwendet. In [RR06] werden NFAs entsprechend Definition 2.1.6 definiert.

2.1 Begriffe

Definition 2.1.6 ([RR06]) *Nonfunctional Requirement*
A property, or quality, that the product must have, such as an appearance, or a speed or accuracy property.

In Bezugnahme auf Definition 2.1.3 der Anforderung wird in Definition 2.1.6 zur NFA wieder der Begriff Qualität mit einer kurzen Umschreibung verwendet. In Ergänzung zum Begriff Qualität (engl. quality) wird in [CP09] festgestellt, das viele Bezeichnungen die NFA betreffend mit den (englischen) Endungen „ilities" oder „ities" enden. Allerdings lassen sich die NFAs nicht nur auf die betreffenden Wörter eingrenzen. Eine abermals einfach gehaltene Definition liefert [RD09] zur NFA mit der in Definition 2.1.7 dargestellten Formulierung.

Definition 2.1.7 ([RD09]) *Nicht-funktionale Anforderung*
Alle Anforderungen, die nicht funktional sind, sind nicht-funktionale Anforderungen.

Definition 2.1.7 teilt Anforderungen damit in zwei disjunkte Mengen auf. Anhand des Beispielprozesses aus Abbildung 1.2 kann beispielsweise die Forderung nach der gesicherten Datenübertragung während einer Kreditkartentransaktion als NFA charakterisiert werden, während die Forderung nach der Zahlungsmöglichkeit per Kreditkarte den FA zuzuordnen ist.

Im Rahmen dieser Arbeit werden Anforderungen entsprechend der Definitionen 2.1.4 der FA bzw. Definition 2.1.7 der NFA unterteilt. Anmerkend sei aber erwähnt, dass manche Autoren wie [Poh10] von der Verwendung des Begriffes NFA abraten. Die Ursache liegt nach [Poh10] in der Tatsache begründet, dass NFAs prinzipiell aus den Bestandteilen *Underspecified functional requirements* und *Quality requirements* bestehen. Dies unterstreicht zum einen zwar den qualitativen Charakter von NFAs, unterstellt zum anderen aber, dass bestimmte NFAs unterspezifiziert aufgenommen werden. Dies steht aber nicht im Widerspruch zu den Definitionen 2.1.4 (FA) und 2.1.7 (NFA), da damit bestimmte NFAs (die unterspezifizierten Anforderungen) nur weiter konkretisiert werden müssen und in FA überführt werden können. Ein Überblick zu weiteren Definitionen und Unterteilungen von NFAs findet sich in [Gli07] oder [CP09].

Die aufgeführten Begriffsdefinitionen beschreiben allerdings nur die grundsätzliche Einteilung der Anforderungen. Um aber konkrete NFA (wie auch FA) an ein Softwareprodukt spezifizieren und vor allem ver-

2 Anforderung – Definition, Spezifikation und Einordnung

[Oes06]	[RD09]	[RR06]
• Benutzbarkeitsanforderung • Performanceanforderung • Zuverlässigkeitsanforderung • Wartbarkeitsanforderung • Rahmenbedingungen • Administrierbarkeitsanforderung	• Anforderungen an die Benutzeroberfläche • Qualitätsanforderungen • Technologische Anforderungen • Anforderungen an die durchzuführenden Tätigkeiten • Rechtlich-vertragliche Anforderungen	• Look and Feel • Performance • Usability and Humanity • Maintainability and Support • Legal • Cultural and Political • Security • Operational and Environmental

Tabelle 2.1: Unterteilung von NFA nach [Oes06], [RD09] und [RR06].

walten zu können, bedarf es der weiteren Ausgestaltung bzw. Unterteilung der Anforderungen. Entsprechend der unterschiedlichen Definitionen von NFAs existieren auch unterschiedliche Unterteilungen. Beispielhaft werden dazu in Tabelle 2.1 die Unterteilungen aus [Oes06], [RD09] und [RR06] vorgestellt.

Bei genauer Betrachtung der hier dargestellten Unterteilung von NFAs wird deutlich, dass keine grundsätzlichen Unterschiede existieren. Es handelt sich vielmehr um unterschiedliche Formulierungen bzw. Bezeichnungen. Die Unterschiede resultieren aus dem unterschiedlichen Fokus der einzelnen Autoren. [Oes06] nimmt die Einteilung besonders unter technischen Gesichtspunkten vor, während [RD09] und [RR06] eher aus projekt-spezifischer Sicht untergliedern.

2.1.4 Weitere Begriffe

Zur Umschreibung, Aggregation oder Verfeinerung der Anforderung werden je nach Umfeld weitere Begriffe verwendet. Bei diesen Begriffen fehlt es aber ebenfalls an einer eindeutigen Definition, was die

2.1 Begriffe

einheitliche Verwendung erschwert. In [Oes06] wird dazu der *allgemeine Anforderungsbegriff* zur weiteren Beschreibung unterschiedlicher Reichweiten bzw. Einsatzzwecke konkretisiert. Er umfasst danach die Bezeichnungen *Feature, Problem, Ziel, Fachkonzept, Testanforderung* und *Abnahmeanforderung*. Während die Test- sowie die Abnahmeanforderung spezielle Ausprägungen für einen bestimmten Einsatzzweck sind, sind die vier anderen Begriffe abstraktere Bezeichnungen für Anforderungen. Diese abstrakteren Bezeichnungen dienen häufig dazu, undetaillierte Anforderungen vereinfacht bzw. aggregiert aufzunehmen. Ein Feature ist zum Beispiel als „eine Sammlung von (häufig noch zu konkretisierenden) Anforderungen" anzusehen. Ähnliches gilt für den Begriff Fachkonzept, unter dem allgemeine und übergreifende Anforderungen bezogen auf ein Thema zusammengefasst werden. Die Begriffe Problem und Ziel sind gegenüber Feature und Fachkonzept noch etwas abstrakter gefasst. [Poh10] definiert ein Ziel (engl. goal) wie in Definition 2.1.8 dargestellt.

Definition 2.1.8 ([Poh10]) *Goal*
A Goal is an intention with regard to the objectives, properties, or use of the system.

Ziele können auf verschiedenen Abstraktionsebenen definiert werden, gehen dabei aber wenig detailliert auf die konkrete Lösung der Anforderungen bzw. Probleme ein.

2.1.5 Eigenschaften und Verwendung von Anforderungen

Um aber *qualitativ* hochwertige Anforderungen zu erheben, die im Rahmen des gesamten Softwareentwicklungsprozesses als Entwicklungsgrundlage *verbindlich* genutzt werden sollen, bedarf es der konsequenten Verfolgung von *Qualitätszielen* in Bezug auf die Anforderungsanalyse bzw. -spezifikation. Daher sollen zunächst grundsätzliche Qualitätskriterien und Typen von Anforderungen sowie deren prinzipielle Aufgaben im Softwareentwicklungsprozess betrachtet werden.

Laut [Boe81] sind Anforderungen die Basis zur Erstellung bzw. Implementierung der *gewünschten* Softwarelösung. Vor der eigentlichen Implementierung der Software werden im Allgemeinen aber erst einmal Kostenschätzungen erarbeitet, die als Grundlage für die Angebotserstellung genutzt werden. Dies setzt jedoch einen gewissen Grad an *Genauigkeit* der Anforderungsspezifikation voraus, soweit wie dieser in der Anbahnungsphase einer Softwareentwicklung möglich ist. [Boe81] zieht zur Bewertung des Grades der Genauigkeit die Testbarkeit der spezifizierten Anforderungen heran. Dabei ist eine Anforderung testbar, wenn sie zu einem bestimmten Maß als eindeutig erfüllt bzw. nicht erfüllt getestet werden kann. Dazu sollen die Anforderungen so *spezifisch, eindeutig* und *quantitativ* wie möglich sein. Dem dadurch entstehenden Mehraufwand für die (eventuell) zahlenmäßig umfangreicheren, aber auch qualitativ hochwertigeren Anforderungen, stellt [Boe81] drei Gründe gegenüber. Primär lassen sich durch die frühzeitigen Anstrengungen für Anforderungsspezifikationen die Gefahr von hohen Kosten, Kontroversen und „Verbitterung" in späteren Phasen reduzieren. Darüber hinaus werden Kostenschätzung mit akkurateren Spezifikationen erleichtert bzw. verbessert. Als dritter Grund wird der Umstand genannt, dass im Falle der tatsächlichen Entwicklung der Software akkurate Anforderungen unter Umständen für die Testphase sowieso hätten erarbeitet werden müssen.

2.1.5.1 Qualitätskriterien von Anforderungen

Um der Forderung nach Genauigkeit bei der Erhebung von Anforderungen nachkommen zu können, bedarf es der Festlegung, welche Eigenschaften bzw. Qualitätskriterien eine *genaue* Anforderung besitzen muss. In der Literatur findet sich dazu bei verschiedenen Autoren eine mehr oder weniger umfassende Liste an Qualitätskriterien. Eine umfangreiche Liste bietet beispielsweise [RD09]. Weitere Qualitätskriterien und Merkmale von Anforderung finden sich in [Par98] und [Hof08]. Eine zusammenfassende Übersicht von Qualitätskriterien einer Anforderung liefert Tabelle 2.2.

In engem Zusammenhang mit den Qualitätskriterien steht der Begriff *Qualität*. Er ist in der DIN EN ISO 9000 entsprechend Definition 2.1.9 festgelegt.

Definition 2.1.9 ([DIN05]) *Qualität*

Qualität ist der Grad, in dem ein Satz inhärenter Merkmale Anforderungen erfüllt.

Für die Erhebung von Anforderungen gibt die Qualität also an, in welchem Maß die objektiv messbaren Qualitätskriterien erfüllt sind

2.1 Begriffe

Vollständigkeit	korrekt	abgestimmt	klassifizierbar
konsistent	prüfbar	Eindeutigkeit	verständlich
gültig und aktuell	realisierbar	notwendig	verfolgbar
bewertet			

Tabelle 2.2: Qualitätskriterien einer Anforderung nach [RD09].

[RD09]. Die Auswahl einer geeigneten Spezifikationstechnik ist bei der Erhebung qualitativ hochwertiger Anforderungen von besonderer Bedeutung, da dadurch der Rahmen für die Einhaltbarkeit der Qualitätskriterien vorgegeben wird (siehe Abschnitt 2.2).

2.1.5.2 Aufgaben der Anforderungen

Die funktionalen und nicht-funktionalen Anforderungen dienen prinzipiell zur Erhebung und Spezifikation der funktionalen und nicht-funktionalen Erfordernisse an eine Softwarelösung. Anforderungen haben aber noch weitere Aufgaben im Rahmen des Softwareentwicklungsprozesses zu erfüllen. Eine primäre Aufgabe nach [Rup01] ist die Nutzung als Kommunikationsgrundlage aller am Entwicklungsprozess beteiligten Personengruppen (engl. *stakeholder*). [Par98] nennt dazu beispielhaft verschiedene Zielgruppen an die die Anforderungen bzw. Anforderungsdokumente gerichtet sein können:

- *Kunden und Benutzer* wollen Funktion und Leistung

- *Management* will Quantifizierung und Überwachung der Randbedingungen

- *Systemanalytiker* möchte ein leicht prüf- und änderbares Dokument

- *Entwerfer und Systementwickler* erwarten präzise Vorgaben

- *Systemtester* benötigt Unterstützung für den späteren Nachweis der Funktionalitäten

Die Einbeziehung der unterschiedlichen Stakeholder schränkt zum einen den akzeptierten Formalisierungsgrad von Anforderungen (siehe Abschnitt 2.2.1.1) und zum anderen die einsetzbaren Darstellungsformen der Anforderungen (siehe Abschnitt 2.2.1.2) ein. Denn entsprechend den unterschiedlichen Sichtweisen und Wissensständen werden beispielsweise bestimmte Techniken zur Spezifikation akzeptiert und es fehlen oder existieren Expertenkenntnisse zum betreffenden Fachkonzept.

2.1.5.3 Typen von Anforderungen

Die Qualitätskriterien an Anforderungen dienen der Sicherstellung von qualitativ hochwertigen Anforderungen während der Erhebung, Spezifikation und Nutzung im Softwareentwicklungsprozess. Bei der Erhebung von Anforderungen, die den ersten Schritt im Lebenszyklus einer Anforderung darstellt, ist besonders die vollständige Erhebung aller relevanten Anforderungen ein anzustrebendes Ziel. Dabei sind vier grundsätzliche Typen von Anforderungen (gezielt) zu berücksichtigen. [Kor08] nennt die vier Typen *selbstverständliche*, *implizite*, *explizite* und *unbewusste* Anforderungen. Explizite Anforderungen sind dabei der eindeutigste Typ und sind daher jeder beteiligten Personengruppe „völlig bewusst und klar" [Kor08]. Problematischer sind hingegen die anderen drei Typen. Denn diese werden häufig aufgrund ihrer Selbstverständlichkeit oder der Vermutung, sie bereits implizit erfasst zu haben, nicht in einer expliziten Form erhoben und spezifiziert. Dies kann aber dazu führen, dass entscheidende Anforderungen zu spät berücksichtigt oder ganz vergessen werden [Kor08].

2.2 Spezifikation und Verwaltung von Anforderungen

Der Nutzen der Anforderungsspezifikation ist intuitiv betrachtet das Niederschreiben der Anforderungen an eine zu entwickelnde Softwarelösung. Dabei weichen die Darstellungsform, die Unterteilung der Anforderungen und die Struktur der Anforderungsdokumente je nach Entwicklungsprojekt bzw. -firma von einander ab. Bevor allerdings die Auswahl einer geeigneten Spezifikationstechnik bzw. -sprache für die Anforderungen getroffen werden kann, ist die Kenntnis der verschie-

2.2 Spezifikation und Verwaltung von Anforderungen

den Möglichkeiten nötig. Spezifikationstechniken lassen sich prinzipiell nach verschiedenen Gesichtspunkten untergliedern. [Par98] nennt die Möglichkeiten der Unterteilung nach dem *Grad der Präzision*, der *Handhabbarkeit eines Formalismus* oder den *verschiedenen Einsatzbereichen*. Die Präzision und die Handhabbarkeit des Formalismus sind „mehr oder weniger direkt gekoppelte Aspekte" [Par98], da die Handhabbarkeit stark vom Formalisierungsgrad abhängig ist und dementsprechend die Lesbarkeit, Verständlichkeit, Lernaufwand, Ausdrucksmächtigkeit und Flexibilität beeinflusst. Obwohl die Einteilung von Spezifikationsformen anhand des Einsatzgebietes laut [Par98] „relativ objektiv" und trennscharf ist, soll in dieser Arbeit die verwendete Sprache (natürlich oder künstlich) als Strukturierungsmittel dienen. Da das Einsatzgebiet der Geschäftsprozessmodellierung im Rahmen dieser Arbeit im Vordergrund steht, ist das Strukturierungmittel der verwendeten Sprache als geeigneter zu betrachten.

Im folgenden Abschnitt werden zunächst die Arten der Spezifikation eingeführt. Anschließend werden in Abschnitt 2.2.2 ausgewählte Spezifikationstechniken bzw. -sprachen unterteilt nach der Art der verwendeten Sprache (natürlich und künstlich) vorgestellt. In Abschnitt 2.2.3 wird danach kurz auf Strukturierungsmöglichkeiten von Spezifikationsdokumenten eingegangen.

2.2.1 Arten der Spezifikation

Einleitend soll zunächst eine kurze Gegenüberstellung des Begriffes *Dokumentation* erfolgen, der zum Begriff Spezifikation häufig synonym verwendet wird. In [Poh10] wird dazu zwischen *dokumentierter Information*, *dokumentierten Anforderungen* und *spezifizierten Anforderungen* unterschieden. Unter dokumentierter Information ist jegliche Form von Anforderungen zu verstehen, die in unstrukturierter Weise beispielsweise als Mitschrift aufgenommen wurde. Dokumentierte Anforderungen hingegen müssen anhand vorgegebenen Richtlinien aufgenommen und strukturiert werden. Das umfasst z. B. das Format (wie textuell oder grafisch) oder den Abstraktionslevel. Spezifizierte Anforderungen werden gegenüber den dokumentierten Anforderungen durch weiter konkretisierte und damit stärker einschränkende Richtlinien bestimmt. Dazu kommt, dass sie speziellen qualitativen Anforderungen (siehe Abschnitt 2.1.5.1) genügen müssen. Im Folgenden wird stets von spezifizierten Anforderungen gesprochen.

2 Anforderung – Definition, Spezifikation und Einordnung

2.2.1.1 Formalisierungsgrad der Spezifikation

Der in [Par98] als Grad der Präzision bezeichnete Formalisierungsgrad hat die Reichweite von *informal* über *halbformal* bzw. *semiformal* bis hin zu *formal*. Nach [Ebe05] gibt es die vier Formalisierungsgrade *formal, semiformal, strukturiert* und *informal* zur Spezifikation von Systemanforderungen.

Die Bezeichnung *informell* wird häufig als Synonym für informal gebraucht. *Formell* bzw. *informell* ist nach [Bru05] aber eher als „Gradmesser für die Verbindlichkeit einer Darstellung" zu betrachten. Im Folgenden werden daher die Bezeichnungen von [Ebe05] für den Formalisierungsgrad verwendet, wobei der Formalisierungsgrad *strukturiert* vernachlässigt werden soll.

Die **formale Spezifikation** von Anforderungen basiert auf einer künstlichen Sprache, die beispielsweise algorithmische oder mengenorientierte Aussagen ermöglicht [SBS09]. Formalisierte Anforderungen sind in ihrer Aussage eindeutig formulierbar und erreichen damit einen hohen qualitativen Level bezüglich der Qualitätskriterien an Anforderungen (siehe Abschnitt 2.1.5.1). Allerdings werden durch die formale Formulierung von Anforderungen nicht alle Qualitätskriterien positiv beeinflusst, wie sich an dem Qualitätskriterium *verständlich* zeigt. Denn formale Spezifikation sind nicht ohne Vorkenntnisse les- bzw. erstellbar. Aufgrund der formalen Beschreibung können diese Anforderungen aber automatisiert verarbeitet bzw. genutzt werden [Lam00].

Die **semiformale Spezifikation** von Anforderungen bedient sich der Kombination aus formalen und informalen Bestandteilen, die im Folgenden noch näher beschriebenen werden. Für die semiformale Spezifikation wird daher die natürliche Sprache im Zusammenhang mit genormten Tabellen und Diagrammen verwendet.

Die **informale Spezifikation** von Anforderungen verwendet eine natürliche Sprache (wie Deutsch, Englisch oder Französisch) und wird gegebenenfalls durch freiformatierte Tabellen und Diagramme ergänzt [SBS09]. Dabei entstehen häufig sehr umfangreiche Dokumente, die in Prosa beschriebene Anforderungen enthalten [RD09]. Daraus resultiert eine Vielzahl an Problemen, die die Anforderungsqualität maßgeblich beeinflusst. Zu nennen sind beispielsweise unklar formulierte Anforderungen, die nur schwierig unterteilt werden können und daher häufig miteinander verschmelzen [Som06]. Anforderungen in Prosa können darüber hinaus nur manuell gelesen, verstanden und geprüft

2.2 Spezifikation und Verwaltung von Anforderungen

werden und sind somit technisch gesehen nicht automatisiert verarbeitbar.

[Hof08] nennt zu den bisher genannten Formalisierungsgraden noch die Form der *Referenzimplementierung*. Diese wird zwischen semiformaler und formaler Spezifikation eingeordnet, wie Abbildung 2.1 zeigt. Das Prinzip der Referenzimplementierung ist es, die Spezifikation durch ein zweites (als korrekt angenommenes) Programm zu ersetzen. Damit erfüllt die Implementierung die Spezifikation, wenn die Ausgaben denen der Referenzimplementierung entsprechen. Ein typisches Anwendungsbeispiel wäre ein Optimierungsprozess einer vorhandenen Implementierung. Dabei werden die Ausgaben der alten (als korrekt angenommenen) Implementierung mit der optimierten Implementierung überprüft.

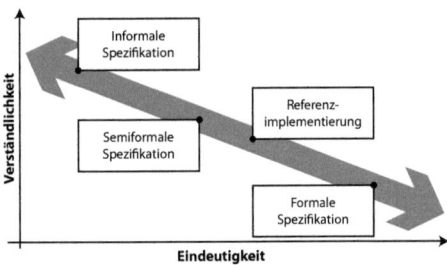

Abbildung 2.1: Einordnung der Arten von Spezifikationen nach [Hof08].

Abbildung 2.1 stellt über die Formalisierungsgrade hinaus auch die Abhängigkeit von Verständlichkeit und Eindeutigkeit dar. Die erkennbare negative Korrelation bringt zum Ausdruck, dass die Wahl der Spezifikationstechnik unter Berücksichtigung der vielen unterschiedlichen am Entwicklungsprozess beteiligten Personengruppen erfolgen muss. Die Anforderungsklassifikation von [Som06] ist aufgrund dieser Problematik stark durch die beteiligten Personengruppen getrieben. Die Klassifikation von Anforderungen kann daher auch als Anhaltspunkt für die Auswahl des Formalisierungsgrades und der im folgenden Abschnitt erläuterten Darstellungsform von Anforderungen genutzt werden. In [Som06] werden Anforderungen dazu in *Benutzeranforderungen* und *Systemanforderungen* unterteilt, wobei Benutzeranforderungen als abstrakte „high-level" Beschreibungen zu verstehen sind.

2 Anforderung – Definition, Spezifikation und Einordnung

Systemanforderungen liefern hingegen detaillierte Beschreibungen der Leistungen, die ein System erbringen soll. Benutzeranforderungen sind an Personengruppen wie Endbenutzer gerichtet und sollten daher nach [Som06] als informale, natürlichsprachliche Anforderungen gegebenenfalls mit einfachen Tabellen und Diagrammen aufgenommen werden. Systemanforderungen hingegen können auch semiformal und formal aufgenommen werden.

2.2.1.2 Darstellungsform der Spezifikation

Die Darstellungsform im Allgemeinen und hier im Speziellen von spezifizierten Anforderungen kann prinzipiell von textuell bis grafisch variieren. Eine Zusammenstellung der möglichen Klassen von Darstellungsformen findet sich in [GMM08] und sieht wie folgt aus:

Primary Modeling System (PMS) ist die verwendete natürliche Sprache, wobei es sich dabei nicht zwingend um eine natürliche Sprache (wie Deutsch oder Englisch) handeln muss. Eine natürliche Sprache kann beispielsweise die von allen Beteiligten zur Spezifikation von Anforderungen verwendete Spezifikationssprache sein.

Secondary Modeling System (SMS) basiert auf der natürlichen Sprache (dem PMS) und wird durch diese strukturiert. Das PMS dient dabei als Meta-Modell für das SMS.

Tertiary Modeling System (TMS) entspricht einem SMS, stellt die Sachverhalte aber grafisch dar.

In einem PMS wird die natürliche Sprache zur Beschreibung eingesetzt. Wie aber bereits angemerkt, muss es sich dabei nicht zwingend um eine natürlich Sprache (wie Deutsch oder Englisch) handeln, sondern kann je nach verwendetem Vorgehensmodell der Softwareentwicklung variieren. In der agilen Softwareentwicklung [BBB+01] ist die verwendete Programmiersprache als PMS anzusehen, da diese als zentrale Beschreibungssprache genutzt wird. In der modellgetriebenen Softwareentwicklung (siehe Abschnitt 3.2.3) können hingegen Modelle bzw. die Modellierungssprache als PMS angesehen werden. Werden Prosatexte in natürlicher Sprache als PMS verwendet, bringt dies die bereits aufgeführten Vorteile und Probleme mit sich. In einem SMS

2.2 Spezifikation und Verwaltung von Anforderungen

werden Prosatexte anhand ihrer inhaltlichen Gesichtspunkte strukturiert. Nach [GMM08, Mai98] sind Anwendungsfall- oder Szenariobeschreibungen gute Beispielklassen für SMS. Im Gegensatz dazu sind UML-Anwendungsfalldiagramme dem TMS zuzuordnen.

PMS und SMS im Sinne einer natürlichen Sprache wurden im vorangegangenen Teil der Arbeit bereits mehrfach erwähnt und werden in Abschnitt 2.2.2 ausführlicher betrachtet. Bisher vernachlässigt wurden grafische Darstellungen, wie sie in der Klasse der TMS zusammengefasst werden. Daher soll an dieser Stelle eine kurze Einführung in das Thema Informationsvisualisierung (engl. *Information Visualization*) im Allgemeinen sowie im Bereich der Softwareentwicklung (engl. *Software Engineering*) und des Requirements Engineering im Speziellen gegeben werden. Nach [GMM08] hat Informationsvisualisierung das Ziel, versteckte Strukturen wie physikalische Phänomene kenntlich und verständlich zu machen. Die Visualisierung ist in diesem Sinne als Aktivität zu verstehen. Im Bereich der Softwareentwicklung hingegen ist die Visualisierung auf die Erstellung visueller Artefakte ausgerichtet. Die visuellen Artefakte sind dabei eine grafische Darstellung bestimmter Informationen in einer grafischen Notation. Trotz der unterschiedlichen Ausgangssituation von Informationsvisualisierung und der Visualisierung im Software Engineering ergeben sich die in Abbildung 2.2 dargestellten Schnittmengen.

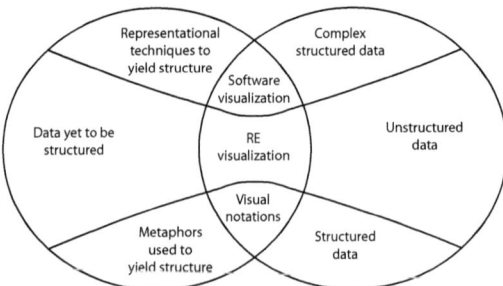

Abbildung 2.2: Überschneidung der Visualisierung von Informationen im Allgemeinen, im Bereich des Software Engineering und Requirements Engineering nach [GMM08].

Demnach bedient sich die *Software Visualisierung* der Aktivität der Informationsvisualisierung zur Erkennung von Strukturen in komplexen Daten wie Quellcode oder Diagrammen. *Visuelle Notationen* sind eher auf das Erkennen von Zusammenhängen in bereits strukturierten Daten ausgerichtet. Die Visualisierung in der Anforderungsanalyse hat unstrukturierte Daten (z. B. unstrukturierte FA und NFA) zur Grundlage, weshalb versucht wird, durch die Aktivität der Informationsvisualisierung Zusammenhänge und Strukturen (z. B. Anforderungsklassifikationen) zu erkennen. Diese können dann für die Erstellung von visuellen Artefakten im Rahmen der Software Visualisierung oder visuellen Notationen genutzt werden.

Von den drei Bereichen ist aber laut [GMM08] die Anforderungsanalyse der Bereich, in dem am wenigsten kreativ nach Möglichkeiten der Visualisierung gesucht wird, weshalb textuelle Darstellungen auch heute noch vorherrschend sind. Dabei besteht gerade aufgrund des Überlappungsbereiches von Informationsvisualisierung und Visualisierung im Rahmen des Softwareentwicklungsprozesses großes Potential für die Visualisierung im Bereich der Anforderungsanalyse [GMM08].

2.2.2 Spezifikationstechniken und -sprachen

Im Folgenden werden ausgewählte natürlichsprachliche und künstliche Spezifikationssprachen vorgestellt. Der Fokus liegt dabei auf Spezifikationssprachen mit textueller Darstellungsform. Spezifikationstechniken bzw. -sprachen mit grafischer Darstellungsform werden in Kapitel 3 näher betrachtet.

2.2.2.1 Natürlichsprachliche Spezifikation

Neben dem Vorteil der grundsätzlichen Verständlichkeit der natürlichen Sprache ist die Unschärfe deren größter Nachteil. Diese Unschärfe wird von [Poh10] in verschiedene Kategorien (lexikalische, syntaktisch, semantische und referenzielle) unterteilt. Um der Unschärfe entgegen zu wirken, sind verschiedene Techniken entwickelt worden. [Poh10] unterteilt diese Techniken in die Klassen *Glossar, syntaktische Anforderungsmuster* und *kontrollierte Sprachen*. Die Techniken werden entsprechend der Definitionen 2.2.1, 2.2.2 und 2.2.3 definiert.

Definition 2.2.1 ([Poh10]) *Glossary*
A glossary is a collection of technical terms that are part of a language (terminology). A glossary defines the specific meaning of each of these

2.2 Spezifikation und Verwaltung von Anforderungen

terms. A glossary can additionally contain references to related terms as well as examples that explain the terms.

Definition 2.2.2 ([Poh10]) *Syntactic Requirements Patterns*
A syntactic requirements pattern defines a syntactic structure for documenting requirements in natural language and defines the meaning of each part of the syntactic pattern.

Definition 2.2.3 ([Poh10]) *Controlled Languages*
A controlled language defines, for a specific domain, a restricted natural language grammar (syntax) and a set of terms (including the semantics of the terms) to be used within the restricted grammar to document statements about a domain.

Eine Glossar ist somit als „Liste" mit Begriffsdefinitionen zu verstehen, um Uneindeutigkeiten bei der Verwendung von Begriffen zu verringern. Das Glossar kann damit als Unterstützung für die Anforderungsspezifikation mit anderen Techniken eingesetzt werden wie der natürlichen Sprache oder den syntaktischen Anforderungsmustern wie z. B. der Schablonen-basierte Ansatz in [RD09]. Syntaktische Anforderungsmuster schränken eine Spezifikationssprache syntaktisch ein, indem sie beispielsweise die Satzstruktur vorgeben. Daher können diese als semiformale auf einer natürlichen Sprache basierende Spezifikationstechnik betrachtet werden. Kontrollierte Sprachen schränken darüber hinaus auch das zu verwendende Vokabular ein. Sie können auf einer natürlichen Sprache basieren, die Formulierungen sind aber in so hohem Maße eingeschränkt, dass sie den formalen Spezifikationssprachen zuzuordnen sind. Beispiele für kontrollierte Sprachen sind Common Logic Controlled English [Sow04] oder Attempto Controlled English [FS96]. Eine umfangreiche Liste an kontrollierten Sprachen liefert beispielsweise [Poo06].

2.2.2.2 Künstliche Spezifikationssprachen

Nachdem kontrollierte Sprachen als formale auf natürlichen Sprachen basierende Spezifikationssprachen bereits vorgestellt wurden, werden in diesem Abschnitt besonders künstliche Sprachen wie logische Formalismen bzw. Logiken betrachtet. Logische Formalismen erlauben „präzise (wohldefinierte) Aussagen" [Par98]. Es lassen sich damit Aus-

2 Anforderung – Definition, Spezifikation und Einordnung

sagen darüber machen, unter welcher Bedingung die Gültigkeit einer Aussage durch die Gültigkeit einer anderen Aussage beeinflusst wird. Das Ergebnis dieser *Prüfung* ist ein Wahrheitswert (wahr bzw. falsch). Beispiele für logische Formalismen bzw. Logiken sind *Aussagenlogiken* (engl. propositional logic) und *Prädikatenlogiken* (engl. predicate logic). Mit Aussagenlogiken können komplexe Aussagen durch das Zusammensetzen von elementaren (atomaren) Aussagen und Aussageverknüpfungen (Konjunktion $\land$, Disjunktion $\lor$, Negation $\neg$, Implikation $\rightarrow$ und Äquivalenz $\leftrightarrow$), die jeweils über Wahrheitswertetabellen definiert sind, erstellt werden. In der Prädikatenlogik werden darüber hinaus Konstanten, Variablen, Verknüpfungen, Funktionssymbole, Prädikatssymbole und Quantoren verwendet.

Eine Erweiterung der Prädikatenlogik sind *modale Logiken*. Sie ermöglichen zusätzlich Aussagen unter Einbeziehung von modalen Operatoren (z. B. immer, möglich oder notwendig) [Par98]. Eine Ausprägung der modalen Logik sind *temporale Logiken*. Es existiert „ein ganzer Zoo" von temporalen Logiken für verschiedene Dinge [HR08]. Eine prinzipielle Unterscheidung erlaubt die unterschiedliche Betrachtung der Zeit. Zum einen existiert die *lineare Zeit*. Dabei wird davon ausgegangen, dass jeder Moment in der Zeit (Zustand) eine eindeutige Zukunft besitzt [Var01]. In einem linearen Zeitmodell existiert daher eine Menge von sequenziellen Abläufen – die Pfade, wobei die Auswertung über *alle* Pfade stattfindet. Eine bekannter Vertreter des linearen Zeitmodells ist die *Linear Time Logic* (kurz LTL) [Pnu77].

Temporale Logiken erweitern die Boolesche Algebra um weitere Operatoren zur Beschreibung von Bedingungen mit zeitlichem Bezug. Die **Linear Time Logic** ermöglicht dabei speziell Aussagen für lineare zeitliche Verläufe (einen Pfad ohne Verzweigung). Dazu stellt die LTL die temporalen Operatoren X (next time, $\circ$), F (eventually or future, $\Diamond$) und G (globally, $\square$) bereit, um auszudrücken, dass eine Eigenschaft im nächsten/in einigen/in jedem Zustand gültig ist. Außerdem lassen sich mit dem binären Operator U (until) Aussagen formulieren, die die Gültigkeit einer Eigenschaft ab einem Zeitpunkt fordern bis schließlich eine andere Eigenschaft eintritt. Neben diesen in die Zukunft gerichteten Operatoren sind beispielsweise in [KM08] die in die Vergangenheit gerichteten Operatoren *weak previous* ($\ominus$) und *has-always-been* ($\boxminus$) entwickelt worden.

Neben den temporale Logiken, die Aussagen über lineare zeitliche Verläufe erlauben, existieren zum anderen temporale Logiken, die sich

2.2 Spezifikation und Verwaltung von Anforderungen

verzweigende Pfade betrachten (engl. branching time). Bildlich gesehen handelt es sich dabei um einen Baum, der sich mit fortlaufender Zeit ständig weiter verzweigt. Daraus ist auch der Name eines bekannten Vertreters entstanden – die *Computation Tree Logic* (kurz CTL) [CE82]. Im Unterschied zur LTL, welche Aussagen mit einem Zeitmodell dessen Zustände genau einen Nachfolger besitzen ermöglicht, erlaubt die CTL Aussagen in einem verzweigten Zeitmodell mit einer nicht deterministischen Zukunft. Das heißt, dass jeder Zustand mehrere Nachfolger besitzen kann. Dazu benötigt CTL in Kombination mit den temporalen Operatoren die Pfadquantoren A (für alle Pfade) und E (für einen oder mehrere Pfade). CTL basiert wie auch LTL auf der Booleschen Logik. Zusätzlich gibt es wie bei der LTL temporale Operatoren, die mit den Pfadquantoren paarweise frei zu Operatoren-Paaren kombiniert werden können. Die *Backus-Naur Form* [Knu64] dazu sieht wie folgt aus [HR08]:

$$\Phi ::= \bot \mid \top \mid p \mid (\neg \Phi) \mid (\Phi \wedge \Phi) \mid (\Phi \vee \Phi) \mid (\Phi \rightarrow \Phi) \mid AX\Phi \mid EX\Phi \mid \\ AF\Phi \mid EF\Phi \mid AG\Phi \mid EG\Phi \mid A\ [\Phi\ U\ \Phi] \mid E\ [\Phi\ U\ \Phi]$$

Ein Vergleich von LTL und CTL wird z. B. in [EH86], [Var01] oder [CD89] geführt. Neben LTL und CTL gibt es weitere temporale Logiken, die in anderen Anwendungsgebieten zum Einsatz kommen. Als Beispiel ist die *Timed CTL* (kurz TCTL) [ACD93] zu nennen, bei der es sich um eine Erweiterung der CTL für Echtzeitsysteme handelt.

2.2.3 Spezifikationsdokument

Nachdem in den vorangegangenen Abschnitten Qualitätskriterien, Formalisierungsgrade, Darstellungsformen und Spezifikationstechniken von einzelnen Anforderungen eingeführt wurden, soll in diesem Abschnitt kurz deren Verwaltung in Spezifikationsdokumenten betrachtet werden. In einem Spezifikationsdokument werden sämtliche Anforderungen und Informationen zu der zu entwickelnden Softwarelösung aufgenommen. Dies umfasst neben den Anforderungen auch wichtige Informationen aus dem Kontext des Entwicklungsumfeldes [Poh10].

Zur Gliederung des Dokumentes können firmeneigene Strukturen definiert oder es kann auf nationale/internationale Normen bzw. Richtlinien zurückgegriffen werden. Zu nennen sind im deutschsprachigen Bereich das *Lasten-* sowie *Pflichtenheft*, welche vom VDI/VDE

2 Anforderung – Definition, Spezifikation und Einordnung

im Standard 3694 [Ver91] festgelegt wurden. Im englischen Sprachraum wird häufig der IEEE Standard 830-1998 [IEE98] eingesetzt. Eine an den IEEE Standard angelehnte Strukturdarstellung eines Spezifikationsdokumentes zeigt Abbildung 2.3.

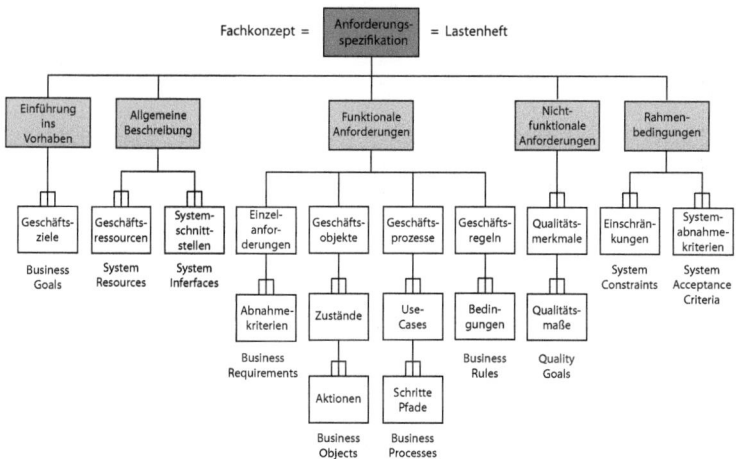

Abbildung 2.3: Eine an den IEEE Standard 830-1998 [IEE98] angelehnte Strukturdarstellung eines Spezifikationsdokumentes nach [SBS09].

Die Entscheidung, eine eigene Struktur oder eine Norm für das Spezifikationsdokument zu verwenden, hängt häufig vom Entwicklungsumfeld und den daraus resultierenden Vorgaben ab. In jedem Fall bietet die Verwendung einer vorgegebenen Referenzstruktur nach [Poh10] den Vorteil *einer bewährten Struktur, der Fokussierung auf die inhaltliche Ausgestaltung* und *die verbesserte Werkzeugunterstützung* (siehe dazu Abschnitt 2.3.2.2).

Bei der Erstellung und Gliederung eines Spezifikationsdokumentes sind, wie auch bei den Anforderungen selbst, bestimmte Qualitätskriterien zu berücksichtigen. Eine gegenüber dem IEEE Standard 830-1998 [IEE98] erweiterte Übersicht an Kriterien liefert die folgende aus [RD09] entnommene Liste:

2.3 Einordnung der Anforderungen in den SEP

- Angemessener Umfang und klare Strukturen
- Sortierbar
- Qualitativ hochwertig
- Vollständigkeit
- Eindeutig und konsistent
- Verfolgbar
- Modifizierbar und erweiterbar
- Gemeinsam zugreifbar
- Optimiert bezüglich des Vorgehens

2.3 Einordnung der Anforderungen in den Softwareentwicklungsprozess

Anforderungen und Spezifikationsdokumente, wie sie im Vorangegangenen erläutert wurden, sind prinzipiell die Grundlage für die Erstellung einer Software zur Lösung einer durch die Anforderungen beschriebenen Problemstellung gedacht. Zur Entwicklung einer Softwarelösung müssen allerdings eine Vielzahl von Aktivitäten durchgeführt werden. Da es sich dabei um eine sehr komplexe Aufgabe handelt, wurden verschiedene Vorgehensmodelle zur Koordination der Aktivitäten entwickelt. Grundsätzlich werden unabhängig von einem konkreten Vorgehensmodell, welches als Beschreibung eines systematischen Vorgehensweise zu verstehen ist [BK08], nach [Som06] die vier Aktivitäten *Softwarespezifikation* (engl. software specification), *Software Design und Implementierung* (engl. software design and implementation), *Validierung* (engl. validation) sowie *Weiterentwicklung* (engl. evolution) unterschieden. Abbildung 2.4 zeigt den Ablauf in einer vereinfachten Darstellung. Die Vereinfachung wirkt sich in zwei Punkten aus. Zum einen werden spezifischere Aktivitäten vernachlässigt, wie sie in speziellen Vorgehensmodellen vorgesehen sind, und zum anderen wird vom iterativen Verhalten abstrahiert, welches gegebenenfalls in den Vorgehensmodellen angewandt werden soll.

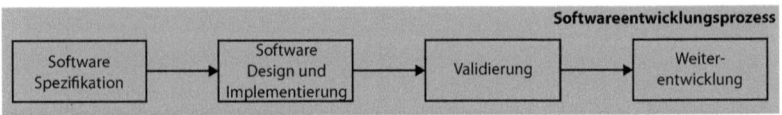

Abbildung 2.4: Vereinfachter Softwareentwicklungsprozess.

2 Anforderung – Definition, Spezifikation und Einordnung

Im folgenden Abschnitt soll zunächst ein grober Überblick zu Vorgehensmodellen der Softwareentwicklung gegeben werden. Dabei geht es primär um eine anforderungs- bzw. spezifikationsspezifische Sichtweise. Im Anschluss wird, entsprechend der Thematik dieses Abschnittes, die Phase der Software Spezifikation – das *Requirements Engineering* (kurz RE) – genauer vorgestellt. Außerdem wird die Unterstützung des RE durch Werkzeuge näher betrachtet.

2.3.1 Vorgehensmodelle des Software Engineering

[Som06] definiert *Software Engineering* (kurz SE) wie folgt:

Definition 2.3.1 ([Som06]) ***Software Engineering***
is an engineering discipline which is concerned with all aspect of software production.

Der englische Begriff Software Engineering wird häufig auch im deutschen Sprachraum verwendet, weil der deutsche Begriff (Softwaretechnik) den Inhalt „längst nicht so umfassend und treffend wiedergibt wie das angelsächsische Wort" [Par98]. Für die Durchführung des SE existieren viele verschiedene Vorgehensmodelle zur Erstellung einer Software. Die Unterschiede resultieren dabei hauptsächlich aus der spezifischen Charakteristik des zu entwickelnden Softwaresystems [Som06]. Aufgrund der hohen Anzahl von Einflussfaktoren konnte sich trotz teilweise enormer Anstrengungen „kein allgemein gültiges Vorgehensmodell" etablieren [BK08]. Nach [BK08] haben sich aber verschiedene Vorgehensmodell-Familien bzw. Lebenszyklusmodelle herausgebildet, von denen die heute existierenden Vorgehensmodelle entsprechend der spezifischen Charakteristika abgeleitet sind. Die wichtigsten Familien sind *sequentielle* (z. B. das Wasserfallmodell [Roy87] oder das V-Modell [IAB]), *wiederholende*, *prototypische* (beispielsweise das Spiralmodell [Boe88]) und *wiederverwendungs-orientierte* Vorgehensmodelle. Die Einteilung ist jedoch nicht absolut trennscharf.

Je nach Vorgehensmodell müssen sowohl unterschiedliche Dokumente zur Dokumentation des gesammelten Wissens zum Softwareprodukt, als auch zum Vorgehen im Entwicklungsprojekt erstellt werden. Die Auswirkungen auf die entstehenden Dokumente zur Software bzw. dem Entwicklungsprojekt sind dabei stark von der Vorgehensmodell-Familie abhängig. Denn während bei den sequentiellen Modellen Rück-

2.3 Einordnung der Anforderungen in den SEP

schritte zwischen den Phasen nur bedingt vorgesehen sind, sind diese bei den wiederholenden Vorgehensmodellen grundsätzlich vorgesehen. D. h. im zweiten Fall muss dies bei der Erstellung und Verwaltung der Anforderungen bzw. Spezifikationsdokumente berücksichtigt werden.

Bei der Dokumentation des Wissens zum Softwareprodukt wird in [Hru91] grundsätzlich zwischen der *Ansammlung von Wissen* und der *Modellbildung* unterschieden. Die Modellbildung zielt darauf ab, „eine Abbildung der realen Welt in ein geeignetes Modell zu finden" [Par98]. Dieses Vorgehen wird in Kapitel 3.2.2.3 näher betrachtet. Unter der dazu komplementären Ansammlung von Wissen ist die Sammlung und Analysemöglichkeit von Informationen anhand von verschiedenen Gesichtspunkten zu verstehen [Par98]. Aufgrund der dabei entstehenden großen Datenmenge erfolgt dies meist unter Verwendung eines Werkzeuges bzw. Datenbanksystems.

Im Folgenden werden verschiedene Vorgehensmodelle für die Sammlung von Wissen über das Softwareprodukt bzw. -projekt im Rahmen des Requirements Engineering vorgestellt sowie anschließend ein Überblick über den Werkzeugeinsatz gegeben.

2.3.2 Requirements Engineering

Allgemein betrachtet ist das Requirements Engineering eine Disziplin, „in der es um Anforderungen geht" [RD09]. Die Definition 2.3.2 gibt eine konkretere Beschreibung des RE und dessen Ziele an.

Definition 2.3.2 ([PR09]) *Requirements Engineering*
ist ein kooperativer, iterativer, inkrementeller Prozess, dessen Ziel es ist zu gewährleisten, dass

- *alle relevanten Anforderungen bekannt und in dem erforderlichen Detaillierungsgrad verstanden sind,*
- *die involvierten Stakeholder eine ausreichende Übereinstimmung über die bekannten Anforderungen erzielen,*
- *alle Anforderungen konform zu den Dokumentationsvorschriften spezifiziert sind.*

Alle relevanten Anforderungen müssen dementsprechend in geeigneter Form in beispielsweise Spezifikationsdokumenten aufgenommen werden. Dies gilt für FA, als auch NFA. Es ist anzumerken, dass die

2 Anforderung – Definition, Spezifikation und Einordnung

frühen Vorgehensmodelle bzw. Methoden des Requirements Engineering die Kategorie der NFA nicht im Speziellen berücksichtigt haben [Par98].

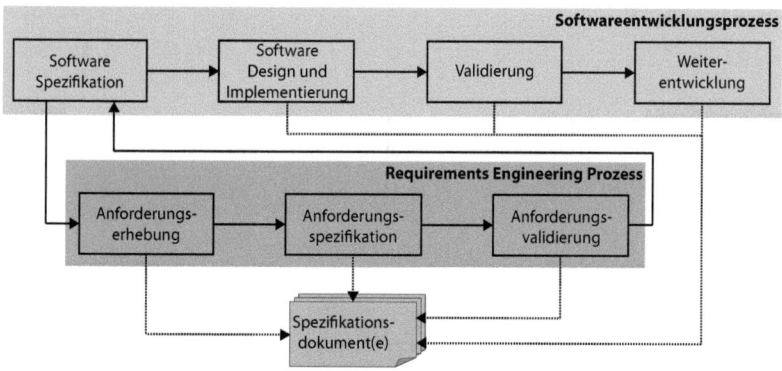

Abbildung 2.5: Einordnung des Requirements-Engineering-Prozesses in den Softwareentwicklungsprozess.

Ein vereinfachter RE-Prozess und dessen Einordnung in den vereinfachten SE-Prozess ist in Abbildung 2.5 dargestellt. Er besteht aus den Phasen *Anforderungserhebung*, *Anforderungsspezifikation* und *Anforderungsvalidierung*. Die Vereinfachung ist ebenfalls auf die Abstraktion von spezifischen Aktivitäten und iterativen Verhalten bezogen. Außerdem verdeutlicht die Abbildung die möglichen Einflüsse der einzelnen Phasen des SE- bzw. RE-Prozesses auf die Spezifikationsdokumente. Die Intensität des Einflusses hängt dabei maßgeblich von dem gewählten Vorgehensmodell ab.

2.3.2.1 Vorgehensmodelle des Requirements Engineering

Ein frühes Verfahren zur Definition von Anforderungen, welches auch die Basis für viele Weiterentwicklungen darstellte, ist die *Structured Analysis* (kurz SA) [Dem79]. Das Vorgehen beinhaltet dabei die Analyse bzw. Feststellung des aktuellen Zustandes und daraus die Ermittlung der notwendigen Änderungen für einen gewünschten zukünftigen Zustand. Danach entwickelten sich phasenorientierte Verfahren wie das Wasserfallmodell oder V-Modell. Jedoch sind die SA (sowie deren

2.3 Einordnung der Anforderungen in den SEP

Nachfolger) und die phasenorientierten RE-Verfahren darauf spezialisiert, bereits bekannte Problemstellungen umzusetzen, die dementsprechend schon analysiert sind und nur angepasst werden müssen. In heutige Entwicklungen fließen aber völlig neue Technologien und viel schnellere Änderungen mit ein. Dies muss dementsprechend auch im RE-Prozess (wie natürlich auch im SE-Prozess) unterstützt werden [Poh10].

Es gibt eine Vielzahl an RE-Vorgehensmodellen, die sich in ihrem Umfang oder in der entstammenden Domäne unterscheiden. Auch die Art der im Rahmen der Vorgehensmodelle zu erstellenden Dokumente bzw. Dokumentarten ist unterschiedlich. In [RR06] wird zur Spezifikation von Anforderungen der *Volere Requirements Process* vorgestellt. Die Anforderungen werden dabei mit Hilfe des *Volere Requirements Specification Template* aufgenommen, welches als Rahmen für das Spezifikationsdokument gedacht ist. Im *Requirements Abstraction Model* (kurz RAM) [GW06] ist eine Klassifizierung von Anforderungen in vier Abstraktionslevel vorgesehen, es ist nicht direkt auf den Einsatz von Modellen im RE-Prozess ausgerichtet [PSP09]. Dies wird vom *Requirements Reference Model* [PSP09] grundsätzlich vorgesehen und es werden darüber hinaus geeignete Modellierungssprachen angegeben, wie sie in Abschnitt 3 vorgestellt werden.

Aufgrund der Ausrichtung aktueller Vorgehensmodelle auf die schnelle Einbeziehung von sich ändernden Technologien oder Anforderungen werden dementsprechend auch häufiger Änderungen an den Spezifikationsdokumenten vorgenommen. Die eingesetzten Werkzeuge zur Unterstützung des Prozessablaufes, der Anforderungsverwaltung und -validierung sollten daher Mechanismen bereitstellen, die mit häufigen Änderungen am Bestand der Anforderungen umgehen können.

2.3.2.2 Werkzeugunterstützung im Requirements Engineering

Die Aufgabe eines Requirements Engineering Werkzeuges (engl. *Requirements Engineering Tool*, kurz RET) besteht vor allem in der Unterstützung bzw. Automatisierung der strukturierten Durchführung der Aktivitäten des RE-Prozessmodells. Damit ermöglichen RETs eine qualitative Verbesserung der im Prozess durchgeführten Aktivitäten respektive der Ergebnisse des Prozesses. Allerdings ist eine Grundvoraussetzung des erfolgreichen Einsatzes eines RETs ein geeigneter

2 Anforderung – Definition, Spezifikation und Einordnung

bzw. reifer RE-Prozess. Andernfalls sind die Automatisierungsvorteile durch ein RET möglicherweise überhaupt nicht realisierbar [MS05].

Das Requirements Engineering basiert in vielen Unternehmen zumeist auf typischer Bürosoftware [MS05], die möglicherweise durch einfache Modellierungswerkzeuge ergänzt werden. Es existiert aber auch eine Vielzahl an dedizierten RETs wie z. B. [Ale11] oder [Atl11] zeigen. Zu unterscheiden sind nach [Par98] *syntaxgesteuerte Texteditoren/Zeichenhilfen, Dokumentationswerkzeuge, einfache/mächtigere Analysewerkzeuge, Simulationswerkzeuge* und *Codeerzeuger*. Die Funktionalität der Werkzeuge nimmt dabei entsprechend der Reihenfolge zu, wobei Simulationswerkzeuge und Codeerzeuger spezielle Aufgaben realisieren. Die anderen Werkzeuge unterstützen beginnend bei der Aufnahme und Verwaltung von Anforderungen bis hin zur inhaltlichen Auswertung bzw. Validierung (wie z. B. Konsistenz oder Vollständigkeit) und Überwachung/Nachvollziehbarkeit (engl. Traceability) von Anforderungen.

Die Entscheidung, welches Werkzeug das richtige für ein bestimmtes Projekt oder ein bestimmtes Unternehmen ist, lässt sich meist nur schwer fällen. Daher existiert in Unternehmen häufig ein „Flickenteppich" von Werkzeugen, der nach der Formel „Für wo am nötigsten" [Kor08] zusammengestellt wird. Eine „one-fits-all" Lösung existiert aufgrund der sehr unterschiedlichen Anforderungen nicht [HRBE06]. Anhaltspunkte für die Auswahl finden sich in wissenschaftlichen Veröffentlichungen. Grundsätzlich finden sich in der Literatur zwei Typen von Veröffentlichungen. Zum einen handelt es sich um Evaluations Frameworks wie z. B. [Mat05c, MS03] bzw. Entscheidungshilfen für die Auswahl eines RETs (in [HRBE06] anhand Kosten-Nutzen basierter Gesichtspunkte) und zum anderen Veröffentlichungen, die sich mit den grundsätzlichen Anforderungen an RETs befassen wie z. B. [HRBE06] oder [HKWB04]. Eine genauere Betrachtung der angegebenen Literatur bezüglich RETs wird im Rahmen des Abschnittes 8.2.5 stattfinden, der die Ergebnisse einer Evaluation des entwickelten prototypischen Werkzeug vorstellt.

3 Modellierungssprachen – Definition, Arten und Einordnung

> Models are one of the critical instruments of modern science. We know that models function in a variety of different ways within the sciences to help us learn not only about theories but also about the world.
>
> *(Morgan und Morrison [MM99])*

Margaret Morrison und Mary S. Morgan schreiben im Dictum dieses Kapitels dem zentralen Konstrukt dieser Arbeit – dem **Modell** – eine tragende Rolle in der modernen Wissenschaft zu. Sie betonen dessen Unterstützung zum Verständnis von wissenschaftlichen Theorien und besonders auch zum Verständnis der Realität. Die Übertragung dieser Aussage auf diese Arbeit führt zu den zwei Kernthemen *Modellierung* und *Validierung*. Bei der Modellierung geht es neben der theoretischen Fundierung in Form von Modellierungssprachen mit definierter Syntax und Semantik auch um den tatsächlichen Einsatz der Modellierung zur Veranschaulichung und Aufdeckung von verstecken Fakten oder Zusammenhängen des modellierten Sachverhalts. Die Validierung unterstützt die Erstellung von korrekten Modellen durch theoretische Grundlagen. Aber auch die Validierung kann eine Unterstützung durch die Modellierung erhalten. Denn besonders im Einsatzgebiet der Geschäftsprozessmodellierung werden Validierungsansätze mit textueller Darstellung als abschreckend empfunden [Jac06] (siehe Kapitel 4 bzw. 5).

3.1 Begriffe und Ziele der Modellierung

Im folgenden Abschnitt 3.1 werden zunächst begriffliche Grundlagen der Modellierung bzw. der Geschäftsprozessmodellierung sowie deren Ziele bzw. Einsatzzwecke vorgestellt. Darauf aufbauend werden in Abschnitt 3.2 grundsätzliche *Diagrammarten* und die Grundsätze betrachtet, die bei der Modellierung zu berücksichtigen sind. Zudem findet eine Einordnung der Modellierung in den Softwareentwicklungsprozess statt. Abschnitt 3.3 stellt ausgewählte (Geschäftsprozess-) Modellierungssprachen vor. Anschließend werden in Abschnitt 3.4 grundlegende *Modellierungsmethoden* und *Sichtenkonzepte* erläutert.

3.1 Begriffe und Ziele der Modellierung

Der Wortstamm des Begriffes *Modellierung* ist *das Modell*. Der Begriff Modell stammt aus dem Italienischen (ital. modello) und bedeutet so viel wie Muster oder Entwurf [Leh07]. Allerdings wird der Begriff Modell in vielen verschiedenen Bereichen verwendet. Die Sichtweise auf den Begriff ist daher sehr stark kontextabhängig [Kor08, Tab06]. Auf die unterschiedlichen Betrachtungsweisen des Begriffes Modell wird in [KK05] näher eingegangen. Dabei wird eine Bandbreite der Definitionen von der Bildhauerei bis hin zum wissenschaftlichen Gebrauch geliefert. Demnach kann ein Modell ein Abbild eines Originals oder ein Vorbild zur Erstellung eines Originals sein. Im Rahmen dieser Arbeit geht es um den wissenschaftlichen Gebrauch von Modellen zur Abbildung von betrieblichen Abläufen oder zur Abbildung der Struktur oder des Verhaltens eines Softwaresystems. Eine Definition des Begriffes Modell liefert [Poh10] mit folgender Formulierung:

Definition 3.1.1 ([Poh10]) *Model*
A model is an abstract representation of the universe of discourse created for a specific purpose (use).

Unter dem „universe of discourse", welches in [MBB01] als „Diskurswelt und Umgebung" bezeichnet wird, werden alle Teile bzw. Aspekte des Betrachtungsgegenstandes zusammengefasst. Kurz gesagt, wird der Betrachtungsgegenstand mit Hilfe von *wissenschaftlichen Methoden* handhabbar abgebildet. Die eingesetzten Methoden variieren je nach Betrachtungsgegenstand und dem Ziel der Veranschaulichung.

Der zu Beginn des Abschnittes aufgeworfene Begriff *Modellierung* (oder auch Modellbildung) befasst sich dementsprechend allgemein

3 Modellierungssprachen - Definition, Arten und Einordnung

mit der Formung [BK96] bzw. Erstellung [MBB01] eines Modells. Die Grundlage der Modellierung ist eine *Modellierungssprache*. Sie kann beispielsweise entsprechend der Definition 3.1.2 beschrieben werden.

Definition 3.1.2 ([Eng10]) *Modellierungssprachen sind künstlich definierte Sprachen, die dazu dienen, Modelle, d.h. abstrahierende Beschreibungen, zu erstellen.*

Dabei ist die Sprache nach [Spe80] „ein System von Zeichen, die der Vermittlung von Information dienen." Es gibt viele verschiedene Arten von *Zeichen*, wobei in Bezug auf Modelle besonders grafische Symbole oder textuelle Elemente von Bedeutung sind. Modelle können auf Basis textueller, grafischer oder einer Mischung aus textuellen und grafischen Zeichen erstellt werden. Die daraus entstehenden *Zeichensysteme* bzw. die zugrundeliegende *Lehre von Zeichen* wird im Rahmen der wissenschaftlichen Disziplin *Semiotik* betrachtet. Die Semiotik wird in die drei aufeinander aufbauenden Dimensionen *Syntax*, *Semantik* und *Pragmatik* unterteilt [Leh07]. Obwohl prinzipiell Begriffsdefinitionen für jede Dimension existieren, herrscht dennoch häufig ein unterschiedliches Verständnis den jeweiligen Begriffen betreffend vor. Im Rahmen dieser Arbeit soll der Fokus auf den Begriffen Syntax und Semantik liegen. Diese werden daher näher im folgenden Abschnitt 3.1.1 betrachtet. Das grundsätzliche Verständnis, dass unter dem Begriff der Pragmatik Betrachtungen zur Nutzung von Zeichen [Leh07] bzw. „Beziehungen zwischen Zeichen und ihren Benutzern" [Gab11] zu verstehen ist, soll an dieser Stelle genügen.

3.1.1 Syntax und Semantik

Bei den Begriffen Syntax und Semantik handelt es sich, wie bereits angesprochen, abermals um kontextabhängige Begriffe. Grundsätzliche Definitionen werden entsprechend dem Kontext unterschiedlich *weit* definiert.

Dies soll zunächst anhand der Kontextbeispiele *Programmiersprache* und *Programmierkonvention* dargelegt werden. Die Syntax einer Programmiersprache beschreibt laut [Hof08] den textuellen Aufbau der Quelltexte, die Semantik hingegen beschäftigt sich mit der Bedeutung der einzelnen Konstrukte und dementsprechend mit der Interpretation der Sprachbausteine durch den Compiler. In Programmierkonventio-

3.1 Begriffe und Ziele der Modellierung

nen beschreibt die Syntax die Form der Konvention und lässt sich automatisiert durch Werkzeugunterstützung prüfen, während semantische Programmierkonventionen den Inhalt betreffen und diese „die Überprüfung durch den Menschen" benötigen [Lig09]. Diese beiden Definitionen zeigen bereits einen eklatanten Unterschied, denn während [Hof08] dem Compiler die Interpretation zuordnet, ist für [Lig09] diese nur durch den Menschen möglich. Dementsprechend handelt es sich um zwei unterschiedliche Sichtweisen zum Begriff der Semantik.

Diese unterschiedlichen Sichtweisen sind häufig anzutreffen. [Hof08] folgt damit der Sichtweise auf die Syntax und Semantik von Programmiersprachen, wie sie auch im IEEE Standard Glossary of Software Engineering Terminology [IEE90] (Definitionen 3.1.3 und 3.1.4) verwendet wird.

Definition 3.1.3 ([IEE90]) *Syntax*
The structural or grammatical rules that define how the symbols in a language are to be combined to form words, phrases, expressions, and other allowable constructs.

Definition 3.1.4 ([IEE90]) *Semantics*
The relationships of symbols or groups of symbols to their meanings in a given language.

Angewandt auf die (Prozess-) Modellierung definiert die Syntax demnach die Regeln zur Verknüpfung der Zeichen bzw. Symbole des Modells und die Semantik die Bedeutung der entstehenden Konstrukte.

Neben der eben beschriebenen Semantik, hat ein (Geschäftsprozess-) Modell aber auch einen inhaltlichen Charakter, nämlich die eigentliche Intention bzw. der fachliche Hintergrund. Dieser wird in [Lig09] als Inhalt bezeichnet. Auch laut [Bru05] beschreibt die Semantik den Inhalt und *verkörpert* damit „den Mitteilungsgehalt bzw. Aussagegehalt der Darstellung". Entsprechend dieser Beschreibung befasst sich die Semantik mit *inhaltlichen Aspekten* [Leh07]. Diese umfassen laut [Bru05] bzw. [Leh07]:

Inhaltliche Korrektheit ist die Überprüfung auf Fehler in der Abbildung des betrachteten Systems im Rahmen des Modells. Sie wird von Experten überprüft, die mit dem modellierten System vertraut sind.

3 Modellierungssprachen - Definition, Arten und Einordnung

Inhaltliche Vollständigkeit zielt auf die Überprüfung des Detailierungsgrades des Modells ab.

Verständlichkeit überprüft ein Modell daraufhin, ob es für den Leser verständlich ist.

Konsistenz bezieht sich zum einen auf die konsistente, inhaltliche Modellierung in einem Modell und zum anderen auf die inhaltlich, konsistente Modellierung zwischen mehreren (sich möglicherweise ergänzenden) Modellen.

Prägnanz bzw. Relevanz für den Leser ist beispielsweise die Verwendung von prägnanten Bezeichnungen und Vermeidung von Redundanzen bei der Wahl von Bezeichnungen.

Damit kommen bei der Betrachtung der Semantik zwei Teilaspekte zum Tragen. Nämlich die *Bedeutung der Konstrukte* und der eigentliche *Inhalt bzw. Mitteilungsgehalt*. Am Beispiel der Programmiersprache bezieht sich die Semantik allerdings nur auf die Bedeutung der Konstrukte und lässt den Inhalt weitestgehend außen vor (vgl. dazu Definition 3.1.4 zum Begriff Semantik). Die dieser Arbeit zugrundeliegenden Definitionen von Syntax und Semantik sind daher im Kontext der Modellierung bzw. Modellierungssprache entsprechend wie folgt definiert:

Definition 3.1.5 ([Bru05]) *Syntax*
ist definiert als die Grammatik bzw. das Regelwerk zur Formulierung der Form einer Darstellung und verkörpert deren Aufbau bzw. deren Struktur.

Definition 3.1.6 ([Bru05]) *Semantik*
ist definiert als die Bedeutung der Konstrukte einer Darstellung, bezieht sich auf deren Inhalt und verkörpert deren Mitteilungsgehalt bzw. Aussagegehalt.

Neben dem Bereich der (Geschäftsprozess-)Modellierung, welche im folgenden Abschnitt 3.1.2 vorgestellt wird, treten die Begriffe Syntax und Semantik in dieser Arbeit aber auch im Bereich der Validierungs- und Verifikationsverfahren auf. Dort wird häufig eher das Verständnis der Begriffe im Sinne der Programmiersprache verwendet. Darauf wird aber an entsprechender Stelle explizit hingewiesen.

3.1 Begriffe und Ziele der Modellierung

3.1.2 Geschäftsprozessmodellierung (GPM)

Als Konkretisierung des Begriffes Modellierung ist der zentrale Betrachtungsgegenstand bei der *Geschäftsprozessmodellierung* (kurz GPM) der Geschäftsprozess. Dieser ist allgemein entsprechend Definition 3.1.7 definiert.

Definition 3.1.7 ([Bru05]) *Geschäftsprozess*
Ein Geschäftsprozess umfasst eine bestimmte Menge von Tätigkeiten, die zur Erfüllung einer betrieblichen Aufgabe notwendig und in einer vorgegebenen Ablauffolge zu erledigen sind.

Die Definition 3.1.7 ist allerdings nicht die einzige Definition zum Begriff Geschäftsprozess, wie dies bei vielen Begriffen im Bereich der Beschreibung von Abläufen der Fall ist [Mer06]. Dennoch gibt sie eine allgemeingültige Sichtweise wieder. Ein Liste weiterer Definitionen findet sich in [Leh07].

Analog zur Definition des Geschäftsprozesses kann der Begriff des *Geschäftsprozessmodells* festgelegt werden. Einen Modellbegriff für die GPM findet sich in [Leh07]. Dort wird die Betrachtungsweise der „wirtschaftswissenschaftlichen Interpretation" zugeordnet und ein Modell bzw. Prozessmodell wird definiert als „ein konstruiertes, vereinfachtes Abbild tatsächlicher Wirtschaftsabläufe". In Ergänzung zur Begriffsdefinition werden die zentralen Eigenschaften eines Modells wie folgt bestimmt:

- Repräsentation eines Realitätsausschnittes (i. V. m. Abstraktion [Leh07])
- festgelegte Detaillierungstiefe
- Abbildung einer bestimmten Perspektive
- Momentaufnahme
- Zweckorientierung

Nicht zuletzt wird versucht, mit Modellen im Allgemeinen „Nicht-Sichtbares, z. B. wirtschaftliche Vorgänge oder Lagerströme, Verknüpfungen von Daten oder Elektronenflüsse sichtbar darzustellen, und zwar zum Verständnis der Sache" [Mue08]. Dies gilt ebenfalls für den Anwendungsbereich der Geschäftsprozessmodellierung, die durch

3 Modellierungssprachen - Definition, Arten und Einordnung

die Vergegenständlichung des betrachteten Sachverhalts oft überhaupt erst ein Verständnis für das dargestellte Problem ermöglicht.

3.1.3 Ziele bzw. Einsatzzweck der (Geschäftsprozess-)Modellierung

Im vorangegangenen Abschnitt wurde bereits die unterstützende Wirkung von Modellen für das Verständnis des Betrachtungsgegenstandes angesprochen. Weil Modelle aber „ein Paradebeispiel für Multifunktionalität" sind [Bru05], bringt der Einsatz dieser zudem auch über den ursprünglichen Entscheidungsgrund hinaus weitere Vorteile mit sich.

In [Bru05] wird die *grafische Darstellung* der Modelle (auch *grafische Notation*) unter dem Begriff Darstellungstechnik zusammengefasst. Diese unterteilt sich in die Bereiche der *Visualisierung* (analytische Visualisierung) und *Kommunikation* (visuelle Kommunikation). Die *analytische* Visualisierung liefert dabei eine ganzheitliche Betrachtung des jeweiligen Betrachtungsgegenstandes. Der dadurch erreichte Überblick fördert zudem die Beherrschbarkeit der Komplexität. Modelle bzw. Darstellungstechniken fördern über die *visuelle* Kommunikation vor allem die Kommunikation zwischen den beteiligten Personengruppen. Erreicht wird dies durch Bereitstellung der Modellierungssprache, die laut [Bru05] als gemeinsame Sprachebene dient. Dabei charakterisiert [Bru05] die Modellierungssprache als fokussierte, ballastfreie Repräsentation, die den Realitätsausschnitt übersichtlich und transparent visualisiert. Über diese Vorteile hinaus finden sich weitere zahlreiche Vorteile für die Verwendung einer Darstellungstechnik bei anderen Autoren.

Damit gibt es prinzipiell einige gute Gründe Modelle zu verwenden. Es soll an dieser Stelle aber nicht vernachlässigt werden, dass die Verwendung von Modellen gegebenenfalls auch Nachteile mit sich bringt. Gegenüber der Verwendung von natürlichen Sprachen zur Beschreibung von Szenarien entsteht beim Einsatz einer Modellierungssprache der Lernaufwand der Sprache selbst und der Bedienung des Werkzeuges. Der erhöhte Lernaufwand könnte sich bei häufiger Benutzung rentieren. Ein eventuell schwerwiegenderer Nachteil kann die begrenzte Ausdrucksmöglichkeit einer Modellierungssprache gegenüber der natürlichen Sprache sein. Eine Vermeidung dieses Nachteils wäre das

3.1 Begriffe und Ziele der Modellierung

Ausweichen auf eine andere Modellierungssprache, wobei allerdings wieder deren Lernaufwand entstehen würde. Es ist also stets auch das Umfeld des geplanten Einsatzes (wie vorliegende Kenntnisse in Modellierungssprachen und -werkzeugen) zu berücksichtigen.

Mit dem Fokus auf die Geschäftsprozessmodellierung wird in [Leh07] eine Gegenüberstellung von Vor- und Nachteilen aufgelistet, die in Tabelle 3.1 dargestellt ist. Die Tabelle erhebt dabei nicht den Anspruch auf Vollständigkeit, da entsprechend dem Einsatzzweck weitere Vor- bzw. Nachteile zusammengetragen werden könnten. Sie soll vielmehr Anhaltspunkte für eine möglicherweise notwendige Entscheidung für oder gegen die Verwendung einer grafischen Notation liefern.

Neben den Vor- und Nachteilen des Einsatzes von Geschäftsprozessmodellen wird an dieser Stelle ein kurzer Überblick über deren Einsatzzwecke gegeben. Tabelle 3.2 zeigt einige Ziele der Modellierung von (Geschäfts-) Prozessmodellen, die nach [Leh07] in die Gruppen *Organisationsgestaltung* und *Anwendungssystemgestaltung* unterteilt werden.

Ziele der Organisationsgestaltung sind die Abbildung der Unternehmensprozesse sowie deren Nutzung zur Erreichung von Unternehmenszielen (z. B. Optimierung oder Reorganisation). Die Grundlage ist dabei die initiale *Dokumentation der Prozesse*, die eine übersichtliche, verständliche und möglichst vollständige Abbildung der Unternehmensprozesse und Anwendungssysteme liefern soll. Die Einsatzmöglichkeiten derartig dokumentierter Prozesse sind sehr vielfältig. Besonders hervorgehoben werden häufig die Möglichkeiten zur *prozessorientierten Reorganisation* der Unternehmensprozesse, da anhand der dokumentierten Prozesse ineffiziente oder unnötige Prozessgestaltungen leichter aufgedeckt werden können. Darüber hinaus können die Prozessmodelle aber beispielsweise auch zur Verbesserung bzw. Vereinfachung des Wissensmanagements und Zertifizierungen genutzt werden.

Ziele der Anwendungssystemgestaltung sind eher auf Entwicklung, Einführung und Konfiguration der die Geschäftsprozesse unterstützenden Anwendungssysteme ausgerichtet. Ein in neuerer Zeit zunehmender Aspekt ist die Nutzung von Modellen zur *Softwareentwicklung* von Anwendungssystemen. Während ursprünglich die Aufnahme von Anforderungen im Rahmen des Requirements Engineering in Form von Modellen die Hauptaufgabe war, wird zunehmend versucht, aus den Modellen direkt Software generieren zu lassen (siehe dazu Abschnitt

3 Modellierungssprachen - Definition, Arten und Einordnung

Vorteile	Nachteile
• Hohe Anschaulichkeit • Übersichtlichkeit • Förderung gleichartiger Darstellungen durch unterschiedliche Modellierer (Autoren) • Gute Eignung als Diskussionsgrundlage • Förderung eines einheitlichen Verständnisses des Realilätsausschnittes • Strukturierungsmöglichkeiten: horizontale und vertikale Zerlegungsmöglichkeiten • Attributierung eines Objektes mög- lich, z.B. Kosten, Durchlaufzeit, Ersteller, Status • Werkzeuge mit Zusatzfunktionen verfügbar (Simulation, Auswertung, ...)	• Lernaufwand bezüglich der Notation (Modellierungssprache) • Lernaufwand bezüglich des eingesetzten Werkzeuges • Evtl. höherer Modellierungsaufwand • Akzeptanzprobleme wegen kompliziert wirkender Notation • Notwendigkeit der Einigung auf Modellierungskonventionen, da sonst weiterhin Interpretationsspielräume bestehen bleiben (siehe dazu Abschnitt 3.2.2) • Gefahr eines sprachlichen Grabens zwischen Sprachkundigen und Sprachunkundigen bezogen auf die eingesetzte Notation • Begrenzte Ausdrucksmöglichkeiten im Vergleich zur natürlichen Sprache

Tabelle 3.1: Vor- und Nachteile grafischer Notationen zur Prozessmodellierung [Leh07].

3.2.3). Häufiger ist aber noch die *Auswahl der ERP-Standardsoftware* anhand der Geschäftsprozesse oder das *modellbasierte Customizing* bei der Einführung einer Standardsoftware.

3.2 Diagrammarten, Grundsätze der Modellierung und Einordnung

Organisationsgestaltung	Anwendungssystemgestaltung
• Dokumentation der Prozesse • Prozessorientierte Reorganisation • Prozesscontrolling • Zertifizierung • Benchmarking • Wissensmanagement • Kompetenzerweiterung • Prozesskostenrechnung	• Auswahl der ERP-Standardsoftware • Modellbasiertes Customizing • Softwareentwicklung • Workflow-Management • Simulation

Tabelle 3.2: Ziele der Prozessmodellierung nach [Leh07].

3.2 Diagrammarten, Grundsätze der Modellierung und Einordnung

Nach Vorstellung der grundsätzlichen Ziele der (Geschäftsprozess-) Modellierung stehen in diesem Abschnitt die entsprechend der verfolgten Ziele einsetzbaren Modelle im Mittelpunkt. Dabei werden auch Grundsätze betrachtet, die z. B. dem besseren Verständnis der Modelle dienen. Darüber hinaus findet eine Einordnung der vorgestellten Modelle in den allgemeinen sowie den modellgetriebenen Softwareentwicklungsprozess statt.

3.2.1 Diagrammarten

In Ergänzung zum Begriff Modell wird in [Bru05] die Bezeichnung *Diagramm* eingeführt. Dabei besteht ein Modell aus einem oder mehreren Diagrammen, die jeweils um textuelle Beschreibungen ergänzt sein können. Diagramme können entsprechend Abbildung 3.1 in *Graphen* (gerichtet und ungerichtet), *Matrizen* und *Sonderformen* unterteilt werden.

Diese Systematik kann aber aufgrund der großen Variantenvielfalt nicht allumfassend sein, weshalb die Diagrammart Sonderform an dieser Stelle nicht näher untergliedert werden soll. Auch die Diagrammart

3 Modellierungssprachen - Definition, Arten und Einordnung

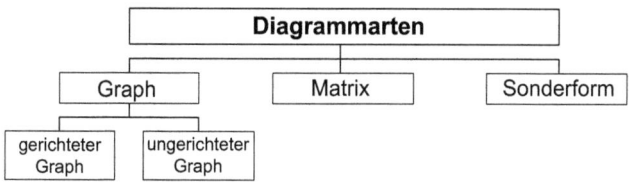

Abbildung 3.1: Diagrammarten nach [Bru05].

Matrix, bei der Beziehungen der Strukturierungsinhalte des Betrachtungsgegenstandes als Raster mit Zeilen und Spalten (tabellenförmig) dargestellt sind, soll nur erwähnt werden. Der Fokus liegt auf der Diagrammart Graph, der im betriebswirtschaftlichen bzw. informationstechnologischen Umfeld häufig eingesetzt wird. Ein Graph besteht meist aus rechteckigen oder runden Symbolen, die miteinander durch Linien verbunden sind. Die Symbole werden dabei als *Knoten* die Linien als *Kanten* bezeichnet. Allgemein stellt ein Graph damit „eine Menge von Knoten, die durch eine Menge von Kanten einander zugeordnet sind" [Bru05] dar. Besitzen die Kanten einen Richtungssinn, der durch eine Pfeilspitze dargestellt wird, handelt es sich um einen gerichteten Graphen; andernfalls um einen ungerichteten Graphen. Zur weiteren inhaltlichen bzw. semantischen Anreicherung werden Knoten und Kanten mit Symbolen oder Texten versehen. Dieses Vorgehen wird allgemein als *Annotation* bezeichnet.

Über die grafischen Unterschiede der Darstellungstechniken hinaus, können Darstellungstechniken nach weiteren Gesichtspunkten differenziert werden. Die weitere Differenzierung ist dabei vor allem für die Zuordnung zum angedachten Einsatzzweck hilfreich. Wie bereits in Kapitel 2 erwähnt, können Modelle bzw. Graphen allgemein den Spezifikationstechniken zugeordnet werden. Daher gilt ein Großteil der Ausführungen des Abschnittes 2.2 auch für Modelle. [Bru05] führt u. a. die folgenden Unterscheidungsmerkmale an:

Verwendungszweck – *fachlich* oder *nicht-fachlich*
  Fachliche Darstellungstechniken werden zur Veranschaulichung des fachlichen Problems wie z. B. zur Modellierung betrieblicher Abläufen eingesetzt. Nicht-fachliche Diagramme dienen meist der Unterstützung der fachlichen Diagramme, indem beispielsweise die in den fachlichen Diagrammen verwendeten Daten in

3.2 Diagrammarten, Grundsätze der Modellierung und Einordnung

Datenmodellen zusammengefasst werden können. [Bru05] nennt als Beispiele die Daten-, Funktions- und Prozessmodellierung. Eine etwas andere Unterteilung nach dem Verwendungszweck wird in [Gad05] vorgenommen. Danach werden *Diagrammsprachen* in datenflussorientiert, kontrollflussorientiert und objektorientiert unterteilt.

Abstraktions- bzw. Konkretisierungsgrad – *abstrakt* oder *konkret*
Abstrakte Diagramme beschreiben den Betrachtungsgegenstand wenig detailliert und bieten daher eine *konzeptionelle* Perspektive. Konkrete Diagramme besitzen dagegen eine hohe Detaillierung bezüglich des Betrachtungsgegenstandes. In Bezug auf eine Softwarelösung wäre ein abstraktes Diagramm eine textuelle oder grafische Problembeschreibung, während ein konkretes Diagramm Technologie- oder Implementierungsdetails enthält. Eine ähnliche Einteilung ist die Unterscheidung zwischen konzeptionellen und operationellen Modellen nach [Yeh82].

Formalisierungsgrad – *informal*, *semiformal* oder *formal*
Die entsprechenden Erläuterungen des Abschnittes 2.2 gelten auch für den Formalisierungsgrad von Modellen. Dementsprechend sind informale Modelle wie die natürliche Sprache *uneingeschränkt* in ihrer Art und Weise formulierbar. Semiformal Modelle besitzen hingegen eine vorgegebene Syntax und Semantik, können aber bei Bedarf um informale Aspekte (z. B. Beschreibungen) erweitert werden. Formale Darstellungen sind dagegen eindeutig formulierbar, was eine formale Überprüfung ermöglicht.

Betrachtungsaspekt – *statisch*, *dynamisch* oder *hybrid*
Darstellungen werden zur Betrachtung bestimmter Aspekte konzipiert. Zu unterscheiden sind vor allem *Strukturmodelle* (statische Diagramme) und *Verhaltensmodelle* (dynamische Diagramme). Während Strukturmodelle die Teile bzw. Komponenten des Betrachtungsgegenstandes sowie deren Beziehungen bzw. Abhängigkeiten abbilden, werden in Verhaltensmodellen zeitliche Aspekte und Abläufe dargestellt.

Sichtenintegrationsfähigkeit – *eindimensional* oder *mehrdimensional*
Diagramme, die auf einen Betrachtungsaspekt fokussieren (beispielsweise den Kontrollfluss), werden eindimensional genannt. Werden mehrere Sichten in einem Diagramm bzw. Modell aggregiert (beispielsweise Kontrollfluss ergänzt um Datenobjekte), wird dieses als mehrdimensional bezeichnet. Der Aspekt der Sichtenintegrationsfähigkeit wird in Abschnitt 3.4 noch einmal ausführlicher betrachtet.

Anhand der aufgeführten Unterscheidungsmerkmale lässt sich entsprechend der Ziele, dem Einsatzgebiet, den beteiligten Personengruppen oder der Projektphase die Eignung einer Modellierungssprache bestimmen (siehe dazu Abschnitt 3.2.3). Allerdings gibt es häufig nicht *die* beste, sondern allenfalls eine geeignete Sprache. Die Wahl einer geeigneten Sprache ist dabei für den Erfolg des entsprechenden Einsatzziels ausschlaggebend. [All05] beschreibt dies durch folgende Aussage: „Gelegentlich wird der Versuch gemacht, Modellierungsnotationen, die auf einen bestimmten Einsatzzweck ausgerichtet sind, auch für andere Zwecke einzusetzen."

3.2.2 Grundsätze, Konventionen und Richtlinien bei der Modellierung

Im Prinzip unabhängig von der gewählten Modellierungssprache sind die im Folgenden vorgestellten Grundsätze, Konventionen und Richtlinien (zusammengefasst im Begriff Vorgaben) bei der Modellierung. Die in [BRS95] bzw. [BRU00] vorgestellten *Grundsätze ordnungsgemäßer Modellierung* (kurz GoM) „zielen auf die Sicherstellung der Qualität von Informationsmodellen, die über die reine syntaktische Korrektheit hinausgehen". Die GoM stellen dazu die in Tabelle 3.3 aufgeführten Grundsätze auf, die bei der Modellierung zu berücksichtigen sind.

Die GoM können prinzipiell als intuitiv verständlich bzw. nachvollziehbar angesehen werden. Dennoch führt erst diese Vergegenwärtigung der einzelnen Teilaspekte zu einer grundsätzlichen Berücksichtigung bei der tatsächlichen Modellierung. Ein im Rahmen dieser Arbeit besonders hervorzuhebender Aspekt ist der Grundsatz der Richtigkeit. Er bezieht sich auf die *semantische* Richtigkeit eines Modells und wird wie folgt umschrieben:

3.2 Diagrammarten, Grundsätze der Modellierung und Einordnung

Grundsatz der Richtigkeit	Grundsatz der Relevanz
Grundsatz der Wirtschaftlichkeit	Grundsatz der Klarheit
Grundsatz der Vergleichbarkeit	Grundsatz des systematischen Aufbaues

Tabelle 3.3: Grundsätze ordnungsgemäßer Modellierung nach [BRS95].

Grundsatz der Richtigkeit „Voraussetzung für ein qualitativ hochwertiges Modell ist, dass es den zu repräsentierenden Sachverhalt korrekt wiedergibt. Dieser Aspekt kennzeichnet die *semantische Richtigkeit*. Hierbei ist die Richtigkeit von Modellen grundsätzlich nicht beweisbar, sondern ergibt sich aus dem Konsens der Fach- und Methodenexperten, die ein Modell als zutreffend erachten. Von der semantischen Richtigkeit ist die *syntaktische Richtigkeit* abzugrenzen, welche die Einhaltung der gegebenenfalls individuell definierten Notationsregeln beschreibt." [BRS95]

Die GoM sind aber nur als grundsätzliche Vorgehensweisen zu betrachten, für die praktische Anwendung sind sie zu abstrakt [MRA10]. Konkretere Handlungs- bzw. Modellierungsanweisungen liefern hingegen die *7 Process Modeling Guidelines* (kurz 7PMG) [MRA10]. Die 7PMG basieren auf empirischen Analysen, die auf den Faktoren *Verständnis der Modellierungssprache, Fehlerwahrscheinlichkeit bei der Modellierung* und *Mehrdeutigkeit der Aktivitätsbezeichnung* basieren. Aus den Analysen sind die sieben, in Tabelle 3.4 dargestellten, Richtlinien hervorgegangen.

Die Richtlinien beziehen sich dabei konkret auf die verwendeten Modellelemente. Sie sind aber nicht auf eine konkrete Modellierungssprache festgelegt, sondern gelten allgemein für Modellierungssprachen, die auf Funktionen bzw. Aktivitäten, Ereignissen und Konnektoren basieren.

Über die GoM und 7PMG hinaus gibt es auch im Rahmen konkreter Modellierungssprachen *Modellierungskonventionen* bzw. *Modellierungsrichtlinien*. Die Art der Konventionen ist dabei sehr vielfältig wie [Dav03], [RSD05] oder [Leh07] zeigen. Zur Konkretisierung soll beispielhaft die folgende, in [Leh07] aufgeführte und auf die ereignisge-

3 Modellierungssprachen - Definition, Arten und Einordnung

G1	Use as few elements in the model as possible	**G5**	Avoid OR routing elements
G2	Minimize the routing paths per element	**G6**	Use verb-object activity labels
G3	Use one start and one end event	**G7**	Decompose a model with more than 50 elements
G4	Model as structured as possible		

Tabelle 3.4: 7 Process Modeling Guidelines nach [MRA10].

steuerte Prozesskette bzw. ARIS (siehe Abschnitt 3.3.1) bezogene, Liste dienen: „Konventionen zur Verwendung von Modelltypen, modelltypspezifische Konventionen, objekttypspezifische Konventionen, darstellungsbezogene Konventionen, Namenskonventionen, Konventionen zur Organisation der Zusammenarbeit in der Modellierung sowie Übereinkünfte bezüglich des tolerierten Weglassens von Elementen". Als Beispiel für Namenskonventionen wird in [Leh07] folgende Regel benannt: „Als Namenskonvention für Funktionen hat sich das Schema Substantiv (im Singular) + Verb (im Infinitiv) bewährt, wobei das Substantiv das Bearbeitungsobjekt und das Verb die auszuführende Verrichtung beschreiben, Beispiel: Zimmeranfrage beantworten." Die angestrebten Ziele der Vorgaben sind dementsprechend vielfältig. Nach [SS03] haben Modellierungskonventionen den folgenden Nutzen:

- Vereinheitlichung von Modellen
- Konsistenz der Modelle
- Erhöhung der Verständlichkeit und der Akzeptanz der Modelle
- Vermeidung von Redundanzen und Widersprüchlichkeit der Modelle
- Reduktion der Komplexität (Vielfalt, Unterschiedlichkeit)
- Grundlage für Analysen und Vergleiche von Prozessen

3.2 Diagrammarten, Grundsätze der Modellierung und Einordnung

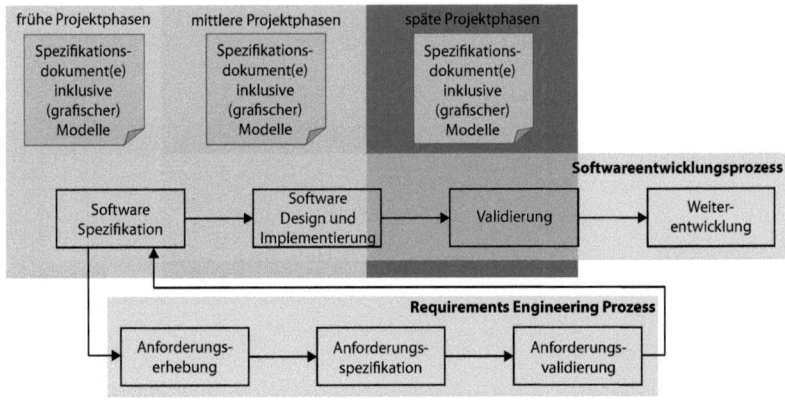

Abbildung 3.2: Einordnung des Requirements Engineering Prozesses in den Softwareentwicklungsprozess.

- Wiederverwendbarkeit für verschiedene Zwecke
- Vergleichbarkeit von Modellen (z. B. Soll/Ist)
- Vereinfachung und Steigerung der Effizienz der Modellierung

3.2.3 Einordnung in den Softwareentwicklungsprozess

In Anlehnung an die Einordnung von Anforderungen in den Softwareentwicklungsprozess bzw. das Requirements Engineering (siehe Abschnitt 2.3) soll eine Zuordnung der vorgestellten Diagrammarten zu den Entwicklungsphasen vorgenommen werden. Denn entsprechend ihrer Differenzierungsmerkmale ist eine Diagrammart für bestimmte Phasen geeigneter bzw. ungeeigneter.

Der Software Engineering bzw. Requirements Engineering Prozess soll dazu grob in *frühe – mittlere – späte* Projektphasen unterteilt werden, in Anlehnung an [Bru05] und wie in Abbildung 3.2 dargestellt.

Anhand der Differenzierungsmerkmale der Diagrammarten bzw. Modelle lässt sich eine Zuordnung zu den Projektphasen durchführen. So sind fachliche, abstrakte und informale Modelle eher frühen und nicht-fachliche, konkrete und formale Modelle eher späten Projektphasen zuzuordnen. Dabei nimmt besonders der Detaillierungsgrad mit dem Verlauf des Projektes zu. Dies muss dementsprechend durch

3 Modellierungssprachen - Definition, Arten und Einordnung

die Diagrammarten unterstützt werden. Die Diagrammarten liefern daher eine betriebswirtschaftliche bis hin zu implementierungsnahe Sicht. Modelle der frühen Phasen beschreiben damit *lösungsneutral*, was umgesetzt werden soll, während Modelle der mittleren und späten Phasen eher *systemnah* bzw. *implementierungsnah* festlegen *wie*, etwas umgesetzt werden soll.

In frühen bis mittleren Phasen werden daher Diagrammarten eingesetzt, die möglichst von allen beteiligten Personengruppen verstanden werden können. Beispiele dafür sind u. a. UML-Anwendungsfalldiagramme, UML-Aktivität (siehe Abschnitt 3.3.3), Funktionshierarchien, Diagramme der Business Modeling and Notation (kurz BPMN) (siehe Abschnitt 3.3.2), die ereignisgesteuerte Prozesskette (kurz EPK) (siehe Abschnitt 3.3.1) oder Wertschöpfungskettendiagramme. Dabei werden zum Teil einfache Varianten der genannten Diagrammarten in frühen Phasen und umfangreichere, detailliertere in mittleren Phasen eingesetzt. In späten Phasen kommen ergänzende bzw. erweiterte Diagrammarten zum Einsatz, auf die an dieser Stelle aber nicht näher eingegangen werden soll.

Im Rahmen dieser Arbeit steht besonders der Zusammenhang zwischen den Anforderungen (FA und NFA) und den eingesetzten Diagrammarten bzw. Modellen im Fokus. Denn im Grunde dienen Diagramme, wie auch die in Abschnitt 2.2.2 betrachteten Spezifikationstechniken bzw. -sprachen, der Formulierung von Anforderungen jeglicher Art. Anforderungen können somit direkt als Modell formuliert werden. Laut [Poh07] gilt dies prinzipiell für jede Anforderung. Wie bereits erwähnt, werden Anforderungen aber häufig zuerst als „Prosa-Texte" aufgenommen und erst anschließend mit Diagrammen modelliert. Dabei tritt das Problem auf, dass besonders bei sich häufig ändernden Anforderungen eine Verbindung bzw. Nachverfolgung von Anforderungen in Prosa und in Diagrammen herstellbar sein muss [Kor08]. Dies sollte vor allem durch die in Abschnitt 2.3.2.2 kurz vorgestellten RETs unterstützt werden.

Ein speziell zu berücksichtigendes Problem bei der Modellierung von Anforderungen tritt in Bezug auf die verschiedenen Typen der Anforderungen (siehe Abschnitt 2.1.5.3) auf. Denn Diagramme beschreiben Anforderungen sowohl explizit als auch implizit. Dabei können vor allem FAs explizit modelliert werden, wie [End04] am Beispiel der Geschäftsregel (siehe Definition 2.1.5) zeigt. [End04] schlägt die direkte Entwicklung von Geschäftsprozessmodellen aus Geschäftsre-

3.2 Diagrammarten, Grundsätze der Modellierung und Einordnung

geln vor. Ein entscheidender Vorteil dabei ist, das Vorliegen sowohl der explizit formulierten Geschäftsregel als auch des Geschäftsprozesses. Denn nach [Ger04] wird erst durch die getrennte Verwaltung von (Geschäfts-) Regeln und Geschäftsprozessen die flexible Wiederverwendbarkeit von Geschäftsregeln ermöglicht. Allerdings sind über die Geschäftsregeln hinaus implizit modellierte (sowie gegebenenfalls selbstverständliche und unbewusste) Anforderungen dabei als ebenso problematisch wie auch bei anderen Spezifikationstechniken bzw. -sprachen zu betrachten. Neben der erschwerten Wiederverwendbarkeit ist auch die Überprüfung der korrekten Umsetzung in den (Geschäfts-) Prozessmodellen schwierig. Daher ist die explizite Formulierung auch im Rahmen von (Geschäfts-) Prozessmodellen anzustreben.

3.2.3.1 Modellgetriebene Softwareentwicklung

Im Rahmen der *modellgetriebenen Softwareentwicklung* (engl. Model Driven Software Development, kurz MDSD) [VS06] lassen sich abstrakte Modelle wie Geschäftsprozessmodelle schrittweise bis hin zu implementierungsnahen Modellen verfeinern. [VS06] definierte sie entsprechend Definition 3.2.1.

Definition 3.2.1 ([VS06]) ***Modellgetriebene Softwareentwicklung***
ist ein Oberbegriff für Techniken, die automatisiert, aus formalen Modellen lauffähige Software erzeugen.

Im Rahmen der MDSD werden Modelle wie die genannten Diagrammarten der einzelnen Projektphasen schrittweise entsprechend des Projektverlaufes weiter mit Details angereichert. Der Übergang kann dabei sowohl über die Steigerung des Detaillierungsgrades (siehe Abschnitt 3.3.2) oder über Transformationsschritte erreicht werden. Als Grundlage können dazu Modellierungssprachen wie BPMN-Diagramme, EPK (siehe [LLSG08, SKD+08]) oder UML-Aktivitäten verwendet werden [KTS05]. Als Grundvoraussetzung ist es dazu notwendig, eine hohe Qualität der Modelle zu gewährleisten. Um die Qualität der Modelle zu erhöhen besteht beispielsweise die Möglichkeit bestimmte Eigenschaften eines Modells zu überprüfen. Dies kann über Validierungs- und Verifikationsverfahren erreicht werden, wie sie in Kapitel 4 beschrieben werden.

3 Modellierungssprachen - Definition, Arten und Einordnung

3.2.3.2 Modellgetriebene Softwareentwicklung: SOA und Web Services

Das Paradigma der Service-orientierten Architekturen (engl. Service-oriented Architecture, kurz SOA) ist ein sehr weit verbreitetes Architekturmuster, für das die MDSD eingesetzt wird [BBF+05, Mel08]. Dieses Architekturmuster verzeichnet besonders in den vergangenen Jahren „ein deutlich gestiegenes Interesse" sowohl in der Wirtschaft, als auch im öffentlichen Sektor [SRS+07].

Service-orientierte Architekturen bedienen sich dabei häufig der Technologie der Web Services [WCL+05], welche Dienste (in Anlehnung an webbasierte Dienste) bereitstellen, die durch die maschinenlesbare Web Service Description Language (kurz WSDL) [CCMW01] beschrieben werden. Dabei können einzelne Web Services zu ausführbaren Prozessen hintereinander geschaltet werden, um komplexe Dienste anbieten zu können. Dies wird dadurch realisiert, dass ein derartiger Prozess ebenfalls als Web Service angeboten werden kann. Die Implementierung dieser *automatisiert ausführbaren* Prozesse erfolgt dabei entsprechend der WS-BPEL Spezifikation [JEA+07], einer standardisierten XML-basierten Sprache zur Beschreibung der Ausführungssequenz des Prozesses. Die Ausführung der WS-BPEL-konformen Prozesse (kurz BPEL-Prozesse) kann dann über eine entsprechende BPEL-fähige Engine erfolgen.

Die Entwicklung eines BPEL-Prozesses lässt sich neben den herkömmlichen Softwareentwicklungsmethoden auch über die MDSD durchführen. Dabei können BPEL-Prozesse z. B. aus fachlichen Prozessmodellen wie der EPK hergeleitet (z. B. [LLSG08, SKD+08, Man05]). In verschiedenen Forschungsprojekten wie dem OrViA-Projekt wurden komplexe Workflow-Systeme betrachtet, welche basierend auf der Web-Service-Technologie (d.h. unter Verwendung von WS-BPEL [JEA+07], WSDL [CCMW01] und SOAP [GHM+07]) aus fachlichen Prozessmodellen in der Notation der EPK entwickelt wurden.

Die Vorteile der MDSD liegen neben den kürzeren Entwicklungszeiten vor allem in der schnellen Anpassbarkeit der entwickelten bzw. generierten Software an geänderte Umgebungsbedingungen. Dabei gewinnen laut [LLSG08] besonders kleine und mittlere Unternehmen (kurz KMU) durch die MDSD der SOA bzw. BPEL-Prozesse, da diese kostengünstig Software entwickeln und anpassen können. KMUs gewinnen dadurch ein hohes Maß an Flexibilität. Dies resultiert vor allem darin, dass mittlerweile entsprechende kommerzielle, als auch Open Source Werkzeuge existieren, in die Mechanismen zur Umsetzung der MDSD (und im Speziellen der SOA) integriert sind.

3.3 Vorstellung ausgewählter Modellierungssprachen bzw. Modelltypen

Der Fokus dieser Arbeit liegt auf dynamischen Diagrammarten, die für Geschäftsprozessmodellierung eingesetzt werden. Daher sollen in diesem Abschnitt ausgewählte dynamische Diagrammarten (auch als Modelltypen bezeichnet) vorgestellt werden. Anmerkend sei erwähnt, dass dynamische Diagrammarten häufig eine bestimmte Art von Petrinetzen [Pet62, Rei10] darstellen wie anhand der Beipiele BPMN, EPK (siehe [Leh07]) und der UML-Aktivität (siehe [Stö05]) erkennbar ist.

Die im Folgenden ausgewählten Diagrammarten sind jeweils einer der im vorangegangen Abschnitt vorgestellten Projektphasen (früh – mittel – spät) zuzuordnen. Die in Abschnitt 3.3.1 vorgestellte ereignisgesteuerte Prozesskette ist eher frühen Projektphasen zuzuordnen, die Business Process Model and Notation (kurz BPMN) (siehe Abschnitt 3.3.2) ist frühen bis mittleren Projektphasen zuzuorden und die in Abschnitt 3.3.3 vorgestellte UML-Aktivität wird häufig als implementierungsnah betrachtet und dementsprechend späten Projektphasen zugeordnet. Es ist aber anzumerken, dass diese Einteilung keine grundsätzliche Einteilung darstellt und je nach Anwendungsfall bzw. Einsatzumgebung (wie beteiligten Personengruppen) variiert.

3.3.1 Ereignisgesteuerte Prozesskette

Die *ereignisgesteuerte Prozesskette* wurde 1992 am Institut für Wirtschaftsinformatik der Universität des Saarlandes in enger Kooperation mit der SAP AG entwickelt [KNS92]. Diese semiformale Modellierungssprache wurde mit dem Ziel der Erhöhung der Transparenz „durch Konzentration auf die untersuchungsrelevanten Komponenten" und Beziehungen der Informationssysteme eines Unternehmens entwickelt. Dies entspricht einer systemtheoretischen Sichtweise. Wobei die

3 Modellierungssprachen - Definition, Arten und Einordnung

Systemtheorie Unternehmen „als ein komplexes, offenes, dynamisches, sozio-technisches System aus Elementen [betrachtet], die in komplexen Wirkungsbeziehungen zueinander stehen" [KT09].

In der ersten Version der EPK wurden die Konstrukte *Informationsobjekt*, *Funktion* und *Ereignis* definiert. Ein Informationsobjekt wird dabei als aktive Komponente zur Repräsentation eines durch den betreffenden Aktionsträger semantisch beschriebenen und identifizierbaren Sachverhalt verstanden. Auch die Funktion ist eine aktive Komponente, welche aber einen konkreten betrieblichen Vorgang auf der Fachkonzeptebene beschreibt. Im Gegensatz dazu steht die passive Komponente Ereignis. Dieses dient zur Darstellung von Systemzuständen bzw. betriebswirtschaftlichen Bedingungen und damit zur Determinierung der Abläufe im Informationssystem.

Zur Erweiterung der möglichen Sprachaussagen wurden in Forschung und Praxis verschiedene Annotationen für die Grundform der EPK entwickelt [ST05]. Diese Erweiterungen werden häufig unter dem Namen erweiterte ereignisgesteuerte Prozesskette (kurz eEPK) zusammengefasst. In [ST05] wird allerdings von dieser verallgemeinerten Bezeichnung abgeraten, „da keine einheitliche Meinung darüber existiert, welche Sprachkonstrukte zu einer Grundform und welche zu einer erweiterten Form der EPK gehören." Einige mögliche Erweiterungselemente sind in Abbildung 3.3 dargestellt.

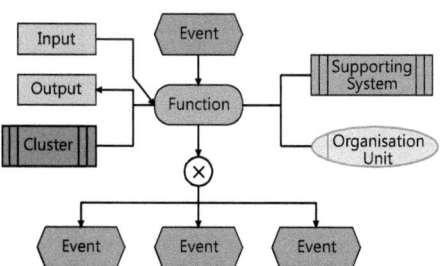

Abbildung 3.3: Einige Elemente der erweiterten EPK [And10].

Die Modellierung der EPK basiert grundsätzlich auf der alternierenden Abfolge von Ereignissen und Funktionen. Ereignisse sind dabei sowohl Start- als auch Endpunkt eines Prozesses, können aber auch Entscheidungsergebnisse darstellen. Entscheidungen werden durch die ak-

3.3 Vorstellung ausgewählter Modellierungssprachen/Modelltypen

tive Komponente Funktion getroffen und werden über (Verknüpfungs-) Operatoren bzw. Konnektoren mit den entsprechenden nachfolgenden Ereignissen modelliert. In Abbildung 3.3 ist ein *Entweder-Oder-Operator* (kurz XOR) (der Funktion folgend) dargestellt. Neben dem XOR existieren noch der *Oder-Operator* (kurz OR) sowie der *Und-Operator* (kurz AND). Wie angedeutet, existiert eine Vielzahl an Erweiterungen (wie annotierte Elemente) für die EPK. Einen Überblick liefert unter anderem [Leh07].

3.3.2 Business Process Model and Notation

Eine gegenüber der EPK deutlich stärker formalisierte Geschäftsprozessmodellierungssprache ist die *Business Process Model and Notation* (kurz BPMN). Sie wurde von Stephen A. White im Rahmen seiner Tätigkeit bei IBM entwickelt und 2004 veröffentlicht [All09a]. Im Gegensatz zur EPK, die keinem Standard unterliegt, wird die BPMN von dem Standardisierungsgremium Object Management Group (kurz OMG) unter einem Standard spezifiziert. Die aktuelle Version der BPMN ist 2.0 [Obj11a].

Bereits in der Version 1.0 der BPMN, wie sie in [Whi04] beschrieben wird, ist das zentrale Prozessmodell das *Kollaborationsdiagramm* (kurz KD). Abbildung 3.4 zeigt ein beispielhaftes Kollaborationsdiagramm.

Das KD in Abbildung 3.4 zeigt einen aufgeklappten sowie zugeklappten Pool. Ein Pool entspricht der grafischen Repräsentation eines Beteiligten bzw. einer Gruppe von Beteiligten oder gegebenenfalls eines Systems. Der aufgeklappte Pool beinhaltet zudem zwei Swimlanes, die eine weitere Untergliederung von Gruppen von Beteiligten ermöglichen. In jeder Swimlane ist ein Prozess enthalten, der den modellierten Ablauf unter Verwendung von, ähnlich der EPK, *Aktivitäten, Ereignissen, Gateways, Daten* und den zur Verbindung notwendigen *verbindenden Objekten* (Kanten) darstellt. Die BPMN ordnet der Aktivität, den Ereignissen und den Gateway die grafischen Repräsentationsformen „abgerundetes Rechteck", „Kreis" und „Rhombus" zu [Sch07].

In der Version 2.0 sind neben den beiden neuen Diagrammtypen *Choreographie-Diagramm* und *Konversationsdiagramm* auch eine Vielzahl an neuen Typen von Aktivitäten, Gateways oder Ereignissen hinzugekommen (siehe dazu [Obj11a] oder [BPM10]). Dies soll das Ziel der BPMN unterstreichen, sowohl für die frühe Definition von Ge-

3 Modellierungssprachen - Definition, Arten und Einordnung

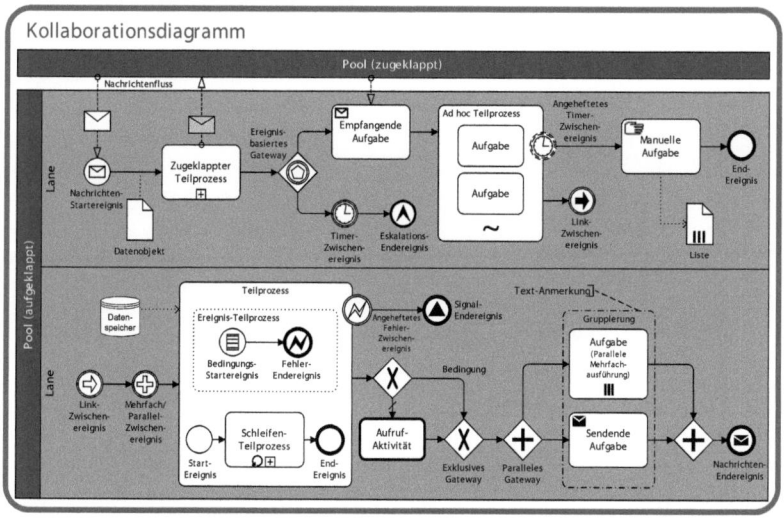

Abbildung 3.4: Kollaborationsdiagramm der BPMN 2.0 nach [BPM10].

schäftsprozessen auf fachlicher Ebene als auch für implementierungsnahe Prozessmodelle geeignet zu sein.

3.3.3 UML-Aktivität

Das Diagramm Aktivität gehört seit den Anfängen der Unified Modeling Language (kurz UML) [Obj11c] zum Sprachumfang. Die UML wird ebenfalls wie die BPMN von der OMG standardisiert. Allerdings wurde die Bezeichnung Aktivität erst mit der Version 2.0 der UML eingeführt. Vorher ist es unter der Bezeichnung *Aktivitätsdiagramm*, die auch heute noch häufig verwendet wird, im Standard enthalten gewesen. Wie auch EPK und BPMN ist die Aktivität für die Beschreibung von Geschäftsprozessen geeignet, wobei dies vor allem mit Einführung der UML 2.0 ermöglicht wurde [Stö06]. Trotz der prinzipiellen Eignung ordnen Autoren wie [All05], [Stö06] oder [Leh07] die Aktivität eher Personengruppen wie Softwareentwicklern zu und damit gleichzeitig auch eher den späten bzw. implementierungsnahen Phasen des Entwicklungsprozesses.

3.4 Sichten

Ähnlich der EPK bzw. BPMN basiert auch die Aktivität auf Knoten zur Beschreibung von Aktionen (in UML 1.x noch Aktivitäten) sowie verschiedenen Objekt- und Kontrollknoten. Eine Beispiel für eine Aktivität ist in Abbildung 3.3.3 dargestellt.

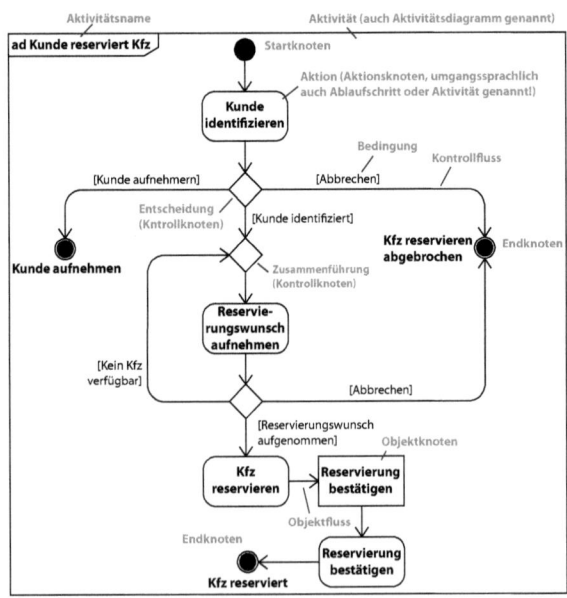

Abbildung 3.5: Beispiel einer UML-Aktivität in UML 2.3 [Oes09].

3.4 Sichten

Der Ausgangspunkt der Prozessmodellierung bzw. des Softwareentwicklungsprozesses ist häufig durch „Komplexität, Intransparenz, Vernetztheit, Dynamik und Unvollständigkeit der Kenntnisse über das jeweilige System und seine Umweltbeziehungen" [Bru05] gekennzeichnet. Wie bereits erläutert, dienen Geschäftsprozessmodelle dazu, diesem Umstand entgegen zu wirken, indem sie die Problemstellung und dessen Umfeld in eine „sinnvolle und schlüssige Struktur" [Bru05] überführen. „Zur Reduktion der Komplexität und zur Verbesserung der Verständlichkeit und Transparenz der Modelle" empfiehlt es sich

3 Modellierungssprachen - Definition, Arten und Einordnung

allerdings, nicht „alle modellierungsrelevanten Sachverhalte in einer einzigen Darstellung abzubilden" [Gad09]. Daher wurden für die verschiedenen Anforderungsarten an die Softwarelösung verschiedene Diagrammarten (siehe Abschnitt 3.2.1) entwickelt. Jede Diagrammart stellt somit eine spezielle *Sicht* auf die Problemstellung bzw. Softwarelösung dar.

Die Vorteile durch die verschiedenen Sichten führen gleichzeitig aber auch zu neuen Problemen. Ein Hauptproblem ist die Verknüpfung der teils heterogenen Sichten untereinander [NKF94]. Dieses Problem äußerst sich dabei nach [NKF94] vor allem in den folgenden drei Teilproblemen:

1. the integration of the methods used to specify system requirements,

2. the integration of the tools that support these methods, and

3. the integration of the multiple specification fragments produced by applying these methods and tools

Es ist demnach nötig, die verschiedenen *Methoden* bzw. Diagrammarten und die dazu notwendigen Werkzeuge miteinander zu verknüpfen. In den folgenden Abschnitten sollen daher Konzepte zur Integration von verschiedenen Diagrammarten vorgestellt werden. Dazu werden zunächst in Abschnitt 3.4.1 grundlegende Begrifflichkeiten eingeführt. In den Abschnitten 3.4.2 und 3.4.3 folgen Erläuterungen zu möglichen Umsetzungen von Sichtenkonzepten sowie Beispielen der jeweiligen Kategorie. Der Aspekt der Werkzeugintegration wird im Folgenden vernachlässigt, da die Integration von Softwareprodukten wie der Modellierungswerkzeuge zwar ein wichtiger Faktor für die Nutzung von verschiedenen Modellierungsnotationen sein kann, dennoch aber zumeist für die betrachteten Werkzeuge ein speziell zu lösendes Integrationsproblem darstellt.

3.4.1 Begriffe

Der *Sicht* wurde im vorangegangenen Abschnitt eine mögliche Betrachtungsweise unterstellt und zwar die Darstellung von bestimmten Betrachtungsaspekten (siehe Abschnitt 3.2.1) in einer bestimmten

3.4 Sichten

Diagrammart. Der Begriff Sicht wird allerdings sehr vielfältig verwendet. Eine eindeutige Definition existiert daher nicht. In der Literatur finden sich Begriffe wie *view*, *viewpoint* oder *perspective* [NKF94], die teilweise synonym verwendet werden. Eine individuelle Abgrenzung der Begriffe findet häufig nur im Rahmen der eigenen Arbeiten statt. In [NKF94] wird unter einem *ViewPoint* die Sicht (engl. view) oder Perspektive (engl. perspective) eines Beteiligten, einer Wissensquelle oder einer Rolle verstanden. Es findet somit die Fokussierung auf die entscheidenden *fachspezifischen Informationen bzw. Sachverhalte* für einen bestimmten Beteiligten statt und stellt somit eine Möglichkeit zum *Seperation of Concerns* [Dij82] in Prozessmodellen zur Verfügung. Wobei fachspezifische Informationen im Rahmen dieser Arbeit als bestimmte Kategorie von FA (z. B. Business Rules) oder NFA (z. B. Datenschutzanforderungen) zu verstehen ist. Im Rahmen der Sicht kann zudem gleichzeitig auch die Zuordnung von Verantwortlichkeiten für diese fachspezifischen Sachverhalte erfolgen. Außerdem können damit auch bestimmte Diagrammarten für bestimmte Entwicklungsschritte des Softwaresystems (z. B. implementierungsnahe Diagrammarten für Softwareentwickler) verwendet werden [WH90]. Eine Sicht, wie sie auch in dieser Arbeit verwendet wird, *ist also durch die Fokussierung auf bestimmte fachspezifische Informationen bzw. Sachverhalte und ihre entsprechenden Stakeholder gekennzeichnet*. Die fachspezifischen Sachverhalte können dabei durch Diagrammarten mit den unterschiedlichen Betrachtungsaspekten repräsentiert werden.

Die einzelnen Sichten bieten aber nur eine Teilsicht auf die Problemstellung bzw. Softwarelösung. Erst die Zusammenführung und konsistente Verwaltung der Sichten ermöglicht die Beherrschung der Gesamtsicht [Jac90]. Die dazu vorgestellten Konzepte werden häufig mit den Begriffen *Methode* oder *Architektur* benannt. Eine *Methode* im Rahmen der Modellierung umfasst laut [Ort05] sowohl eine Sprache (siehe Definition 3.1.2, Modellierungssprache) als auch eine Vorgehensweise. Wobei eine Vorgehensweise einer zielgerichteten „Schritt-für-Schritt" Beschreibung zur Erreichung eines bestimmten Zieles entspricht [Sch07]. Eine *Architektur* im Rahmen der Systemtheorie lässt sich als Struktur(-vorgabe) eines Systems definieren und „beschreibt abstrakt die „Bauelemente" eines Systems" [Sch07]. Im Zusammenhang mit Sichten geben sowohl die Methode als auch die Architektur damit den Rahmen für die Verwaltung von verschiedenen Sichten wie Diagrammarten vor.

3 Modellierungssprachen - Definition, Arten und Einordnung

Es wurden eine Vielzahl von Methoden und Architekturen mit dem Ziel der Lösung der Sichtenintegration (siehe Sichtenintegrationsfähigkeit in Abschnitt 3.2.1) entwickelt. Diesen liegen unterschiedliche Herangehensweisen zu Grunde. Sichtenkonzepte können auf eindimensionalen oder mehrdimensionalen Diagrammarten bzw. Modellen basieren. Eindimensionale Diagramme liefern eine bestimmt Sicht auf das System und werden stets durch weitere Sichten bzw. Diagramme ergänzt. Mehrdimensionale Diagramme stellen mehrere (möglicherweise alle) Sichten auf den Prozess bzw. das System in einem Diagramm dar. Ein mehrdimensionales Diagramm ist dabei als Aggregation von eindimensionalen Diagrammen zu verstehen. Abbildung 3.6 stellt diesen Zusammenhang dar.

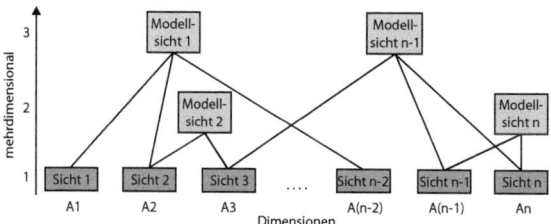

Abbildung 3.6: Arten der Sichtenumsetzung.

Dementsprechend können durch Aggregation von 1 bis n (eindimensionalen) **Sichten** mehrdimensionale **Modellsichten** also mehrdimensionale Diagramme erstellt werden. Die Sichtenintegration wird dabei über spezielle mehrdimensionale Diagrammarten der Modellierungsmethode bzw. Architektur gelöst, die somit eine aggregierte Sicht zur Verfügung stellen [Bru05]. Es besteht andererseits auch die Möglichkeit, verschiedene eindimensionale Diagramme bzw. Sichten über Transformationen in eine aggregierte Sicht zu überführen. Beispiele dafür sind das *Viewpoint-oriented Systems Engineering* (kurz VOSE) [FKN+92] oder das *Domain-Specific Multimodeling* [Hes09].

Trotz der teilweise zahlreich existierenden Diagrammarten zur Darstellung von verschiedenen (Modell-) Sichten reichen die Ausdrucksmöglichkeiten oft nicht für die verschiedenen FA und vor allem NFA aus. Eine Möglichkeit zur Integration weiterer fachlicher Sachverhalte, beispielsweise als Modellsicht auf eine Sicht, ist die Erweiterung der Ausdrucksmöglichkeiten einer ein- oder mehrdimensionalen Diagram-

3.4 Sichten

mart. Dies kann als *Spracherweiterung* charakterisiert werden. Spracherweiterungen basieren auf der verwendeten Modellierungssprache, die im Allgemeinen eine *General-Purpose Modeling Language* (kurz GPML oder GPL) [Coo04] ist. Eine GPL ist eine allgemeine und dadurch meist sehr umfangreich Sprache zur Beschreibung von vielen Problemstellungen (z. B. UML). GPLs stellen teilweise, wie in den folgenden Abschnitten beschrieben, bestimmte Konstrukte zur Erweiterung des Sprachumfangs zur Verfügung oder legen zumindest definierte Einschränkungen für die Erweiterung fest. Stehen keine Konstrukte zur Erweiterung zur Verfügung, werden proprietäre Spracherweiterungen bzw. -anpassungen unter Verwendung von Annotationen (siehe Abschnitt 3.2.1) vorgenommen.

Neben der Verwendung einer GPL besteht aber auch die Möglichkeit der Entwicklung einer neuen Modellierungssprache, die sich für einen bestimmten Anwendungsbereich (auch Domäne) besonders eignet. Eine derartige Sprache wird als *Domain Specific Modeling Language* (kurz DSML oder DSL) [Coo06] bezeichnet (siehe Definition 3.4.1).

Definition 3.4.1 ([Coo06]) *Domain-specific languages*
(DSLs) are special-purpose languages designed to solve a particular range of problems.

Die Verwendung einer GPL bzw. DSL bringt dabei sowohl Vor- als auch Nachteile mit sich. [FH10] führt dazu den Vorteil der GPL UML an, dass es sich um eine seit mehr als einer Dekade standardisierte Sprache handelt und dementsprechend weit verbreitet ist. Allerdings werden die Langzeitkosten bei der Nutzung als höher eingeschätzt, weil Erweiterungen nur im engen Rahmen des Standards durchgeführt werden können. Auch ist es erforderlich, jeden Domänenexperten in UML zu schulen, während DSLs häufig sofort von Domänenexperten verstanden werden.

3.4.2 Sichtenkonzepte in Modellierungsmethoden

Im Bereich der Geschäftsprozessmodellierung wurde eine Vielzahl von Sichtenkonzepten entwickelt. Eine Auswahl davon wird in [Gad09] vorgestellt. Die Sichtenkonzepte werden in *prozessural* und *objektorientiert* unterteilt. Prozessurale Sichtenkonzepte, wie es das im folgen-

3 Modellierungssprachen - Definition, Arten und Einordnung

den Abschnitt 3.4.2.1 vorgestellte ARIS verwendet, stellen den Prozess (oder die Funktion) in den Mittelpunkt der Modellierung und betrachten damit die Transferierung von Daten durch Organisationseinheiten. Bei objektorientierten Sichtenkonzepten steht der „Prozess als Ganzes" [Gad09] im Mittelpunkt. Für Daten und Organisationseinheiten werden keine speziellen Sichten zur Verfügung gestellt. Ein Beispiel für ein objektorientiertes Sichtenkonzept findet sich in [FS90] bzw. [FS10].

Die Sichtenkonzepte sind in ihrer Struktur prinzipiell unabhängig von einer Modellierungssprache. Allerdings werden die Konzepte meist im Rahmen einer bestimmten Notation vorgestellt. Ein Grund dafür ist, dass entsprechend der definierten Sichten die entsprechenden Diagrammarten erforderlich sind.

3.4.2.1 Architektur integrierter Informationssysteme – ARIS

Entsprechend dem Namen ist ARIS als eine Architektur zu verstehen, welche gemäß [Sch02] als allgemeiner Bezugsrahmen für die Geschäftsprozessmodellierung gedacht ist. Dabei gibt ARIS „in deskriptiver Hinsicht vor, wie ein Unternehmen strukturiert zu betrachten ist" [Sch07]. Die Abbildung 3.7 zeigt das aus der ARIS-Architektur hervorgegangene „ARIS-Haus", wie es in dem Methodenhandbuch der ARIS Platform 7.1 enthalten ist [IDS10a].

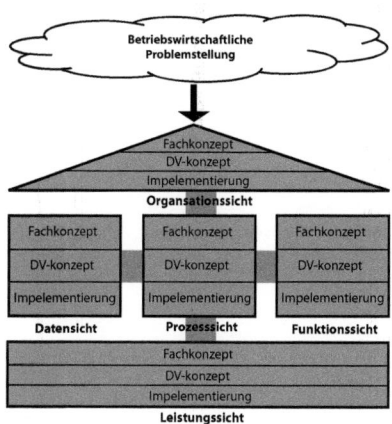

Abbildung 3.7: Das ARIS-Haus in Anlehnung an [IDS10a].

3.4 Sichten

Das ARIS-Haus (auch ARIS-Methode genannt) basiert auf „ebenen- und sichtenspezfischen Modellierungs- und Implementierungsmethoden" [Leh07]. Die *Beschreibungssichten* werden entsprechend dem Sichtengedanken zur Reduzierung der Komplexität des einzelnen Modells eingesetzt. Dies wird durch Modellsichten ermöglicht, die weitgehend orthogonal unabhängig sind [Leh07]. In Anlehnung an den Softwareentwicklungsprozess werden diese Sichten noch einmal unterteilt [All05]. Diese Unterteilung wird in die drei Schichten *Fachkonzept, DV-Konzept* und *Implementierung* vorgenommen, welche der Einteilung von [Bru05] in frühe, mittlere und späte Projektphasen ähnelt.

Die zentrale Sicht von ARIS ist die *Prozesssicht* (auch Steuerungssicht genannt), die die Modelltypen der *Daten-, Funktions-, Leistungs-* und *Organisationssicht* miteinander in Beziehung setzt. Die EPK, welche in Abschnitt 3.3.1 vorgestellt wurde, ist dabei der zentrale Modelltyp der Prozesssicht.

Wie bereits in Abschnitt 3.3.1 angedeutet, sind die Erweiterungsmöglichkeiten der EPK wie auch anderer Modelltypen aus dem ARIS-Haus sehr vielfältig. Dies rührt vor allem daher, dass die Modelltypen keinem Standard unterliegen. Die Erweiterungsmöglichkeiten umfassen daher sowohl die Einführung von neuen Modelltypen, Modellelementen und sonstigen Annotationen (wie Symbole oder Textergänzungen) als auch die Veränderung der grafischen Darstellung der Elemente. Es ist jedoch anzumerken, dass die Erweiterungen immer einer Modellierungskonvention (siehe Abschnitt 3.2.2) unterliegen sollten. Andernfalls ist die eindeutige Modellierung bzw. Interpretation der Modellierung nicht mehr gewährleistet.

Die Erweiterungsmöglichkeiten können auch dazu genutzt werden, NFA in die Prozessmodelle aufzunehmen. Da es keinen Standard im Bereich von ARIS gibt, handelt es sich dabei stets um proprietäre Erweiterungen, die ebenfalls im Rahmen von Modellierungskonventionen festgelegt werden sollten bzw. müssen.

3.4.2.2 BPMN

Während ARIS als Architektur oder auch als Methode bezeichnet wird, gibt es für die BPMN keine derartig eindeutige Bezeichnung. Denn BPMN gibt weder eine Architektur vor, noch gibt es eine „Schritt-für-Schritt-Vorgehensweise" für die Modellierung. Allerdings

3 Modellierungssprachen - Definition, Arten und Einordnung

lässt sich laut [Sch07] der Methodenbegriff für BPMN verwenden, wenn die Methode als „das zielgerichtete Vorgehen auf die regelbasierte Anordnung der Sprachzeichen" betrachtet wird.

Ein konkretes Sichten- oder Schichtenkonzept liegt der BPMN nicht zu Grunde. Allerdings können die verschiedenen Darstellungsformen von beispielsweise Pools (auf- und zugeklappt) durchaus als unterschiedliche Sichten für unterschiedliche Stakeholder betrachtet werden. Auch die zwei mit der Version 2.0 neu eingeführten Diagrammtypen bieten weitere Sichten zum Kollaborationsdiagramm an.

Eine weiteres Konzept, welches abermals den verschiedenen Projektphasen aus [Bru05] ähnelt, wird in [Sil09] vorgeschlagen. Darin werden die drei folgenden Modellierungsebenen für BPMN Prozessmodelle vorgeschlagen [All09b]:

Deskriptives BPMN Hier wird ein Basis-Set von Modellierungselementen verwendet, um den grundlegenden Prozessablauf zu beschreiben. Teilweise werden hier einige BPMN-Regeln gelockert.

Analytisches BPMN Auf dieser Ebene wird die komplette Palette der BPMN angewandt. Es werden detaillierte fachliche Modelle erstellt, wobei Ereignisse, Ausnahmebehandlungen, Eskalationen, etc. präzise abgebildet werden.

Ausführbares BPMN Die Modelle werden mit allen erforderlichen Details versehen, um von einer Process Engine ausgeführt werden zu können.

Dabei handelt es sich allerdings nur um eine mögliche Sichteneinteilung, die nicht vom Standard vorgegeben wird. Es bleibt daher abzuwarten, welches Sichtenkonzept sich im Rahmen der BPMN etablieren wird.

Im Gegensatz zum Sichtenkonzept wird im Standard der BPMN recht klar definiert, welche Erweiterungsmöglichkeiten in welcher Form erfolgen dürfen. Beispielhaft soll dazu der folgende Auszug aus dem BPMN 2.0 Standard [Obj11a] dienen:

- New markers or indicators MAY be added to the specified graphical elements. These markers or indicators could be used to highlight a specific attribute of a BPMN element or to represent a new subtype of the corresponding concept.

3.4 Sichten

Damit wären Prozessmodelle, die beispielsweise Symbole für bestimmte Attributwerte an einem der vordefinierten Modellelemente einführen bzw. verwenden, konform zum Standard der BPMN 2.0. Das angeführte Beispiel für Erweiterungs- bzw. Veränderungsmöglichkeiten der BPMN steht dabei stellvertretend für die vier weiteren im BPMN 2.0 Standard enthaltenen Beschreibungen.

Bezüglich der Modellierung bzw. Formulierung von NFA im Rahmen der BPMN existiert die allgemein anerkannte Ansicht, dass der Standard der BPMN NFAs nicht unterstützt [GRM06]. Obwohl sich diese Aussagen noch auf BPMN Versionen 1.x beziehen, hat sich dies aber auch mit der Version 2.0 nicht geändert. Damit stehen, wie auch bei der EPK, bei der BPMN für die Modellierung bzw. Formulierung nur die im Standard definierten „grafischen" Erweiterungen zur Verfügung. Diese können daher aber nur proprietär sein und bedürfen ebenfalls der Festlegung in einer Modellierungskonvention.

3.4.2.3 UML

Wie bereits in Abschnitt 3.3.3 angemerkt, wird die UML vorwiegend in späten und damit implementierungsnahen Phasen der Softwareentwicklung eingesetzt. Daher orientieren sich die Sichten der UML auch an der Softwarearchitektur. Entsprechend [Bru05] werden Sichten für die *Anwendungsfälle*, den *Entwurf*, die *Implementierung*, den *Prozess* und den *Einsatz* unterschieden. Wie auch im ARIS können den jeweiligen Sichten bestimmte Diagrammarten zugeordnet werden. Eine ähnliche Einteilung der UML-2.3-Diagramme wird in [Oes09] vorgenommen. Die in Abbildung 3.8 dargestellten Sichten sind *Strukturdiagramme* (entspricht Designsicht), *Architekturdiagramme* (entspricht Implementierungssicht), *Verhaltensdiagramme* (entspricht Prozesssicht) und *Interaktionsdiagramme* (entspricht ebenfalls der Prozesssicht).

Das Anwendungsfalldiagramm ist in der UML 2.1 den Verhaltensdiagrammen zugeordnet, was allerdings laut [Oes06] nicht ganz korrekt ist. In [Bru05] wird dem Anwendungsfalldiagramm sogar eine eigene Sicht zugeordnet.

Die Erweiterungsmöglichkeiten der UML sind, wie auch schon bei der BPMN und EPK, nicht direkt vorgegeben und können daher im Wesentlichen nur informal mit strukturiertem Text bzw. informalen Annotationen und Kommentaren erfasst werden [Stö05]. Häufig wer-

3 Modellierungssprachen - Definition, Arten und Einordnung

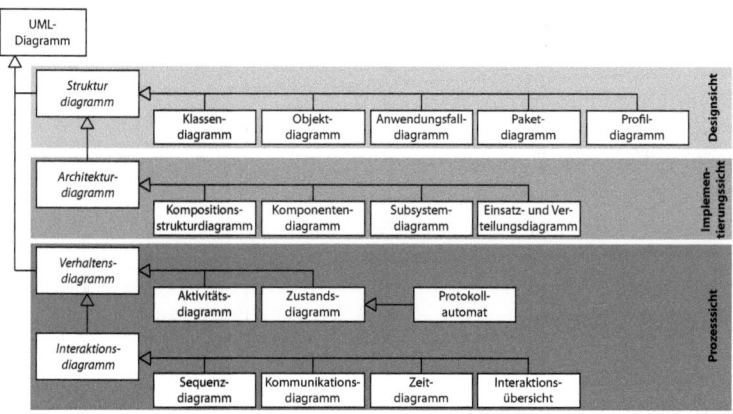

Abbildung 3.8: UML-2.3-Diagrammarten und Klassifizierung nach [Oes09].

den außerdem Mittel wie Eigenschaftswerte (engl. tagged values), Stereotypen und Profile zur Erweiterung der UML-Diagramme eingesetzt.
  Die UML bietet mit ihren Diagrammtypen die Möglichkeit, funktionale Anforderungen zu modellieren. NFA sind mit den Mitteln des Standards allerdings nicht zu modellieren [Kor08]. Anwendungsfalldiagramme beschreiben vorwiegend funktionale Anforderungen, können aber auch NFA beinhalten [Oes06]. Zur Formulierung von NFA können die bereits genannten Erweiterungsmöglichkeiten genutzt werden.

3.4.3 Spracherweiterungen bzw. DSL als Sicht

Die vorgestellten GPLs, ob unter einem Standard definiert oder nicht, bieten grundsätzlich diverse Erweiterungsmöglichkeiten zur Formulierung von bestimmten nicht im Sprachumfang enthaltenen Anforderungen (im Speziellen NFA). Dabei reicht die Bandbreite von *proprietären* bis hin zu *standardisierten* Erweiterungen bzw. Anpassungen. Eine standardisierte Erweiterung der UML ist beispielsweise die *Systems Modeling Language* (kurz SysML) [Obj08]. Die SysML stellt „spezifische Systemsichten" als Erweiterung der UML für das Systems Engineering zur Verfügung [Kor08]. Bemerkenswert bei der Anpassung der UML im Rahmen der SysML ist, dass es sich hier zwar um eine Erweiterung von bestimmten Modelltypen handelt, aber sowohl neue

3.4 Sichten

Modelltypen hinzukommen als auch vorhandene UML Modelltypen entfernt worden sind [Kor08]. Die Liste proprietärer Erweiterungen ist dabei wohl nahezu unbegrenzt. Wobei viele davon für bestimmte Anwendungsfälle im Unternehmensumfeld entwickelt werden und nicht für die Öffentlichkeit in Erscheinung treten.

Neben der Erweiterung einer GPL besteht die Möglichkeit, wie in Abschnitt 3.4.1 angemerkt, eine DSL für die speziellen Bedürfnisse einer bestimmten Problemstellung zu entwickeln. [FH10] führt für die Entscheidung, eine GPL (in diesem Fall UML) oder eine DSL zu verwenden, eine Gegenüberstellung der Alternativen durch. Das Ergebnis lautet, dass es nicht die beste Lösung gibt und entsprechend des Anwendungsfalles entschieden werden sollte. Es soll daher nicht in die Diskussion GPL oder DSL eingestiegen werden, sondern auf Spracherweiterungen von GPLs fokussiert werden. Es ist jedoch anzumerken, dass eine DSL im weiteren Sinne eine „grafische Spezialisierung" für bestimmte Problemstellungen ist. Dies lässt sich auch auf Spracherweiterungen ausweiten, die auf einer GPL basieren.

Es gibt für die in Kapitel 2 vorgestellten Anforderungsarten sowohl standardisierte als auch proprietäre Spracherweiterungen. Im Rahmen dieser Arbeit erfolgt allerdings eine inhaltliche Fokussierung auf Sicherheits- und Datenschutzanforderungen sowie technologisch auf Service-orientierte Architekturen (i. V. m. MDSD). Beispiele für Spracherweiterungen zur Modellierung bzw. Formulierung von Sicherheits- und (Datenschutz-) rechtlichen Anforderungen werden in den Abschnitten 3.4.3.1 und 3.4.3.2 vorgestellt. Zudem werden in Abschnitt 3.4.3.3 kurz einige weitere Spracherweiterungen beschrieben.

3.4.3.1 Sicherheitsanforderungen

Obwohl Sicherheitsanforderungen gerade in letzter Zeit eine große Aufmerksamkeit erhalten haben, werden sie im Rahmen von Modellierungssprachen und deren Standards kaum bis überhaupt nicht berücksichtigt. Sicherheitsanforderungen können so nur schwer von Anfang an in den Softwareentwicklungsprozess integriert werden. Stattdessen werden sie häufig manuell nachträglich in die Implementierung „eingebaut", was besonders im Zusammenhang mit der modellgetriebenen Softwareentwicklung keine zufriedenstellende Lösung darstellen kann. Daraus resultiert, dass die meisten Sicherheitsprobleme erst während des Einsatzes eines Softwareproduktes nach dem Prinzip „Penetrate and Patch" gefunden und gelöst werden können, wobei dieses Prinzip auf der Aufdeckung des Problems und der anschließenden Problemlösung beruht [Mcg98].

Da bisher keine standardisierten Erweiterungen für GPLs existieren, wurden von Forschungseinrichtungen weltweit verschiedene Erweiterungen für Modellierungssprachen vorgeschlagen. Dabei wurden die Erweiterungen vor allem für die UML entwickelt. Es existieren aber auch Beispiele für die BPMN oder EPK. Beispielhaft seien *UMLsec* [Jür05], *Secureuml* [BDL03, LBD02], *Security Requirements extension for BPMN* [RFMP07] oder *MDS4WS* [ABB04, BHWN05] als Sicherheitsmodellierungen für die UML bzw. BPMN genannt. Die Formulierungsmöglichkeiten und gegebenenfalls Validierungs- oder Verifikationsmechanismen der einzelnen Modellierungsansätze werden in Abschnitt 7.3.3 im Rahmen der verwandten Arbeiten genauer betrachtet.

3.4.3.2 Modellierung (Datenschutz-)rechtlicher Anforderungen

Die Erweiterungen von Modellierungssprachen für rechtliche bzw. datenschutzrechtliche Anforderungen reicht von Strukturierungsmöglichkeiten der Prozessmodelle bis hin zur Entwicklung von Prozessmodellen aus formalisierten Gesetzestexten. Die Strukturierungsmöglichkeiten dienen dabei der Zuordnung von bestimmten Aufgaben- bzw. Verantwortungsbereichen. Dies wird in [BAN03] für eGorvernment Prozesse in der (e)EPK vorgestellt. Derartige Erweiterungen berücksichtigen allerdings nur implizit die in Gesetzen vorgeschriebenen Abläufe. Eine explizite Modellierung von rechtlichen Bestimmungen erfolgt nicht. In [KBK06] wird diesbezüglich angemerkt, dass dazu „methodische Defizite bei der Berücksichtigung juristischer Anforderungen in der fachkonzeptionellen Modellierung" vorliegen. Obwohl der Fokus von [KBK06] auf Web-Anwendungen liegt, lässt sich diese Aussage in gewissem Maße verallgemeinern. Zur Überwindung der methodischen Defizite liefert [KBK06] „Erweiterungsvorschläge für eine etablierte Modellierungsmethode". Für Prozessmodelle werden in [AO05] spezielle Modellelemente zur Modellierung von rechtlichen Bestimmungen unterschiedlicher Kategorien eingeführt. Im Fokus steht dabei die Unterstützung der Umstellung von manuellen auf elektronische Dienste sowie die Unterstützung des Reengineering der Prozesse. Außerdem können damit die Auswirkungen der Änderungen in Bezug auf die rechtlichen Bestimmungen direkt in den Prozessen aufgezeigt werden.

3.4 Sichten

In [OS08] wird darüber hinaus nicht nur die Berücksichtigung von rechtlichen Bestimmungen, sondern die Entwicklung von Prozessmodellen aus Paragraphen des Gesetzes heraus angestrebt. Wobei die Paragraphen in der *Semantic Process Language* (kurz SPL) durch Fachexperten beschrieben werden.

Neben den genannten Ansätzen werden besonders Datenschutzanforderungen auch im Rahmen von Methoden zur Modellierung von Sicherheit im Allgemeinen betrachtet bzw. berücksichtigt. Zu den im letzten Abschnitt aufgezählten Sicherheitsmodellierungsansätzen, die auf Modellierungssprachen wie der BPMN, EPK oder UML basieren, nutzen eine Vielzahl von Ansätzen Ziele zur Modellierung von Sicherheits- und Datenschutzanforderungen. [VKTL10] lieferte einen Überblick über existierende Verfahren, von denen beispielhaft das NFR-Framework [Chu93], i* [Yu93], Tropos [MGM03b], SecureTropos [MGM03a], KAOS [LL02] und PriS [KKG08] als bekannte Vertreter genannt werden sollen. Eine ausführlichere Betrachtung einiger der genannten Ansätze erfolgt im Rahmen der verwandten Arbeiten in Abschnitt 7.3.4.

3.4.3.3 Weitere Modellierungsmethodenerweiterungen

Ergänzend zu den Spracherweiterungen mit Bezug auf Sicherheits- und (Datenschutz-) rechtliche Anforderungen werden im Folgenden kurz weitere Beispiele bzw. Einsatzgebiete für Spracherweiterungen genannt. Der Fokus ist dabei auf das Aufzeigen der vielfältigen Einsatzsatzbereiche von Methodenerweiterungen gerichtet.

Das Spektrum der Methodenerweiterungen umfasst zahlreiche für die Prozessmodellierung bzw. Softwareentwicklung relevanten Aspekte. Dies reicht von Erweiterungen zur Berücksichtigung von Echtzeitanforderungen wie die *UML-RT* [Sel98] bis hin zu Methodenerweiterungen für die modellgetriebene Softwareentwicklung von BPEL-Prozessen wie die *ARIS Method extension for Business-Driven SOA* [SLI08]. Dabei werden Erweiterung sowohl für FA als auch NFA entwickelt. So wird in [WSO06] die Modellierung von nicht-funktionalen Aspekten bzw. NFA für Service-orientierte Architekturen in Form eines UML-Profils vorgestellt. Auf weitere Methodenerweiterungen für zusätzliche Einsatzgebiete soll an dieser Stelle verzichtet werden, da diese im Folgenden aufgrund der Fokussierung auf Sicherheits- und Datenschutzanforderungen nicht weiter betrachtet werden.

4 Validierung und Verifikation

> There is no silver bullet to garantee software correctness and, consequently, *all* available techniques for fault detection and correction should be used.
>
> *(Lasik und Stanley [LS09])*

In den Kapiteln 2 und 3 wurden die Arten der Anforderungen an eine Software sowie deren sowohl informale als auch (semi-) formale Spezifikation in Form von Spezifikationsdokumenten und grafischen Modellen vorgestellt. Die Erhebung und Spezifikation der Anforderungen dient nach [Par98] „der Präzisierung der Aufgabenstellung". Entscheidend ist bei der Präzisierung sowohl die Erhebung bzw. Spezifikation der *richtigen* Anforderungen als auch deren *korrekte* Realisierung.

Dabei steht die korrekte Realisierung im Bereich der Validierungs- und Verifikationsverfahren im Vordergrund. Das grundsätzliche Ziel dieser Verfahren ist dabei bei allen gleich. Es wird versucht, die Qualität der spezifizierten Anforderungen zu erhöhen bzw. deren korrekte Umsetzung in GPMs sicherzustellen. [Lig09] fordert dazu eine integrierte Qualitätssicherung, die ständig die Konsistenz und damit die Korrektheit der Softwarelösung gegenüber der Spezifikation überprüfen soll. Zur Qualitätssicherung werden verschiedene Verfahren eingesetzt, die für sich gesehen bestimmte Eigenschaften bzw. Anforderungen der Softwarelösung überprüfen können.

Der nächste Abschnitt führt zunächst zentrale Begriffe aus dem Bereich Validierung und Verifikation (kurz V&V) ein. Abschnitt 4.2 stellt eine grundsätzliche Klassifikation von Validierungs- und Verifikationsverfahren vor und liefert einen Überblick zu Verfahren zur Qualitätssicherung einer Softwarelösung bzw. im Speziellen von (Geschäfts-) Prozessmodellen. Abschließend werden in Abschnitt 4.3 ausgewählte Validierungs- und Verifikationsverfahren vorgestellt.

4.1 Definitionen und Überblick zu Validierung und Verifikation

Der Einsatz von V&V im Bereich der Hardwareentwicklung steht der Softwareentwicklung prinzipiell in nichts nach, sondern hat dort die tieferen Wurzeln. Allerdings lassen sich die Validierungs- und Verifikationsmechanismen für Hardware nicht direkt auf Software zu übertragen [CK96]. Die Ursache dafür ist, dass Spezifikationsdokumente häufig nur in informaler Form vorliegen, während bei Hardwaredesigns die primäre Spezifikation formal ist. Aber auch in der Sofwareentwicklung werden, wie in Kapitel 3 bereits dargelegt, zunehmend (semi-) formale Spezifikationen eingesetzt. Einige Beispiel dafür finden sich in [Lam00]. Durch diese besseren Modellierungsprozesse und -strategien wird die Validierung bzw. Verifikation von semiformalen als auch formalen Modellen sowohl verbessert [HPv05] als auch teilweise überhaupt erst ermöglicht.

Dem Verständnis der Validierungs- und Verifikationsmechanismen zur Sicherung der Qualität der erhobenen Anforderungen geht die Kenntnis der zugrundeliegenden Begrifflichkeiten voraus. Im Rahmen der Validierungs- und Verifikationsverfahren stehen dabei besonders die Begriffe Fehler, Validierung und Verifikation im Vordergrund. Die Begriffe Syntax und Semantik wurden bereits in Abschnitt 3.1.1 definiert, haben aber auch in diesem Kapitel Gültigkeit. Der Begriff des Fehlers ist darüber hinaus speziell im Rahmen von Validierungs- und Verifikationsverfahren entscheidend und wird daher im Folgenden genauer betrachtet.

4.1.1 Fehler, Fehlverhalten, Defekt und Irrtum

Die Definitionen von Syntax und Semantik (siehe Abschnitt 3.1.1) legen fest, welche Formanforderungen z. B. von einem Prozessmodell erfüllt werden müssen. Bricht ein Prozessmodell eine dieser Formanforderungen, liegt ein *Fehler* vor. Aus den unterschiedlichen Definitionen der Begriffe Syntax und Semantik resultieren entsprechend unterschiedliche Sichtweisen zum Begriff Fehler.

Nach [Lig09] ist ein Fehler oder Defekt, „die statisch im Programmcode vorhandene Ursache eines Fehlverhaltens oder Ausfalls". Hingegen wird ein Fehler (engl. error) in [Men09] als ein strukturelles Muster

4 Validierung und Verifikation

definiert, welches in einem Deadlock oder einem Synchronisationsproblem resultiert. [IEE90] definiert einen Fehler allgemein wie folgt:

Definition 4.1.1 ([IEE90]) *Error*
The difference between a computed, observed, or measured value or condition and the true, specified, or theoretically correct value or condition. For example, a difference of 30 meters between a computed result and the correct result.

Zur weiteren Vertiefung des Begriffes Fehler unterteilt der Standard 610.12-1990 des *Institute of Electrical and Electronics Engineers* (kurz IEEE) (Definition 4.1.1) den Fehler in die Kategorien *dynamic, fatal, indigenous, semantic, syntactic, static* und *transient*. Entsprechend Abschnitt 3.1.1 sind die Definitionen zum syntaktischen und semantischen Fehler besonders relevant.

Definition 4.1.2 ([IEE90]) *Syntax Error*
A violation of the structural or grammatical rules defined for a language; for example, using the statement B + C = A in Fortran, rather than the correct A = B + C.

Als Beispiel für einen syntaktischen Fehler im Rahmen der EPK wären zwei eingehende Kanten (ohne einem Operator) an einem Modellelement wie einem Ereignis oder einer Funktion zu nennen.

Definition 4.1.3 ([IEE90]) *Semantic Error*
An error resulting from a misunderstanding of the relationship of symbols or groups of symbols to their meanings in a given language.

Ein semantisch fehlerhaftes EPK wäre danach z. B. eine Verknüpfung von einem Ereignis zu einem XOR-Konnektor, falls der XOR-Konnektor eine Entscheidung darstellt und nicht nur der Zusammenführung dient.

Allerdings gehen die Definitionen 4.1.3 und 3.1.4 des Begriffes Semantik nicht auf die inhaltlichen – intentionierten – Aspekte ein. Im Rahmen dieser Arbeit wird zur besseren Unterscheidung der Fehlerarten die in Tabelle 4.1 abgebildete und an [Bru05] angelehnte Unterteilung vorgenommen.

4.1 Definitionen und Überblick zu Validierung und Verifikation

Fehlerart	Bedeutung	Beispiel
syntaktischer Fehler	Fehler im Aufbau des Modells	mehr als EINE ein- oder ausgehende Kante
semantischer Fehler	falsche Nutzung von Modellelementen innerhalb von Konstrukten	auf ein Ereignis folgt ein Ereignis
inhaltlicher/ fachlicher Fehler	Intention des modellierten Konstruktes entspricht nicht der Anforderung bzw. Realität	fehlender Arbeitsschritt in Arbeitsablauf (beispielsweise keine Wiedervorlage eines überarbeiteten Dokumentes)

Tabelle 4.1: Fehlerarten in Prozessmodellen.

4.1.2 Validierung versus Verifikation

Es gibt, wie bei allen bisher betrachteten Begriffen, auch für V&V mehrere und teils unterschiedliche Definitionen. Auch diese sind vom entsprechenden Kontext abhängig. [LS09] beschreibt das Ziel der Verifikation als Sicherstellung der Korrektheit des Programms. Es soll also zum einen geprüft werden, dass ein Programm mit validen Eingabewerten terminiert und zum anderen mit validen Eingabewerten auch valide Ausgabewerte erzeugt. Im Gegensatz zur Verifikation wird mit der Validierung laut [LS09] normalerweise die tatsächliche Umsetzung der Nutzeranforderungen überprüft. In [Ehr02] wird die Software-Verifikation mit den Begriffen Beweis, Verifikation und Validation eingeführt. Dabei fällt die „Rigorosität des Nachweises" von Beweis zur Validation hin ab. *Beweisen* wird dabei als „eine logische Aussage anstreben" definiert. Das Verifizieren hingegen liefert nur Aussagen mit einer gewissen Übereinstimmung und mit dem Validieren kann nach [Ehr02] nur noch ein „warmes Gefühl über die Richtigkeit" bzw. Korrektheit der Software vermittelt werden.

Die Sichtweisen dieser Autoren dienen beispielhaft dazu, die Unterschiede aufzuzeigen. Es gibt zu den Begriffen aber auch Definitionen in

4 Validierung und Verifikation

diversen Standards wie in der ISO 9000:2005. Dort werden die Begriffe Validierung und Verifikation wie folgt definiert:

Definition 4.1.4 ([DIN05]) *Validierung*
Bestätigung durch Untersuchung und Bereitstellung eines Nachweises, dass die besonderen Anforderungen für einen speziellen beabsichtigten Gebrauch erfüllt worden sind.

Definition 4.1.5 ([DIN05]) *Verifizierung*
Bestätigung durch Bereitstellung eines objektiven Nachweises, dass festgelegte Anforderungen erfüllt worden sind.

Der Unterschied zwischen Validierung und Verifikation liegt demnach zum einen in der Art des Nachweises. Denn im Gegensatz zur Validierung wird im Rahmen der Verifikation ein objektiver Nachweis gefordert. Zum anderen werden bei der Validierung die *besonderen* Anforderungen für einen *speziellen beabsichtigten* Gebrauch herangezogen, während die Anforderungen bei der Verifikation unabhängig vom Gebrauch zur Erreichung des *objektiven* Nachweises *festgelegt* werden. In den Begriffsdefinitionen des Standards IEEE610.12-990 (Definition 4.1.6 und 4.1.7) wird zudem eine zeitliche Einordnung von Validierung und Verifikation in den Entwicklungsprozess vorgenommen.

Definition 4.1.6 ([IEE90]) *Validation*
The process of evaluating a system or component during or at the end of the development process to determine whether it satisfies specified requirements.

Definition 4.1.7 ([IEE90]) *Verification*
(1) The process of evaluating a system or component to determine whether the products of a given development phase satisfy the conditions imposed at the start of that phase. (2) Formal proof of program correctness.

Nach Definition 4.1.6 wird die Validierung während oder am Ende eines Entwicklungsprozesses auf ein (Software-) System oder eine Komponente angewendet. Die Verifikation (Definition 4.1.7) wird hingegen am Ende der Phase des Entwicklungsprozesses bezogen auf die Ergebnisse der Phase durchgeführt. Zur weiteren Verdeutlichung der

4.1 Definitionen und Überblick zu Validierung und Verifikation

Reichweite der beiden Begriffe im Rahmen des Entwicklungsprozesses dient die an [Par98] angelehnte Abbildung 4.1.

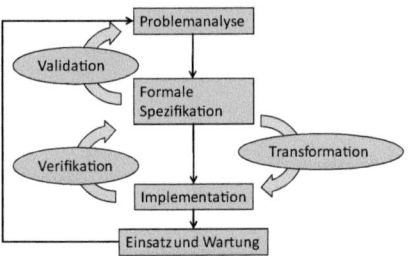

Abbildung 4.1: Die unterschiedlichen Ebenen von Validierung und Verifikation.

Die Validation bzw. Validierung ist entsprechend Abbildung 4.1 als Nachweis für die Erfüllung von Anforderungen aus der Problemanalyse in einer (formalen) Spezifikation zu verstehen. Ein objektiver Nachweis, dass alle in der (formalen) Spezifikation festgelegten Anforderungen im Rahmen der Implementation erfüllt werden, ist Aufgabe der Verifikation. Die Validierung wird somit auf der Ebene der Spezifikation bzw. der Spezifikationsdokumente in Verbindung mit den Anforderungen aus der Problemanalyse eingesetzt. Es wäre dementsprechend von Vorteil, wenn die eingesetzten Verfahren auch für die Stakeholder auf Seite der Kunden verständlich und einsetzbar sind. Diese Anforderung ist für die Verfahren der Verifikation nicht unbedingt nötig, da die Anwendergruppe aus dem Umfeld der Softwareentwickler zu erwarten ist.

Da es aber notwendig ist, wie Eingangs dieses Kapitels erwähnt, möglichst viele sinnvoll nebeneinander einsetzbare Verfahren zur Qualitätssicherung der Software zu nutzen, bedarf es deren Integration in den gesamten Softwareentwicklungsprozess. In der Literatur werden diese Verfahren häufig unter dem Begriff von *Validierung & Verifikation* zusammengefasst. In einigen Definitionen zu V&V ist auch deren Integration in den Softwareentwicklungsprozess konkret eingeflossen. Definition 4.1.8 liefert eine nach [Fis07] allgemein genutzte Definition von V&V.

4 Validierung und Verifikation

Definition 4.1.8 ([Fis07]) *Validation and Verification (V&V) is a systems engineering practise that employs methods such as reviews, static and dynamic analysis, testing and formal methods to provide assurance that software artifacts within a certain phase of their life-cycle conform to their requirements and expected operational behavior.*

Danach kann V&V als Methodensammlung zur Sicherung der Konformität von Softwareartefakten gegenüber deren Anforderungen und Erwartungen gesehen werden. Dies erfolgt laut der Definition für einen bestimmten Zeitpunkt im Lebenszyklus der Software bzw. -entwicklung. Allerdings erweitert [Fis07] diese Definition selbst, indem er die Nutzung der Ergebnisse des V&V nicht auf bestimmte Phasen einschränkt, sondern die fortlaufende Nutzung der V&V-Ergebnisse in allen Phasen der Softwareentwicklung fordert. V&V unterliegt demnach wie auch die Softwareentwicklung selbst einem Prozessvorgehen und hat damit seinen eigenen Lebenszyklus, der an den Entwicklungsprozess angelehnt bzw. integriert ist. Diese Sichtweise findet sich ebenfalls in der Definition 4.1.9.

Definition 4.1.9 ([IEE90]) *Validation and Verification (V&V) The process of determining whether the requirements for a system or component are complete and correct, the products of each development phase fulfill the requirements or conditions imposed by the previous phase, and the final system or component complies with specified requirements.*

V&V wird nach Definition 4.1.9 direkt als ein Prozess zur Prüfung der Anforderungen in Bezug auf ein System, zwischen Entwicklungsphasen und dem Endsystem gegenüber der Spezifikation verstanden.

Im Rahmen dieser Arbeit werden die Begriffe Validierung und Verifikation entsprechend der Definitionen 4.1.4 und 4.1.5 verwendet. Die grundsätzliche zeitliche Einordnung der Begriffe findet entsprechend Abbildung 4.1 statt, wonach die Validierung zum Nachweis der Erfüllung von Anforderungen (aus der Problemanalyse) in der (formalen) Spezifikation dient.

4.2 Validierungs- und Verifikationsverfahren

Entsprechend des Dictums von [LS09] bedarf es prinzipiell der Nutzung aller existierenden Validierungs- und Verifikationsverfahren zur Sicherstellung der Korrektheit einer Software. Der Kern der Aussage kann aber darauf beschränkt werden, existierende und möglichst sich ergänzende Methoden und Techniken zur Sicherung der Korrektheit der Software in einem *sinnvollen* und entsprechend *wirtschaftlich* vertretbaren Rahmen einzusetzen. Zur genauen Bestimmung der einzusetzenden Verfahren und damit der Klärung, welche Verfahren sinnvoll und wirtschaftlich sind, sind entsprechende Kenntnisse über diese notwendig. Dieser Überblick in Form einer Klassifikation ermöglicht es zum einen, die Verfahren bezüglich ihres Einsatzzweckes zu bewerten, und zum anderen den Vergleich der Verfahren untereinander.

Im folgenden Abschnitt wird daher stellvertretend eine Klassifikation von V&V-Verfahren vorgestellt. Daran schließt sich die Erläuterung einiger ausgewählter Verfahren an. Der Vergleich bzw. die Bewertung einzelner Verfahren ist Bestandteil des sich anschließenden Kapitels 5.

4.2.1 Klassifikation von Validierungs- und Verifikationsverfahren

In der Literatur existieren verschiedene Klassifikationen der Validierungs- und Verifikationsverfahren und auch deren Bezeichnung ist nicht allgemeingültig. Es existieren beispielsweise die Begriffe Nachweisverfahren, Prüftechniken oder konstruktive Qualitätssicherung ([Ehr02], [Lig09], bzw. [Hof08]). Allerdings sind die Begriffe, abgesehen von gewissen Abweichungen aufgrund des jeweiligen Kontextes, gleichbedeutend zu verstehen. Die Unterschiede reduzieren sich daher meist auf die Einteilung der Klassifikation und die vorgestellten Verfahren. Daher wird im Folgenden primär die Klassifikation nach [Lig09] vorgestellt.

Die Verfahren zur Validierung und Verifikation zielen darauf ab, die Qualität der entwickelten Software sicherzustellen bzw. zu verbessern. Die Prüftechniken müssen daher auf Artefakten aus den verschiedenen Phasen des Software-Entwicklungsprozesses arbeiten. Beispielhaft seien hier folgende Artefakte erwähnt: Spezifikationsdokumente, Modelle und Quellcode. Jedes Artefakt wird auf unterschiedliche Weise

4 Validierung und Verifikation

und in unterschiedlicher Form erstellt. Entsprechend der Unterschiede können nur bestimmte Techniken zur Qualitätssicherung angewendet werden. Aufgrund des Schwerpunktes der Arbeit auf der Spezifikation von (Geschäfts-) Prozessmodellen soll auch die Klassifikation der V&V-Verfahren dahingehend fokussiert werden.

[Lig09] unterteilt Prüftechniken in die zwei Kategorien *statisch* und *dynamisch*. Die Verwendung dieser beiden Begriffe weicht allerdings gegenüber der Verwendung in Bezug auf Diagrammarten (siehe Abschnitt 3.2.1) dahingehend ab, dass die Ausführbarkeit der Software als Grundlage der Unterteilung dient. Dynamische Prüftechniken basieren auf konkreten Eingabewerten an die „übersetzte, ausführbare Software". Diese können daher im Rahmen der Betrachtung vernachlässigt werden. Für statische Prüftechniken ist hingegen keine ausführbare Software erforderlich. Sie werden in *analysierend* und *verifizierend* unterteilt, wie Abbildung 4.2 zeigt. Dabei sind verifizierende Verfahren entsprechend ihrem Namen grundsätzlich der Verifikation zuzuordnen und analysierende Verfahren eher der Validierung.

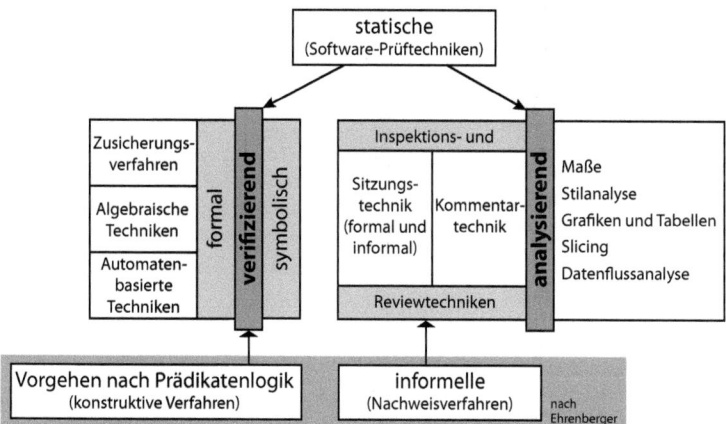

Abbildung 4.2: Klassifiktation von statischen Validierungs- und Verifikationsverfahren nach [Lig09] bzw. [Ehr02].

Analysierende Techniken lassen sich in manuelle Inspektions- und Reviewtechniken (kurz IRT) sowie die automatisierte (werkzeuggestützte) Codeanalyse (Abbildung 4.2 rechts) unterteilen. Die IRT können prinzipiell auf sämtliche im Rahmen der Softwareentwicklung ent-

4.2 Validierungs- und Verifikationsverfahren

stehende Artefakte angewendet werden, sind aber besonders für Artefakte der frühen Phasen der Softwareentwicklung geeignet. Die Codeanalyse wird primär zur Überprüfung bestimmter Richtlinien im Quellcode eingesetzt und wird daher nicht näher betrachtet. Das Resultat der analysierenden Techniken sind bestimmte Aussagen über die betrachteten Artefakte und vermitteln somit nur ein (zumeist subjektives) Gefühl über die Korrektheit der Software. Korrektheitsaussagen sind mit analysierenden Techniken nicht möglich.

Verifizierende Techniken hingegen können einen Korrektheitsbeweis der Realisierung gegenüber der Spezifikation liefern. Symbolische Techniken basieren auf der Ausführung des Quellcodes mit symbolischen Eingabewerten durch einen Interpreter und können so für bestimmte Anwendungsfälle Korrektheitsaussagen machen. Die formalen Zusicherungsverfahren, wie das *Floyd'sche Verifikationsverfahren* [Flo67], liefern einen *partiellen* Korrektheitsbeweis, indem Eingangs- und Ausgangszusicherungen (die Spezifikation) mit dem Quellcode (die Realisierung) „verglichen" werden [Lig09]. Mit den ebenfalls formalen algebraischen und automatenbasierten Techniken können hingegen prinzipiell vollständige Aussagen über die Korrektheit durch ein formales Beweisverfahren erzeugt werden. Algebraische Techniken basieren dabei, entsprechend ihres Namens, auf einer algebraischen Spezifikation. Automatenbasierte Techniken verwenden Zustandsautomaten und logische Aussagen (wie temporale Logiken) für das Beweisverfahren.

Ein grundsätzlicher Unterschied der Prüftechniken lässt sich am Formalisierungsgrad der Verfahren bzw. Artefakte erkennen. Es gibt informale bzw. formale Verfahren für informale bzw. formale Artefakte. Wie Abbildung 4.2 zeigt, sind informelle Verfahren im Klassifikationsschema von [Ehr02] einer eigenen Klasse zugeordnet. [Lig09] ordnet sie den statischen Verfahren zu und bezeichnet sie als „manuelle Prüfungen von Dokumenten und Code", da die enthaltene Semantik nicht maschinenlesbar bzw. maschineninterpretierbar ist. Informelle Verfahren arbeiten demnach auf informalen bzw. möglicherweise semiformalen Artefakten. Als Beispiele für informelle Verfahren sind Inspektions- und Reviewtechniken wie *Software Inspection* [Fag76, GG94] oder *Structured Walkthrough* [You89] zu nennen. Formale Verfahren sind im Gegensatz zu informalen aufgrund der ihnen zugrundeliegenden formalen Artefakte häufig automatisierbar. Eine Einteilung formaler Verfahren findet sich in [Vaa06]. Danach werden formale Methoden in *unsichtbare formale Methoden*, *Model Checking*, *automatische Abstrahierung* und *Theorem Beweisen* unterteilt. Unsichtbare Methoden sind entsprechend ihres Namens für den Benutzer unsichtbare, im Hintergrund arbeitende Algorithmen, die Aussagen über eine bestimmte (wenn auch nicht vollständige) funktionale Korrektheit liefern. Model Checking bedarf im Gegensatz dazu die Erstellung eines spezifischen Modells und die Formulierung der Eigenschaften in einer Spezifikationssprache. Auf dieser Grundlage kann automatisch eine vollständige Aussage über die spezifizierten Eigenschaften bezüglich des Modells geliefert werden. Um die Größe des Modells für das Model Checking weiter zu reduzieren, können bzw. müssen Techniken zur automatischen Abstraktion eingesetzt werden. Das Ziel ist dabei, das Modell auf die notwendigen Aussagen zur Prüfung der gestellten Eigenschaften zu reduzieren. Theorem Beweiser (engl. theorem prover) benötigen als Basis das System und die Spezifikation als mathematische Beschreibung, um damit einen mathematischen Beweis führen zu können. Der Beweis kann gegebenenfalls durch ein Software Werkzeug übernommen werden.

4.2.2 Einsatz von Validierungs- und Verifikationsverfahren im Softwareentwicklungsprozess

Neben der Kenntnis, welche Verfahren zur Validierung und Verifikation der verschiedenen Artefakte der Softwareentwicklung überhaupt existieren, ist deren Einsatz im Rahmen der einzelnen Prozessphasen von entscheidender Bedeutung. Obwohl [Ehr02] und [Lig09] dies in ihren Ausführungen zwar erwähnen, wird dennoch kein konkretes Vorgehensmodell geliefert, in welches die verschiedenen Verfahren eingeordnet werden. Abbildung 4.3 zeigt das in [Fis07] vorgestellte Vorgehensmodell zur Einbindung von Validierung und Verifikation in den Lebenszyklus des Softwareentwicklungsprozesses.

Der Lebenszyklus der Validierung und Verifikation ist an den „traditionellen Software-Engineering-Lebenszyklus" angelehnt. Dabei fokussiert die Abbildung laut [Fis07] auf die wesentlichen Phasen sowohl des SE- als auch den V&V-Lebenszyklus. Prinzipiell werden die notwendigen Aufgaben einer Phase des V&V-Lebenszyklus definiert. Diese umfassen in jeder Phase die *Traceability* sowie *Schnittstellenanalyse*.

4.2 Validierungs- und Verifikationsverfahren

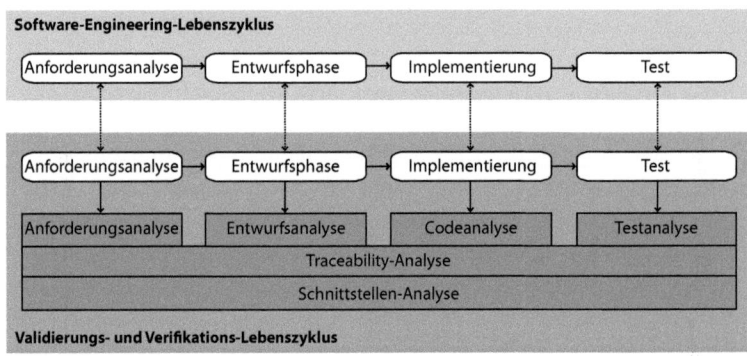

Abbildung 4.3: Validierungs- und Verifikations-Lebenszyklus nach [Fis07].

Außerdem kommt pro Phase ein spezieller Aufgabentyp hinzu, der mit der aktuellen Phase (siehe Anhang A) korrespondiert. So wird beispielsweise in der Entwurfsphase von [Fis07] die *Entwurfsanalyse* gefordert. Im Folgenden werden kurz die zentralen Aufgaben der einzelnen Phasen aufgezeigt.

Traceability-Analyse umfasst die Aufnahme bzw. Prüfung der Zusammenhänge der ursprünglichen Anforderungen und den im System umgesetzten Features in der jeweiligen Phase.

Schnittstellenanalyse (engl. interface analysis) hat zur Aufgabe die korrekte, vollständige und konsistente Definition bzw. Nutzung der Schnittstellenelemente (Daten bzw. Informationen) zwischen verschiedenen Einheiten (Modul, Komponenten usw.) in der Software in der jeweiligen Phase.

Anforderungsanalyse (engl. requirements analysis) ist die Prüfung der Anforderungen auf deren Vollständigkeit, Konsistenz, Korrektheit und Nutzbarkeit für die Überprüfung.

Entwurfsanalyse (engl. design analysis) wird zur Prüfung der korrekten, vollständigen und konsistenten Umsetzung der Anforderungen im Entwurf eingesetzt.

Codeanalyse prüft, ob die im Entwurf festgelegten Anforderungen und Entscheidungen umgesetzt wurden und muss beispielsweise auch den korrekten Einsatz von Programmierrichtlinien bzw. deren Überprüfbarkeit sicherstellen.

Testanalyse dient der Sicherstellung des adäquaten Einsatzes von Testtechniken für die entsprechenden Bereiche des Systems.

Anhand der Aufgabenbeschreibung der Phasen lassen sich einzelne Validierungs- und Verifikationsverfahren der in Abschnitt 4.2.1 vorgestellten Klassifikation zuordnen. An dieser Stelle stehen aber primär Validierungs- und Verifikationsverfahren der Anforderungsanalyse und der Entwurfsanalyse im Mittelpunkt.

Grundsätzlich werden in den jeweiligen Phasen Validierungs- und Verifikationsverfahren benötigt, die die Artefakte der entsprechenden Phase überprüfen bzw. deren Qualität sicherstellen können. Die manuellen IRT sind dabei für alle Artefakte der Anforderungsanalyse und Entwurfsanalyse einsetzbar. Im Rahmen der Anforderungsanalyse können sie beispielsweise zur Prüfung der Einhaltung von Qualitätskriterien der Anforderungen (siehe Abschnitt 2.1.5.1) eingesetzt werden. In der Entwurfsanalyse können sie zur Überprüfung der korrekten Umsetzung von Anforderungen in Geschäftsprozessmodellen genutzt werden. Verifizierende Techniken können hingegen nur auf semiformale bzw. formale Artefakte angewandt werden. In Bezug auf (Geschäfts-) Prozessmodelle ist die Unterscheidung zwischen statischen und dynamischen Modellen bei der Auswahl des Verfahrens zu berücksichtigen. Anforderungen für statische Diagrammarten bzw. Modelle (z. B. UML-Klassendiagramme oder Organigramme im Rahmen von ARIS) sind meist statische Abhängigkeiten zwischen den Modellelementen. Zum Beispiel erfordert die Korrektheit einer Komponente bzw. eines Subsystems s die Funktionen f_1 und f_2, während eine andere Funktion f_3 ausgeschlossen wird. Diese Anforderung bzw. die Spezifikation kann in Boolescher Logik ausgedrückt werden:

$$s = f_1 \land f_2 \land \neg f_3$$

Für das Lösen solcher Booleschen Ausdrücke existieren viele Ansätze. Ein Beispiel ist [SP01]. In diesem Konzept repräsentieren Versionen verschiedene Hierarchiestufen einer Funktion. Wobei eine Version einer Funktion aus weiteren hierarchisch darunter liegenden Funktionen besteht. In der resultierenden Baumstruktur der Versionen lassen sich

4.3 Ausgewählte Validierungs- und Verifikationsverfahren

automatisiert statische Abhängigkeiten der aufgezeigten Form überprüfen.

Das Lösen von Gleichungen in Boolescher Logik ist allerdings nicht ausreichend, um zeitliche Abläufe in dynamischen Diagrammarten (bzw. Modellen) wie z. B. Zustandsdiagrammen, Sequenzdiagrammen, UML-Aktivität oder ereignisgesteuerten Prozessketten spezifizieren und überprüfen zu können. Es ist aber festzustellen, dass es in jeder Kategorie der statisch, verifizierenden Prüftechniken Verfahren für die Überprüfung von sowohl statischen als auch dynamischen Diagrammarten gibt.

4.3 Ausgewählte Validierungs- und Verifikationsverfahren

In diesem Abschnitt werden die Techniken *Model Checking, Sofware Inspection, Theorem Beweisen* und *Walkthrough* näher vorgestellt. Die Auswahl erfolgt aufgrund der in dieser Arbeit behandelten Thematik und aufgrund der Einordnung der Techniken in charakteristische Klassen aus Abschnitt 4.2.1. Daher werden formale, verifizierende Techniken vorgestellt, zu denen das Model Checking und das Theorem Beweisen gehören. Zudem werden formale Interview und Review Techniken (kurz IRT) wie die Software Inspection und auch informale IRT wie das Walkthrough beschrieben. Tabelle 4.2 liefert einen Überblick über den Formalisierungsgrad und die Automatisierbarkeit der ausgewählten Techniken.

4.3.1 Model Checking

Model Checking ist nach [Lig09] den als statisch, verifizierend und formal charakterisierten automatenbasierten Techniken zugeordnet. Wie in Abschnitt 4.2.1 erwähnt, erlaubt Model Checking die automatisierte Validierung bzw. Verifikation von formalen Artefakten. Model Checking basiert dabei auf einem formalen Modell – dem Zustandsautomaten – des zu überprüfenden Sachverhalts. Die Anforderungen an den Zustandsautomaten können beispielsweise mit den in Abschnitt 2.2.2.2 vorgestellten temporalen Logiken (CTL oder LTL) spezifiziert werden. Dieser Zustandsautomat wird als *Kripke-Struktur*

4 Validierung und Verifikation

	Formalisierungsgrad			automatisierbar		
Model Checking	informal	semiformal	formal	nein	teilweise	ja
Software Inspection	informal	semiformal	formal	nein	teilweise	ja
Theorem Beweisen	informal	semiformal	formal	nein	teilweise	ja
Walk-through	informal	semiformal	formal	nein	teilweise	ja

Tabelle 4.2: Eigenschaften der ausgewählten Techniken.

bezeichnet [CGP01]. Darin werden die Eigenschaften des betrachteten Systems in Zustände überführt. An diesem Modell können anschließend automatisch die ausgewählten temporalen Anforderungen, formuliert als temporale Formeln, überprüft werden. Basierend auf Graph-Algorithmen wie den Erreichbarkeitsalgorithmen ermittelt der Model-Checking-Algorithmus, ob eine gegebene temporale Anforderung von einem System erfüllt wird. Wird ein Fehler entdeckt, liefert der Model Checker ein Gegenbeispiel. Dieses stellt ein Szenario dar, in welchem sich das Modell auf unerwünschte Art verhält. Abbildung 4.4 veranschaulicht das Grundprinzip des Model Checking.

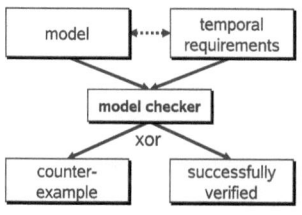

Abbildung 4.4: Grundprinzip des Model Checking.

Sobald das formale Modell und die temporalen Anforderungen erstellt wurden, läuft das Model Checking vollständig automatisch. Das im Fehlerfall gelieferte Gegenbeispiel kann für die Überarbeitung des

4.3 Ausgewählte Validierungs- und Verifikationsverfahren

Modells genutzt werden. Damit kann die Anwendung dieser Technik ab diesem Punkt als „recht einfach" betrachtet werden [Vaa06]. Dennoch werden die Einsatzmöglichkeiten des Model Checkings in anderer Hinsicht auch eingeschränkt. So führt beispielsweise das Model Checking von Modellen, die als Basis für die Quellcode-Erzeugung dienen, zum *Zustandsexplosionsproblem* [BCM$^+$92]. Die Explosion der Zustände entsteht, weil sämtliche auftretende Zustände der Software in die Überprüfung einbezogen werden müssen. Zur Reduktion von Zuständen wurden Verfahren wie *Compositional Reasoning, Abstraction, Symmetry Reduction* oder *Induction and Parameterized Verification* entwickelt. Einen Überblick zu den Verfahren geben [BG00, CGP01, CCO$^+$04, Cla08]. Aber auch die Model Checking Algorithmen wurden weiterentwickelt. Aufbauend auf dem Model Checking wurde das *Symbolic Model Checking* entwickelt. Dieses basiert auf *Ordered Binary Decision Diagrams* (kurz OBDD) [BCM$^+$92, McM93] zur symbolischen Repräsentation der Zustandsübergangsgraphen, welche eine Zustandsreduktion durch Erkennung von bestimmten Regelmäßigkeiten erlaubt [Cla08]. Eine Umsetzung des Symbolic Model Checking ist der *Symbolic Model Verifier* (kurz SMV) [McM93].

4.3.2 Software Inspection

Die Software Inspection (auch Fagan Inspection) [Fag76, GG94] ist nach [Lig09] eine statische, analysierende und formale Sitzungstechnik. Inspektionen können für die manuelle Überprüfung (gegebenenfalls mit Werkzeugunterstützung) von Spezifikationsdokumenten, Entwürfen, Quelltexten und Testfällen eingesetzt werden. Das Ziel dabei ist zum einen die Qualitätssteigerung bei der Erstellung und Überprüfung der Artefakte, zum anderen aber auch Verbesserungen bei der Umsetzung der Inspektion selbst. Dies findet sich auch in Definition 4.3.1 wieder.

Definition 4.3.1 ([GG94]) *Inspection*
A quality improvment process for written material. It consists of two dominant components; product (document itself) improvment and process improvment (of both document production and inspection).

Der formale Charakter der Software Inspection wird durch die Definition von formalen Kriterien erreicht. Dies sind genau definierte Pha-

4 Validierung und Verifikation

sen, „mit definierten Eingangs- und Ausgangskriterien, Soll-Vorgaben für die Geschwindigkeiten und zu erreichende Ziele" [Lig09]. Zudem sind Inspektionen durch eine klare Rollenverteilung gekennzeichnet.

Die Vorteile der Software Inspection beruhen auf dem formal definierten Ablauf, der eine detaillierte und koordinierte Überprüfung durch mehrere Personen ermöglicht. Die Überprüfung ist dabei unabhängig vom Formalisierungsgrad der Artefakte. Nachteil der Software Inspection hingegen ist der nach [Lig09] mittlere bis hohe Aufwand. Es ist daher entscheidend, die Inspektion sowohl zeitlich als auch personell (z. B. größere Anzahl an geschulte Inspektoren) entsprechend im Projektverlauf einzuplanen.

4.3.3 Theorem Beweisen

In der Klassifikation von [Lig09] wird das Theorem Beweisen nicht aufgeführt. Es kann aber den statischen, verifizierenden und formalen Prüftechniken zugeordnet werden. Theorem Beweiser versuchen einen Beweis für die Gültigkeit einer Eigenschaft bzw. Zusicherung (engl. assertion) zu konstruieren [Jac06]. Der Beweis basiert auf einem in einer Logik beschribenen System bzw. Modell sowie den ebenfalls in einer Logik beschribenen Eigenschaften. Im Erfolgsfall liefert der Theorem Beweiser einen Beweis, andernfalls muss der Benutzer den Beweisvorgang interaktiv beeinflussen. Ein Fehler kann allerdings auch in einer ungültigen Eigenschaft bzw. Zusicherung liegen, wobei es aber schwierig ist, dies nachzuweisen. Gründe dafür sind Einschränkungen der Möglichkeiten des Theorem Beweisers sowie dessen mangelnde Unterstützungsleistungen für den Benutzer [Jac06].

Es handelt sich beim Theorem Beweisen um ein sehr mächtiges aber auch aufwendiges Verfahren, bei dem im Prinzip das Beweisen von hunderten von Lemmas nötig sein kann [Jac06]. Gegenüber dem Model Checking, welches auf temporalen Logiken basiert, können beim Theorem Beweisen grundsätzlich alle Logiken eingesetzt werden, was wiederum die Mächtigkeit des Verfahrens bekräftigt.

4.3.4 Walkthrough

Walkthrough (auch Structured Walkthrough oder konventionelles Review in Sitzungstechnik) [You89] wird nach [Lig09] den statischen,

4.3 Ausgewählte Validierungs- und Verifikationsverfahren

analysierenden und informalen Sitzungstechniken zugeordnet. Im Gegensatz zur Software Inspection existiert kein formal definierter Prozess und damit keine formalen Kriterien oder Rollenverteilungen. Konventionelle Reviews (wie das Walkthrough) sind aber nicht nur auf das Auffinden von Fehlern ausgerichtet, sondern werden „auch als Mittel für Entscheidungsfindungen, für das Auflösen von Konflikten, für den Austausch von Informationen oder für das Brainstorming in Zusammenhang mit der Lösung von Problemen" [Lig09] eingesetzt.

Es handelt sich bei einem Walkthrough eher weniger um die detaillierte Überprüfung aller Artefakte, sondern um eine (meist oberflächliche) Prüfung eines bestimmten, durch den Autor selbst gewählten, Artefakts. Gegenüber der formalen Software Inspection ist der Aufwand für ein Walkthrough deutlich geringer. Aufgrund des fehlenden systematischen Vorgehens ist aber beispielsweise das Finden von Fehlern deutlich unwahrscheinlicher. Ein Walkthrough ist daher besonders für (informale) Artefakte der frühe Phasen des Softwareentwicklungsprozesses geeignet.

Teil II

TLVF und MultiView

5 Visualisierung von Anforderungen

In den Kapiteln 2, 3 und 4 wurden die Grundlagen für die Entwicklung eines Lösungsansatzes für die in Abschnitt 1.1 aufgeworfene Problemstellung eingeführt. Eine Hauptforderung ist danach die Sicherstellung der inhaltlichen Korrektheit (siehe Abschnitt 3.1.1) von Prozessmodellen im Allgemeinen bzw. von Geschäftsprozessmodellen im Speziellen. Dabei müssen die Anforderungen aus dem Umfeld bzw. dem Kontext der (Geschäfts-) Prozessmodellierung berücksichtigt werden. Es bedarf daher der Auswahl bzw. Entwicklung eines geeigneten Validierungs- bzw. Verifikationsverfahrens und einer entsprechenden Spezifikationssprache, die den Anforderungen der (Geschäfts-) Prozessmodellierung genügt (siehe Kapitel 3) bzw. von den beteiligten Personengruppen akzeptiert wird (siehe Abschnitt 2.1.5.2).

Die in Abschnitt 4.3 vorgestellten Validierungs- und Verifikationsverfahren sind prinzipiell geeignet, um (Geschäfts-) Prozessmodelle auf deren inhaltliche Korrektheit zu überprüfen. Aussagen über die Korrektheit der Prozessmodelle (bzw. Software) sind dabei grundsätzlich relativ, da sie immer in Bezug auf die Spezifikation erfolgen [LS09]. Die Prüfung der inhaltlichen Korrektheit der Prozessmodelle muss demnach anhand der im Rahmen des Softwareentwicklungsprozesses erhobenen und spezifizierten Anforderungen erfolgen. Nach [RR06] besteht darüber hinaus aber die Möglichkeit, bereits spezifizierte Anforderungen wiederzuverwenden. Dies führt zu einem breiten Spektrum von Anforderungen beispielsweise domänenspezifischer Natur, die zur Überprüfung der inhaltlichen Korrektheit der Prozessmodelle herangezogen werden können.

Die Wahl der zur Überprüfung eingesetzten Validierungs- bzw. Verifikationsverfahren wird in gewissem Maße durch die Wahl der Spezifikationstechnik bzw. -sprache der Anforderungen eingeschränkt. So lassen sich natürlichsprachliche Anforderungen, wie sie häufig in aktuellen Softwareentwicklungsprozessen eingesetzt werden (siehe dazu

4.3 Ausgewählte Validierungs- und Verifikationsverfahren

[RD09] oder [Poh10]), nicht ohne weitere Transformationsschritte für formale Validierungs- und Verifikationsverfahren nutzen. Aber besonders die Automatisierbarkeit von formalen Validierungs- und Verifikationsverfahren bietet große Potentiale zur Steigerung von Wirtschaftlichkeit und Effizienz der Qualitätssicherungsmechanismen. Denn das manuelle Prüfen bzw. Beweisen der Korrektheit von Geschäftsprozessen ist sehr „zeitintensiv, fehleranfällig und häufig wirtschaftlich nicht sinnvoll anwendbar" [WHJW00]. Dies ist vor allem in der hohen Komplexität der Geschäftsprozessmodelle begründet, sowohl in Bezug auf die modellierten Inhalte, als auch in Bezug auf den Umfang bzw. Größe. Zur Qualitätssteigerung von beispielsweise Geschäftsprozessen ist demnach der Einsatz von *automatisierbaren* Verfahren von besonderer Bedeutung.

Der Einsatz von automatisierbaren und damit den formalen Validierungs- und Verifikationsverfahren im Rahmen der Geschäftsprozessmodellierung ist allerdings zumeist nicht ohne Weiteres möglich. Als ein Hauptgrund dafür wird in [O'R06] der „kulturelle Schock" beim Einsatz von mathematisch anmutenden Techniken genannt. Dieser betrifft laut [O'R06] grundsätzlich einen Großteil der beteiligten Personengruppen. Neben dieser „Ablehnungshaltung" spielt auch die textuelle Repräsentation von formalen Spezifikationssprachen eine entscheidende Rolle. Werden beispielsweise grafische Prozessmodelle eingesetzt, entsteht ein *Methodenbruch* zwischen der grafischen *Modellierungsmethode* der Prozessmodelle und den formal, textuell formulierten Anforderungen. Konkret äußert sich der Methodenbruch damit in der Verwendung unterschiedlicher Repräsentationen (grafisch und textuell) der Anforderungen. Um diesen Methodenbruch zu vermeiden, soll die Spezifikationstechnik bzw. -sprache eine *grafische Formulierung bzw. Modellierung* ermöglichen.

Entsprechend diesen Forderungen wird im Folgenden ein Konzept zur Überprüfung der inhaltlichen Korrektheit von (Geschäfts-) Prozessmodellen entwickelt, dass:

- auf *grafischen, formalen* Anforderungen basiert und
- zudem *automatisierbar* ist.

Im folgenden Abschnitt 5.1 werden zunächst die begrifflichen Grundlagen zur Visualisierung von Anforderungen festgelegt. Darauf aufbauend findet in Abschnitt 5.2 die Auswahl einer geeigneten formalen

Prüftechnik statt. Im anschließenden Abschnitt 5.3 werden die bei der Anwendung der gewählten formalen Prüftechniken für Prozessmodelle zu berücksichtigende Faktoren erarbeitet. Daraus resultierend wird in Abschnitt 5.4 das *Temporal Logics Visualization Framework* (kurz TLVF) vorgestellt. Abschließend wird in Abschnitt 5.5 eine auf Wiederverwendbarkeit ausgerichtete Verallgemeinerung der Formulierung von grafischen Anforderungen präsentiert.

5.1 Grafische Anforderungen: Definition

Im Rahmen der Softwareentwicklung ist eine der wichtigsten Qualitätsanforderungen bzw. -ziele die Sicherstellung der Korrektheit jeglicher Artefakte. Dies gilt entsprechend für Prozessmodelle in Bezug auf deren korrekte Syntax und Semantik (siehe Abschnitt 3.1.1) sowie bezüglich deren inhaltlichen Richtigkeit (gemäß der GoM) bzw. der Aufdeckung von *inhaltlichen Fehlern* (siehe Tabelle 4.1). Dabei wird versucht, entstandene Fehler möglichst in frühen Entwicklungsphasen zu entdecken und zu beheben, da z. B. die Behebung eines Spezifikationsfehlers nach der Installation (Roll-out) 20mal mehr Aufwand erfordert, als dessen Behebung während der Spezifikationsphase [MH03].

Natürlichsprachlich spezifizierte Anforderungen können, wie anhand des Beispieles der semantischen Programmierkonventionen in Abschnitt 3.1.1 aufgezeigt, nur durch einen Menschen geprüft werden [Lig09]. Semiformal oder formal spezifizierte Anforderungen sind im Gegensatz dazu automatisiert verarbeitbar (siehe dazu [OR98]). Dabei ist anzumerken, dass die „Formalisierung nicht Folge, sondern Voraussetzung der Automatisierung ist" [Eis03]. Formale Anforderungen liefern über die automatisierbare Überprüfung der Prozessmodelle hinaus auch einen entscheidenden inhaltlichen Vorteil. Da Anforderungen in Prozessmodellen wie Geschäftsprozessmodellen implizit modelliert werden [End04], kann durch eine explizite, formale Repräsentation eine *sichtbare* Formulierung von Anforderungen im Sinne der Typen von Anforderungen (siehe Abschnitt 2.1.5.3) erreicht werden.

Zusätzlich zur Forderung nach der formalen Spezifikation von Anforderungen soll die grafische Modellierung ermöglicht werden. Dies hat im Zusammenhang mit der Geschäftsprozessmodellierung vor allem den Vorteil, dass *gleiche* Konstrukte – nämlich Modellelemente –

5.1 Grafische Anforderungen: Definition

sowohl bei der Spezifikation der Prozessmodelle als auch der Anforderungen verwendet werden können. Zudem erlaubt dies die Nutzung des *gleichen* Modellierungswerkzeuges zur Spezifikation. Zunächst unabhängig vom Formalisierungsgrad wird eine *grafische Anforderung* im Rahmen dieser Arbeit entsprechend Definition 5.1.1 festgelegt.

Definition 5.1.1 *Grafische Anforderung*
Eine grafische Anforderung stellt die grafische Repräsentation (im Sinne eines Tertiary Modeling System) einer funktionalen oder nicht-funktionalen Anforderung dar.

Die Vorteile von grafischen Darstellungen wurden prinzipiell bereits in Abschnitt 3.1.3 aufgezeigt und gelten entsprechend auch für grafische Anforderungen. In Erweiterung zur grafischen Anforderung wird der Begriff der *grafischen Validierungsregel* eingeführt, wie in Definition 5.1.2 gezeigt.

Definition 5.1.2 *Grafische Validierungsregel*
Eine grafische Validierungsregel ist eine grafische Repräsentation einer formal spezifizierten Anforderung (z. B. von einer temporalen Formel). Eine Validierungsregel bzw. eine Menge von Validierungsregeln spezifizieren eine funktionale oder nicht-funktionale Anforderung.

Bei grafischen Validierungsregeln handelt es sich nach Definition 5.1.2 prinzipiell um grafische Anforderungen. Allerdings basieren grafische Vailidierungsregeln auf *formal spezifizierten* Anforderungen. Der Begriff *Validierung* wird entsprechend der Definition 4.1.4 verwendet. Somit beinhaltet eine grafische Validierungsregel eine Aussage bzw. Anforderung, die einen Nachweis der Eignung des betrachteten Produktes für einen *speziell beabsichtigten* Gebrauch ermöglicht. Angewendet auf die Geschäftsprozessmodellierung bedeutet dies, dass mit einer grafischen Validierungsregel bestimmte Eigenschaften bzw. Anforderungen in (Geschäfts-) Prozessmodellen durch einen Nachweis überprüft werden können. Im Ergebnis ist ein Prozessmodell dann in Bezug auf die aufgestellten Anforderungen zur Wiedergabe des realen Sachverhalts geeignet oder nicht geeignet. Im Unterschied zur Verifikation werden durch die Validierung nur die tatsächlich aufstellten *besonderen* Aussagen bzw. Anforderungen überprüft, aber kein vollständiger Beweis über die Korrektheit des Geschäftsprozessmodells geliefert. Eine Validierung von Geschäftsprozessmodellen entspricht zudem eher dem in den GoM beinhalteten *Grundsatz der Richtigkeit* (siehe Abschnitt 3.2.2), der einen Richtigkeitsbeweis als nicht möglich betrachtet. Hierbei ist aber anzumerken, dass zur Validierung auch verifizierende Verfahren (z. B. Theorem Beweisen oder Model Checking) eingesetzt werden können. Damit lassen in gewissem Rahmen (beispielsweise beim Vorliegen einer formalen Spezifikation) zumindest die aufgestellten *besonderen* Anforderungen *objektiv* nach- bzw. beweisen.

Die *grafische Repräsentation* der Validierungsregel liefert über die generellen Vorteile von grafischen Darstellungen hinaus einen Beitrag zur Überwindung der Problematik des kulturellen Schocks von textuellen und mathematisch anmutenden formalen Sprachen bzw. Techniken. Denn die einschüchternde bzw. beängstigende Wirkung einer textuellen Darstellung (beispielsweise einer mathematischen Notation) [Jac06] kann durch eine grafische Darstellung häufig reduziert werden.

Sowohl die Definition der grafischen Anforderung (Definition 5.1.1) als auch die Definition der grafischen Validierungsregel (Definition 5.1.2) sind grundsätzlich allgemein formuliert. Das heißt, die Definitionen nehmen keinen Bezug zu möglicherweise eingesetzten Spezifikationstechniken oder Validierungs- und Verifikationsverfahren. Die eingesetzte Spezifikationssprache ist daher entsprechend der speziellen Rahmenbedingungen eines Entwicklungsprojektes frei wählbar.

5.2 Formale Prüftechniken

Die formale Spezifikation von grafischen Validierungsregeln stellt eine Grundlage für den Einsatz von formalen Prüftechniken dar. Während aber mit formalen Verfahren wie der Software Inspection (siehe Abschnitt 4.2 bzw. 4.3) sowohl formale als auch informale Artefakte überprüft werden können, gilt dies nicht für automatisierbare formale Prüftechniken wie dem Theorem Beweisen. Entsprechend der Forderung nach einer automatisierbaren Prüftechnik wird das Spektrum der möglichen Verfahren eingeschränkt.

Neben der zentralen Forderung nach einem automatisierbaren Verfahren steht die Art der durch eine Prüftechnik prüfbaren Eigenschaften im Fokus. Dieser liegt entsprechend der Erläuterungen des Abschnittes 3.2.2 auf der Prüfung der *inhaltlichen Korrektheit* von (Geschäfts-) Prozessmodellen, wobei im Besonderen die Erkennung

5.2 Formale Prüftechniken

von *inhaltlichen Fehlern* in dynamischen Diagrammarten (wie der EPK oder der UML-Aktivität) ermöglicht werden soll.

Die in Abschnitt 4.2 in Abbildung 4.2 benannten Verfahren sind dabei teilweise nur zur Überprüfung der inhaltlichen Korrektheit von bestimmten Arten von Artefakten geeignet. Während mit informalen sowie manuellen formalen Verfahren prinzipiell alle Arten von Artefakten überprüft werden können, sind formale Verfahren an die Ausdrucksmöglichkeiten der zugrundeliegenden Modelle bzw. Spezifikationssprachen gebunden. Der Formalisierungsgrad schränkt die einsetzbaren Prüftechniken somit direkt ein. So ist eine Voraussetzung für den Einsatz von verifizierenden Verfahren das Vorliegen formaler oder zumindest semiformaler Artefakte. Mit analysierenden Verfahren wie Reviewtechniken können hingegen auch informale Artefakte geprüft werden. Abbildung 5.1 stellt den Zusammenhang grafisch dar.

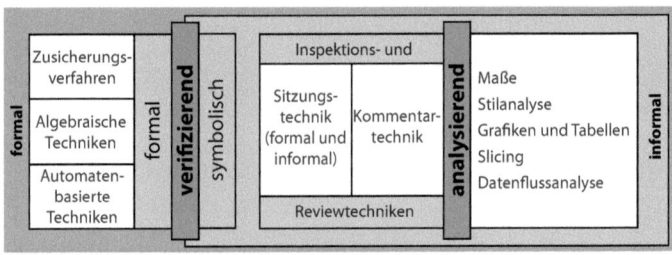

Abbildung 5.1: Formalisierungsgrad der Artefakte von Qualitätssicherungsverfahren.

In Bezug auf Prozessmodelle bedeutet dies, dass sowohl eine formale Repräsentation des Modells als auch der Anforderungen erforderlich ist. Während dies für grafische Validierungsregeln aufgrund der Definition grundsätzlich gegeben ist, liegen Prozessmodelle häufig in semiformaler Form vor und müssen dementsprechend in eine geeignete formale Form überführt werden.

Neben dem Formalisierungsgrad ist bei der Wahl des automatisierbaren formalen Verfahren auch der Betrachtungsaspekt der Diagrammart (siehe Abschnitt 3.2.1 bzw. 4.2.2) zu berücksichtigen, da manche Verfahren nur Aussagen über statische bzw. dynamische Diagrammarten zulassen. Diese ist aber von den zugrundeliegenden Ausdrucksmöglichkeiten der Modelle bzw. Spezifikationssprachen der Verfahren abhängig.

5.2.1 Vor- und Nachteile formaler Prüftechniken

Grafische Validierungsregeln können aufgrund ihrer formalen Grundlage im Rahmen von formalen Prüftechniken eingesetzt werden. Damit bringen grafische Validierungsregeln die Vor- und auch Nachteile formaler Prüftechniken mit sich. Es gibt in der Literatur eine Vielzahl an Gegenüberstellungen von Vor- und Nachteilen formaler Methoden bzw. Techniken (siehe [PH97], [Lam00], [MH03] oder [O'R06]). Die folgende Liste führt beispielhaft einige Vorteile auf:

- korrekte und eindeutige Spezifikationen erstellen

- Test der Softwarelösung, ob sie der Spezifikation entspricht

- teils vollautomatische Verfahren

- teils Aufzeigen des Fehlers in der Spezifikation bzw. im Modell

Der erste Punkt wird im Umkehrschluss auch als Nachteil betrachtet, da eine korrekte und eindeutig Spezifikation nur durch formale Spezifikationstechniken erreicht bzw. geprüft werden kann. Denn wie bereits eingangs erwähnt, führt gerade der Einsatz von formalen mathematischen Techniken bzw. Spezifikationen zu einem „kulturellen Schock" [O'R06]. Ausgelöst wird dieser häufig durch die Angst, mathematische Techniken nicht zu verstehen. Dabei sind grundlegende Konzepte zu Logiken und Mengenlehre, welche von „High-School"-Schülern verstanden werden, ausreichend als „Arbeitswissen" für formale Techniken [MH03, Vaa06]. Damit ist der Einsatz von formalen Techniken also prinzipiell denkbar, es müssen allerdings bestimmte *Rahmenbedingungen für deren Akzeptanz* geschaffen werden. Die geringe Akzeptanz in der Praxis resultiert laut [Lig09] in vielen Fällen aus der *unzureichenden Anwendbarkeit auf reale Software*, mangelhaften Rahmenbedingungen wie die *Nichtverfügbarkeit einer formalen Spezifikation* oder das *Fehlen eines geeigneten Werkzeuges*. Nach [Ehr02] werden formale Verfahren überhaupt erst eingesetzt, sobald eine Werkzeugunterstützung geliefert wird. Nicht zuletzt müssen die besonderen Anforderungen der verschiedenen Personengruppen berücksichtigt werden, die an der Geschäftsprozessmodellierung beteiligt sind.

Allerdings handelt es sich bei den formalen Prüftechniken (formale Verifikation) nicht um „Allheilmittel" [WHJW00]. Beispielhaft werden dazu in [WHJW00] folgende Problemfälle genannt:

5.2 Formale Prüftechniken

- hohe Komplexität der Geschäftsprozesse/Software
- Erstellung eines formalen Modells vom Geschäftsprozess/der Software
- eingeschränkte Ausdrucksmöglichkeiten der formalen Sprache
- Komplexität und Kosten der aktuellen Verfahren

So stoßen formale Prüftechniken mit steigender Komplexität der Geschäftsprozessmodelle teils sehr schnell an die Grenze ihrer sinnvollen Einsetzbarkeit. Auch besteht die Gefahr, dass bei der Überführung eines Geschäftsprozesses in ein formales Modell keine vollständige semantische Überführung möglich ist. Die häufig hohe Komplexität der formalen Techniken und der damit verbundene hohe Aufwand beim Einsatz dieser Verfahren wird zudem häufig als Unwirtschaftlichkeitsfaktor gesehen.

5.2.2 Automatisierbarkeit

Die Automatisierbarkeit wird von Autoren wie [Lig09] und [Ehr02] als Grundlage der Entscheidung über deren wirtschaftliche Einsetzbarkeit genannt. Manuelle Verfahren führen demnach meist zu erhöhtem Aufwand, sind aber bei bestimmten Überprüfungen unumgänglich (z. B. die Prüfung von Qualitätsmerkmalen wie Verständlichkeit oder Aussagefähigkeit von Bezeichnern) [Lig09]. Daher ist bei der Auswahl der Validierungs- und Verifikationsverfahren zu beachten, dass die Prüftechniken unterschiedliche Leistungsfähigkeiten besitzen und unterschiedliche Aufwände erzeugen [Lig09]. Für kritische Aufgaben muss dementsprechend ein bezüglich der Fehleraufdeckung leistungsfähigeres Verfahren eingesetzt werden und der entsprechend höhere Aufwand in Kauf genommen werden. Es existiert daher keine allgemeingültige Aussage, wie die Mischung der eingesetzten Validierungs- und Verifikationsverfahren aussehen muss, sie hängt vielmehr von den besonderen Anforderungen des jeweiligen Entwicklungsprojektes ab. Dennoch kann festgestellt werden, dass der Einsatz von automatisierbaren Prüftechniken grundsätzlich den Gesamtaufwand reduziert, für die Erreichung bestimmter Qualitätsanforderungen aber durch manuelle Verfahren ergänzt werden muss.

5.2.3 Vollständigkeit der Aussagen

Validierungs- und Verifikationsverfahren unterscheiden sich auch in Bezug auf die Aussagekraft der gelieferten Aussagen. Validierungsverfahren liefern dabei entsprechend den Definitionen des Abschnittes 4.1 im Allgemeinen nur Ergebnisse zu vorher spezifizierten Aussagen. Formale Verifikationsverfahren erlauben hingegen (teilweise) einen vollständigen Beweis für den betrachteten Sachverhalt. Dennoch sollte berücksichtigt werden, dass dieser gerade bei komplexen Anwendungsfällen nicht zu erwarten ist. [Boe81] weist in diesem Zusammenhang darauf hin, dass „automatic bug detection" den besseren Ausdruck für „formal verification" darstellt.

Für die in Abschnitt 4.2.1 vorgestellte Klassifikation von Validierungs- und Verifikationsverfahren von [Vaa06] lässt sich die Abhängigkeit zwischen der Gewissheit des Verfahrens und dem notwendigen Aufwand visualisieren, wie in Abbildung 5.2 dargestellt.

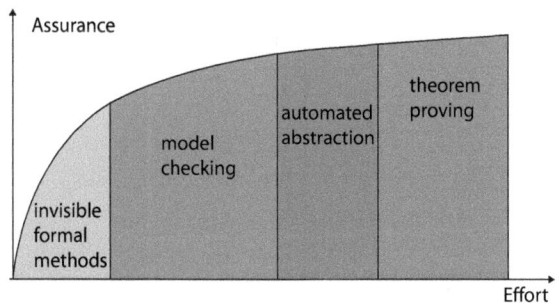

Abbildung 5.2: Abhängigkeit von Aussagekraft und Aufwand formaler Methoden nach [Vaa06].

Entsprechend Abbildung 5.2 wird ab einem gewissen Aufwand (monetär sowie zeitlich) auch mit stark steigendem Aufwand nur noch ein geringer Zuwachs an Zusicherung der Aussagekraft geliefert.

5.2.4 Zusammenfassung und Auswahl

Eine allgemeingültige Aussage für die Auswahl von Validierungs- und Verifikationsverfahren prinzipiell kann nicht gegeben werden. An dieser Stelle wird daher ein geeignetes Verfahren ausgewählt, das den ein-

5.2 Formale Prüftechniken

gangs aufgestellten Anforderungen entspricht. Es sei jedoch erwähnt, dass sich die im Folgenden vorgestellten Konzepte auch auf andere formale Prüftechniken (gegebenenfalls mit Einschränkungen) übertragen lassen. Andere Prüftechniken bzw. deren zugrundeliegenden Spezifikationssprachen bieten möglicherweise andere Modellierungs- bzw. Ausdrucksmöglichkeiten, allerdings sind viele davon ebenfalls textuell und daher nicht direkt auf der Geschäftsprozess-Ebene mit grafischer Darstellung einsetzbar (z. B. *Alloy* [Jac00, JSS01] für die Validierung von Geschäftsprozessen [Wal03]).

Von den in Abschnitt 4.3 vorgestellten Validierungs- und Verifikationsverfahren handelt es sich nur beim Theorem Beweisen und Model Checking um formale Prüftechniken, die für die Überprüfung von dynamischen Diagrammarten geeignet sind. Dabei ist entsprechend Tabelle 4.2 aber nur Model Checking vollständig automatisierbar. Im Zusammenhang mit der Automatisierbarkeit steht auch die Art der Rückmeldung im Falle eines Fehlers. Theorem Beweiser liefern wenig Hilfe bei der Lokalisierung des Fehlers [WHJW00]. Sie benötigen daher für das tatsächliche Auffinden von Fehlern einen nicht unerheblichen Aufwand und bedürfen häufig auch viel Erfahrung bzw. Gespür des Benutzers [WHJW00]. Model Checker hingegen liefern ein Gegenbeispiel („It is impossible to overestimate the importance of the counterexample feature." [Cla08]) und können auch zur Generierung von Testfällen eingesetzt werden ([WKL94] oder [BPG07]). Das Ergebnis des Model Checking wird als textuelle Darstellung unter Bezugnahme auf den Zustandsautomat (inklusive der entsprechend verwendeten Bezeichner) geliefert. Sowohl das Theorem Beweisen als auch das Model Checking basiert auf textuellen Spezifikationssprachen und werden der Anforderung der grafisch formulierbaren Spezifikation somit nicht gerecht.

Zusammenfassend ist aber Model Checking als das geeignetste Verfahren zu betrachten. Dies resultiert vor allem aus der vollständigen Automatisierbarkeit und der umfangreichen Unterstützung beim Auffinden von Fehlern gegenüber dem Theorem Beweisen. Informale und manuelle formale Verfahren werden mit Blick auf deren Nicht-Automatisierbarkeit und den daraus resultierenden wirtschaftlichen Konsequenzen an dieser Stelle vernachlässigt. Im Folgenden wird daher die Prüftechnik Model Checking verwendet. Dazu wird im folgenden Abschnitt zunächst der Einsatz von Model Checking im Bereich der (Geschäfts-) Prozessmodellierung genauer betrachtet und darauf aufbauend in Abschnitt 5.4 ein konzeptionelles Framework vorgestellt.

5.3 Model Checking für Prozessmodelle

Der Einsatz von Model Checking für (Geschäfts-) Prozessmodelle vor allem in Verbindung mit der modellgetriebenen Softwareentwicklung ist nicht ohne Anpassung bzw. Erweiterungen des prinzipiellen Vorgehens der Prüftechnik möglich. Es ergeben sie dabei hauptsächlich die drei Probleme, die in der folgenden Liste aufgeführt sind:

1. Model Checking ist nicht für die Validierung von allen Arten von Prozess- und Softwaremodellen geeignet. Besonders im Bereich quellcodenaher Softwaremodelle läuft die Modellbildung, welche die Software in einem Zustandsübergangssystems beschreibt, in das *Zustandsexplosionsproblem* [BG00]. Aufgrund dieses Problems können häufig nur spezifische Validierungsaufgaben wie beispielsweise die Überprüfung von Prozessmodellen aus der Entwurfsphase gelöst werden [PRS04].

2. Zur Nutzung des Model Checking muss das zu validierende Prozessmodell in ein formales Modell überführt werden. Dieses *Modellkonstruktionsproblem* ist im Bereich der Softwareentwicklung aber komplexer als für Hardwaresysteme [CDH+00].

3. Model Checking ist im Bereich der Geschäftsprozessmodellierung erst möglich, wenn die logischen Aussagen für den Modellierer von Geschäftsprozessen sinnvoll forumulier- und anwendbar sind. Momentan müssen diese Aussagen textuell auf der Ebene des vom Model Checker benötigten formalen Modells spezifiziert werden (*Regelspezifikationsproblem*).

Die Lösung des **Zustandsexplosionsproblems** (siehe Abschnitt 4.3.1) ist dabei das am vielfältigsten betrachtete Forschungsgebiet. Beim Einsatz der genannten Techniken in Bezug Geschäftsprozessmodelle lassen sich ähnliche Ergebnisse wie in anderen Anwendungsfeldern erreichen. Wobei anzumerken ist, dass Geschäftsprozessmodelle der frühen Projektphasen aufgrund der geringeren Komplexität gegenüber Modellen der späten Projektphasen weniger anfällig für das Zustandsexplosionsproblem sind.

Das **Modellkonstruktionsproblem**, dessen Ziel eine möglichst korrekte und vollständige Abbildung des (Geschäfts-) Prozessmodells

5.3 Model Checking für Prozessmodelle

in ein formales für den Model Checker lesbares Modell ist, steht unter Umständen im Zusammenhang mit dem Zustandsexplosionsproblem. Denn mit steigender Komplexität der Semantik des ursprünglichen Modells steigt meist auch die Komplexität des formalen Modells an. Dies wiederum führt gegebenenfalls zu einer weiteren Steigerung der Anzahl der Zustände und damit dem Zustandsexplosionsproblem. Es wurden daher zur Lösung des Modellkonstruktionsproblems verschiedene Verfahren entwickelt, die unterschiedliche Annahmen bei der Überführung zugrunde legen. Dabei liefern [vDK02], [Kin06] und [Men08] eine Semantik für die Transformation von EPKs in Petri Netze und [CH00] eine Transformation von Statecharts in eine vom Model Checker SMV lesbare Repräsentation.

Das zentrale Thema dieser Arbeit ist aber das **Regelspezifikationsproblem**, welches bereits im Abschnitt 5.1 betrachtet wurde. Die Art der Regelspezifikation kann als Darstellungsform von Anforderungen entsprechend den Erläuterungen des Abschnittes 2.2.1.2 betrachtet werden. Das Ziel ist die Abbildung in einem Tertiary Modeling System. Der Einsatz eines reinen Primary Modeling System, wie die in [LK10] vorgestellte grafische Oberfläche zur direkten Benutzung von textuellen Logiken, oder einem Secondary Modeling System wäre im Bereich der Softwareentwicklung durch möglicherweise mit Logiken vertrauten Personal denk- und machbar. Aber besonders im Bereich des Requirements Engineering, an dem auch die Kunden beteiligt sind, ist der Einsatz von textuellen Logiken als Spezifikationssprache nur in Ausnahmefällen vorstellbar. Um also der Angst vorzubeugen, den Kunden durch den Einsatz von textuellen Logiken außen vor zu lassen [Par98] bzw. der Gefahr, dass der Kunde der Spezifikation zustimmt ohne diese verstanden zu haben [RD09], bedarf es der Visualisierung der textuellen Aussagen und damit der Nutzung der dadurch entstehenden Vorteile grafischer Darstellungen bzw. Modelle (siehe Abschnitt 2.2.1.2 und 3.1.3).

Sollen grafische Validierungsregeln im Rahmen des Model Checking von Geschäftsprozessmodellen eingesetzt werden, müssen grafische Validierungsregeln die drei folgenden Schlüsselkriterien erfüllen:

- Die temporalen Regeln müssen grafisch auf der Abstraktionsebene des Geschäftsprozessmodells spezifizierbar sein.

5 Visualisierung von Anforderungen

- Die Elemente der verschiedenen Geschäftsprozessnotationen müssen mit den Elementen der grafischen Validierungsregeln logisch verkettbar sein.

- Sowohl das Prozessmodell als auch die grafischen Validierungsregeln müssen in das vom Model Checker benötigte Eingabeformat transformiert werden können. Die Rücktransformation des Ergebnisses ist zwar optional, sollte dennoch aber berücksichtigt werden.

Entsprechend diesen Forderungen wird aufbauend auf dem in Abbildung 4.4 dargestellten Grundprinzip des Model Checking die Abstraktionsebene der grafischen Prozessmodelle und Validierungsregeln eingeführt. Dies kann im Grundprinzip des Model Checking als Einführung einer weiteren Schicht – dem Prozessmodell und den grafischen Validierungsregeln – betrachtet werden. Wie Abbildung 5.3 veranschaulicht, ordnet diese Schicht dem (Model Checker) Model das Prozessmodell, sowie den temporalen Anforderungen (bzw. temporalen Aussagen) die grafischen Validierungsregeln zu. Dabei ist diese Zuordnung entsprechend der Kantenrichtung als Transformation zu verstehen.

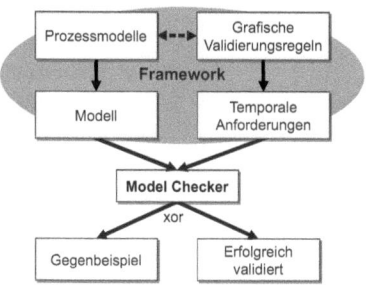

Abbildung 5.3: Erweiterung des Model Checking.

Ein besonders hervorzuhebender Aspekt ist die Verschiebung der Kante zwischen Modell und temporaler Anforderung (siehe Abbildung 4.4) zu Prozessmodell und grafischen Validierungsregeln. So wie sich die Bezeichner der temporalen Anforderungen auf das (Model Checker) Modell beziehen, muss diese Beziehung auch auf der neu eingeführten Schicht gelten. Die detaillierte Ausgestaltung der in Abbildung

5.3 vorgestellten Erweiterung des Grundprinzips des Model Checking wird im folgenden Abschnitt erläutert.

Wie bereits im Rahmen der Grundlagen dieser Arbeit (Kapitel 2, 3 und 4) aufgezeigt, ist die vollständige Integration der eingesetzten Entwicklungsmethoden (wie Prozessmodelle, formale Prüftechniken usw.) entscheidend für die Realisierung der Vorteile der entsprechenden Methode. Gleiches gilt dementsprechend für die Prüftechnik Model Checking. Laut [WHJW00] wird dadurch sogar das Aufdecken und Korrigieren von subtilen oder möglicherweise kritischen Fehler ermöglicht.

5.4 Temporal Logics Visualization Framework – TLVF

Das *Temporal Logics Visualization Framework* (kurz TLVF), bereits veröffentlicht in [FF08], gibt den konzeptionellen Rahmen (beispielsweise zur Werkzeugentwicklung) für die Modellierung und Anwendung von grafischen Validierungsregeln zur Überprüfung der inhaltlichen Korrektheit von Geschäftsprozessmodellen vor. Die Überprüfung wird dabei unter Einsatz von formalen Prüftechniken ausgeführt. Wie bereits im Namen des TLVF ersichtlich, werden als Spezifikationssprache temporale Logiken verwendet. Diese sind prinzipiell für verschiedene formale Prüftechniken nutzbar, werden im Rahmen der Arbeit aber exemplarisch in Verbindung mit der Prüftechnik Model Checking genutzt. Zudem wird im Folgenden beispielhaft die temporale Logik CTL sowie als Geschäftsprozessmodellierungssprache die EPK verwendet.

5.4.1 TLVF – Aufbau

Das TLVF besteht grundsätzlich aus drei Schichten, wie Abbildung 5.4 darstellt. Die Basisschicht des TLVF – der *Temporal Logics Layer* – ist als Sammlung von existierenden, und damit den im Rahmen des Framework einsetzbaren, temporalen Logiken (wie CTL und LTL) zu verstehen.

Ein auf Basis des TLVF entwickeltes Werkzeug bietet somit die Modellierung von grafischen Validierungsregeln auf Basis der im Temporal Logics Layer beinhalteten temporalen Logiken. Die Art der Visualisie-

5 Visualisierung von Anforderungen

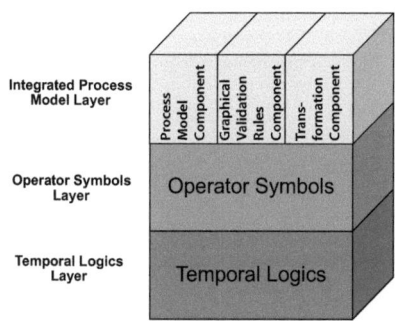

Abbildung 5.4: Das Temporal Logics Visualization Framework (kurz TLVF).

rung der temporalen Logiken bzw. deren Operatoren wird in dem hierarchisch darüber liegenden *Operator Symbols Layer* festgelegt. Die Zusammenführung einer Modellierungsnotation und den grafischen Validierungsregeln sowie die notwendigen Transformationsaufgaben wird in der obersten Schicht des TLVF – dem *Integrated Process Model Layer* – vorgenommen. Sowohl der Operator Symbols Layer als auch der Integrated Process Model Layer werden in den Abschnitten 5.4.2 bzw. 5.4.3 noch einmal detaillierter betrachtet.

Die drei Schichten des TLVF unterstützen somit prinzipiell die beliebige Kombination von temporaler Logik bzw. Prüfwerkzeug (wie dem Model Checker SMV) und einer Modellierungsnotation. Eine derartige Kombination wird als konkrete Untermenge von Elementen aus dem *Integrated Process Model Layer* definiert. Der Name einer dieser Untermengen resultiert daher aus den kombinierten Namensbestandteilen. Wird eine **EPK** mit **G**rafischen Validierungsregeln in **CTL** überprüft, lautet der Name der grafischen Notation der Validierungsregeln **EPK-G-CTL**.

5.4.2 Operator Symbols Layer

Die Hauptaufgabe dieser Schicht ist die grafische Darstellung der Operatoren einer temporalen Logik. Entsprechend muss für jeden temporalen Operator eine grafische Darstellung oder durch die weitere Abstrahierung der Operatoren eine Visualisierung entwickelt werden. Dies hat zur Folge, dass möglicherweise eine Vielzahl an neu zu erler-

5.4 Temporal Logics Visualization Framework – TLVF

nenden Symbolen bzw. Visualisierungen entsteht. Falls entsprechend den Anforderungen des Entwicklungsprojektes die Ausdrucksmächtigkeit einer temporalen Logik ausreichend ist, bleibt die Anzahl neuer Symbole meist überschaubar. Werden aber mehrere Logiken benötigt, kann bzw. sollte zur Verringerung der Symbolanzahl eine Aggregierung der Symbole der temporalen Logiken erfolgen. Grundlage dieser Aggregation sind die existierenden Beziehungen der Logiken untereinander. Diese Beziehungen sind auf der gemeinsamen Nutzung von temporalen Operatoren begründet. Als Beispiel ist die Beziehung der Operatoren von CTL und LTL zu nennen. Denn die Operatoren von LTL werden durch Ergänzung eines Pfadquantors zu CTL Operatoren. Eine temporale Logik lässt sich damit als Teilmenge der existierenden temporalen Operatoren bzw. Pfadquantoren definieren. Aber auch die Kombination aus verschiedenen Teilen (wie Pfadquantor und temporalem Operator) lässt bestimmte Vereinfachungen der Operator-Symbole zu.

5.4.2.1 Grafische Validierungsregeln des TLVF (*-G-*)

Die Operator-Symbole allein wären allerdings nicht für die Formulierung von Aussagen ausreichend. Es fehlt noch die Möglichkeit, eine atomare Aussage damit in Verbindung zu setzen. Operator-Symbole bestehen daher aus zwei Teilen. Der erste Teil ist das Symbol des Operators, der zweite Teil ist ein Platzhalter. Dieser Platzhalter kann mit einer oder mehreren atomaren Aussagen belegt werden.

Neben der Definition der Symbole müssen auch die möglichen Verbindungen zwischen ihnen festgelegt werden. Dies ist in dieser Schicht sinnvoll, da die Verbindungen unabhängig vom Prozessmodell und daher von den grafischen Validierungsregeln der nächsten Schicht sind. Tatsächlich brechen die grafischen Regeln oft die Syntaxregeln eines Prozessmodells. Der Grund dafür ist der unterschiedliche Modellierungshintergrund.

Die Verbindungen sind prinzipiell auch unabhängig von einer konkreten Logik, da die Definition allgemein in Bezug auf Operator-Symbole (inklusive dem Platzhalter) und andere Operatoren (wie boolesche Operatoren) erfolgen kann. In Abbildung 5.5 wird daher von dem Operator-Symbol soweit abstrahiert, dass nur der Platzhalter mit der beinhalteten atomaren Aussage (a_n) dargestellt wird.

5 Visualisierung von Anforderungen

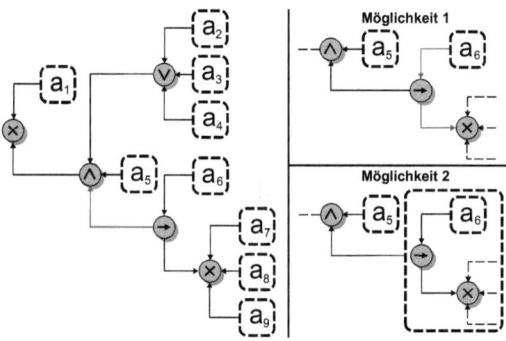

Abbildung 5.5: Kanten in grafischen Validierungsregeln.

Wie hier dargestellt, lassen sich Platzhalter (und dementsprechend Operator-Symbole) mit logischen Operatoren wie den booleschen Operatoren verknüpfen, um entsprechend der möglichen Aussagekraft der gewählten Logik Aussagen formulieren zu können. Für die korrekte Lesbarkeit (sowohl manuell als auch technisch) der so formulierbaren grafischen Regeln müssen die modellierbaren Kantenrichtungen festgelegt werden. Dies ist bspw. für die **Verbindungen von und zu** einem Implikations-Operator sehr wichtig. Für den Implikations-Operator ist definiert, dass vom Vordersatz (Antezedenz) ausgehend eine gerichtete Kante in Richtung des Implikations-Operators führt. Zudem ist eine vom Implikations-Operator ausgehende gerichtete Kante zum Nachsatz (Konsequenz) erforderlich. Derartige Definitionen haben zwei Gründe. Zum Einen lässt sich nur mit der genauen Spezifikation der Verbindungen eine syntaktisch korrekte grafische Validierungsregel erstellen und zum Anderen können nur korrekte Regeln auch eindeutig in die textuelle Repräsentation für das Prüfwerkzeug (beispielsweise den Model Checker) übersetzt werden.

Es gibt prinzipiell verschiedene Möglichkeiten für die Kantendefinition von grafischen Validierungsregeln. Allgemein handelt es sich bei allen Operatoren um *n-äre Operatoren*, deren besondere Anforderungen (Anzahl der Verbindungspunkte oder Kantenrichtung) berücksichtigt werden müssen. Entscheidend für die Realisierung bzw. Implementierung im Rahmen eines Werkzeuges ist die eindeutige Modellierbarkeit der grafischen Regeln. Dazu müssen je nach verwendeter Logik unterschiedliche Operatorbeziehungen berücksichtigt wer-

5.4 Temporal Logics Visualization Framework – TLVF

den. In Abbildung 5.5 ist ein Problemfall im Zusammenhang mit dem Implikations-Operator (links, rote Kante) dargestellt. Wie bereits erläutert, ist eine Kante zum Implikations-Operator hin und eine Kante vom Implikations-Operator weg gerichtet. Die rote Kante in Abbildung 5.5 ist aber eine weitere vom Implikations-Operator weg gerichtete Kante. Während das „manuelle Lesen" meist problemlos möglich ist, birgt das „technische Lesen" an dieser Stelle Probleme. Das TLVF als Rahmenwerk gibt keine konkreten Lösungsansätze vor, die Entscheidung wird vielmehr der entsprechenden Implementierung überlassen. Beispielhaft sind aber zwei Lösungsmöglichkeiten in Abbildung 5.5 dargestellt. Möglichkeit 1 schlägt die Verwendung von unterschiedlichen Kantentypen und Möglichkeit 2 das Setzen eines Begrenzungsrahmen vor.

5.4.2.2 Grafische Validierungsregeln des TLVF am Beispiel CTL (*-G-CTL)

In diesem Abschnitt wird eine konkrete Untermenge des Operator Symbols Layer des TLVF vorgestellt. Es wird dabei die temporale Logik CTL verwendet. Obwohl die folgenden Erläuterungen CTL-spezifisch sind, können sie auf ähnliche Weise auf andere temporale Logiken angewendet werden. Der Name von grafischen Validierungsregeln setzt sich aus einem **G**(raphical) und dem Namen der Logik zusammen. Für die Logik **CTL** ergibt sich daraus der Name ***-G-CTL**. Der „*" im Namen der grafischen Validierungsregel bringt die vorerst von einer Prozessmodellierungsnotation unabhängige Definition der Regel-Notation zum Ausdruck. Die Operator-Symbole für *-G-CTL sind in Abbildung 5.6 dargestellt.

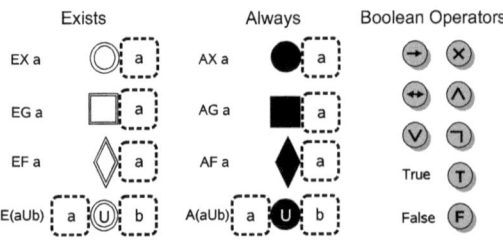

Abbildung 5.6: *-G-CTL Symbole.

Die grafischen Symbole der Operatoren sind an die Darstellung in [Pnu77] angelehnt. Die dort noch nicht vorhandenen Symbole werden in Anlehnung des Stils ergänzt, der für die textuell spezifizierten temporalen Anforderungen verwendet wird. Anmerkend sei erwähnt, dass sich die Operator-Symbole für die temporale Logik LTL aus den E (*exists*) Operatoren von *-G-CTL ableiten lassen. Die Operator-Symbole haben dann anstatt der doppelten nur eine einzelne Außenlinie.

5.4.3 Integrated Process Model Layer

Die oberste Schicht des Frameworks – der *Integrated Process Model Layer* – besteht aus drei Komponenten. Die erste Komponente – die *Process Model Component* – stellt die Spezifikationen der Prozessmodelle (z. B. als Meta-Modelle) sowie die Modellierungsumgebung zur Verfügung. Für das TLVF von Bedeutung sind dabei die grafischen Elemente der Notationen, da diese den Platzhalter der Symbole aus dem *Operator Symbols Layer* befüllen. Damit wird es nun möglich, temporale Aussagen bezüglich der Elemente von Prozessmodellen zu spezifizieren. Die Modellierung der grafischen Validierungsregeln erfolgt unter Berücksichtigung der grundsätzlichen Kantenverbindungen von grafischen Validierungsregeln (siehe Abschnitt 5.4.2.1), sowie den syntaktischen und semantischen Regeln der temporalen Logik. Die Definition der Kantenverbindungen und Regeln wird in Verbindung mit dem Prozessmodell in der zweiten Komponente – der *Graphical Validation Rules Component* – festgelegt. Die dritte Komponente – die *Transformation Component* – ist für die Durchführung der notwendigen Transformationsaufgaben zuständig. Dabei handelt es sich zum einen um die Transformation des Prozessmodells in das notwendige Modell für das Prüfwerkzeug wie dem Model Checker. Zum anderen führt die Komponente die Transformation der grafischen Validierungsregeln in die textuellen temporalen Regeln durch.

5.4.3.1 Process Model Component

Im Grunde stellt diese Komponente die Modellierungsumgebung für das bzw. die gewählten Prozessmodelle zur Verfügung und kann damit als Modellierungswerkzeug verstanden werden. Im Prinzip besteht die Möglichkeit, ein existierendes Modellierungswerkzeug als Process

5.4 Temporal Logics Visualization Framework – TLVF

Model Component anzusehen, welches bestimmte Modellierungssprachen bzw. -fähigkeiten mitbringt. Eine entscheidende Eigenschaft des Werkzeuges im Sinne des TLVF ist allerdings die notwendige Beziehung zwischen dem Prozessmodell und den grafischen Validierungsregeln. Diese Beziehung ist bereits am erweiterten Grundprinzip des Model Checking (siehe Abbildung 5.3) zu erkennen und beruht auf der Notwendigkeit, atomare Aussagen aus dem Prozessmodell in den grafischen Regeln verwenden zu können. Es muss dementsprechend eine Art Referenzierungsmechanismus zwischen den verwendeten atomaren Aussagen der Regeln – den Modellelementen – und den im Prozessmodell verwendeten Modellelementen vorgesehen werden.

5.4.3.2 Graphical Validation Rule Component

Da grafische Validierungsregeln prinzipiell wie Prozessmodelle als Modell bzw. Diagrammart zu betrachten sind, stellt die Graphical Validation Rule Component ähnlich der Process Model Component eine Modellierungsumgebung zur Verfügung, wobei sowohl die von der Process Model Component getrennte als auch die integrierte Realisierung möglich ist.

Die Komponente stellt damit die Möglichkeit zur Spezifikation von grafischen Validierungsregeln zur Verfügung, wie sie durch das Regelspezifikationsproblem (siehe Abschnitt 5.3) gefordert wurde. Aber auch bei dieser Komponente ist der in Abschnitt 5.4.3.1 angesprochene Referenzierungsmechanismus zu berücksichtigen. Basierend auf einer grafischen Logik wie *-G-CTL können nun grafische Validierungsregeln im Zusammenhang mit den Modellelementen eines konkreten Prozessmodells erstellt werden. Im folgenden Beispiel wird eine grafische Validierungsregel in Verbindung mit dem Geschäftsprozessmodel *EPK* illustriert. Das Beispiel in Abbildung 5.7 ist dementsprechend in der *EPK-G-CTL-Notation* dargestellt.

Das Beispiel zeigt eine Implikation in Verbindung mit den EPK-Elementen **Ereignis** und **Funktion**. Wie bereits in Abschnitt 5.4.2.1 angemerkt, ist die korrekte Modellierung der Verbindung zwischen den Symbolen entscheidend. Im Fall der Implikation hat die Verbindung die Semantik einer *Wenn-Dann-Beziehung*. Die Verbindung wird ausgehend vom *Wenn-Element* zum Implikations-Operator gezogen (der Pfeil endet an der Implikation). Von der Implikation muss dann die Verbindung zum *Dann-Element* gezogen werden. Weiterhin

5 Visualisierung von Anforderungen

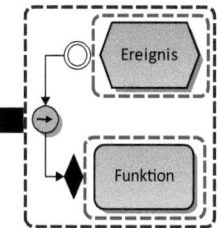

Abbildung 5.7: Beispiel einer grafischen Validierungsregel in EPK-G-CTL-Notation.

ist der Wirkungsbereich der vor den Elementen der grafischen Validierungsregel befindlichen temporalen Operatoren entscheidend. Für den AG-Operator vor der Implikation (Abbildung 5.7) bedeutet dies, dass er für die gesamte Validierungsregel gilt. In der textuellen Repräsentation dieser temporalen Anforderung wird dieser Wirkungsbereich als Klammerung repräsentiert. Das Beispiel in Abbildung 5.7 würde dementsprechend wie folgt aussehen:

```
AG(EX Ereignis -> AF Funktion).
```

Eine semantische Interpretation des Beispieles ist hier nicht sinnvoll, da der Kontext eines konkreten Geschäftsprozessmodells fehlt.

5.4.3.3 Transformation Component

Die von der Tranformation Component zur Verfügung zu stellenden Transformationen betreffen sowohl die Überführung der Prozessmodelle als auch die Überführung der grafischen Validierungsregeln in eine für das Prüfwerkzeug lesbare Repräsentation (formales Modell bzw. textuelle logische Aussage). Damit ist diese Komponente hauptsächlich dem Modellkonstruktionsproblem zuzuordnen. Indirekt wirken sich die Transformationen aber auch auf das Zustandsexplosionsproblem (siehe Abschnitt 5.3) sowie partiell auf das Regelspezifikationsproblem aus.

Die Transformation des Prozessmodells stellt dabei wie im Zusammenhang mit dem Modellkonstruktionsproblem erläutert eine in der Literatur unterschiedlich betrachtete Problemstellung dar. Die Unterschiede liegen zum einen in den verwendeten verschiedenen Prozessmo-

5.4 Temporal Logics Visualization Framework – TLVF

dellierungsnotationen und zum anderen in unterschiedlichen Annahmen bei der Überführung der Semantik der Prozessmodelle in das formale Modell. Die unterschiedlichen Annahmen zu den Semantiken entstehen, weil beispielsweise semiformale Notationen keine (vollständig) festgelegt Semantik besitzen. Daher werden für bestimmte semantische Problemfälle wie die *Nicht-Lokalität* des OR-Operators verschiedene Lösungen entwickelt. [vDK02] liefert neben der Problembeschreibung auch eine Liste mit Lösungen in existierenden Softwareprodukten. Insgesamt stellt [LVD09] anhand der Transformation der Modellierungssprachen BPEL, BPMN und EPK in Petri-Netze fest, dass es häufig problematisch ist, die informalen und komplexen Modellierungssprachen in deren formale Beschreibung zu überführen.

Eine Transformation ist in gewissem Umfang abhängig von der verwendeten Prozessmodellierungssprache und der zugrunde gelegten Semantik. Im Folgenden wird eine Transformation der Prozessmodellierungsnotation EPK in das vom Model Checker *Cadence SMV* (kurz CSMV) [McM01] lesbare Model vorgestellt. CSMV ist eine abwärtskompatible Weiterentwicklung des in [McM93] vorgestellten Model Checker *SMV*. Dabei sind die zugrundeliegenden semantischen Prämissen:

- Modellelemente bzw. Zustände besitzen keine Dauer

- Zyklen sind nicht erlaubt

- auf einen Split eines bestimmten Typs folgt ein Join desselben Typs

- der Prozess wird in einem globalen Takt durchlaufen

Die ersten drei semantischen Prämissen legen die bei der Überführung des Prozessmodells anzuwendende Semantik als auch Modellierungskonventionen fest. Die vierte Prämisse gibt die Art der Verarbeitung der einzelnen Prozessschritte im Rahmen des Model Checkers vor. Die Prozessschritte werden in einem globalen Takt abgearbeitet. Dies hat im Speziellen Auswirkungen auf die Verarbeitung von parallelen Pfaden und wird daher im Absatz *Parallele Pfade* dieses Abschnittes näher betrachtet.

Die Überführung des Prozessmodells beginnt mit der Definition der Variablen im Modell für den CSMV. Jedes Ereignis sowie Funkti-

5 Visualisierung von Anforderungen

on wird auf eine boolesche Variable im CSMV-Modell – die Kripke-Struktur – abgebildet. Die **Benennung der Variable** ergibt sich aus der Verknüpfung eines Bezeichners für den Elementtyp (z. B. „E_" für ein Ereignis) und dem Namen des Elements (z. B. Bedarfsanforderung_eingegangen). Dabei müssen einige Anpassungen an den Namen wie das Enfernen von Leerzeichen vorgenommen werden. Der Durchlauf des CSMV-Modells wird vom Model Checker CSMV durch schrittweises schalten der booleschen Variablen auf `true` und `false` simuliert, wobei das Starterereignis mit einem `true` und alle anderen Modellelemente mit einem `false` initialisiert wird.

Nach den Modellelementen müssen die **Konnektoren** der ereignisgesteuerten Prozesskette überführt werden. Im Rahmen der EPK sind dies `AND`, `OR` und `XOR`. Bei diesen Konnektoren ist zum einen das Verzweigen des Prozesspfades (Split) sowie das Zusammenführen (Join) in einen Prozesspfad entscheidend. Zum anderen muss die Konkatenation bzw. Kombination mehrerer Konnektoren berücksichtigt werden. Darüber hinaus gibt es weitere Besonderheiten in der CSMV-Syntax bei der Verzweigung und Zusammenführung von parallelen Pfaden mit unterschiedlicher Länge (siehe Absatz *Parallele Pfade*).

Vor den Erläuterungen zur Transformation der Konnektoren folgt zunächst eine kurze Einführung zu den im Folgenden relevanten syntaktischen Konstrukten des CSMV-Modells – dem `next` und dem `case`. Listing 5.1 stellt die im Rahmen der Transformation primär verwendete Kombination von `next` und `case` dar.

```
1  next(<var1>) := case {
2    <cond1> : <stmt1>
3    <cond2> : <stmt2>
4    ...
5    <condn> : <stmtn>
6    [default : <dfltstmt>]}
```

5.1: Syntax der Ausdrücke **NEXT** und **CASE** im CSMV-Modell.

Der Ausdruck `next` ermöglicht nach [McM99] die Beschreibung von sequentiellen Abläufen, indem der nächste Zustand von z. B. einer Variablen festgelegt werden kann. In Listing 5.1 wird dementsprechend der nächste Zustand der Variablen `<var1>` festgelegt. Die Belegung von `<var1>` wird durch den `case`-Ausdruck bestimmt. Dabei wird die Variable `<var1>` mit dem Wert `<stmt1>` belegt, wenn die Bedingung

5.4 Temporal Logics Visualization Framework – TLVF

`<cond1>` gültig ist. Ist keine der Bedingungen `<cond1>` bis `<condn>` gültig kann optional der Wert `<dfltstmt>` gesetzt werden.

Die in Listing 5.1 vorgestellte Syntax kommt bei der Transformation der Konnektoren zum Einsatz. Die konkreten Erläuterungen zu den einzelnen Splits und Joins erfolgen anhand des in Abbildung 5.8 dargestellten Schemas. Dazu werden zunächst Prozessausschnitte mit den jeweiligen Konnektoren in eine grafische Darstellung der Kripke-Struktur überführt. Daraus wird die resultierende textuelle Darstellung des CSMV-Modells entwickelt.

Der in Abbildung 5.8 oben links dargestellte AND-Split erzeugt im Geschäftsprozess zwei (Teil-) Pfade, die parallel abgearbeitet werden sollen. In der Kripke-Struktur kann dies durch einen Zustand mit zwei aktiven Variablen abgebildet werden. Für das CSMV-Model bedeutet dies, dass die Variablen E_E1 und E_E2 im nächsten Zustand mit dem Wert 1 belegt werden müssen. Im konkreten Beispiel werden die Variablen unter der Bedingung F_F1 = 1 mit dem Wert 1 belegt (jeweils Zeile zwei des next-Ausdruckes) und unter der Bedingung E_E1 = 1 bzw. E_E2 = 1 mit dem Wert 0 belegt (jeweils Zeile drei des next-Ausdruckes).

Der OR-SPlit (siehe Abbildung 5.8) lässt sich als Kombination aus einem AND- und XOR-Split modellieren. Somit können entsprechend der logischen Bedeutung des OR die (Teil-) Pfade entweder einzeln oder zusammen erreicht werden.

Das XOR-Split (siehe Abbildung 5.8) erzeugt in einem Geschäftsprozess zwei sich ausschließende Pfade. Dies lässt sich in dieser Form auch auf die Kripke-Struktur übertragen und es entstehen zwei Folgezustände.

Der Join dient der Zusammenführung von zwei oder mehr Prozesspfaden, die vorher durch einen Split aufgetrennt wurden oder aus unterschiedlichen Startereignissen resultieren. Der Join besitzt ein deutlich höheres Problempotential als Splits. Dies lässt sich beispielsweise anhand des bereits erwähnten Problems der Nicht-Lokalität des OR-Konnektors erkennen. Zudem existieren unterschiedliche Prämissen bezüglich der Modellierung von Joins. So wird in einigen Modellierungskonventionen (wie auch hier) gefordert, dass auf ein Split eines bestimmten Typs ein Join des selben Typs folgen muss. Sollte diese Forderung nicht gegeben sein, muss dies in der Transformation bzw. der Semantik besonders berücksichtigt werden.

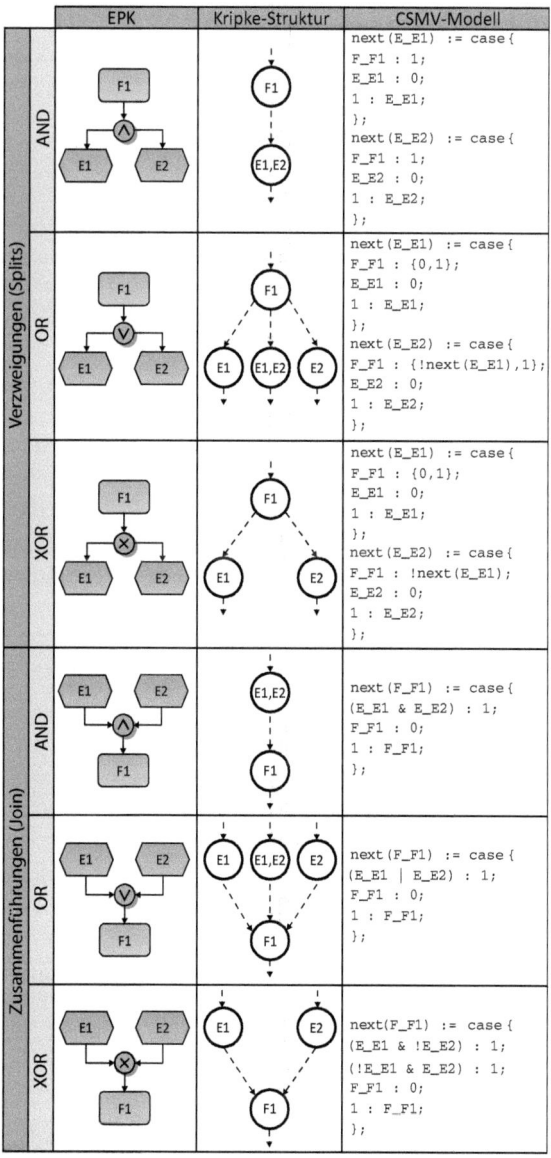

Abbildung 5.8: Die Überführung der EPK-Konnektoren in die Kripke-Struktur sowie in das CSMV-Eingabeformat.

5.4 Temporal Logics Visualization Framework – TLVF

Beim **AND-Join** handelt es sich genau genommen nicht um die Zusammenführung von zwei oder mehr Prozesspfaden. Da parallele Pfade in einen Zustand abgebildet werden, resultiert die Zusammenführung vielmehr in der Weiterführung eines Pfades mit einem Folgezustand (siehe Abbildung 5.8).

Der **OR-Join** führt zwei exklusiv oder parallel ausgeführte Pfade zusammen. Diese Zusammenführung kann aus drei Möglichkeiten zustande kommen. Nämlich das einer der zwei Pfade durchlaufen wurden und das beide Prozesspfade gleichzeitig aktiv sind. Dies entspricht dem logischen Operator OR, welcher auch in der CSMV-Syntax umgesetzt werden kann. Wie auch beim Split ist der OR-Join eine Kombination aus dem AND- und XOR-Join. Daher muss beim Zusammenführen der (Teil-) Pfade genau berücksichtigt werden, welcher Fall konkret eintritt, um ein korrektes Schaltverhalten zu realisieren. Das heißt, es müssen neben der einzelnen aktiven Pfadvariablen auch alle Pfadvariablen auf den zum OR-Join führenden Pfaden im Schaltverhalten berücksichtigt werden. In nicht zyklischen Prozessmodellen entspricht dies der Berücksichtigung der Nicht-Lokalität des OR-Konnektors. Ein Beispiel eines OR-Join wird im Rahmen des Beispielprozesses in Abbildung 5.10 gegeben.

Die Zusammenführung von zwei durch ein **XOR-Split** getrennte Pfade mit einem **XOR-Join** führt im Geschäftsprozess prinzipiell zu einem Folgeelement. Wobei grundsätzlich über eine Kette von Konnektoren auch mehrere Funktionen oder Ereignisse folgen können. Entscheidend ist aber primär die Zusammenführung der (Teil-) Pfade, die durch den XOR-Split getrennt wurden. Für zwei zusammengeführte Ereignisse könnte dies, wie in Abbildung 5.8 zu sehen, das Folgeelement Funktion sein. In der Kripke-Struktur wird dies ebenfalls durch einen Folgezustand dargestellt. In CSMV-Syntax muss entweder das Ereignis E_E1 oder das Ereignis E_E2 aktiv sein, damit im Folgezustand die Funktion F_F1 aktiviert wird. Zur Sicherung des korrekten Schaltverhaltens müssen aber wie bereits beim OR-Join sämtliche zum XOR-Join führenden Pfadvariablen aufgenommen werden. Dementsprechend müssen neben der aktiven Pfadvariable auch alle zum XOR-Join führenden Variablen negiert in einer **AND**-Verknüpfung berücksichtigt werden. Würde hingegen nur die aktive Pfadvariable aufgeführt, würden auch Pfade berücksichtigt, auf denen zwei oder mehr Pfade des **XOR-Splits** aktiv sind. Es ist allerdings anzumerken, dass dieser Fehler nur durch den Bruch der Prämisse auftreten kann, dass ein Split eines bestimmten Typs von einem Join desselben Typs gefolgt wird. Dies tritt z. B. auf, wenn durch ein OR-SPlit aufgetrennte Pfade mit einem XOR-Join zusammengeführt werden. Dieses Vorgehen entspricht prinzipiell dem Ansatz aus [CK04]. Der XOR-Join wird nach [CK04] entsprechend Definition 5.4.1 festgelegt.

Definition 5.4.1 (XOR-Join)

$((i_1 \wedge \neg EFi_2) \vee (\neg EFi_1 \wedge i_2)) \wedge \neg o \wedge (\neg i'_1 \wedge \neg i'_2 \wedge o')$

In der Definition 5.4.1 repräsentieren die Variablen i_1 und i_2 die eingehenden Kanten und die Variable o die ausgehende Kante des XOR-Join. EF entspricht dem temporalen Operator Exist Future. Der erste Teil der AND-Verknüpfung fordert, dass im aktuellen Zustand nur eine der eingehenden Kanten aktiv sein darf und die andere eingehende Kante im weiteren Verlauf (EF) nicht aktiviert wird. Der mittlere Teil der AND-Verknüpfung fordert, dass im aktuellen Zustand die ausgehende Kante nicht aktiviert ist. Der letzte Teil der AND-Verknüpfung in Definition 5.4.1 betrachtet den Folgezustand, angezeigt durch das Apostroph ($'$), in welchem nur die ausgehende Kante aktiv sein darf.

Konnektorkombination sind grundsätzlich mit den bisherigen Definitionen zu Splits und Joins abbildbar. Durch die Kombination erhöht sich aber die Anzahl der möglichen Folgezustände und damit die Komplexität der Kripke-Struktur bzw. des CSMV-Modells. Beispielhaft soll dies an dem in Abbildung 5.9 dargestellten Prozessausschnitt demonstriert werden.

Der Prozesspfad wird zuerst durch ein OR, dann durch ein XOR sowie ein AND aufgeteilt. Zum Schluss wird der AND-Pfad durch ein OR und ein XOR aufgetrennt. Im Endzustand können daher verschiedene Konstellationen der Ereignisse B bis G aktiv sein. Abbildung 5.9 rechts zeigt die möglichen Konstellationen in der Kripke-Struktur.

Parallele Pfade sind grundsätzlich mit den bisherigen Erläuterungen zu Splits und Joins abbildbar. Allerdings müssen parallele Pfade mit unterschiedlicher Länge besonders betrachtet werden, da die Variable des kürzeren Pfades nicht direkt nach der Aktivierung wieder deaktiviert werden darf, sondern noch bis zum Ende des parallelen Pfades aktiv gehalten werden muss. Dies ist sowohl beim Split als auch beim Join zu beachten.

Als Beispiel für parallele Pfade soll die in Abbildung 5.10 gezeigte EPK dienen. Der Beispielprozess ist eine fiktiv erstellte EPK ohne

5.4 Temporal Logics Visualization Framework – TLVF

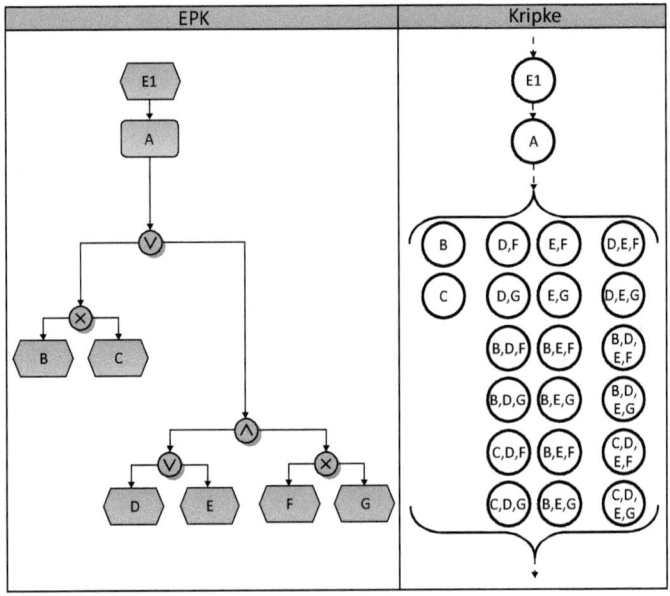

Abbildung 5.9: Ein Beispielprozess mit Konnektorkombinationen.

semantischen Hintergrund. Die Abbildung zeigt neben der EPK auch die Überführung in die Kripke-Struktur, welche prinzipiell anhand der vorgestellten Grundprinzipien durchgeführt wurde.

Das Problem der parallelen Pfade lässt sich anhand der in Abbildung 5.10 links gezeigten EPK erkennen. In der EPK wird nach der Funktion F1 der Hauptpfad durch einen OR-Konnektor in zwei parallele Pfade aufgetrennt. Entsprechend der Semantik des OR-Konnektors kann der Fall auftreten, dass beide Teilpfade (E2 und E3) durchlaufen werden. Damit aber das Taktverhalten, welches beim Durchlaufen des Prozesses angewendet wird, auch bei parallelen (Teil-) Pfaden eingehalten wird, muss der linke kürzere Pfad länger aktiv gehalten werden. Bei der Überführung in die Kripke-Struktur kann diese Parallelität, wie auf der rechten Seite der Abbildung 5.10 zu sehen, durch die dauerhafte Aktivierung der Funktion F2 erreicht werden. Im CSMV-Modell ist dies im Deaktivierungsfall der Variable F_F2 zu berücksichtigen. Andernfalls wäre die betreffende Variable in nur einem Zustand aktiv und das Taktverhalten verletzt.

5 Visualisierung von Anforderungen

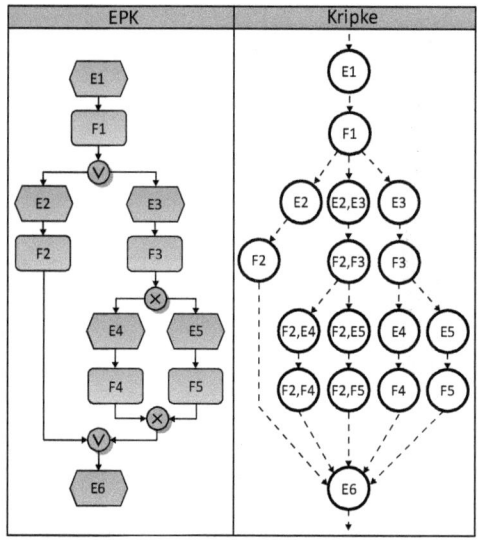

Abbildung 5.10: Die Überführung einer EPK mit parallelen Pfaden in die Kripke-Struktur.

Bei der Überführung der EPK in das CSMV-Modell darf dementsprechend bei der parallelen Ausführung von zwei Pfaden der linke kürzere Pfad nicht vor dem rechten längeren Pfad beendet werden. Beim Split von parallelen Pfaden weicht der kürzere Pfad daher von den bisherigen Erläuterungen leicht ab. Dies ist in Listing 5.2 dargestellt.

```
1  next(F_F2) := case {
2  E_E2 : 1;
3  F_F2 & ((F_F4 & !F_F5) | (!F_F4 & F_F5)) : 0;
4  F_F2 & !E_E3 & !F_F3 & !E_E4 & !E_E5 & !F_F4 & !F_F5 : 0;
5  1 : F_F2;};
```

5.2: Aktivierung und Deaktivierung des kürzeren parallelen Pfades.

Dort wird der nächste Zustand der Funktion F2 ermittelt. Besonders zu beachten sind dabei die Zeilen drei und vier, da dort die Deaktivierung der Variablen bzw. der Funktion F2 festgelegt wird. Zeile drei betrachtet die Fälle, in denen die Funktion F2 aktiviert ist und da-

5.4 Temporal Logics Visualization Framework – TLVF

zu entweder die Funktion **F4** und nicht **F5** oder **F5** und nicht **F4**. In Zeile vier handelt es sich genau genommen nicht um einen parallelen Pfad, da nur der linke Pfad aktiv ist. Würde aber an dieser Stelle nur die Funktion **F2** aufgeführt, dann würde diese Variable auch dann deaktiviert, wenn dies semantisch inkorrekt wäre. Die Deaktivierung ist semantisch aber nur in einem Zustand korrekt, nämlich wenn nur der linke Pfad des Prozesses durchlaufen wird. Daher sind neben der Variablen **F_F2** auch die Variablen des rechten Teilpfades aufgeführt.

Anhand des Beispielprozesses in Abbildung 5.10 soll neben der Problematik paralleler Pfade auch beispielhaft der OR-Split und OR-Join vorgestellt werden. Dazu zeigen die Listings 5.3 und 5.4 die entsprechenden Teile aus dem CSMV-Modell.

```
1  next (E_E2) := case {
2  F_F1 : {0,1};
3  E_E2 : 0;
4  1 : E_E2;
5  };
```

5.3: Split in parallele OR-Pfade (Teil 1).

```
1  next(E_E3) := case {
2  F_F1 : {!next(E_E2),1};
3  E_E3 : 0;
4  1 : E_E3 ;
5  };
```

5.4: Split in parallele OR-Pfade (Teil 2).

Der hier vorgestellte OR-Split entspricht grundsätzlich den bisherigen Erläuterungen zum OR-Split. Die Variablen **E_E2** und **E_E3** können, obwohl es sich um parallele Pfade handelt, direkt nach der Aktivierung wieder deaktiviert werden, da die Parallelität über die Funktion **F2** abgebildet wird.

Beim OR-Join (in Richtung des Ereignisses E6) sind die parallelen Pfade allerdings wieder genau zu betrachten, da andernfalls semantisch unerwünschte Resultate bei der Transformation erzielt würden. Prinzipiell müssen zu den Möglichkeiten der Deaktivierung des kürzeren Pfades (siehe Listing 5.2, Zeile drei bzw. vier) noch die Möglichkeiten aus der alleinigen Aktivierung der beiden rechten Pfade betrachtet werden. Listing 5.5 stellt das Überführungsergebnis des OR-Join dar.

5 Visualisierung von Anforderungen

```
1  next(E_E6) := case {
2  F_F2 & !E_E3 & !F_F3 & !E_E4 & !E_E5 & !F_F4 & !F_F5 : 1;
3  F_F2 & ((F_F4 & !F_F5) | (!F_F4 & F_F5)) : 1;
4  !F_F2 & ((F_F4 & !F_F5) | (!F_F4 & F_F5)) : 1;
5  E_E6 : 0;
6  1 : E_E6;
7  };
```

5.5: Join von parallelen OR-Pfaden.

In Zeile zwei und drei des Listing wird der Fall betrachtet, dass der linke kürzere Pfad aktiv ist und semantisch korrekt deaktiviert wird (entspricht Listing 5.2, Zeile drei und vier). Darüber hinaus berücksichtigt Zeile vier des Listings, dass ausschließlich die rechten (Teil-) Pfade deaktiviert werden müssen, während der linke Pfad (F_F2) nicht aktiv ist bzw. war. Dabei sei erwähnt, dass eine Vereinigung der beiden logischen Ausdrücke in Zeile drei und vier nicht möglich ist, da diese zur verfrühten Aktivierung des Ereignisses E6 führen würde. Denn auch an dieser Stelle darf die Funktion F2 direkt nach der Aktivierung nur in einem Zustand wieder deaktiviert werden und zwar wenn nur der linke Pfad des Prozesses durchlaufen wird (siehe Listing 5.5, Zeile zwei).

Das vollständige Transformationsergbnis des Beispielprozesses in Abbildung 5.10 findet sich in Anhang B.1 Listing B.1.

Die Komplexität der Transformation der grafischen Validierungsregel hängt von der Art der Visualisierung ab. Da die **EPK-G-CTL** die direkte Verwendung von EPK-Modellelementen und temporalen Operatoren von CTL bzw. deren grafischen Repräsentationen vorsieht, werden die EPK-Modellelemente entsprechend der Benennungskonvention aus der Prozessmodelltransformation abgebildet. Da eine grafische Validierungsregel einen azyklischer Graph – eine Baumstruktur – darstellt, wird das oberste Element des Baumes dadurch definiert, dass es keine Verbindung *von* einem anderen Element besitzt. Dieses Wurzelelement ist ebenfalls das Äußerste der textuellen Darstellung (häufig der **AG-Operator**). Ein Algorithmus durchläuft den Baum rekursiv und führt die Abbildung in die textuelle Darstellung als temporale Formel durch. Wie bereits in Abschnitt 5.4.2.1 erwähnt, ist für die eindeutige Transformation der grafischen Regel in die textuelle Darstellung die eindeutige Definition der grafischen Darstellung erforderlich.

5.4.4 Beispiel: EPK-G-CTL

Die Nutzung des TLVF zur Überprüfung von Prozessmodellen auf inhaltliche Fehler – deren Validierung – soll anhand einer beispielhaften EPK und einer grafischen Validierungsregel in EPK-G-CTL veranschaulicht werden. Dabei wird auf jede Schicht des TLVF Bezug genommen.

Der Beispielprozess selbst ist der *Process Model Component* des *Integrated Process Model Layer* zuzuordnen. Die grafischen Validierungsregeln basieren auf den Erläuterungen des *-G-CTL (*Operators Symbols Layer*) sowie den Erläuterungen zur Notation EPK-G-CTL (*Graphical Validation Rules Component* des *Integrated Process Model Layer*) aus den Abschnitten 5.4.2.2 und 5.4.3.2. Die Transformationsergebnisse (EPK zu CSMV bzw. EPK-G-CTL zu CTL), welche unter Verwendung des in Abschnitt 5.4.3.3 beschriebenen Vorgehens erstellt wurden, finden sich in Anhang B.1, Listing B.2.

Der Beispielprozess ist Teil eines e-Procurement Prozesses. Der Gesamtprozess beinhaltet alle notwendigen Geschäftsfunktionen zur Verarbeitung einer Bedarfsanforderung. Dies umfasst beispielsweise die Erstellung und Genehmigung der Bedarfsanforderung, die Bestellung der angeforderten Waren bis hin zur Verwaltung des Wareneingangs und der Bezahlung der Waren.

Abbildung 5.11 zeigt den zur Demonstration ausgewählten Teil des Bedarfsanforderungsverfahrens. Der Prozess startet mit dem Ereignis Bedarfsanforderung eingegangen. Die folgende Funktion Bedarfsanforderung auswerten ermittelt den Typ und das entsprechend resultierende Genehmigungsverfahren der Bedarfsanforderung. Die Ereignisse Keine Genehmigung benötigt, Genehmigung benötigt, erweitertes Genehmigungsverfahren und Abteilungsspezifisches Genehmigungsverfahren repräsentieren die verschiedenen Genehmigungsverfahren. Für jedes Verfahren, mit Ausnahme der Bedarfsanforderungen ohne Genehmigungsbedarf, folgt ein entsprechender Geschäftsprozess zur Überprüfung der Anforderung. Zur Vereinfachung sind diese Prozesse nur durch ein Hinterlegungssymbol an der jeweiligen Funktion gekennzeichnet. Die Entscheidung der Genehmigungsverfahren resultiert dann in den Ereignissen Bedarfsanforderung genehmigt und Bedarfsanforderung abgelehnt.

Die Formulierung einer grafischen Validierungsregel soll anhand der Anforderung, dass jede eingegangene Bedarfsanforderung bearbeitet

5 Visualisierung von Anforderungen

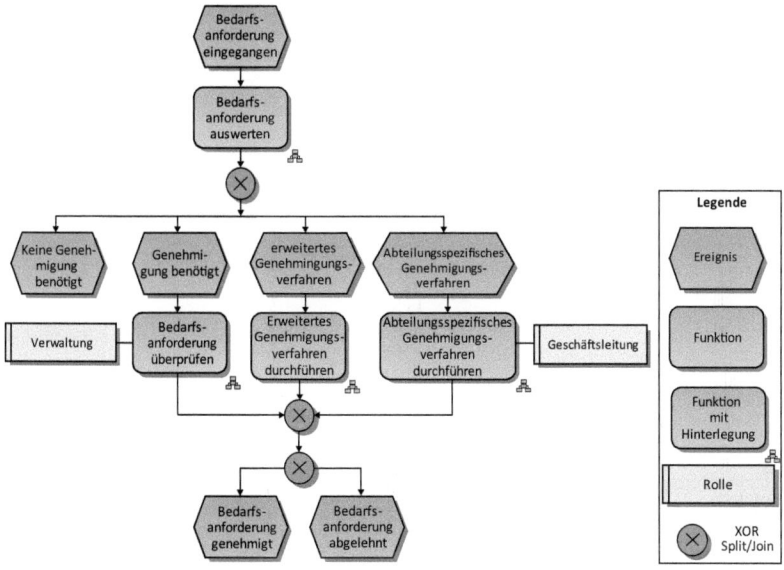

Abbildung 5.11: Ausschnitt eines EPK-Geschäftsprozessmodells eines Bedarfsanforderungsverfahrens.

werden muss, demonstriert werden. Das Ergebnis dieser Bearbeitung kann dabei eine Genehmigung oder eine Ablehnung sein. Aber auch Bedarfsanforderungen, die keine Genehmigung benötigen, müssen im Prozess berücksichtigt werden. In der temporalen Logik CTL würde dies wie folgt ausgedrückt werden:

```
1  AG( E_Bedarfsanforderung_eingegangen ->
2  AF(EF( E_Keine_Genehmigung_benoetigt )
3  ^ EF( E_Bedarfsanforderung_genehmigt )
4  ^ EF( E_Bedarfsanforderung_abgelehnt ))) 
```

5.6: Beispielhafte grafische Validierungsregel (mit XOR).

Die in Listing 5.6 formulierte CTL-Regel wird von dem Operator **AG** umschlossen, um sicher zu stellen, dass die Regel in jedem Zustand angewendet bzw. überprüft wird. Die Kombination aus den **AF**- und **EF**-Operatoren stellt sicher, dass auf allen Pfaden eines der drei angegebenen Ereignisse erreicht wird. Der XOR-Operator wird in der

5.5 Grafische Anforderungen: Verallgemeinerung

Regel durch das Zeichen `Dach` (^) repräsentiert. Abbildung 5.12 zeigt dieselbe Regel in der grafischen Notation EPK-G-CTL.

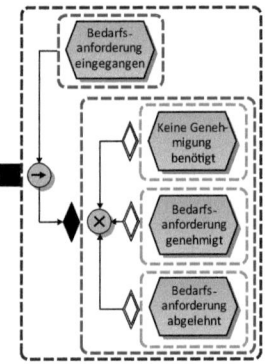

Abbildung 5.12: Eine beispielhafte grafische Validierungsregel für den in Abbildung 5.11 dargestellten e-Procurement Geschäftsprozess.

Das Ergebnis der Validierung für diese Beispielregel liefert `true`. Damit erfüllt das Geschäftsprozessmodell diese Anforderung. Die manuelle Überprüfung erscheint im ersten Moment einfach. Der Grund dafür ist zum einen das kleine und übersichtliche Prozessmodell und zum anderen die alleinige und einfache Regel. Wenn aber realistische und damit deutlich komplexere Prozessmodelle mit vielen Unterprozessen zu überprüfen sind, gestaltet sich eine manuelle Überprüfung langwierig und schwierig. Sind im Gegensatz dazu grafische Validierungsregeln aufgestellt, können diese zur Überprüfung der Prozessmodelle auf inhaltliche Fehler genutzt werden. Dies gilt im Besonderen auch für geänderte Prozessmodelle.

5.5 Grafische Anforderungen: Verallgemeinerung

Das im letzten Abschnitt vorgestellte TLVF ist eine Umsetzung des allgemeinen Prinzips von grafischen Anforderungen bzw. Validierungsregeln. Das TLVF ermöglicht die Formulierung sowie die automatisierte Überprüfung (komplexer) Bedingungen für (Geschäfts-) Prozessmodelle. Um diese Vorteile nutzen zu können, bedarf es aber der Formulierung der grafischen Validierungsregeln. Dies kann im Rahmen der RE-Prozesse im Zusammenhang mit den natürlichsprachlich erhobenen Anforderungen erfolgen. Der durch die Formulierung der grafischen Validierungsregeln entstehende Modellierungsaufwand kann dabei direkt dem verringerten Aufwand der *manuellen Prüfung* der inhaltlichen Korrektheit gegenüber gestellt werden. Unberücksichtigt von weiteren Vorteilen durch die explizite Modellierung der Anforderungen bzw. Validierungsregeln, ist aber der Aufwand der manuellen Prüfung der Prozessmodelle je nach Anwendungsfall unter Umständen deutlich höher einzuschätzen, als der Modellierungsaufwand der Validierungsregeln.

Um jedoch eine weitere Aufwandreduzierung beim Einsatz grafischer Validierungsregeln zu ermöglichen, ist eine allgemeinere Formulierung der Regeln anzustreben. Denn die im letzten Abschnitt vorgestellten grafischen Validierungsregeln sind aufgrund der konkreten Bezeichner (der Name des Modellelements) grundsätzlich nur auf den konkret betrachteten Anwendungsfall bzw. das Szenario anwendbar. Da Benennungen von Modellelementen durch den Modellierer oft frei vergeben werden, sind einer Wiederverwendung solcher Regeln in anderen Szenarien enge Grenzen gesetzt. Daher werden diese Regeln im Folgenden als *szenariospezifisch* bezeichnet. Die szenarioübergreifende Nutzung der Validierungsregeln geht auf die prinzipielle Wiederverwendbarkeit von Anforderungen nach [RR06] zurück. Danach können Spezifikationen von bereits erfolgreich entwickelten (Software-) Produkten als Quelle für Anforderungen für ein neu zu entwickelndes (Software-) Produkt dienen. Da es sich nach Definition 5.1.2 bei grafischen Validierungsregeln um eine formale Repräsentation von einer oder mehreren Anforderungen (FA bzw. NFA) handelt, ist das Vorgehen der Wiederverwendung ebenfalls anwendbar.

5.5.1 Grafische Validierungsregeln: Wiederverwendung

Die Wiederverwendung von szenariospezifischen Validierungsregeln, wie in [DF09] veröffentlicht, ist in Anlehnung an die Wiederverwendung von Anforderungen per se möglich. Um jedoch eine szenariounabhängige Spezifikation bzw. die „Aufweichung" der direkten Bindung

5.5 Grafische Anforderungen: Verallgemeinerung

durch die Bezeichner zu ermöglichen, ist eine Erweiterung der Formulierungsmöglichkeiten der Regeln nötig.

Das Grundprinzip der Erweiterung basiert auf dem Einsatz von sogenannten *Mustern* (engl. pattern), anstatt der bisher verwendeten atomaren Aussagen (in Abbildung 5.5 mit $a_{1...9}$ bezeichnet) sowie auf der Abstraktion vom konkreten Modellelementnamen durch die Verwendung des allgemeinen Bezeichners „*". Abbildung 5.13 verdeutlicht dies.

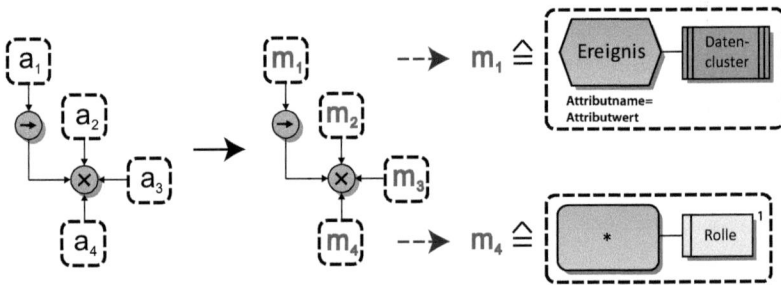

Abbildung 5.13: Verallgemeinerung der grafischen Validierungsregel unter Einsatz von Mustern.

Eine atomare Aussage kann nun als Muster mit erweiterten Ausdrucksmöglichkeiten betrachtet werden. Damit können neben Elementen wie Funktionen oder Ereignissen auch direkt verbundene Modellelemente zur Regelformulierung verwendet werden. Ein Beispiel dafür liefert das Muster m_1 in Abbildung 5.13. In diesem Muster wird ein Ereignis mit dem Namen **Ereignis** mit einem verbundenen Datencluster mit dem Namen **Datencluster** zusammengefasst. Darüber hinaus können weitere Eigenschaften der Modellelemente spezifiziert werden, wie das Attribut **Attributname** und dessen Wert **Attributwert**.

Das Muster m_1 in Abbildung 5.13 abstrahiert im Gegensatz zum Muster m_4 nicht vom konkreten Bezeichner. Damit würde eine Regel, die das Muster m_1 im Vordersatz einer Implikation verwendet, grundsätzlich auf alle Vorkommnisse des Ereignisses **Ereignis** mit dem Attribut **Attributname** und dessen Wert sowie dem verbundenen Element **Datencluster** angewendet werden. Muster m_4 wird noch allgemeiner auf sämtliche Vorkommnisse eines Modellelements vom Typ Funktion mit dem verbundenen Modellelement Rolle mit dem Namen Rolle angewendet werden. Im Muster m_4 wird zudem ein weiteres Ausdrucksmittel allgemeiner Validierungsregeln verwendet. Dabei handelt es sich um die *Identität* eines Modellelements, die durch die links neben dem Modellelement Rolle befindliche *1* repräsentiert wird. Die Identität an einem Modellelement in einem Muster schafft einen direkten Bezugspunkt zu dem *identifizierten* Modellelement. Damit kann das identifizierte Modellelement im Rahmen der Validierungsregeln erneut verwendet werden, um bestimmte Bedingungen darüber zu formulieren. Mehrere Identitäten in einer Validierungsregel werden durch eine fortlaufende Nummerierung gekennzeichnet.

Für die Validierung bzw. den Validierungsmechanismus bedeuten die neuen Ausdrucksmöglichkeiten durch Muster, dass alle Vorkommnisse der Muster im Prozessmodell betrachtet werden müssen. Konkret muss der Validierungsmechanismus nun Validierungsregeln entsprechend des Auftretens der Muster automatisch erstellen. Im Rahmen des TLVF ist die Transformation Component des Integrated Process Model Layer dafür zuständig. Bei der Erstellung der Validierungsregeln muss zudem festgelegt werden, ob ein Muster als eine minimale Forderung, wobei noch weitere Attribute oder Modellelemente in dem Muster vorhanden sein dürfen, oder als exakte Forderung interpretiert werden soll.

Die wiederverwendbaren, grafischen Validierungsregeln bieten damit aus Sicht des Modellierungsexperten den Vorteil, dass die in den Regeln verwendeten Modellelemente nicht bei der Modellierung eines einzelnen Prozesses erstellt werden müssen, sondern prozessunabhängig beispielsweise in speziellen Repositories zur Verfügung gestellt werden können. Dadurch entsteht für den Modellierungsexperten weder für die Formulierung der (bereits vorhandenen) Regeln, noch für die Erfassung möglicher Attribute, hier als *Validierungsattribute* bezeichnet, ein Zusatzaufwand. Neben der reinen Wiederverwendung von Anforderungen können dadurch auch bestimmte RE-Prozesse, bei denen es sich beim Requirements Engineer und dem Modellierungsexperten nicht um dieselbe Person handelt, besser unterstützt werden, weil der Requirements Engineer zum einen die Bezeichner in der Regelformulierung von Anfang an vornehmen kann und zum anderen Regeln unabhängig vom Bezeichner angewendet bzw. geprüft werden können.

Weitere Beispiele für grafische wiederverwendbare Validierungsregeln finden sich im Rahmen der Sichtenkonzepte in den Abschnitten 6.3 und 6.4 sowie im Bereich der Anwendungsfälle in Kapitel 9.

5.5 Grafische Anforderungen: Verallgemeinerung

5.5.2 Grafische Validierungsregeln: Abstraktionsgrade

Grafische Validierungsregeln unter Verwendung von Mustern erlauben somit auch Aussagen über Eigenschaften und verbundene Elemente. Damit ermöglichen wiederverwendbare Regeln Aussagen über Eigenschaften von Modellelementen, die szenarioübergreifend von Bedeutung sind. Neben szenariospezifischen Validierungsregeln existieren daher weitere Typen von Validierungsregeln. Eine mögliche Einteilung, wie sie in [DF09] veröffentlicht wurde, ist die Unterscheidung von *szenariospezifischen*, *domänenspezifischen* und *allgemeingültigen* Regeln, wobei der Abstraktionsgrad, der Umfang der Geltungsdomäne und der Wiederverwendungsgrad der Regeln entsprechend der Reihenfolge steigend ist.

Neue Validierungsregeln, die bei der Modellierung eines Szenarios erstellt werden, sind somit zunächst szenariospezifisch. Wenn sich die Wiederverwendbarkeit einer solchen Regel in weiteren Szenarien abzeichnet, ist zu untersuchen, ob die Regel in verallgemeinerter Form abgebildet werden kann, die dann entweder für alle Szenarien einer Anwendungsdomäne oder für alle zu betrachtenden Szenarien gültig ist.

Eine Herausforderung bei der Erstellung der Validierungsregeln besteht darin, dass die beiden Zielstellungen der leichten Erstellbarkeit bzw. Verständlichkeit der Regeln und ihre möglichst große Wiederverwendbarkeit nicht immer miteinander vereinbar sind. So sind szenariospezifische Regeln oft leicht verständlich und einfach zu erstellen, aber nur in geringem Maße wiederverwendbar. Sehr weit abstrahierte, allgemeingültige Regeln sind prinzipiell gut wiederverwendbar, aber oft schwierig zu verstehen. In solchen Fällen ist das Ergebnis der Validierung mit der Aussage, dass ein Prozess einer bestimmten Regel nicht entspricht, für den Modellierer möglicherweise schwierig zu interpretieren. Deshalb ist es nicht trivial, den „richtigen" Abstraktionsgrad einer Validierungsregel und damit auch den Regeltyp zu bestimmen. Allgemeingültige oder domänenspezifische Regeln müssen dabei nicht in jedem Szenario von Bedeutung sein. Neben dem richtigen Abstraktionsgrad ist aber auch die Regelgröße entscheidend für deren Verständlichkeit (gemessen beispielsweise durch die Anzahl der verwendeten Modellelemente und Operatoren). Dabei sollte der folgende Grundsatz, der nach [Cla08] für formale textuelle Spezifikationen gilt, auch für grafische Validierungsregeln angewendet werden:

„A good rule of thumb is to keep the specifications as short as possible" [Cla08].

Ein weiterer bei der Anwendung von verallgemeinerten Validierungsregeln zu berücksichtigender Aspekt, der aber auch für szenariospezifische Regeln gilt, ist die tatsächliche Anwendung innerhalb eines Prozessmodells. Bei der Validierung können neben Validierungsinformationen zu den tatsächlich angewendeten Regeln, auch Informationen über nicht angewendete bzw. nicht anwendbare Regeln Aufschluss über die inhaltliche Korrektheit des (Geschäfts-) Prozessmodells geben. Ist beispielsweise eine allgemeingültige Regel nicht anwendbar, ist dies normalerweise nicht als Problemfall zu betrachten, da nicht jede allgemeingültige Validierungsregel in jedem Szenario anwendbar sein muss. Bei der Verwendung von domänen- oder szenariospezifischen Regeln gilt dies im Allgemeinen nicht, denn die Nichtanwendbarkeit von Regeln dieses Abstraktionsgrades lässt möglicherweise auf eine fehlerhafte Modellierung bzw. Anforderungserhebung schließen. Daher sollte neben dem Prüfergebnis vom Prüfwerkzeug (z. B. dem Model Checker) auch eine Meldung über nicht anwendbare Validierungsregeln geliefert werden.

6 MultiView

Im Rahmen der (Geschäfts-) Prozessmodellierung müssen eine Vielzahl an fachspezifischen Informationen bzw. Sachverhalten in Prozessmodellen aufgenommen werden. Diese Vielzahl resultiert vor allem aus der großen Anzahl der für die Modellierung des Sachverhalts relevanten Informationen. Darüber hinaus entsteht aufgrund der *fach-* und *methodenspezifischen* Erhebung bzw. Spezifikation der am Projekt beteiligten Personen(-gruppen) eine teils redundante Informationssammlung, die die Anzahl der zu verwaltenden und zu berücksichtigenden Information weiter erhöht.

Relevante Informationen sind in diesem Zusammenhang die bereits erwähnten fachspezifischen Informationen, die bestimmte Kategorien von funktionalen und nicht-funktionalen Anforderungen (kurz FA bzw. NFA) abdecken (siehe Abschnitt 3.4.1). Die Berücksichtigung von FA gilt im Rahmen der Prozessmodellierung als selbstverständlich, da diese den Hauptinhalt der Modellierung darstellen. Diese Selbstverständlichkeit gilt allerdings nicht gleichermaßen für NFAs. Da Prozessmodelle aber laut [Kor08] als Informationsspeicher für alle Projektbeteiligten anzusehen sind, sollten auch NFAs dort modelliert werden können. Die Modellierung der NFAs ist beispielsweise über die in Abschnitt 3.4.2 bzw. 3.4.3 vorgestellten proprietären oder standardisierten Erweiterungen denkbar.

Die Modellierung zahlreicher fachspezifischer Informationen in Prozessmodellen, hier als *Anreicherung* bezeichnet, führt aber auch zu einer steigenden Komplexität der Modelle. Die Komplexität entsteht durch die *überlagerte* Darstellung einer Vielzahl von teils sehr fachspezifischen Informationen wie spezielle Domänen-, Sicherheits- oder Datenschutzanforderungen in einem Prozessmodell. Dies führt möglicherweise zu unübersichtlichen und überladenen Prozessmodellen. Zudem sind z. B. die speziellen Domänenanforderungen auch nicht gleichermaßen für alle Projektbeteiligten bzw. Modellierer relevant. Um die derartig angereicherten Modelle handhabbar zu machen, bedarf es daher entsprechender Mechanismen.

6.1 (Modell-)Sichten

Für die Abbildung der Informationen können verschiedene Sichten auf *ein* mehrdimensionales Prozessmodell oder Sichten durch *mehrere* eindimensionale Prozessmodelle erzeugt werden (siehe Abschnitt 3.4). Verschiedene Sichten auf ein Prozessmodell ermöglichen dem einzelnen Projektbeteiligten seine *fachspezifische* Sichtweise auf den Prozess zu modellieren und gleichzeitig von weniger relevanten Informationen zu abstrahieren. Dadurch wird eine Reduktion der Komplexität des Prozessmodells erreicht und die Verständlichkeit verbessert. Dies ist als *fachspezifische* Sicht auf ein Prozessmodell zu verstehen. Werden die Informationen auf mehrere Prozessmodelle verteilt, können zur fachspezifischen Sichtweise auch unterschiedliche Methoden zur Prozessmodellierung (wie andere Diagrammarten, DSLs, usw.) genutzt werden, was als *methodenspezifische* Sicht bezeichnet werden kann. Dazu muss allerdings die Möglichkeit zur Erstellung eines aggregierten Gesamtüberblicks bereitgestellt werden [NKF94].

Im folgenden Abschnitt werden zunächst die grundsätzlichen Ziele des im Rahmen dieser Arbeit entwickelten Sichtenkonzeptes vorgestellt. Darauf aufbauend wird in Abschnitt 6.2 die allgemeine Definition des Sichtenkonzeptes entwickelt und anhand von konzeptionellen Beispielen vorgestellt. Die konzeptionellen Beispiele werden in den Abschnitten 6.3 (*Sicherheitsmodellierung für Web Services*) und 6.4 (*Integrierte Datenschutzmodellierung*) konkretisiert.

6.1 (Modell-)Sichten

Das Prinzip bzw. die Notwendigkeit der Sichtenbildung ist grundsätzlich seit längerem bekannt. Daher wurden Anforderungen an Ansätze, die mehrere Sichten bereitstellen, bereits in den Neunziger Jahren entwickelt. Als Beispiel ist [Ver94] zu nennen. Darin werden die drei Schritte *Modeling*, *Integration* und *Use* zur Durchführung der Prozessmodellierung festgelegt. Wobei im Schritt Modeling verschiedene Sichten für die Projektbeteiligten zur Verfügung gestellt werden bzw. von diesen genutzt werden können. Diese Sichten sollen im Schritt Integration in ein Gesamtmodell zusammengeführt werden. Der Schritt Use soll die Nutzung des Gesamtmodells auf die Sicht des einzelnen Projektbeteiligten einschränken, indem nicht relevante Informationen ausgeblendet werden. Den Schritten werden zudem spezielle Anforderungen an Sichtenkonzpte (in [Ver94] als *Multi-View-Ansätze* bezeichnet) zugeordnet. In Tabelle 6.1 sind die Schritte sowie die zugehörigen Anforderungen dargestellt. Die vollständige Beschreibung der einzelnen Schritte und Anforderungen findet sich in Anhang A.2.

Modeling	Integration	Use
R1. Different perspectives on the same process element must be offered.	R5. Detecting similarities between views.	R7. Dynamic change of perspectives.
R2. Tailorable (user- defined) perspectives	R6. Detecting inconsisten- cies between views.	R8. Concurrent Views.
R3. Structuring views.		
R4. Independent model- ing of views.		

Tabelle 6.1: Anforderungen an Multi-View-Ansätze nach [Ver94].

Die Schritte bzw. Anforderungen an Multi-View Ansätze der Tabelle 6.1 sind auf fach- und methodenspezifische Sichten gerichtet. Es wird somit zum einen die Sicht auf ein Prozessmodell und zum anderen die Sicht auf verschiedene Prozessmodelle berücksichtigt. Im Rahmen dieser Arbeit soll der Fokus allerdings auf die Sichtenbildung gelegt werden, die auf einem mehrdimensionalen Prozessmodell basiert. Dabei können auch Kombinationen aus ein- und mehrdimensionalen Prozessmodellen innerhalb einer Methode genutzt werden.

Zur Umsetzung des grundsätzlichen Sichtenkonzeptes müssen allerdings auch die notwendigen Ausdrucksmöglichkeiten bzw. die entsprechenden Diagrammarten seitens der Modellierungsnotation zur Verfügung stehen. Dabei ist allerdings problematisch, dass die teils sehr speziellen Aspekte häufig nur schwer und unter Umständen überhaupt nicht mit den nativen Ausdrucksmöglichkeiten der Modellierungssprache formuliert werden können (siehe Abschnitt 3.4). Um diesem Mangel Rechnung zu tragen, bestehen grundsätzlich zwei Möglichkeiten.

Zum einen kann durch die Neuentwicklung einer Modellierungssprache die benötigte Ausdrucksstärke geschaffen werden. Neben dem Ent-

6.1 (Modell-)Sichten

wicklungsaufwand der Sprache selbst hat dies aber den Nachteil eine nicht standardisierte Sprache zu verwenden [FH10]. Aufgrund der angesprochenen Vorteile einer DSL kann dies aber eine lohnende Vorgehensweise sein. Zum anderen kann auf eine Modellierungssprache (GPL oder DSL) aufgesetzt und diese um die notwendigen Ausdrucksmöglichkeiten erweitert werden (beispielsweise durch Annotationen oder neue Modellelemente). Besonders für mehrdimensionale Modelle hat dieses aber die erwähnte Komplexitätssteigerung zur Folge.

Der Komplexitätssteigerung kann allerdings mit Sichtenkonzepten entgegen gewirkt werden, da diese fokussierte Sichten für bestimmte fachspezifische Sachverhalte bereit stellen können. In Bezug auf die in Tabelle 6.1 genannten Anforderungen an Sichtenkonzepte und den Fokus auf mehrdimensionale Prozessmodelle werden bei der Entwicklung des Sichtenkonzeptes im Rahmen dieser Arbeit folgende Ziele berücksichtigt:

R1 Ein- bzw. Ausblenden von Modellelementen oder Attributen ermöglichen

R2 Sichten müssen entsprechend der Domäne des Modellierers angepasst werden können

R3 Zugehörigkeit bzw. Gruppierung von Modellelementen zu einer Sicht

R4 Modellierung der einzelnen Sicht unabhängig von weiteren Sichten

R5 Übereinstimmungen der Sichten untereinander automatisiert erkennen

R6 Inkonsistenzen der Sichten untereinander automatisiert erkennen

R7 Sichten müssen angepasst bzw. geändert werden können

R8 Sichten sollen im Projektverlauf nebeneinander genutzt werden können

Im Rahmen des im folgenden Abschnitt vorgestellten *MultiView-Konzeptes* werden die aufgeführten Ziele mit Ausnahme der Anforderungen bzw. Ziele R5 und R6 umgesetzt. Die Prüfung von Übereinstimmungen und Inkonsistenzen verschiedener MultiViews wird zunächst vernachlässigt, da diese bestimmte Arten von Modellvergleichen erfordern und diese für das zentrale Thema dieser Arbeit – das

Validierungskonzept – nicht zwingend erforderlich ist. Die Anforderungen R5 und R6 sind also vielmehr als Erweiterung zum vorgestellten MultiView-Konzept zu betrachten. Die Umsetzung der Anforderung R5 und R6 wird somit keinesfalls erschwert oder gar verhindert.

6.2 MultiView: Definition

Das in diesem Abschnitt vorgestellte Sichtenkonzept wird als MultiView bezeichnet. Der Name setzt sich aus den Teilen *multiple* und *view* zusammen. Das MultiView-Konzept kann dabei sowohl für GPLs als auch für DSLs eingesetzt werden. Wobei eine MultiView auf die Modellelemente der eingesetzten Modellierungssprache aufsetzen oder auch notwendige Erweiterungen definieren kann. Die Definition 6.2.1 legt eine MultiView inhaltlich fest.

Definition 6.2.1 *MultiView*
Eine MultiView (Abkürzung für: Multiple View) definiert die Form der grafischen Darstellung (einschließlich der Sichtbarkeit) und Bearbeitbarkeit der Modellelemente bzw. -attribute (Modellinhalte) eines Prozessmodells in Bezug auf deren Zugehörigkeit zu einer bestimmten Domäne bzw. einem bestimmten Stakeholder.

MultiViews sind demnach als flexible, frei konfigurierbare Filter für Prozessmodelle und deren Inhalte zu betrachten, die festlegen, *ob* und *wie* bestimmte Modellelemente bzw. -attribute für eine bestimmte Domäne oder einen bestimmten Stakeholder dargestellt werden. Die Festlegung der Filter bezieht sich dabei auf den Typ (im EPK z. B. eine Funktion) und die Eigenschaften (z. B. relevant für Datenschutzmodellierung) der Modellelemente bzw. -attribute. In der MultiView-Definition wird über die Ziele des vorangegangen Abschnittes (R1-R4, R7 und R8) hinaus das Ziel definiert, die Bearbeitbarkeit der Modellelemente bzw. -attribute in Bezug auf eine MultiView einschränken zu können. Der Zusammenhang von ein- und mehrdimensionalen (Modell-) Sichten und einer MultiView wird in Abbildung 6.1 verdeutlicht.

Wie in Abschnitt 6.2.2 anhand von konzeptionellen Beispielen demonstriert wird, kann eine MultiView damit die visuelle Komplexität reduzieren. Die Festlegung der Bearbeitbarkeit der Modellinhalte dient

6.2 MultiView: Definition

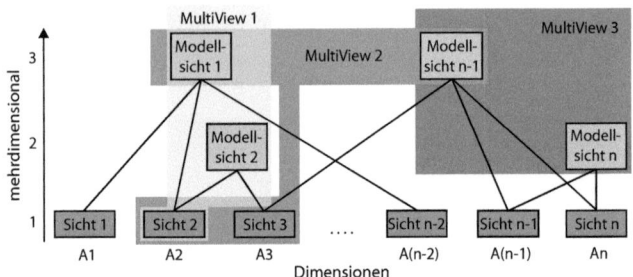

Abbildung 6.1: MultiViews.

der weiteren Fokussierung auf die Aufgaben im Zusammenhang mit der entsprechenden MultiView bzw. Domäne und kann auch als Zuordnung von Verantwortlichkeiten verstanden werden. Die Bearbeitbarkeit kann zudem mit der grafischen Repräsentation kombiniert werden, indem nicht bearbeitbare Modellinhalte grafisch in den Hintergrund gesetzt werden (z. B. durch Ausgrauen).

6.2.1 Mittel im Rahmen von MultiViews

Grundsätzlich wird eine MultiView durch die eingesetzten Mittel zur grafischen Repräsentation sowie die Festlegung der bearbeitbaren Prozessmodellteile bzw. -elemente definiert. Die Mittel beziehen sich dabei auf bestimmte Modellinhalte wie einen bestimmten Modellelementtyp oder bestimmte Eigenschaften eines Modellelements. Die in einer MultiView einsetzbaren Mittel werden im Folgenden beschrieben.

Ausblenden Dieses Mittel ermöglicht das Verbergen bestimmter Modellinhalte im Rahmen einer MultiView. Dies kann auf den Kontrollfluss bezogen sein oder aber auch auf Modellinhalte, die durch das Mittel Hinzufügen einer bestimmten MultiView hinzugefügt wurden.

Hinzufügen Durch das Mittel Hinzufügen können zum einen Modellinhalte, die zum Sprachumfang einer Modellierungssprache gehören, in einer MultiView modelliert werden. Zum anderen fallen aber auch proprietäre Erweiterungen des Sprachumfangs wie domänenspezifische Modellinhalte darunter.

Verändern Das Mittel erlaubt die Definition von speziellen grafischen Repräsentationen (beispielsweise Transparenz, Skalierung oder Ausgrauen) und der Anordnung von Modellinhalten im Rahmen der MultiView.

Zugriff einschränken Durch das Mittel Zugriff einschränken wird die Bearbeitung bestimmter Modellinhalte im Rahmen der Multi-View unterbunden.

6.2.2 Konzeptionelle Beispiele für MultiViews

Die folgenden konzeptionellen Beispiele dienen der Erläuterung des Grundprinzips für den Einsatz der Mittel in Bezug auf Modellinhalte. Das erste Beispiel (Abbildung 6.2 links) zeigt die MultiView *Integrierte Datenschutzmodellierung* (kurz IDM), die darüber hinaus genauer in Abschnitt 6.4 betrachtet wird.

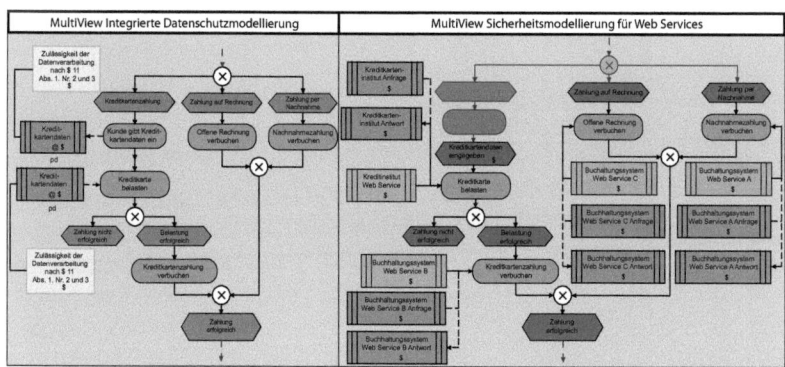

Abbildung 6.2: Konzeptionelles Beispiel für MultiViews in der EPK-Notation des prototypisch entwickelten Werkzeuges (siehe Abschnitt 8.2).

Die MultiView-IDM fokussiert auf die in den Funktionen verwendeten Daten (Datencluster) und stellt relevante Informationen zu den Daten bereit. Da für das Verständnis des Kontextes auch der Kontrollfluss entscheidend ist, wird dieser zwar dargestellt, aber dessen Bearbeitung ist jedoch nicht möglich (Mittel: Zugriff einschränken).

6.2 MultiView: Definition

Zudem werden Zwischenereignisse (im Gegensatz zu Entscheidungsereignissen) nicht dargestellt, die für das Verständnis des Kontextes nicht notwendig sind (Mittel: Ausblenden). Das Vorhandensein der Zwischenereignisse wird in der MultiView-IDM durch zwei aufeinander folgende Kontrollflusskanten aber noch angedeutet (siehe Abbildung 6.2 links). Außerdem können in der MultiView-IDM für den Datenschutz relevante Informationen an den Datenclustern angebracht werden (Mittel: Hinzufügen). Dabei handelt es sich z. B. um die *Zulässigkeit der Datenverarbeitung* (gelbe Kästen in Abbildung 6.2 links) oder ein Attribut zur Kennzeichnung der *Existenz von personenbezogene Daten* (pd unter Datenclustern in Abbildung 6.2 links).

Auf der rechten Seite der Abbildung 6.2 ist als weiteres konzeptionelles Beispiel die MultiView *Sicherheitsmodellierung für Web Services* (kurz SWS) dargestellt. Die MultiView SWS fokussiert auf Prozessteile, die durch Web Services im Rahmen eines BPEL-Prozesses umgesetzt werden sollen. Die nicht relevanten Prozessteile werden ausgegraut (Mittel: Verändern) und sind außerdem nicht bearbeitbar (Mittel: Zugriff einschränken). Zudem können gegebenenfalls Ereignisse vernachlässigt werden, die nicht für den BPEL-Prozess relevant sind (Mittel: Ausblenden). Die im Rahmen der MultiView-SWS verwendeten Anwendungssysteme sind per se Web Services, die verwendeten Datencluster sind entweder Web-Service-Anfragen oder -Antworten (Mittel: Hinzufügen).

Zum Vergleich der einzelnen MultiViews gegenüber einer aggregierten Darstellung aller Modellinhalte der MultiView-IDM und der MultiView-SWS wird in Abbildung 6.3 eine entsprechend aggregierte MultiView dargestellt.

Eine Zusammenfassung der im Rahmen der konzeptionellen Beispiele eingesetzten Mittel liefert Tabelle 6.2. Dabei wird auch die grundsätzliche Ausrichtung des weiteren Einsatzes der Mittel in Bezug auf die entsprechende MultiView geliefert.

Technisch gesehen müssen die jeweiligen Mittel der Modellinhalte einer MultiView zugeordnet werden. Die technische Umsetzung dieser Zuordnung ist aber unabhängig von der reinen Definition des MultiView-Konzeptes. Beispielhaft wurde dies in den in Abschnitt 8.1 bzw. 8.2 vorgestellten Prototypen umgesetzt. Die Grundlage ist die Zuordnung der Modellinhalte zur MultiView über ein speziell zu setzendes Attribut bzw. einen Stereotyp.

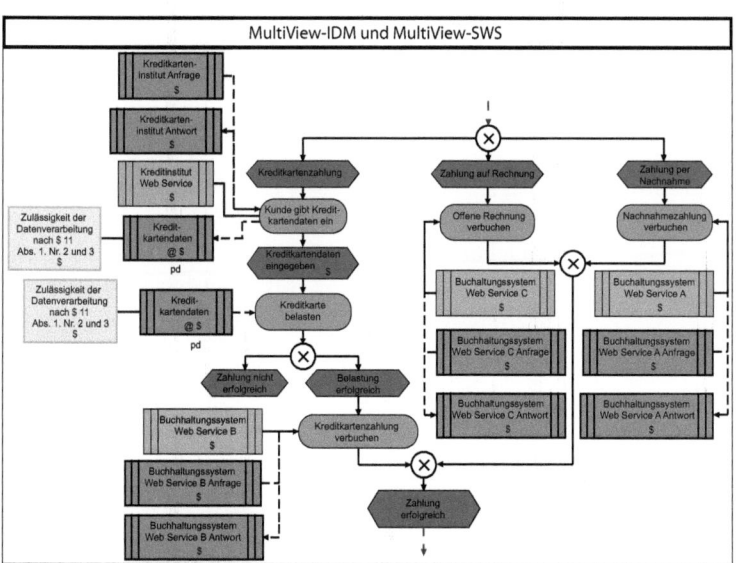

Abbildung 6.3: Aggregation der konzeptionellen Beispiel-MultiViews.

6.3 MultiView: Sicherheitsmodellierung für Web Services (SWS)

Die MultiView-SWS fokussiert auf automatisierbare Prozessteile, die in Form eines BPEL-Prozesses umgesetzt werden sollen. Die Umsetzung erfolgt dabei durch die modellgetriebene Softwareentwicklung, wie in [SLI08] demonstriert. Der Anspruch der MultiView-SWS ist darüber hinaus die Integration der Modellierung von Sicherheitseigenschaften in die Prozessmodellierung, wie in [JF09] veröffentlicht. Dazu bedarf es adäquater Modellierungsmöglichkeiten zur Formulierung von Sicherheitseigenschaften im Rahmen der Prozessmodelle. In Erweiterung zur Modellierung der Sicherheitseigenschaften kann die MultiView-SWS aber auch dazu verwendet werden, die technische Realisierung der Sicherheitseigenschaften als entsprechende Sicherheitsmechanismen zu erstellen.

Als besonders vielversprechendes Verfahrensmodell ist dabei die modellgetriebene Softwareentwicklung (siehe Abschnitt 3.2.3.1 bzw. 3.2.3.2) zu sehen. Die modellgetriebenen Softwareentwicklung er-

6.3 MultiView: Sicherheitsmodellierung für Web Services (SWS)

	MultiView Integrierte Datenschutzmodellierung (IDM)	MultiView Sicherheitsmodellierung für Web Services (SWS)
Ausblenden	unnötige Ereignisse bzw. allgemein für die Erschließung des Kontextes unnötige Modellinhalte	konzeptionelle Datencluster bzw. allgemein für einen BPEL-Prozess unwichtige Modellinhalte
Hinzufügen	rechtliche Zulässigkeitseigenschaften von Datenclustern bzw. allgemein datenschutzrechtliche Modellinhalte	Datencluster der Web Service-Nachrichten bzw. allgemein für BPEL-Prozesse relevante Modellinhalte
Verändern	–	Ausgrauen der nicht für den BPEL-Prozess relevanten Modellinhalte
Zugriff einschränken	Einschränkung der Bearbeitbarkeit des Kontrollflusses als auch von nicht datenschutzrechtlich relevanten Modellinhalten	Einschränkung der Bearbeitbarkeit des Kontrollflusses und der ausgegrauten Prozessteile sowie sonstiger nicht relevanter Modellinhalte

Tabelle 6.2: Eingesetzte Mittel der MultiViews in Abbildung 6.2.

möglicht neben der Generierung der technischen Realisierung des fachlichen (Geschäfts-) Prozessmodells auch die Generierung der technischen Realisierung der Sicherheitseigenschaften. Allerdings gibt es in den existierenden MDSD-Entwicklungslösungen einen entscheidenden Mangel. Sie berücksichtigen nur den fachlichen also funktionalen Geschäftsprozess ohne Einbeziehung von nicht-funktionalen Anforderungen wie Sicherheit. Die Ursache dieses Umstandes ist aber nicht das Fehlen technischer Sicherheitsmechanismen, sondern die Vernachlässigung der Entwicklung und Integration von geeigneten Verfahren zur Formulierung von Sicherheitsmerkmalen auf Basis der Modelle. Damit einher geht die fehlende automatisierte Erzeugung der maschinenlesbaren Sicherheitsbeschreibungen (engl. Policies). Die Einbeziehung von Sicherheitseigenschaften kann daher nur „nachträglich" erfolgen. Problematisch ist dabei zum einen der durch den Ebenenwechsel hervorgerufene Verlust von Wissen der (Geschäfts-) Prozessebene und zum anderen die (teilweise) manuelle Erstellung der Sicherheitsbeschreibungen sowie deren Integration in die generierte Software. Die manuelle Erstellung der Sicherheitsbeschreibungen ist aufgrund der Vielzahl der existierenden Spezifikationen und zu berücksichtigen Faktoren eine sehr komplexe Aufgabe und dementsprechend fehleranfällig. Ein weiteres Problem ist die Fokussierung der existierenden Ansätze auf eine bestimmte (Geschäfts-) Prozessmodellierungssprache (siehe Abschnitt 3.4.3.1). Die aus den aufgezeigten Problemen resultierenden Ziele der MultiView-SWS sind daher:

- generisches, prozessmodellunabhängiges Sicherheitsmodell zur Formulierung von Sicherheitseigenschaften

- automatische Transformation des Sicherheitsmodells in die technische Realisierung

Im folgenden Abschnitt werden zunächst begriffliche Grundlagen gelegt, um das Konzept der MultiView-SWS einzuordnen. Abschnitt 6.3.2 stellt das Gesamtkonzept der Sicherheitsmodellierung von Web Services vor. Daran anschließend werden in Abschnitt 6.3.3 die eingesetzten Mittel der MultiView vorgestellt sowie in Abschnitt 6.3.4 das Vorgehen der Sicherheitsmodellierung anhand eines Beispielprozesses demonstriert. Die Validierung der MultiView-SWS wird in Abschnitt 6.3.5 anhand beispielhafter EPK-G-CTL-Regeln erläutert. Zuletzt wird in Abschnitt 6.3.6 ein kurzer Überblick zur Generierung der technischen Realisierung der modellierten Sicherheitseigenschaften geliefert.

6.3.1 Begriffliche Grundlagen für die Sicherheitsmodellierung

Die Abschnitte 3.2.3.1 bzw. 3.2.3.2 haben die Grundlagen der modellgetriebenen Softwareentwicklung im Allgemeinen bzw. in Bezug auf Web Services gelegt. Dies umfasst das grundsätzliche Vorgehen der

6.3 MultiView: Sicherheitsmodellierung für Web Services (SWS)

modellgetriebenen Softwareentwicklung sowie die eingesetzten Standards zur Nutzung von Web Services in BPEL-Prozessen. Neben dieser funktionalen Umsetzung von Geschäftsprozessen tritt im Rahmen der MultiView-SWS aber der Betrachtungsaspekt der *Sicherheit* in den Vordergrund.

Der Begriff Sicherheit ist allerdings sehr facettenreich und soll daher im Abschnitt 6.3.1.1 genauer betrachtet werden. Zudem werden mögliche Technologien bzw. Standards zur Umsetzung von Sicherheitsanforderungen beim Einsatz von Web Services bzw. BPEL-Prozessen in Abschnitt 6.3.1.2 kurz vorgestellt.

6.3.1.1 Sicherheitsbegriff im Allgemeinen

Unter der Sicherheit eines Systems wird eine Vielzahl von Aspekten zusammengefasst. Das grundsätzliche Ziel dieser Aspekte ist es, dass sich das System stets auf die gewünschte Art und Weise verhält und somit die an das System gerichteten Anforderungen erfüllt. Allerdings ist der im Deutschen verwendete Begriff Sicherheit im Gegensatz zu den im Englischen verwendeten Begriffen etwas unscharf. Im Englischen wird Sicherheit in die zwei Teilbereiche *Safety* und *Security* unterteilt.

[Lig09] beschreibt Safety als „Fähigkeit einer Betrachtungseinheit, nur hinreichend kleine Gefährdungen zu verursachen". Safety bezieht sich auf die *Korrektheit des Ablaufes* der von der Software bzw. dem System zu erledigenden Aufgaben. Während des Ablaufes darf zudem nur ein „annehmbares Restrisiko" für Menschen, Sachen oder die Umwelt bestehen. Die zu erledigenden Aufgaben der Betrachtungseinheit bzw. der Software werden in Form von FAs beschrieben. Die Einhaltung der FAs (zur Durchsetzung der *Safety*) kann durch den Abgleich der durch die FAs repräsentierten Regeln mit der Spezifikation des Systems bzw. der Software überprüft werden. Dieses Vorgehen entspricht dem in Kapitel 5 vorgestellten Validierungsverfahren. Die Regeln entsprechen dabei den grafischen Validierungsregeln.

Im Gegensatz zu Safety bezieht sich Security auf die *Robustheit gegenüber externen Angriffen* (beispielsweise durch Hacker) während der Ausführung des Systems. [Lig09] setzt Security mit dem deutschen Begriff *Datensicherheit* gleich, welche darauf abzielt, Informationsverluste und unbefugte Datenzugriffe in dem betrachteten System zu verhindern. Datensicherheit umfasst dabei (nach [BSI06]) die drei Aspekte *Verfügbarkeit*, *Vertraulichkeit* und *Integrität* von Daten. Die

Aspekte werden nach [RP09] auch als Schutzziele bezeichnet und sind wie folgt definiert:

Verfügbarkeit „Gesicherter Zugriff auf Informationen innerhalb einer festgelegten Zeit."

Vertraulichkeit „Gesicherter Nichtzugriff auf Information (gegebenenfalls beschränkt auf eine festgelegte Zeit)."

Integrität „Information ist (gegebenenfalls beschränkt auf eine festgelegte Zeit) gesichert echt."

Der Fokus der Security liegt somit der Betrachtung möglicher Angriffspunkte und nicht auf der fehlerhaften Ausführung der Software bzw. des Systems. Es ist jedoch anzumerken, dass Ablauffehler im Sinne der Safety zu Problemen in Form von externen Angriffen führen können.

Für die MultiView-SWS bedeutet dies, dass sowohl die Safety- als auch die Security-Eigenschaften der Modellinhalte überprüft werden können. Wobei die Safety im Rahmen des funktionalen Prozessmodells (beispielsweise in der MultiView *funktionaler Geschäftsprozess*) geprüft wird und die Security im Rahmen der MultiView-SWS.

Zur Durchsetzung der aufgeführten Sicherheitsaspekte bzw. Schutzziele dienen kryptographische Algorithmen. Diese erlauben die Verschlüsselung von bestimmten Daten bzw. Informationen bezüglich der Daten in der Form, dass das entsprechende Schutzziel verfolgt werden kann. Die Vertraulichkeit wird mit einem Verschlüsselungsalgorithmus realisiert, der die betreffenden Daten unter Verwendung einer bestimmten Zeichenfolge (dem *Schlüssel*) chiffriert. Die Entschlüsselung der Daten kann dann nur mit dem dafür vorgesehenen Schlüssel erfolgen. Die Integrität von Daten kann durch eine *digitale Signatur* überprüft werden. Diese Signatur wird dabei durch eine bestimmte Zeichenfolge in Verbindung mit kryptographischen Algorithmen erzeugt und wird vom Empfänger der Daten zur Überprüfung der Integrität der Daten eingesetzt. Die digitale Signatur kann darüber hinaus auch zur *Identifizierung* oder *Autorisierung* genutzt werden.

6.3.1.2 Sicherheit im Rahmen von Web Services

Die allgemein vorgestellten Sicherheitsmechanismen zur Umsetzung von Safety- und Security-Anforderungen basieren auf den bereits er-

6.3 MultiView: Sicherheitsmodellierung für Web Services (SWS)

wähnten kryptographischen Algorithmen. Für die Schutzziele *Vertraulichkeit* und *Integrität* werden besonders die *asymmetrischen Verschlüsselungsverfahren* wie das RSA-Verfahren (siehe [BSW06]) eingesetzt. Um derartige Verfahren auch für Web Services und BPEL-Prozesse einsetzen zu können, wurden verschiedene Spezifikationen geschaffen, die im Folgenden kurz vorgestellt werden.

Die zu verschlüsselnden Daten in Bezug auf Web Services liegen in Form von XML-Dokumenten (beispielsweise gemäß der SOAP-Spezifikation) vor. Allgemein betrachtet können daher generelle Spezifikationen für XML-Dokumente wie XML Encryption [IDS$^+$10b], XML Digital Signature [BBF$^+$08]) angewendet werden. Im Speziellen wurden für Web-Service-Nachrichten die Spezifikationen WS-Security [NKMHB06], WS-SecurityPolicy [DLGHB$^+$05]) definiert.

Die WS-Security nutzt dabei die Spezifikationen der XML Encryption und XML Digital Signature. Mit der WS-Security lassen sich bestimmte Teile der SOAP-Nachrichten verschlüsseln bzw. signieren. Zudem werden die für den Empfänger notwendigen Informationen zur Entschlüsselung bzw. zur Überprüfung der Signatur der Nachricht hinzugefügt. WS-SecurityPolicy hingegen stellt Möglichkeiten zur Festlegung der von einem Web Service geforderten Sicherheitsmechanismen zur Verfügung. Dies umfasst z. B. die erwartete Verschlüsselung von eingehenden Nachrichten bzw. ausgehenden Nachrichten (siehe [GLH06, GJD07]). Im Gegensatz zur WS-Security, die auf SOAP-Nachrichten ausgerichtet ist, ist die WS-SecurityPolicy an die Beschreibung des Web Service (dem WSDL-Dokument) gerichtet.

Über die genannten Spezifikationen hinaus wurden weitere Möglichkeiten geschaffen, um eine im Sinne von Security gesicherte Kommunikation von Web Services besonders im Rahmen von BPEL-Prozessen bereitzustellen. Zu nennen sind WS-Trust [NGG$^+$07] und WS-Federation [LAB06] (Schlüsselaustauschprotokolle) sowie die Spezifikation WS-SecureConversation [And05], welche auf die Erreichung performanter verschlüsselter Kommunikation abzielt.

6.3.2 MultiView-SWS: Konzept

Im engeren Sinne ist die MultiView-SWS eine MultiView im Sinne des MultiView-Konzeptes. Die Aufgaben, die von einer MultiView erfüllbar sind, können allerdings über die reine Prozessmodellierung hinaus gehen. So können Prozessmodelle bzw. spezielle MultiViews im Rahmen der modellgetriebenen Softwareentwicklung zur Generierung ausführbarer BPEL-Prozesse genutzt werden. Die MultiView-SWS kann daher ergänzend zu den BPEL-Prozessen zur Generierung von Sicherheitsmechanismen eingesetzt werden. Das grundsätzliche Vorgehen ist in Abbildung 6.4 dargestellt.

Abbildung 6.4: Gesamtübersicht über den verfolgten Ansatz nach [JF09].

Die linke Seite der Abbildung 6.4 zeigt das Vorgehen der modellgetriebenen Entwicklung von ausführbaren Prozessen (wie einem BPEL-Prozess). Die Grundlage der Prozessmodelle sind dabei vor allem funktionale Anforderungen. Die Validierung bzw. Verifikation der Prozessmodelle gegenüber den fachlichen Anforderungen kann beispielsweise über das in Kapitel 5 vorgestellte Verfahren erfolgen. Nach der erfolgreichen Validierung bzw. Verifikation können die Prozessmodelle dann, wie am Beispiel der EPK in [SKD+08] demonstriert, automatisiert in einen ausführbaren BPEL-Prozess transformiert werden. Konzeptionell ist das Vorgehen unabhängig von der gewählten Modellierungssprache. Die konkrete Umsetzung beispielsweise der Transformationsaufgaben erfolgt bisher allerdings speziell für die jeweilige Modellierungssprache und Ausführungsumgebung.

Die rechte Seite der Abbildung 6.4 ergänzt die modellgetriebene Entwicklung des ausführbaren Prozesses um die Integration von Sicherheitsanforderungen bzw. -mechanismen. Die Grundlage der Integration ist die Bereitstellung der MultiView-SWS (in Abbildung 6.4 als *Sicherheitsmodell* bezeichnet) für Personengruppen wie z. B. Si-

6.3 MultiView: Sicherheitsmodellierung für Web Services (SWS)

cherheitsarchitekten. Unabhängig von der Modellierungssprache stellt das Sicherheitsmodell dazu Modellierungsmöglichkeiten für Sicherheitseigenschaften als Ausprägung der Sicherheitsanforderungen bzw. Schutzziele zur Verfügung. Diese Modellierungsmöglichkeiten können über Adaptoren an die konkrete MultiView-SWS für die jeweilige Modellierungssprache angepasst werden. Die modellierten Sicherheitseigenschaften der MultiView-SWS können dann automatisiert entsprechend der Web-Service-Security-Spezifikationen in maschinenlesbare Policies transformiert werden. Für Web Services bzw. BPEL-Prozesse bedeutet dies, dass die entsprechenden WS-SecurityPolicies generiert und mit der Beschreibung des ausführbaren (BPEL-) Prozesses verknüpft werden.

Ein in Abbildung 6.4 vernachlässigter Faktor beim Einsatz von kryptographischen Algorithmen ist die Bereitstellung der Schlüssel. Häufig wird diese durch eine *Public Key Infrastructure* (kurz PKI) umgesetzt. Dabei existiert sowohl ein öffentlicher als auch ein privater Schlüssel, der zur Verschlüsselung bzw. Entschlüsselung genutzt wird. Für die Nutzung der modellierten Sicherheitseigenschaften müssen diese Schlüssel an die entsprechenden Kommunikationspartner verteilt sein. Im Rahmen der modellgetriebenen Softwareentwicklung kann dies bei der Generierung des Gesamtprozesses (inklusive aller Web Services) erfolgen. Werden existierende Web Services in einen BPEL-Prozess eingebunden, müssen Mechanismen zur Schlüsselverteilung integriert werden.

6.3.3 MultiView-SWS: Modellierungselemente

Die Modellierungsmöglichkeiten des Sicherheitsmodells (Abbildung 6.4) sind prinzipiell unabhängig von der Modellierungssprache. Allgemein müssen die Modellierungsmöglichkeiten dazu an die speziellen Eigenschaften der jeweiligen Modellierungssprache adaptiert werden. Die Adaption umfasst vor allem die Festlegung, welche Repräsentation beispielsweise Web Services oder Web-Service-Nachrichten besitzen. Andere Bestandteile wie spezielle Modellierungselemente für Sicherheitseigenschaften können hingegen für jegliche Modellierungssprachen verwendet werden. Im Folgenden wird zur Demonstration exemplarisch die EPK verwendet. Zunächst werden aber die dem Sicherheitsmodell hinzugefügten Modellelemente zur Modellierung bestimmter Sicherheitseigenschaften vorgestellt. Konkret handelt es

6 MultiView

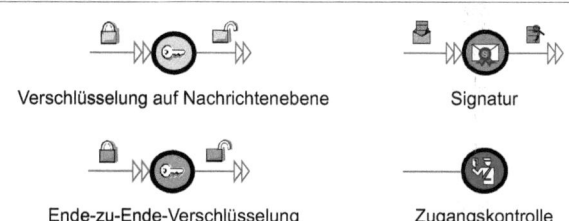

Abbildung 6.5: Modellelemente des Sicherheitsmodells.

sich dabei um Vertraulichkeit, Integrität und Zugangskontrolle. Das Schutzziel der Verfügbarkeit kann nicht direkt mit den vorgestellten Sicherheitsmechanismen erreicht werden und soll daher vernachlässigt werden. Die Zugangskontrolle kann den Schutzzielen Vertraulichkeit und Integrität zugeordnet werden, wird aber durch gesonderte Sicherheitsmechanismen realisiert, die die *Identifizierung* bzw. *Authentifizierung* und *Autorisierung* umfassen.

Eine ausführlichere Betrachtung der Schutzziele und der zugeordneten Sicherheitseigenschaften bzw. -mechanismen findet sich in [Ric10]. Die Modellelemente zur Modellierung der Schutzziele Vertraulichkeit, Integrität und Zugangskontrolle im Rahmen des Sicherheitsmodells bzw. der MultiView-SWS sind in Abbildung 6.5 dargestellt.

Vertraulichkeit wird im Sicherheitsmodell für die Modellelemente *Verschlüsselung auf Nachrichtenebene* und *Ende-zu-Ende-Verschlüsselung* dargestellt. Die Verschlüsselung auf Nachrichtenebenen ist dabei die standardmäßig anwendbare Verschlüsslungstechnik beim Einsatz von Web Services, bei der der Nachrichtenaustausch zwischen zwei Web Services gesichert wird. Die Ende-zu-Ende-Verschlüsselung ist eine erweiterte in [JG09] bzw. [Maj09] im Detail vorgestellte Verschlüsselungstechnik, die den Nachrichtenaustausch zwischen dem Nachrichtensender und dem finalen Nachrichtenempfänger sichert (also über Intermediäre hinweg). Das Modellelement *Signatur* ermöglicht die Modellierung von Sicherheitseigenschaften des Schutzziels Integrität. Das Modellelement *Zugangskontrolle* umfasst grundsätzlich die oben beschriebene Zugangskontrolle. In der aktuellen Version der MultiView-SWS wird aber vor allem der Aspekt Authentifizierung berücksichtigt. Die Abbildung aller Aspekte der Zugangskontrolle wird vernachlässigt, da bereits verschiedene Ansätze der Modellierung bzw. Integration der Zugangskontrolle existieren und entsprechend den Anforderungen bzw. Gegebenheiten deren Integration durchgeführt werden muss. An den genannten Modellelementen können bzw. müssen zudem weitere Informationen hinterlegt werden. Dies umfasst bei der Verschlüsselung den zu verwendenden Verschlüsselungsalgorithmus sowie die zu verschlüsselnden Daten (-teile) oder beim Modellelement Zugangskontrolle die jeweils zugelassenen Benutzer.

Die Modellierungselemente der Abbildung 6.5 sind unabhängig von der Modellierungssprache zu betrachten. Auf welche Modellelemente der Modellierungssprache sie angewendet werden können, obliegt aber der entsprechenden Adaption. Für die EPK bedeutet dies, dass dem Modellelement **Funktion** die Ausführung einer bestimmten Funktion (**Operation**) eines Web Services zugeordnet wird. Das Modellelement Anwendungssystem repräsentiert einen Web Service, während Datencluster Web-Service-Nachrichten darstellen. Zudem ist die WSDL-Datei des Web Service mit dem Modellelement verbunden, um das Datenmodell der Web Service Anfrage bzw. Antwort auslesen zu können. Das so entstehende Datenmodell wird wiederum den eingehenden (Anfrage) bzw. ausgehenden (Antwort) Datencluster hinterlegt.

Diese Festlegungen müssen in Abhängigkeit zur modellgetriebenen Entwicklung des ausführbaren Prozesses selbst (siehe [SLI08]) getroffen werden. Mit dieser Festlegung können die erlaubten bzw. notwendigen Verbindungen der Modellemente des Sicherheitsmodells mit den Prozessmodellelementen bestimmt werden. Eine ausführliche Beschreibung der möglichen Verbindungen findet sich in [Ric10]. An dieser Stelle soll auf die Ausgestaltung der MultiView-SWS fokussiert werden. Die Tabelle 6.3 liefert einen Überblick über die in der MultiView eingesetzten Mittel.

6.3.4 MultiView-SWS: Vorgehen

Zur Demonstration der Vorgehensweise bei der Modellierung von Sicherheitseigenschaften in der MultiView-SWS dient der in Abbildung 6.6 beispielhaft dargestellte Teil eines Geschäftsprozesses eines E-Commerce-Shops. Der ausgewählte Teil des Geschäftsprozesses umfasst das Anlegen einer Bestellung (beispielsweise eine Liste von Büchern) bis hin zur Bezahlung der Bestellung per Kreditkarte. Im E-Commerce-System wird jede eingegangene Bestellung zunächst auf Validität geprüft und für gültige Bestellungen die Rechnung erstellt. Prinzipiell wird danach die Bezahlungsmethode ausgelesen, der

Ausblenden	• konzeptionelle Datencluster ausblenden • alle nicht relevanten Modellinhalte ausblenden
Hinzufügen	• Datencluster der Web-Service-Nachrichten • Web Services (Modellelement: Anwendungssystem) • Modellelemente des Sicherheitsmodells • spezielle Kantentypen für die Modellierung der Sicherheitseigenschaften
Verändern	• Ausgrauen der nicht für den BPEL-Prozess relevanten Modellinhalte • Hintergrundfarbe ändern • verkleinern der ausgegrauten bzw. nicht relevanten Prozessteile
Zugriff einschränken	• Bearbeitung des Kontrollflusses bzw. der ausgegrauten Prozessteile verbieten

Tabelle 6.3: Eingesetzte Mittel der MultiView-SWS.

Einfachheit halber wird von einer Bezahlung per Kreditkarte ausgegangen. Ist die Bezahlung erfolgreich schließt, sich der Versandprozess an (dargestellt durch eine Prozessschnittstelle).

Der Beispielprozess wird technisch gesehen in Form eines BPEL-Prozesses und dementsprechend unter Verwendung von Web Services realisiert. Jede Bestellung instanziert somit einen BPEL-Prozess. Sicherheitsanforderungen können (technisch betrachtet) durch die entsprechenden Sicherheitsmechanismen der in Abschnitt 6.3.1.2 aufgeführten Spezifikationen umgesetzt werden.

Bei Betrachtung des Beispielprozesses (Abbildung 6.6) in Bezug auf Sicherheitsanforderungen fallen beispielsweise die Kreditkartendaten auf. Dabei handelt es sich um sensitive Daten, die vor dem Zugriff durch Dritte geschützt werden müssen. Dies entspricht dem Schutzziel Vertraulichkeit. Zur Durchsetzung dieser Vertraulichkeitsanforderung kann die Sicherheitseigenschaft Ende-zu-Ende-Verschlüsselung verwendet werden.

6.3 MultiView: Sicherheitsmodellierung für Web Services (SWS)

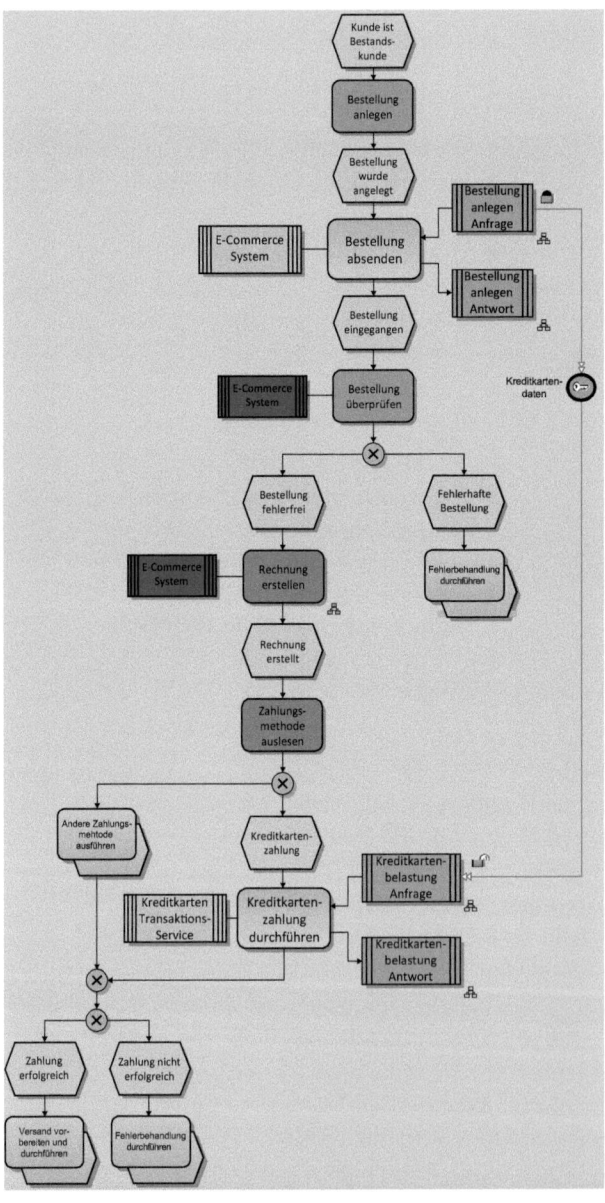

Abbildung 6.6: Ein Beispiel für die Modellierung von Sicherheitselementen im Prozessmodell (hier EPK).

Für die Modellierung der Sicherheitseigenschaft ist die in Abschnitt 6.3.3 beschriebene Festlegung bezüglich der Funktion und Datencluster der EPK entscheidend. So wird für die beispielhafte Vertraulichkeitsanforderung für die Kreditkartendaten eine Verbindung vom eingehenden Datencluster (Web Service Anfrage) der Funktion **Bestellung absenden** über das Modellelement Ende-zu-Ende-Verschlüsselung zum eingehenden Datencluster (Web-Service-Anfrage) der Funktion **Kreditkartenzahlung durchführen** gezogen. Damit erwarten die beiden jeweils durch die EPK-Funktion repräsentierten Web Services verschlüsselte Daten zur Ausführung. Die Auswahl der zu verschlüsselnden Daten (hier der Kreditkartendaten) sowie weiterer Einstellungen der Verschlüsselung kann über ein Dialogfenster nach dem Erstellen der Verbindung erfolgen. Dabei ist es entscheidend, dass diese Einstellungen erst nach dem Erstellen der Verbindung erfolgt, da erst zu diesem Zeitpunkt die auswählbaren Daten aus den jeweiligen Datenmodellen der Web-Service-Nachrichten ausgelesen werden können.

Analog erfolgt die Modellierung der Sicherheitseigenschaften Veschlüsselung auf Nachrichtenebene und Signatur. Wobei bei der letzteren anstatt der zu verschlüsselnden Daten die zu signierenden Daten angegeben werden und am Modellelement Signatur die entsprechend notwendigen Daten hinterlegt werden können. Ein etwas anderes Verhalten hat hingegen das Modellelement Zugangskontrolle, welches mit der Web Service Operation (der EPK-Funktion) verbunden wird. Es wird damit die Zulässigkeit des Aufrufes der Web-Service-Operation gesteuert. Im Rahmen der EPK kann dies beispielsweise unter Verwendung eines Organigramms erfolgen, welches die erlaubten Benutzer und gegebenenfalls die konkreten Rechte beinhaltet.

Sind alle Sicherheitseigenschaften modelliert, kann das Sicherheitsmodell bzw. die MultiView-SWS in die resultierenden WS-SecurityPolicies transformiert werden. Aber obwohl durch die grafische Modellierung der Sicherheitseigenschaften der Einsatz von Sicherheitsmechanismen erleichtert wird, besteht gerade bei einem derart sensiblen Thema wie Sicherheit der Bedarf nach der Überprüfung der modellierten Sicherheitseigenschaften.

6.3 MultiView: Sicherheitsmodellierung für Web Services (SWS)

6.3.5 MultiView-SWS: Validierung

Die Validierung der MultiView-SWS kann durch die in Kapitel 5 vorgestellten grafischen Validierungsregeln erfolgen. Dabei kann die Validierung sowohl auf allgemeingültigen, vordefinierten sowie auf neu definierten Regeln basieren. Die vordefinierten Regeln sind als allgemein akzeptierte Anforderungen an Sicherheitseigenschaften zu betrachten. Zwei Beispielregeln werden in den Abschnitten 6.3.5.1 und 6.3.5.2 erläutert. Neu definierte Regeln sind hingegen häufig spezielle Regeln, die beispielsweise innerhalb eines Unternehmens zur Anwendung kommen. Dabei können globale Regeln z. B. die Forderung nach der Signierung aller verwendeten Daten beinhalteten, während spezifische Regeln möglicherweise auf Eigenschaften eines ganz bestimmten (benannten) Web Service abzielen. Die folgenden Regeln sind an den Beispielprozess aus Abbildung 6.6 bzw. an die Ausführungen des Kapitels 5 angelehnt und verwenden daher die EPK-G-CTL-Notation.

6.3.5.1 Ende-zu-Ende-Verschlüsselung

Die Intention der Ende-zu-Ende-Verschlüsselung ist die vertrauliche Behandlung bestimmter Daten entlang des Prozessverlaufes. Dabei darf zwischen Sender und Empfänger der Daten kein Zugriff auf die Daten bzw. keine Entschlüsselung der Daten möglich sein. Wird zwischen dem Sender und Empfänger ein lesender bzw. entschlüsselnder Zugriff modelliert, ist dies als Fehler zu betrachten, da die Daten vom betreffenden Web Service nicht entschlüsselt werden können bzw. dürfen. Abbildung 6.7 zeigt eine diesem Fehlerfall entsprechende grafische Validierungsregel.

Diese Regel, von einem AG-Operator umschlossen, beginnt mit einem Muster aus einem Web Service mit eingehendem Datencluster und einem ausgehenden Ende-zu-Ende-Verschlüsselungselement (grau gestrichelter Kasten in Abbildung 6.7, links oben), wobei die Modell- bzw. Regelelemente durch eine Identität gekennzeichnet sind. Dieses Muster ist zugleich der Vordersatz der Implikation. Der Nachsatz der Implikation beinhaltet eine AU-Bedingung, die das Lesen bzw. Schreiben auf den, im Vordersatz der Implikation identifizierten, Datencluster so lange verbietet, bis dieser von einem Web Service bzw. einer EPK-Funktion in Verbindung mit dem, ebenfalls im Vordersatz der Implikation identifizierten, Ende-zu-Ende Verschlüsselungselement gelesen wird. Das erneute Auftreten des Musters aus dem Vordersatz der

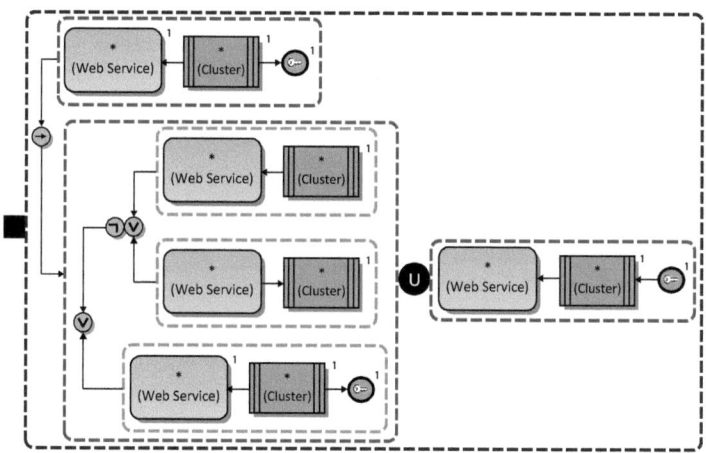

Abbildung 6.7: Grafische Validierungsregel für die Sicherheitseigenschaft Ende-zu-Ende-Verschlüsselung.

Implikation im Nachsatz der Implikation wird durch die Semantik des AU-Operators erforderlich. Da der AU-Operator sowohl im aktuellen als auch den folgenden Zuständen auf Existenz des vorderen Teils des Untils prüft, würde die Regel durch das Weglassen des Vordersatzes der Implikation nicht gültig werden können.

6.3.5.2 Signatur

Mit einer digitalen Signatur kann die Integrität von Daten wie beispielsweise Web Service Nachrichten oder Teilen der Nachrichten überprüfen werden. Die Modellierung erfolgt analog zu den Sicherheitseigenschaften Verschlüsselung. Bei der Validierung ergeben sich jedoch andere Anforderungen, die überprüft werden müssen. So ist es im Rahmen der Ende-zu-Ende-Verschlüsselung nicht sinnvoll, auf nicht entschlüsselbare Daten zuzugreifen und soll dementsprechend unterbunden werden. Die Daten werden in diesem Fall aber nicht geändert und der Web Service würde eine Fehlermeldung zurückgeben. Werden allerdings signierte Daten neu beschrieben, wird die ursprünglich erstellte Signatur ungültig. Die Regel fordert, dass jede signierte Nachricht nicht mehr geändert bzw. beschrieben werden darf. Im Sinne der EPK bedeutet dies, dass der betreffende Datencluster nicht an einer

6.3 MultiView: Sicherheitsmodellierung für Web Services (SWS)

ausgehenden Kante einer Funktion (als Output) verwendet werden darf. Eine Regel, die dies überprüfen kann, ist in Abbildung 6.8 zu sehen.

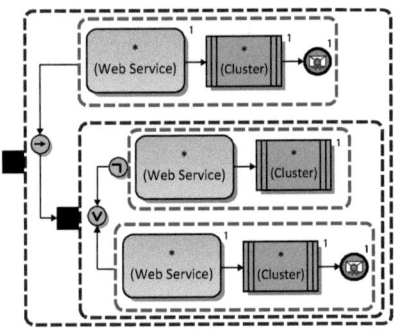

Abbildung 6.8: Grafische Validierungsregel für die Sicherheitseigenschaft Signatur.

Die Regel, ebenfalls von einem AG-Operator umschlossen, beginnt im Vordersatz der Implikation mit einem Muster aus dem Modellelement EPK-Funktion bzw. Web Service mit einem ausgehenden Datencluster und einem Signatursymbol, wobei alle Elemente durch eine Identität gekennzeichnet sind. Der Vordersatz der Implikation führt zum mit AG-Operator umschlossenen Nachsatz, der das Schreiben auf den, im Vordersatz der Implikation identifizierten, Datencluster verbietet. Die Wiederholung des Musters aus dem Vordersatz ist analog zu den Ausführungen des Abschnittes 6.3.5.1 zu begründen, wobei die Semantik des AG-Operators in diesem Punkt der des AU-Operators ähnelt.

6.3.5.3 Verschlüsselung auf Nachrichtenebene und Zugangskontrolle

Bei der Verschlüsselung wird jede eingehende Web-Service-Nachricht inklusive der enthaltenen Daten entschlüsselt und beim Versenden wieder neu verschlüsselt. Damit wird eine Sicherung des Datenkanals gegen das Abhören durch Dritte erreicht. Auf der Prozessebene und damit den (intermediären) Web Service hat dies keine Auswirkungen auf die Lesbarkeit der Daten. Das Ziel der Vertraulichkeit kann somit nur für den Datenkanal, nicht aber auf Prozessebene gewährleistet werden.

Dies ist besonders nachteilig für Aspekte des Datenschutzes [Mel10], wie in Abschnitt 6.4 betrachtet. Für den Fall, eine Verschlüsselung auf Nachrichtenebene zu verwenden, sind grundsätzliche Validierungsregeln wenig hilfreich, da die Daten prinzipiell für jeden Web Service lesbar sind. Allerdings können Warnungen beim Einsatz dieser Form der Verschlüsselung gegeben werden.

Die aktuelle Version der Sicherheitseigenschaft Zugangskontrolle beinhaltet nur den Aspekt Authentifizierung. Daher wird am Modellelement nur der erlaubte Benutzer bzw. die erlaubte Benutzergruppe und das Authentifizierungsverfahren zugeordnet. Da sich die auswählbaren Benutzer bzw. Benutzergruppen z. B. aus einem Organigramm ergeben, können keine fehlerhaften Benutzer angegeben werden. Daher bleibt bei der Validierung nur die Überprüfung, ob ein Web Service eine Authentifizierung fordert und die dafür notwendigen Daten dem Modellelement Zugangskontrolle hinterlegt wurden.

6.3.6 MultiView-SWS: Transformation

An dieser Stelle soll die Transformation der EPK in den BPEL-Prozess vernachlässigt und auf mögliche Umsetzungen ([SI07] bzw. [SKD+08]) verwiesen werden. Anmerkend sei jedoch erwähnt, das neben der allgemeinen Transformation auch spezielle Faktoren der BPEL-Ausführungsumgebung (z. B. Oracle BPEL Process Manager [Ora11] oder IBM WebSphere [FY04]) berücksichtigt werden müssen.

Das grundsätzliche Vorgehen bei der Transformation der MultiView-SWS in die entsprechenden WS-SecurityPolicies besteht im iterativen Abarbeiten der modellierten Sicherheitseigenschaften. Dabei werden die Sicherheitseigenschaften durch entsprechende Sicherheitsmechanismen bzw. deren XML-Repräsentationen in der WS-SecurityPolicy ersetzt. Da für jeden im BPEL-Prozess eingebundenen Web Service eine Policy benötigt wird, muss jedem von Sicherheitseigenschaften betroffenen Web Service bzw. dessen WS-SecurityPolicy der jeweilige Sicherheitsmechanismus hinzugefügt werden.

Für die im Beispielprozess in Abbildung 6.6 modellierte Ende-zu-Ende-Verschlüsselung müssen daher dem Sender bzw. Empfänger die Informationen zur Verschlüsselung als auch die entsprechenden Schlüssel zur Verfügung stehen. Darüber hinaus muss in den WS-SecurityPolicies der intermediären Web Services die Information über die Ende-zu-Ende-Verschlüsselung integriert werden. Wie bereits er-

6.3 MultiView: Sicherheitsmodellierung für Web Services (SWS)

wähnt, handelt es sich bei der Ende-zu-Ende-Verschlüsselung um eine Erweiterung gegenüber den WS-Security-Spezifikationen. Diese lässt sich aber mit den Mitteln der XML Encryption ([IDS+10b] bzw. [BBF+08]) in die WS-SecurityPolicies integrieren. Beispielhaft ist in Listing 6.1 ein Teil des Transformationsergebnisses für das Beispiel aus Abbildung 6.6 dargestellt.

```
 1    <p:Policy>
 2      <sp:SymmetricBinding>
 3        <p:Policy>
 4          <sp:ProtectionToken>
 5            [...]
 6          </sp:ProtectionToken>
 7          <sp:AlgorithmSuite>
 8            <p:Policy>
 9              <sp:TripleDesRsa15/>
10            </p:Policy>
11          </sp:AlgorithmSuite>
12        </p:Policy>
13      </sp:SymmetricBinding>
14      <sp:EncryptedElements>
15        <sp:XPath Recipient='http://creditCard
16              Institute.com/transactionService'>
17          /Envelope/Body/order/CreditCardData
18        </sp:XPath>
19      </sp:EncryptedElements>
20    </p:Policy>
```

6.1: WS-SecurityPolicy als Ergebnis der Transformation aus der MultiView-SWS.

Die WS-SecurityPolicy ist im Prinzip entsprechend der Spezifikationen erstellt worden. Für die Ende-zu-Ende-Verschlüsselung wurde allerdings in den Zeilen 15 und 16 des Listings 6.1 der finale Empfänger als XML-Attribut **Recipient** (prinzipiell auch als XML-Element möglich) hinzugefügt. Der Wert des Attributs entspricht der WS-Addressing-Endpunkt-Referenz [GHR06] des finalen Empfängers von dem Datum **CreditCardDate** (Listing 6.1, Zeile 17). Weitere Details zur Realisierung der Ende-zu-Ende-Verschlüsselung finden sich in [JG09] bzw. [Maj09]. Die übrigen Sicherheitseigenschaften werden in ähnlicher Weise in entsprechende Sicherheitsmechanismen in Form von XML-Ausdrücken in die WS-SecurityPolicies integriert.

Prinzipiell beziehen sich die generierten WS-SecurityPolicies auf den konkreten BPEL-Prozess und müssen daher auch die im BPEL-Prozess verwendeten Bezeichnungen benutzen. Da die Modellierung des BPEL-Prozesses und der Sicherheitseigenschaften im Rahmen der gleichen EPK erfolgen, basieren auch die Transformationen auf derselben Basis. Dies ermöglicht die direkte Verknüpfung der WS-SecurityPolicies mit dem BPEL-Prozess, wie sie durch die Web-Services- bzw. BPEL-Spezifikationen vorgesehen ist. Der durch die WS-SecurityPolicies gesicherter BPEL-Prozess kann anschließend der Ausführungsumgebung übergeben werden.

6.4 MultiView: Integrierte Datenschutzmodellierung

Ein eng mit dem Thema der Sicherheitsmodellierung (für Web Service) verwandtes Themengebiet ist der *Datenschutz*. Die Verwandtschaft beruht auf dem komplementären Ziel der Durchsetzung bestimmter Sicherheitsaspekte bzw. Schutzziele (siehe Abschnitt 6.3.1). Im Unterschied zur Sicherheitsmodellierung werden im Datenschutz aber noch weitergehende Anforderungen beim Umgang mit besonderen Daten – den *personenbezogenen Daten* – aufgestellt. Im Prinzip können die modellierten Sicherheitseigenschaften bzw. die daraus resultierenden Sicherheitsmechanismen zur Umsetzung von Datenschutzanforderungen genutzt werden. Um allerdings bestimmte Datenschutzanforderungen (z. B. Vertraulichkeit) sicherstellen zu können, ist eine Verschlüsselung auf Nachrichtenebene nicht geeignet, da in diesem Fall sämtliche Daten und daher insbesondere personenbezogene Daten für jeden Intermediär (beispielsweise Web Service) lesbar sind.

Um die speziellen Anforderungen beim Umgang mit personenbezogenen Daten und damit die Ziele des Datenschutzes nachvollziehen zu können, wird zunächst ein kurzer Überblick zum Stand des Datenschutzes in Organisationen (beispielsweise Unternehmen oder öffentliche Einrichtungen) gegeben. Grundsätzlich sollte der Datenschutz von jeder mit dem Umgang von personenbezogenen Daten betrauten Person bzw. Organisation berücksichtigt werden. Die Erfahrungen des *Unabhängigen Landeszentrums für Datenschutz Schleswig-Holstein (kurz ULD)* haben aber gezeigt, dass die Einbeziehung des Datenschutzes

6.4 MultiView: Integrierte Datenschutzmodellierung

in die Datenverarbeitung häufig jedoch hinter den Erwartungen zurück bleibt. Laut ULD liegt dies vor allem an der Sichtweise, dass die Umsetzung von Datenschutz hinderlich und aufwändig ist und besonders die Integration in bestehende Strukturen mit hohem Aufwand verbunden sei [FWB+10]. Aber im Interesse der Betroffenen, deren Daten verarbeitet werden, muss sowohl die Einführung von Datenschutzmaßnahmen in neue Abläufe als auch die Integration in bestehende Strukturen erfolgen. Neben dem Nachteil des dadurch entstehenden Aufwands bietet ein funktionierendes Datenschutzmanagement beispielsweise die Möglichkeit der Zertifizierung bzw. Auditierung durch Einrichtungen wie das ULD. Damit kann die Transparenz der Abläufe und somit die Vertrauensbasis für Geschäftsbeziehungen erhöht bzw. gestärkt werden. Betriebswirtschaftlich betrachtet kann dies wiederum zu Wettbewerbsvorteilen gegenüber nicht zertifizierten bzw. auditierten Unternehmen führen.

Ein funktionierendes Datenschutzmanagement erfordert nach [Biz06] „definierte und abgesicherte Prozesse, die innerhalb der Organisation präventiv zur Feststellung und Minimierung von Risiken beitragen". Damit kann eine Steigerung der Transparenz und Beherrschbarkeit der organisationsinternen und möglicherweise organisationsübergreifenden Abläufe erreicht werden. Die Prozesse müssen dazu in geeigneter Form aufgenommen (also definiert) werden. Die häufigste Form ist die *Textdokumentation* (informale Spezifikation, siehe Abschnitt 2.2.1.1), wobei die Abläufe unter Verwendung von Text- und Tabellendokumenten beschrieben werden. Eine zunehmend genutzte Form sind aber auch Geschäftsprozessmodelle, wie sie in Kapitel 3 vorgestellt wurden. Obwohl Datenschutzaspekte sowohl in die Textdokumentation als auch in Geschäftsprozessmodelle integrierbar sind, bieten Geschäftsprozesse durch ihre semiformale bis formale Syntax und Semantik gegenüber Textdokumenten über den reinen Dokumentationscharakter hinaus weiterführende Nutzungsmöglichkeiten. Zum einen ermöglichen (Geschäfts-) Prozessmodelle die Nutzung von Validierungsverfahren, wie sie in dieser Arbeit vorgestellt bzw. entwickelt werden. Zum anderen wird durch die Berücksichtigung des Datenschutzes im Rahmen von Prozessmodellen, die zur modellgetriebenen Entwicklung von Software genutzt werden, eine Bewertung der generierten Software bezüglich datenschutzrechtlicher Aspekte ermöglicht. Neben der generierten Softwarelösung können die modellierten Datenschutzaspekte zur Generierung von beispielsweise Richtlinien zur

Beschreibung von Zugriffsrechten für bestimmte personenbezogene Daten eingesetzt werden.

Über diese eher technischen Aspekte hinaus sind aber auch organisatorische Aspekte bei der Integration des Datenschutzes in die Prozessmodellierungsabläufe zu berücksichtigen. Die Erfahrungen des ULD haben diesbezüglich die Notwendigkeit aufgezeigt, dass methodische Erweiterungen nicht losgelöst von den „normalen" Modellierungsabläufen der Organisation erfolgen darf. Aus diesen organisatorischen und zuvor genannten technischen Anforderungen resultieren daher die folgenden Ziele:

1. Alle notwendigen Aufgaben sollen auf der Prozessmodellebene realisierbar bzw. integrierbar sein.

2. Neben der Modellierung sollen Prüftechniken die Erfüllung der gestellten Anforderungen sicher stellen.

Im folgenden Abschnitt wird der rechtliche Hintergrund des Datenschutzes kurz umrissen sowie die gegenüber der MultiView-SWS hinzukommenden Schutzziele vorgestellt. Abschnitt 6.4.2 stellt das Gesamtkonzept der MultiView *Integrierte Datenschutzmodellierung* (kurz IDM) vor und Abschnitt 6.4.3 führt die Modellierungselemente bzw. Erweiterungen und das Datenmodell der personenbezogenen Daten der MultiView-IDM ein. Daraufhin wird das mit der MultiView-IDM verbundene Vorgehensmodell betrachtet. Abschließend wird in Abschnitt 6.4.5 anhand eines Beispielprozesses die Validierung der MultiView-IDM erläutert.

6.4.1 Begrifflichkeiten im Rahmen des Datenschutzes

6.4.1.1 Rechtlicher Hintergrund

Die Erhebung, Verarbeitung und Nutzung personenbezogener Daten wird über die in §4 des Bundesdatenschutzgesetzes (kurz BDSG) definierte Zulässigkeit bestimmt. Die Zulässigkeit der Erhebung, Verarbeitung bzw. Nutzung ist gegeben, wenn sie im BDSG oder einer anderen Rechtsvorschrift definiert ist oder aber der Betroffene die Einwilligung zur Verarbeitung seiner Daten erteilt hat. Ist die Zulässigkeit der Verarbeitung der personenbezogenen Daten gegeben, muss nach §14 Abs. 1 BDSG die Zweckbindung der Verarbeitung geprüft werden. Dabei

6.4 MultiView: Integrierte Datenschutzmodellierung

dürfen personenbezogene Daten nur dann gespeichert, verändert oder genutzt werden, wenn der bei der Datenerhebung angegebene Zweck verfolgt wird. Liegt der Zweck nicht mehr vor, ist die Verarbeitung der personenbezogenen Daten nicht Rechtens. Dann hat die sofortige Löschung der Daten zu erfolgen.

Die Zulässigkeit der Verarbeitung personenbezogener Daten stellt aber nicht die alleinige Grundlage des Datenschutzes dar. So werden den Betroffenen sowohl durch bundes- wie auch landesgesetzliche Regelungen (wie das LDSG Schleswig-Holstein) eine Vielzahl an Rechten zuteil, die beispielsweise die Wahrung der Rechte auf Berichtigung, Löschung, Sperrung und Widerspruch fordern (geregelt in den §§19, 20, 34 und 35 BDSG).

6.4.1.2 Datenschutz-Schutzziele

Die direkte Anwendung der genannten gesetzlichen Bestimmungen im Rahmen der Modellierung erscheint allerdings schwierig. Dies ist zum einen im stetigen Wandel der Gesetze und der damit verbundenen Notwendigkeit der Anpassung des Modellierungskonzeptes bzw. der (Geschäfts-) Prozessmodelle begründet. Zum anderen könnten die unterschiedlichen Gesetzgebungen auf Bundes- oder Landesebene zu unterschiedlichen Modellierungskonzepten führen. Im Gegensatz zum Gesetzestext sind Schutzziele, wie sie in [RP09] (siehe auch Abschnitt 6.3.1) vorgestellt werden, abstrakter formuliert. (Datenschutz-) Schutzziele legen bestimmte Eigenschaften für Systeme fest. Werden diese Eigenschaften von einem System erfüllt, lässt sich im Prinzip auf eine datenschutzkonforme Arbeitsweise schließen. Die gesetzlichen Bestimmungen sollten damit grundsätzlich erfüllt und teilweise übererfüllt sein. Daher ist die Ausrichtung eines Datenschutz-Modellierungskonzeptes an Schutzzielen, besonders aus Aufwandsbetrachtungen heraus, als geeigneter zu betrachten. Völlig losgelöst vom Gesetzestext kann ein mögliches Datenschutz-Modellierungskonzept allerdings nicht entwickelt bzw. verwendet werden, da beispielsweise Zulässigkeiten oder Rechte der Betroffenen konkret im jeweiligen Gesetz festgelegt sind und daher nicht von den Schutzzielen erfasst werden.

In Erweiterung zu den in Abschnitt 6.3.1 eingeführten Sicherheitsaspekten bzw. Schutzzielen zur Datensicherheit (Verfügbarkeit, Vertraulichkeit und Integrität) werden in [RP09] die folgenden (Datenschutz-) Schutzziele vorgestellt:

Kontingenz „Information ist (gegebenenfalls beschränkt auf eine festgelegte Zeit) gesichert nicht gesichert echt" (Dual zum Datensicherheits-Schutzziel Integrität).

Transparenz „Transparenz eines Systemteils S bezeichnet seine Durchsichtigkeit für Entität E im Sinne einer Blickdurchlässigkeit für E mit dem Zweck, S für E beobachtbar beziehungsweise erkennbar zu machen".

(Un-) Verkettbarkeit (von Daten und Entitäten) „Die Unmöglichkeit der Verkettung von Daten und Entitäten untereinander und miteinander" (vgl. [Han07], erweitert um Entitäten).

Neben den Schutzzielen weitere wichtige Grundsätze sind Datensparsamkeit und Datentrennung, die in Bezug auf den Datenschutz beachtet werden sollten.

6.4.2 MultiView-IDM: Konzept

Die MultiView *Integrierte Datenschutzmodellierung*, wie diese in [FWB+10] veröffentlicht wurde, ermöglicht die Einbeziehung von Datenschutzaspekten in (Geschäfts-) Prozessmodelle basierend auf existierenden Prozessmodellierungsmethoden.

Im Gegensatz zu informalen Spezifikationen, in welche Datenschutzaspekte leicht beispielsweise als Prosatext hinzugefügt werden können, erfordert die Erweiterung von Prozessmodellen eine syntaktische und semantische Festlegungen bezüglich der Erweiterungen, um den semiformalen bzw. formalen Charakter der Prozessmodelle zu bewahren. Das in diesem Kapitel vorgestellte MultiView-Konzept erlaubt die entsprechend notwendigen Erweiterungen der zugrundeliegenden Modellierungssprache. Damit erfolgt die Berücksichtigung des Datenschutzes durch dessen Integration in die „normalen" Modellierungsabläufe einer Organisation. Dadurch kann der durch den Datenschutz entstehende Zusatzaufwand sowohl in existierenden als auch neuen Prozessmodellen reduziert werden. Die direkte Integration verringert zudem Aufwände, die im Fall von sich ändernden (Geschäfts-) Prozessmodellen aufgrund des notwendigen Abgleichs der Prozessmodelle mit den zugehörigen Datenschutzanforderungen entstehen.

6.4 MultiView: Integrierte Datenschutzmodellierung

Darüber hinaus ermöglicht die MultiView-IDM die Fokussierung der Prozessmodelle auf Datenschutzaspekte, welche auf den Fähigkeiten des MultiView-Konzeptes basiert. Die konkrete Ausgestaltung der Erweiterung der Modellierungssprache wird in Abschnitt 6.4.3 betrachtet. Dabei wird im Unterschied zur MultiView-SWS neben dem Prozessmodell auch ein Datenmodell erweitert, da die in den Prozessen verwendeten Daten für den Datenschutz von zentraler Bedeutung sind. Dieses entsprechend annotierte Datenmodell bietet einen Überblick über die Art der in den Prozessen verwendeten Daten und ermöglicht gleichermaßen deren organisationsweite Wiederverwendung.

Die MultiView-IDM erlaubt darüber hinaus die Validierung des Prozessmodells bzw. der MultiView auf Basis grafischer Validierungsregeln. Dies entspricht der Forderung des Zieles 1 aus der Einleitung. Für die Validierung können zudem bestimmte domänenspezifische und allgemeingültige Regeln vordefiniert werden, was wiederum den Wiederverwendungscharakter der MultiView-IDM unterstreicht.

In Erweiterung zu den vorgestellten Fähigkeiten kann die MultiView-IDM auch zur Erzeugung von Richtlinien für Zugriffsrechte für die personenbezogenen Daten genutzt werden. Dieses Vorgehen wurde beispielsweise in [LPC07] für das *Privacy Inspection and Monitoring Framework* entwickelt. Der Ansatz aus [LPC07] verwendet neben einem *Privacy Data Model*, welches dem in der MultiView-IDM verwendeten Datenmodell entspricht, *Privacy Policies* (Datenschutz-Richtlinien) zur Beschreibung der Rechte und Pflichten bezüglich der personenbezogenen Daten. Dieses Vorgehen kann ebenfalls auf die MultiView-IDM angewendet werden, was die Generierung maschinenlesbarer Richtlinien aus dem grafischen Modell ermöglicht. Die Richtlinien können beispielsweise in der *Enterprise Privacy Authorization Language* (kurz EPAL) erstellt werden. Allerdings wird der Sprachumfang derartiger Policy-Beschreibungssprachen häufig als zu umfangreich empfunden, weshalb es neben den standardisierten auch proprietäre Sprachen (wie in [NZJK06]) entwickelt wurden.

6.4.3 MultiView-IDM: Modellierungselemente

6.4.3.1 Datenmodell personenbezogener Daten

Die Datenbank (oder das Datenmodell) der personenbezogenen Daten (kurz DBpD) dient zur Zusammenfassung bzw. Erfassung aller in

6 MultiView

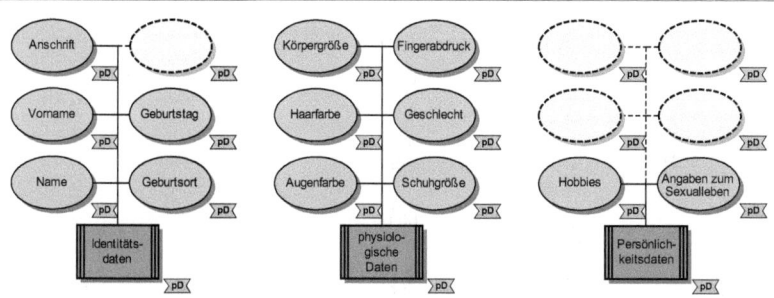

Abbildung 6.9: Ausschnitt des Datenmodells der personenbezogenen Daten.

den Prozessmodellen verwendeten personenbezogenen Daten. Damit wird sowohl ein Überblick über alle verwendeten Daten geliefert, aus auch deren Strukturierung ermöglicht. Darüber hinaus ermöglicht das Datenmodell auch die organisationsweite Wiederverwendung. Diese Wiederverwendbarkeit kann, wie bei grafischen Validierungsregeln, auf vordefinierten Datenmodellen oder auf organisationsspezifisch definierten und organisationsweit eingesetzten Datenmodellen basieren. Wobei vordefinierte Datenmodelle, die einen allgemeinen Datenbestand wie typische personenbezogene Daten wie Name, Vorname und Geburtsdatum oder Daten der Kategorie „Persönlichkeitsdaten" wie Hobbies oder Angaben zum Sexualleben enthalten, meist organisationsspezifisch zu erweitern sind. Die Wiederverwendung der Datenelemente eines Datenmodells hat zudem den pragmatischen Nutzen, dass die Elemente einfach per *Drag and Drop* wiederverwendet werden können. Daraus resultiert zugleich der Nutzen, dass dem Anwender die Entscheidung abgenommen werden kann, ob das konkrete wiederverwendbares Datum personenbezogen ist. Einen Ausschnitt eines vordefinierten Datenmodells zeigt Abbildung 6.9.

Dieses ist aus Erfahrungswerten des ULD entstanden. Abbildung 6.9 zeigt das Datenmodell in einer Notation der Modellierungsmethode ARIS (siehe Abschnitt 3.4.2.1). Das Datenmodell ist aber grundsätzlich unabhängig von einer Modellierungsmethode und lässt sich somit in eine gewählte Modellierungsmethode bzw. ein Modellierungswerkzeug integrieren. Dabei ist das Datenmodell bereits um das spezielle Attribut *personenbezogene Daten* (kurz pD) erweitert, welches im folgenden Abschnitt genauer erläutert wird.

6.4.3.2 Annotation des Geschäftsprozessmodells

Entsprechend der Fähigkeiten einer MultiView wird ein Prozessmodell (fachlicher Prozess) um Datenschutzaspekte erweitert bzw. angepasst. In der MultiView-IDM umfasst dies das Hinzufügen des Attributs pD und des Modellelements *Vorbedingung* (Mittel: jeweils Hinzufügen). Das Attribut pD wird allen in einer Modellierungsmethode verwendeten Datenelementen hinzugefügt, und kann die Werte wahr, falsch und nicht gepflegt annehmen. Die Attributwerte können dabei durch Symbole visualisiert werden, die an das Datenelement im Prozessmodell angeheftet werden (wie im Beispielprozess in Abbildung 6.11 zu sehen). Durch diese Symbole wird direkt ersichtlich angezeigt, dass entweder personenbezogene Daten vorliegen, diese nicht vorliegen oder das bisher keine Festlegung stattgefunden hat. Die Vorbedingung hingegen entspricht der in Abschnitt 6.4.1.1 eingeführten Zulässigkeit der Verarbeitung personenbezogener Daten. Für die Umsetzung der Rechte der Betroffenen ist kein spezielles Modellelement nötig, da diese beispielsweise in der Modellierungsmethode ARIS durch Funktionen mit den entsprechenden Aufgaben (z. B. Löschfunktion) modelliert werden können. Funktionen müssen aber um ein Attribut erweitert werden, das die Art der ausgeführten Aktivität spezifiziert. Damit werden zum einen datenschutzrechtliche Aktivitäten hervorgehoben, zum anderen kann darauf basierend auch die automatische Validierung erfolgen.

In der MultiView-IDM wird zur stärkeren Fokussierung auf die entsprechende Aufgabenstellung von Zwischenereignissen abstrahiert (Mittel: Ausblenden), nicht mit Datenelementen verbundene Modellelemente ausgegraut (Mittel: Verändern) und die Bearbeitbarkeit des Kontrollflusses unterbunden (Mittel: Zugriff einschränken). Zusammenfassend stellt Tabelle 6.4 die genutzten Mittel der MultiView-IDM dar.

6.4.4 MultiView-IDM: Vorgehen

Für die Nutzung der MultiView-IDM muss sowohl der Einsatz der Modellierungselemente (Abschnitt 6.4.3) als auch das geplante Einsatzgebiet (neue bzw. existierende (Geschäfts-) Prozessmodelle) berücksichtigt werden. Das daraus resultierende Vorgehen ist in Abbildung 6.10 dargestellt.

Ausblenden	• Zwischenereignisse ausblenden • alle nicht relevanten Modellinhalte ausblenden
Hinzufügen	• Attribut pD allen Datenelementen hinzufügen • Modellelement Vorbedingung zur Modellierung der Zulässigkeit hinzufügen • Attribut zur Festlegung der Art einer Aktivität
Verändern	• Ausgrauen aller nicht mit Datenelementen verbundener Modellelemente • Verkleinern aller ausgegrauten Modellelemente • Hintergrundfarbe ändern
Zugriff einschränken	• Berarbeitung des Kontrollflusses bzw. ausgegrauter Modellinhalte verbieten

Tabelle 6.4: Eingesetzte Mittel der MultiView-IDM.

Werden die Abläufe einer Organisation neu erhoben, kann die Modellierung der Datenelemente auf einer vordefinierten DBpd basieren. Dadurch wird auch die direkte Validierung durch vordefinierte grafische Validierungsregeln – den *Datenschutzregeln* – ermöglicht. Soll die MultiView-IDM hingegen auf bereits existierende (Geschäfts-) Prozessmodelle angewendet werden, muss zur Nutzung der vordefinierten Validierungsregeln für die automatisierte Prüfung eine Verbindung zwischen den in den Prozessmodellen verwendeten Datenelementen und in der DBpd hergestellt werden. Dies kann entsprechend Abbildung 6.9 durch Annotationen an den Prozesselementen der existierenden Prozessmodelle erfolgen. Die Annotationen beinhalten sowohl die Art der Aktivität (beispielsweise an Funktionen in einer EPK) als auch die Zuordnung der Datenelemente zu den in der DBpd vordefinierten Datenelementen. Andernfalls kann aber auch eine eigene DBpd mit organisationsspezfischen Bezeichnungen erstellt werden. Die vordefinierten Validierungsregeln müssen dann allerdings entsprechend der verwendeten Bezeichnungen der Datenmodelle angepasst werden.

Der im Folgenden zur Demonstration verwendete Beispielprozess ist basierend auf der in Abschnitt 6.4.3.1 vorgestellten DBpd modelliert

6.4 MultiView: Integrierte Datenschutzmodellierung

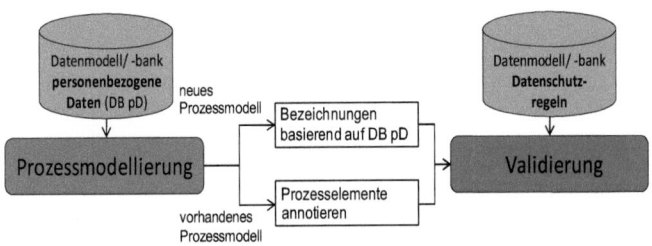

Abbildung 6.10: Integrierte Datenschutzmodellierung.

worden. Allerdings musste das Datenmodell auch für diesen Beispielprozess erweitert werden, weil beispielsweise die in einem Warenkorb aufgenommenen Daten nicht in der DBpd vorhanden wurden. In diesem Fall handelt es sich um domänenspezifische Daten, die möglicherweise als domänenspezifisches Datenmodell zur Verfügung gestellt werden können. Die Notwendigkeit einer organisationsspezifischen Erweiterung kann damit aber weiterhin bestehen.

Der in Abbildung 6.11 dargestellte Beispielprozess ist der Domäne des E-Commerce zuzuordnen. Konkret wird darin der Bezahlvorgang eines Kunden in einem Onlineshop abgebildet. Dem Kunden steht zur Durchführung der Bestellung (sowie der währenddessen stattfindenden Bezahlung) die Wahl zwischen einer Einmalbestellung oder der Bestandskundenbestellung. Zur Vereinfachung soll nur die Einmalbestellung genauer betrachtet werden. Aus datenschutzrechtlicher Sicht ist dabei entscheidend, dass die Kundendaten nach Vollendung des Geschäftsvorganges nur dann gespeichert werden dürfen, wenn der Kunde die Speicherung nicht verbietet. Das bedeutet konkret, dass der Kunden die Speicherung nach dem *Opt-out-Prinzip*, welches die direkte Abwahl einer Option durch den Kunden erfordert, explizit verweigern muss. Die Auswahl des Kunden wird wiederum aus Platzgründen im Prozess nicht aufgeführt. Es wird aber von der Ablehnung der Datenspeicherung (in der Funktion Kunde gibt Daten ein) durch Kunden ausgegangen. Damit kann der Onlineshop die Kundendaten zwar unter Berufung auf die Gewährleistungsfrist (Zulässigkeit der Datenverarbeitung) noch für eine bestimmte Zeit speichern, der Bestellvorgang und damit das Prozessmodell muss aber die Löschung der Kundendaten vorsehen.

6 MultiView

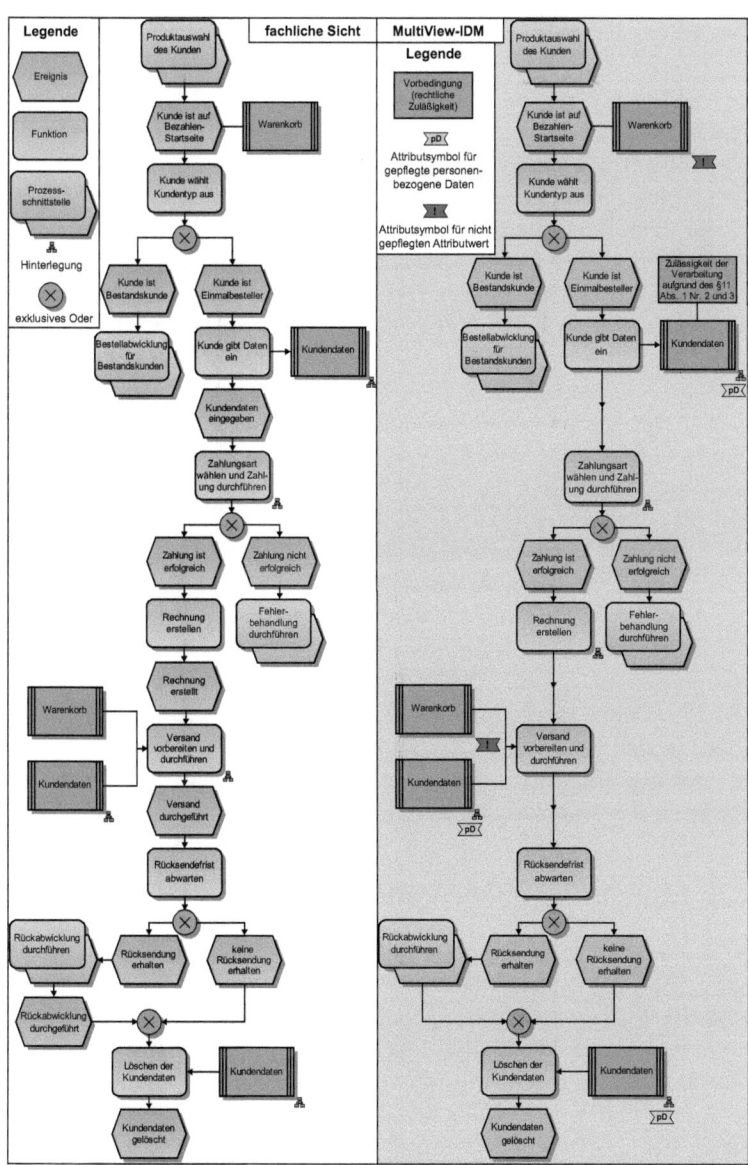

Abbildung 6.11: Der fachliche Prozess und die MultiView-IDM anhand des Beispielprozesses.

6.4 MultiView: Integrierte Datenschutzmodellierung

Durch Anwendung der in Abschnitt 6.4.3.2 vorgestellten Mittel wird aus der fachlichen Sichtweise auf den Beispielprozess (Abbildung 6.11 links) die MultiView-IDM (Abbildung 6.11 rechts). Eine detailliertere Betrachtung des Beispielprozesses erfolgt im Rahmen der in Abschnitt 6.4.5 erläuterten Validierung der MultiView-IDM.

Neben dem prinzipiellen Vorgehen zur Anwendung der MultiView-IDM ist auch das organisatorische Verfahren für die Erstellung der Dokumentation entscheidend für eine funktionierende Integration bzw. Einführung des Datenschutzes. Dabei ist es egal, ob die Dokumentation in Form von Textdokumenten oder Prozessmodellen erfolgt. Ein bekannter Vertreter ist das *Plan-Do-Check-Act*-Verfahren (kurz PDCA) [Dem86]. In der einleitenden *Plan-Phase* des PDCA-Verfahrens findet zunächst die Analyse und Planung der angestrebten Prozessverbesserungen statt. Die Planungen werden in der sich anschließenden *Do-Phase* umgesetzt und in der *Check-Phase* durch einen Soll-Ist-Abgleich überprüft. Ein PDCA-Zyklus wird durch die *Act-Phase* abgeschlossen, in der basierend auf den Ergebnissen der Check-Phase gegebenenfalls notwendige Korrekturen zur Erreichung der in der Plan-Phase festgelegten Ziele vorgenommen werden. Zur schrittweisen Verbesserung der Prozesse kann bzw. sollte der PDCA-Kreislauf iterativ wiederholt werden.

Die MultiView-IDM findet im Rahmen des PDCA-Verfahrens besonders in der Plan-Phase Anwendung, da in dieser Phase fehlende oder unvollständige Prozesse vervollständigt werden und zudem die Integration des Datenschutzes berücksichtigt werden kann.

6.4.5 MultiView-IDM: Validierung

Das grundsätzliche Ziel der Validierung der MultiView-IDM ist die Überprüfung auf Einhaltung der (Datenschutz-) Schutzziele durch die (Geschäfts-) Prozessmodelle. Die Basis der Validierung können vordefinierte Regeln, die die Einhaltung der Schutzziele prüfen, sowie aus Gesetzen oder speziellen Anforderungen resultierende selbst definierte Regeln sein. Zur Überprüfung eines Schutzziels werden im Normalfall mehrere Regeln benötigt.

Grundsätzliche Datenschutzanforderungen, die durch Regeln ausgedrückt werden, sind beispielsweise die Prüfung auf Vorhandensein einer Vorbedingung an einem personenbezogenen Daten beinhaltenden Datenelement oder die Prüfung auf Existenz und gegebenenfalls

Erreichbarkeit von Aktivitätsarten, die die Umsetzung der speziellen Betroffenenrechte (wie das Löschen) ermöglichen. Das erste Beispiel ist dabei statisch, also unabhängig vom Prozessverlauf, durch z. B. boolesche Logik prüfbar. Das zweite Beispiel ist hingegen eine dynamisch zu prüfende Eigenschaft, ist aber mit dem in Kapitel 5 vorgestellten Validierungsverfahren überprüfbar. In den Abbildungen 6.12(a), 6.12(b) und 6.12(c) sind drei beispielhafte Regeln für den Beispielprozess in Abbildung 6.11 in der EPK-G-CTL-Notation dargestellt.

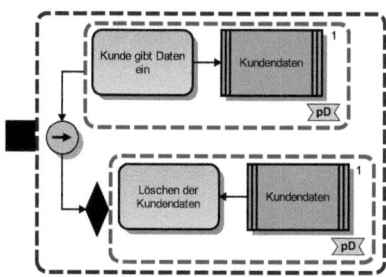

(a) Szenariospezifische Löschregel.

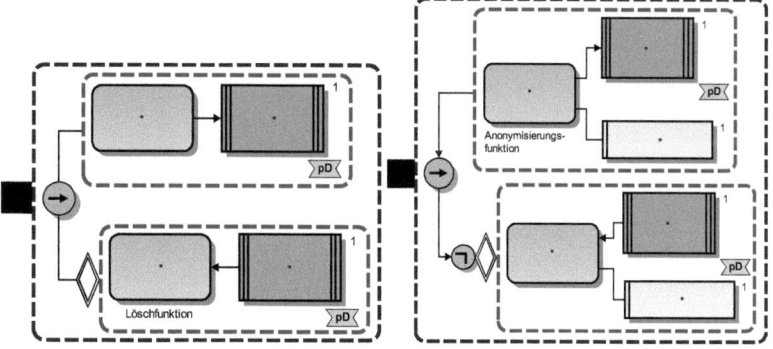

(b) Allgemeingültige Löschregel.   (c) Domänenspezifische Anonymisierungsregel.

Abbildung 6.12: Beispiele für EPK-G-CTL-Regeln.

Dabei ist in Abbildung 6.12(a) eine szenariospezifische Regel (siehe Abschnitt 5.5.2) zu sehen, die die Forderung nach dem Löschen der personenbezogenen Daten stellt. Konkret wird die Regel bei jedem Auftreten (**AG** bzw. ■) des Musters aus der Funktion **Kunde gibt Daten ein** und einem als personenbezogenen gekennzeichneten ausgehenden Datencluster **Kundendaten** angewendet. Für jedes Auftreten

6.4 MultiView: Integrierte Datenschutzmodellierung

wird geprüft, ob die Funktion **Löschen der Kundendaten** existiert, die die erzeugten personenbezogenen Daten (gekennzeichnet durch die Identität) im Datencluster **Kundendaten** wieder löscht. Das Löschen der Daten muss in jedem Verlauf des Prozesses (**AF** bzw. ♦) erreicht werden. Inhaltlich betrachtet entspricht dies der Einmalbestellung bzw. dem vom Kunden erteilten Verbot der Datenspeicherung.

Unter Verwendung der verallgemeinerten grafischen Validierungsregeln lassen sich vordefinierte Regeln erstellen. Zum Beispiel für die in Abbildung 6.12(a) dargestellte szenariospezifische Löschregel. Als Beispiel für eine vordefinierbare Regel dient die in Abbildung 6.12(b) dargestellte, allgemeingültige Regel die die Existenz einer Löschfunktion für personenbezogene Daten fordert. Die Regel wird bei jedem Auftreten (**AG** bzw. ■) eines Musters, das aus einer Funktion sowie einem ausgehenden Datencluster besteht, der personenbezogene Daten erzeugt. Tritt das Muster auf, muss im Prozessverlauf mindestens eine Funktion (**EF** bzw. ◊) existieren, die als **Löschfunktion** gekennzeichnet ist und einen eingehenden Datencluster mit den zuvor erzeugten personenbezogenen Daten (gekennzeichnet durch die Identität) besitzt. Inhaltlich gesehen entspricht dies der Anforderung bzw. dem Recht des Betroffenen, dass personenbezogene Daten auf Verlangen löschbar sein müssen. Im Gegensatz zur szenariospezifischen Regel in Abbildung 6.12(a) wird damit die Löschung personenbezogener Daten nach Beendigung eines Geschäftsvorganges nicht zwangsläufig gefordert, es soll vielmehr die grundsätzlich Möglichkeit (Erreichbarkeit und Existenz) dazu bestehen. Im Sinne des Beispielprozesses (Abbildung 6.11) würde dies einer Bestandskundenbestellung entsprechen, bei welcher auf Verlangen des Bestandskunden der Benutzeraccount inklusive aller personenbezogenen Daten gelöscht werden müssen. Dabei ist festzustellen, das die szenariospezifische und die allgemeingültige Validierungsregel nicht im Widerspruch zueinander stehen, da die szenariospezifische Regel prinzipiell die stärkere Forderung in Bezug auf die Löschfunktion stellt.

Ein weiteres Beispiel einer grafischen Validierungsregel ist in Abbildung 6.12(c) formuliert. Dabei handelt es sich um eine domänenspezifische Regel, die beispielsweise in der medizinischen Forschung Anwendung findet. Konkret wird die Regel beim Auftreten eines Musters angewendet, das aus einer als **Anonymisierungsfunktion** gekennzeichneten Funktion, einem ausgehenden Datencluster mit personenbezogenen Daten sowie einer (Mitarbeiter-) Stelle besteht. Nach dem

Auftreten des Musters wird geprüft, ob die zuvor erzeugten personenbezogenen Daten (gekennzeichnet durch die Identität) an einer Funktion verwendet werden, die durch die an der Anonymisierungsfunktion beteiligte Stelle (gekennzeichnet durch die Identität) ausgeführt wird. Falls dies in keinem Prozessverlauf auftritt (NOT EF bzw. ◊), ist der geprüfte Prozess gültig.

Inhaltlich betrachtet, fordert die domänenspezifische Anonymisierungsregel (Abbildung 6.12(c)), dass *kein* mit der Anonymisierung von bzw. medizinischen Patientendaten beauftragter Mitarbeiter zu einem späteren Zeitpunkt mit den vorher anonymisierten Daten arbeitet. Damit soll sichergestellt werden, dass es keine Möglichkeit gibt, die ursprünglichen personenbezogenen Daten wieder rekonstruieren und auf diese Weise eventuell Forschungsergebnisse einzelnen Personen zuordnen zu können. Damit die Möglichkeit der Rekonstruktion der personenbezogenen Daten auch im Prozessmodell erkennbar bleibt, werden diese obwohl anonymisierten Daten im Prozessverlauf weiterhin als personenbezogen gekennzeichnet. Diese spezielle Behandlung der Daten wird neben der domänenspezifischen Anforderung aus der medizinischen Forschung auch durch das Schutzziel der Unverkettbarkeit gefordert.

Zusammenfassend wird sowohl die Regel in Abbildung 6.12(a) als auch in Abbildung 6.12(b) durch den Beispielprozess erfüllt. Die Regel in Abbildung 6.12(c) findet in diesem Prozess keine Anwendung und kann daher vernachlässigt werden (siehe Abschnitt 5.5.2).

7 Validierung MultiView-basierter Prozessmodelle

Nachdem die Validierung von Prozessmodellen durch grafische Anforderungen bzw. Validierungsregeln sowie die MultiView-basierte Prozessmodellierung in Kapitel 5 bzw. 6 vorgestellt wurde, folgt in diesem Kapitel die Betrachtung der resultierenden Einsatzmöglichkeiten. Die folgende Liste führt grundlegende Ergebnisse der in dieser Arbeit entwickelten *Validierung MultiView-basierter Prozessmodelle* auf:

- Handhabbarkeit komplexer, vielschichtiger (Geschäfts-) Prozessmodelle wird verbessert

- Integration der Anforderungs- bzw. Regelformulierung in die Modellierungsumgebung bzw. das Modellierungswerkzeug durch die Nutzung von Modellelementen in grafischen Validierungsregeln

- eine Technologie, die den permanenten Abgleich von erhobenen Anforderungen mit neu erstellten sowie geänderten Prozessmodellen auf Knopfdruck ermöglicht

Dazu werden im folgenden Abschnitt zunächst die Einsatzmöglichkeiten der einzelnen Konzepte sowie des Gesamtkonzeptes erfasst. Darauf basierend erfolgt in Abschnitt 7.1 die Entwicklung eines grundsätzlichen Vorgehensmodells zum Einsatz der Validierung von MultiView-basierten Prozessmodellen (Abschnitt 7.2.1) sowie die Einordnung des Gesamtkonzeptes in den Softwareentwicklungs- bzw. Requirements-Engineering-Prozess (Abschnitt 7.2.2). Abschließend werden in Abschnitt 7.3 verwandte Arbeiten des Validierungsmechanismus (Abschnitt 7.3.1), des MultiView-Konzeptes (Abschnitt 7.3.2) sowie der MultiView-SWS (Abschnitt 7.3.3) und der MultiView-IDM (Abschnitt 7.3.4) betrachtet.

7.1 Grafische Anforderungen, MultiViews und Validierung

Vor der Entwicklung eines Vorgehensmodells für die Validierung von MultiView-basierten Prozessmodellen soll in diesem Abschnitt zunächst eine Zusammenfassung über die in dieser Arbeit entwickelten Konzepte gegeben werden. Dazu werden die Aufgabenbereiche der *Prozessmodellierung*, *Validierungsregelmodellierung* und *Validierung* betrachtet. Diesen Aufgabenbereichen werden die zugrundeliegenden Basiskonzepte zugeordnet. Dazu dient im jeweiligen Unterabschnitt eine Abbildung, in der die entwickelten Basiskonzepte orange hinterlegt, während existierende Konzepte weiß hinterlegt sind.

7.1.1 MultiView-basierte Prozessmodellierung

Die Modellierung von MultiView-basierten Prozessmodellen kann grundsätzlich als *normale* Modellierungsaufgabe mit den entsprechenden Ausdrucksmöglichkeiten der verwendeten Modellierungsnotation betrachtet werden. Das bedeutet, dass existierende Prozessmodelle sowie Referenzprozessmodelle auch im Rahmen der MultiView-basierten Prozessmodellierung verwendet werden können. Abbildung 7.1 fasst die verwendbaren Prozessmodelle im Aufgabenbereich *Prozessmodellierung* zusammen.

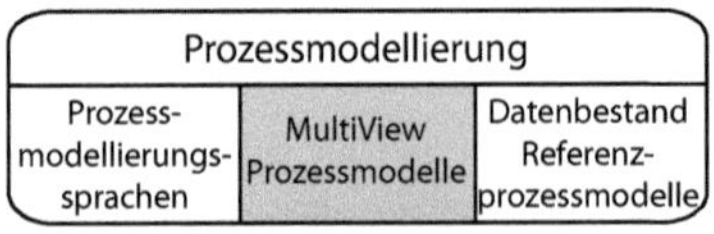

Prozessmodellierung		
Prozess-modellierungs-sprachen	MultiView Prozessmodelle	Datenbestand Referenz-prozessmodelle

Abbildung 7.1: Aufgabenbereich Prozessmodellierung.

Die orange Hinterlegung des Kastens *MultiView Prozessmodelle* hebt dabei den Mehrwert für die Prozessmodellierung im Rahmen dieser Arbeit hervor. Die weiß hinterlegten Kästen sind hingegen als Basis für MultiView-basierte Prozessmodelle zu betrachten. Dies verdeutlicht, dass das MultiView-Konzept unabhängig von der verwendeten Prozessmodellierungssprache sowie vorhandenen Referenzprozessmodellen eingesetzt werden kann.

7 Validierung MultiView- basierter Prozessmodelle

Das MultiView-Konzept dient vielmehr dazu, Prozessmodelle auf spezielle Modellierungsaufgaben bzw. Sichtweisen sowohl fach- als auch methodenspezifisch abzustimmen. Ein existierendes möglicherweise sehr detailliertes Prozessmodell lässt sich auf die Modellierungsaufgabe bzw. Sichtweise eines Datenschutzbeauftragtens anpassen, indem eine Fokussierung auf bestimmte Datenelemente, Datenmodelle, Zugriffsrechte und die rechtliche Zulässigkeit der Datenverarbeitung vorgenommen werden kann. Eine MultiView erlaubt damit die Zuordnung entsprechender Verantwortlichkeiten zu bestimmten Aufgabenbereichen. Neben der visuellen Zuordnung der Verantwortlichkeit wird aber auch die Bearbeitbarkeit in einer MultiView den entsprechenden Aufgaben angepasst. Zudem können bestimmte Attribute, die nur für den Datenschutz und zugehörige Validierungsaufgaben notwendig sind, hinzugefügt bzw. bei existierenden Prozessmodellen der entsprechenden MultiView zugeordnet werden.

7.1.2 Grafische Validierungsregeln

Grafische Validierungsregeln sind Kernbestandteil des in dieser Arbeit entwickelten Gesamtkonzeptes der Validierung MultiView-basierter Prozessmodelle. Sie sind dem in Abbildung 7.2 abgebildeten Aufgabenbereich *Validierungsregelmodellierung* zugeordnet.

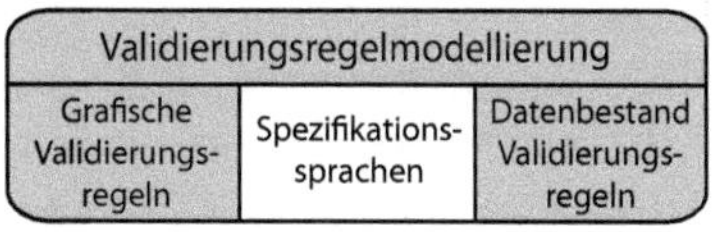

Validierungsregelmodellierung		
Grafische Validierungsregeln	Spezifikationssprachen	Datenbestand Validierungsregeln

Abbildung 7.2: Aufgabenbereich Validierungsregelmodellierung.

Grafische Validierungsregeln (Abbildung 7.2, oranger Kasten links) basieren grundsätzlich auf den Ausdrucksmöglichkeiten einer frei wählbaren *Spezifikationssprache* (Abbildung 7.2, weißer Kasten mittig) sowie einer frei wählbaren Prozessmodellierungssprache (siehe Abschnitt 7.1.1). Die allgemeine Definition grafischer Validierungsregeln ist somit vollständig unabhängig von der Spezifikations- und Prozessmodellierungssprache. Beide Sprachen können daher entsprechend den Anforderungen des spezifischen Projektes gewählt werden. Wobei grundsätzlich auch mehrere Spezifikations- und Prozessmodellierungssprachen innerhalb eines Projektes eingesetzt werden können.

7.1 Grafische Anforderungen, MultiViews und Validierung

Das Hauptziel der grafischen Validierungsregeln ist die Möglichkeit der Formulierung von formalen und damit maschinenlesbaren Regeln für die Validierung von (MultiView-basierten) Prozessmodellen. Die Aussage einer grafischen Validierungsregel wird durch die Verwendung von *konkreten* Modellelementen des Prozessmodells formuliert (atomare Aussagen mit konkreten Bezeichnern), die durch die Operatoren oder anderen Ausdrucksmitteln einer Spezifikationssprache verknüpft werden. Dieses Vorgehen erlaubt zum einen die grafische Formulierung der Validierungsregeln und vermindert damit den „kulturellen Schock", der durch textuelle, formale Formeln entsteht [O'R06]. Zum anderen wird durch die Validierungsregeln eine explizite, maschinenlesbare Spezifikation von Anforderungen mit direktem Bezug auf Prozessmodelle ermöglicht. Eine grafische Validierungsregel kann somit über die Validierung hinaus auch zur expliziten Formulierung von möglicherweise bisher nur implizit in den Prozessmodellen inbegriffenen Anforderungen bzw. Regeln genutzt werden.

Als dritter Bestandteil der Validierungsregelmodellierung umfasst der *Datenbestand Validierungsregeln* (Abbildung 7.2, oranger Kasten rechts) die verallgemeinerte und damit wiederverwendbare Formulierungsmöglichkeit der grafischen Validierungsregeln. Die Basis der verallgemeinerten Validierungsregeln ist die Formulierung von Mustern anstatt konkreter atomarer Aussagen. Die Muster beziehen sich auf bestimmte Konstellationen in Prozessmodellen und können beispielsweise im Vordersatz einer Implikation als Auslöser für die Anwendung einer Regel genutzt werden. Diese verallgemeinerten Validierungsregeln sind somit nicht mehr an spezielle Bezeichner gebunden, sondern können in speziellen Anwendungsfeldern beispielsweise domänenspezifisch wiederverwendet werden. Zur Unterstützung der Wiederverwendungsmöglichkeiten wurden in Abschnitt 5.5.2 grafische Validierungsregeln entsprechend ihres Abstraktionsgrades unterteilt. Die grafischen Regeln können so entsprechend der Verwaltung von textuellen Anforderungen in Spezifikationsdokumenten geordnet, kategorisiert und verwendet werden. Zudem ist die Zuordnung von grafischen Validierungsregeln zu Anforderungen möglich, die in einer anderen Repräsentation erhoben wurden. Damit wird die Nachverfolgbarkeit von der Anforderungserhebung bis zur Anforderungsvalidierung und der gegebenenfalls notwendigen Anpassung von Anforderungen bzw. Validierungsregeln unterstützt. Die Zuordnung der grafischen Validierungsregeln kann darüber hinaus auch zu Referenzprozessen erfolgen, was

7 Validierung MultiView- basierter Prozessmodelle

wiederum die Wiederverwendbarkeit unterstreicht, aber auch der Nutzung von Referenzprozessmodellen einen größeren Nutzen verleiht.

Allerdings ist die Korrektheit der grafischen Validierungsregeln selbst Voraussetzung zur Erzielung von *sinnvollen* Validierungsergebnissen. Je nach verwendeter Spezifikationssprache bedeutet dies aber einen erheblichen Aufwand. So stellt beispielsweise die Prüfung der Konsistenz von auf der CTL basierenden Validierungsregeln untereinander ein komplexes mathematisches Problem dar, dass mit dem Zustandsexplosionsproblem vergleichbar ist. Im Gegensatz zur natürlichsprachlichen Spezifikation von Anforderungen besteht aber grundsätzlich die Möglichkeit zur vollständigen Konsistenzprüfung.

7.1.3 Validierung MultiView-basierter Prozessmodelle durch grafische Validierungsregeln

In diesem Abschnitt wird der Nutzen bzw. die Auswirkung der Teilkonzepte im Rahmen des Gesamtkonzeptes der Validierung von MultiView-basierten Prozessmodellen betrachtet. Dazu werden zum einen dem Aufgabenbereich der *Validierung* die Teilaspekte der *Visualisierung von Fehlern im Prozessmodell* und die *automatisierte, integrierte Benutzung* zugeordnet und erläutert (Abbildung 7.3), zum anderen werden in Abschnitt 7.1.4 Einflussfaktoren für die Ausdrucksstärke der grafischen Validierungsregeln betrachtet.

Validierung		
Visualisierung von Fehlern im Prozessmodell	Prüfwerkzeuge	Automatisierte, integrierte Benutzung

Abbildung 7.3: Aufgabenbereich Validierung.

Wie auch schon in den Aufgabenbereichen der Prozess- und Validierungsregelmodellierung ist auch die Validierung grundsätzlich unabhängig von dem verwendeten *Prüfwerkzeug* (Abbildung 7.3, weißer Kasten mittig). In dieser Arbeit wird das Gesamtkonzept im Rahmen des TLVF anhand auf temporaler Logik basierender Spezifikationssprachen und dem Prüfwerkzeug Symbolic Model Verifier (kurz SMV) bzw. *Cadence SMV Model Checker* (kurz CSMV) [McM01] vorgestellt.

185

7.1 Grafische Anforderungen, MultiViews und Validierung

Ein Hauptziel der grafischen Validierungsregeln bzw. des TLVF ist die Integration der zuvor genannten Aufgabenbereiche in eine Modellierungsmethode bzw. ein Modellierungswerkzeug und damit Prozessmodelle wie auch Validierungsregeln auf der gleichen Abstraktionsebene – der Ebene der Prozessmodelle – formulieren zu können. Denn durch Erfüllung dieser Grundvoraussetzung sind Validierungs- und Verifikationsverfahren auch für Prozessmodelle einsetzbar.

Der primäre Nutzen des TLVF besteht in der Überprüfung der *inhaltlichen Korrektheit* der modellierten Prozesse (siehe Abschnitt 4.1). Diese Prüfung umfasst sowohl funktionale als auch nicht-funktionale Anforderungen (wie Datenschutzanforderungen). Dabei können durch die temporalen Logiken dynamische Sachverhalte spezifiziert und im Rahmen der Validierung überprüft werden. Für die Validierung bzw. Verifikation von weiteren Sachverhalten wie statischen Anforderungen an das Prozessmodell sollten daher komplementär andere Validierungs- und Verifikationsverfahren eingesetzt werden. Beispiele für derartige Verfahren finden sich u. a. in Abschnitt 4.2 bzw. 4.3. Anmerkend sei erwähnt, dass sich für diese Verfahren gegebenenfalls auch grafisch formulierte Anforderungen einsetzen lassen.

Aus dem Hauptziel und dem primären Nutzen der Validierung MultiView-basierter Prozessmodelle resultiert der Aufgabenbereich der *automatisierten, integrierten Benutzung*. Diese umfasst die Benutzung aller notwendigen Aufgaben zur Durchführung der Validierung im Rahmen der Modellierungsumgebung als auch die Integration von weiteren Entwicklungswerkzeugen der Softwareentwicklung (z. B. Requirements Engineering Tools, kurz RET). In der Modellierungsumgebung kann der Benutzer damit unbeeinflusst von durchzuführenden Transformationen, der Prüfwerkzeugausführung und der Zurücklieferung des Ergebnisses die Validierung durchführen.

Als Beispiel für die Fehlervisualisierung dient der in Abbildung 7.4(b) dargestellte Teilprozess aus dem in Abschnitt 1.3, Abbildung 1.2 vorgestellten Beispielprozess. In diesem Teilprozess ist bereits der Fehlerpfad visualisiert, der bei der Validierung mit der in Abbildung 7.4(a) gezeigten EPK-G-CTL-Regel erzeugt wird. Die Regel fordert, dass bei jedem Auftreten (`AG` bzw. ■) des Ereignisses `Kunde ist Einmalbesteller` auf keinem Prozessverlauf (`NOT EF` bzw. `NOT ◊`) das Ereignis `Bezahlung auf Rechnung` auftritt. Inhaltlich betrachtet fordert die Regel, dass bei Einmalbestellern die Bezahlung niemals auf Rechnung erfolgen darf. Diese Regel wird von diesem Teilprozess aber verletzt. Daher werden die zu dem Fehler führenden Modellelemente – der Fehlerpfad – rot umrandet.

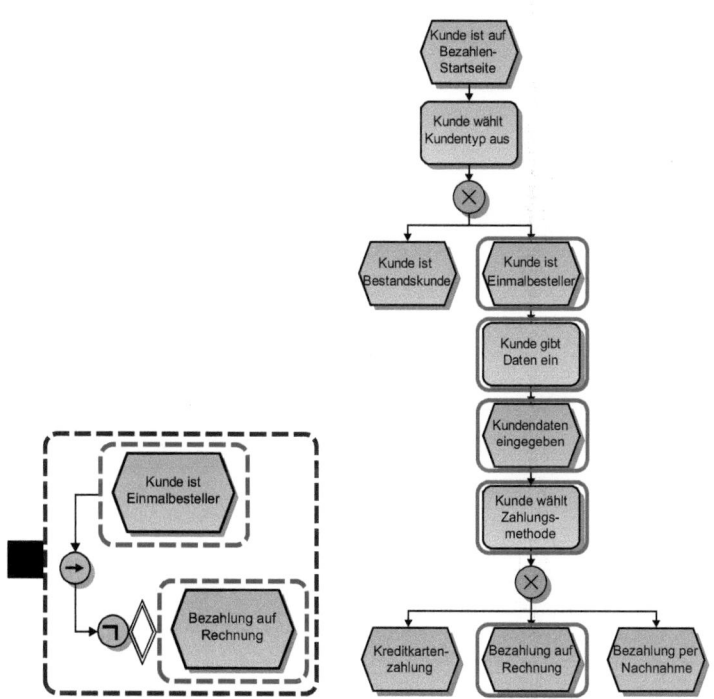

(a) Verbot der Bezahlung auf Rechnung für Einmalbesteller als EPK-G-CTL-Regel.

(b) Fehlervisualisierung im Prozessmodell.

Abbildung 7.4: Beispiele einer Fehlervisualisierung in einer EPK.

Die in Abbildung 7.4(b) dargestellte Visualisierung des Fehlerpfades im Prozessmodell ist aus dem vom Model Checker gelieferten Gegenbeispiel abgeleitet. Das Gegenbeispiel wird in Form einer textuellen Liste geliefert, die alle zum Fehler führenden Zustände umfasst. Zur Veranschaulichung des Prinzips der Fehlervisualisierung dient Tabelle 7.1.

In der ersten Spalte sind die Modellelemente des betrachteten Teilprozesses aufgelistet. Die mit 1 bis 8 nummerierten Spalten zeigen die Aktivierung (1) bzw. Deaktivierung (0) der Modellelemente in den Zuständen des Gegenbeispieles. Die Transformation des Gegenbeispieles

7.1 Grafische Anforderungen, MultiViews und Validierung

state number:	1	2	3	4	5	6	7
Kunde gibt Daten ein	0	0	0	1	0	0	0
Kunde wählt Zahlungsmethode	0	0	0	0	0	1	0
Kunde wählt Kundentyp aus	0	1	0	0	0	0	0
Bezahlung auf Rechnung	0	0	0	0	0	0	1
Kunde ist Einmalbesteller	0	0	1	0	0	0	0
Kundendaten eingegeben	0	0	0	0	1	0	0
Kunde ist Bestandskunde	0	0	0	0	0	0	0
Kunde ist auf Bezahlen-Startseite	1	0	0	0	0	0	0
Kreditkartenzahlung	0	0	0	0	0	0	0
Bezahlung per Nachnahme	0	0	0	0	0	0	0

Tabelle 7.1: Der Fehlerpfad eines vom Model Checker zurückgegebenen Gegenbeispieles.

beruht im Prinzip auf der Umkehrung der Transformation des Prozessmodells in das Modell für den Model Checker. Dabei müssen die im Gegenbeispiel verwendeten Bezeichner den jeweiligen Modellelementen zugeordnet werden. Der durchlaufene Pfad ist anhand der durch 1 gekennzeichneten Zustände auslesbar.

7.1.4 Einflussfaktoren auf die Ausdrucksstärke der grafischen Validierungsregeln

Die Aussagekraft der Validierung von MultiView-basierten Prozessmodellen wird grundsätzlich durch die eingesetzte Modellierungssprache und der den grafischen Validierungsregeln zugrundeliegenden Spezifikationssprache beeinflusst.

Da die Modellierungssprache bzw. das konkrete Prozessmodell für die Überprüfung zunächst in das Eingabeformat transformiert werden muss, wird die Prüfung anhand des Transformationsergebnisses durchgeführt. Entsprechend der der Transformation zugrundeliegenden Semantik können gegebenenfalls bestimmte syntaktische, semantische oder inhaltliche Aspekte des ursprünglichen Prozessmodells verloren gehen. Damit sind nur Aussagen im Rahmen der Möglichkeiten der noch enthaltenen Informationen möglich.

Im Rahmen dieser Arbeit bzw. der prototypischen Entwicklungen sind zwei verschiedene Semantiken entwickelt worden. Die in Abschnitt 5.4.3.3 vorgestellte Transformation basiert auf einer einfachen aber performanten Semantik, die keine zeitliche Dauer von Prozesselementen bzw. Zuständen sowie eine Synchronisierung von parallelen Pfaden vornimmt. Der im Rahmen der prototypischen Entwicklung auf Basis von Eclipse (Abschnitt 8.2) eingesetzten Transformation der EPK liegt hingegen die komplexere Semantik von [Wit11] zugrunde, die eine Dauer von Prozesselementen bzw. Zuständen berücksichtigt und kein synchronisiertes Verhalten von parallelen Pfaden unterstellt, sondern deren Nebenläufigkeit mit einbezieht.

Desweiteren ist die Aussagekraft der Validierung maßgeblich von der eingesetzten Spezifikationssprache abhängig. Dies kann beispielsweise in der unterschiedlichen Sichtweise zwischen Prozessmodellierungs- und Spezifikationssprache begründet sein, hängt aber auch eng mit der bei der Transformation des Prozessmodells eingesetzten Semantik zusammen. Eine allgemeingültige Aussage ist daher diesbezüglich nicht möglich. Am Beispiel der in Abschnitt 5.4.4 vorgestellten Spezifikationssprache EPK-G-CTL werden im Folgenden daher einige beispielhafte Betrachtungen bezüglich der Ausdrucksstärke bzw. -möglichkeiten einer Spezifikationssprache im Rahmen der Prozessmodellierung geliefert. Als Prozessmodelle dienen die in Abbildung 7.5 dargestellten EPK-Beispielprozesse.

Die Funktionen F1 und F2 des *Hauptprozesses* in Abbildung 7.5 besitzen jeweils einen hinterlegten Unterprozess (gekennzeichnet durch das Hinterlegungssymbol). Die Unterprozesse sind in der Abbildung 7.5 rechts neben dem Hauptprozess dargestellt. Im Rahmen der Validierung besteht nun prinzipiell die Möglichkeit, jeden Prozess für sich selbst zu überprüfen oder aber die Überprüfung für das aggregierte

7.1 Grafische Anforderungen, MultiViews und Validierung

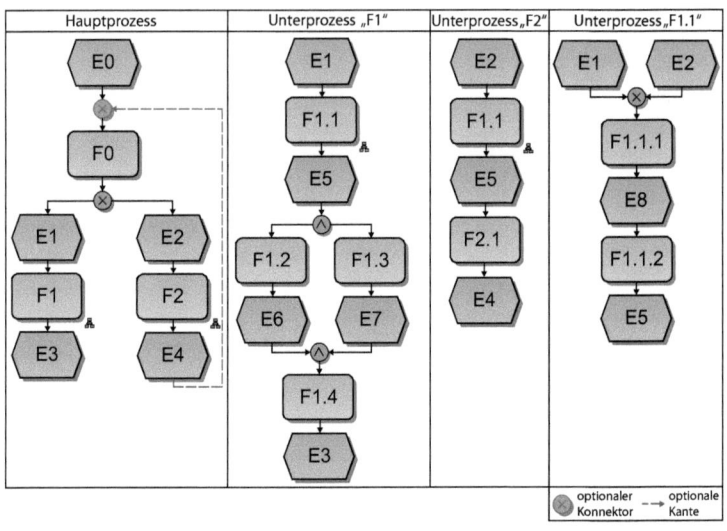

Abbildung 7.5: Auswirkung von Unterprozessen und Zyklen auf die Validierung.

Gesamtmodell durchzuführen. Die Existenz der beiden unterschiedlichen Herangehensweisen hat allerdings einen direkten Einfluss auf die Formulierung der Validierungsregeln. Wird z. B. eine Aussage zur Funktion F1 in Bezug auf das Gesamtmodell formuliert, würde die Funktion F1 nicht existieren und das Ergebnis der Validierung dadurch verfälscht werden. Daher muss dies während der Transformation des Prozessmodells und gegebenenfalls der grafischen Validierungsregeln in das Eingabeformat für das Prüfwerkzeug mit einbezogen werden.

Am Beispiel der EPK-G-CTL lässt sich an einigen Punkten aber auch die unterschiedliche Sichtweise von Prozessmodell und Spezifikationssprache erkennen. Dies zeigt sich unter anderem am AX-Operator. Soll zum Beispiel für den Unterprozess F1 die Anforderung formuliert werden, dass auf allen dem Ereignis E5 folgenden Pfaden die Funktion F1.2 auftreten muss, wäre eine naheliegende Formulierung die in Abbildung 7.6(a) gezeigte grafische Validierungsregel.

Obwohl die Regel in Abbildung 7.6(a) im Unterprozess F1 offensichtlich verletzt ist, wird diese im Rahmen der Validierung aber als gültig geprüft. Dieses Verhalten wird häufig als *false negative* bezeich-

7 Validierung MultiView- basierter Prozessmodelle

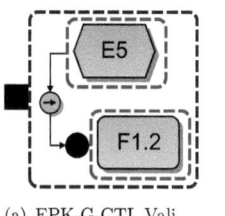
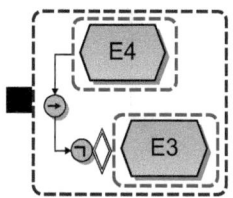

(a) EPK-G-CTL-Validierungsregel mit einem **AX**-Operator.

(b) EPK-G-CTL-Validierungsregel in Bezug auf zyklische Prozessmodelle.

Abbildung 7.6: Beispielhafte grafische Validierungsregeln.

net, da ein vorhandener Fehler nicht gefunden wird. Das Gegenteil wäre ein *false positive* bei dem ein Fehler gemeldet wird, der in dem Modell nicht existiert. Die Ursache des betrachteten *false negative* ist die abweichende Sichtweise des formalen Modells gegenüber der des Prozessmodells. Im formalen Modell folgt nach dem Ereignis **E5** nämlich ein einziger Zustand, der sowohl die Funktion **F1.2** als auch die Funktion **F1.3** enthält. Damit wird in dem einzigen und damit jedem Folgezustand nach **E5** auch die Funktion **F1.2** durchlaufen.

Die Auswirkungen können sich unter Umständen noch stärker zeigen, wenn die Validierung auf dem Gesamtmodell erfolgt. Im konkreten Prozessbeispiel (Abbildung 7.6(b)) wirkt sich die EPK-G-CTL-Regel in Abbildung 7.6(a) dann neben dem Unterprozess **F1** auch auf die Unterprozesse **F2** bzw. **F1.1** aus. In diesem Beispiel tritt die Problematik des **AX**-Operators aber nicht auf. An dieser Stelle muss vielmehr die bereits angesprochene Problematik des Gesamtmodells berücksichtigt werden.

Um derartige unerwartete Validierungsergebnisse (*false positive* oder *false negative*) zu vermeiden, kann beispielsweise eine Einschränkung der zur Verfügung stehenden Operatoren vorgenommen werden oder gegebenenfalls weitere Operatoren für gewünschte Ausdrucksmöglichkeiten hinzugefügt werden. Letzteres sollte besonders dann in Erwägung gezogen werden, wenn die tatsächlich intentionierte Aussage mit vorhandenen Operatoren zu einer deutlichen Komplexitätssteigerung der grafischen Validierungsregel führt. Ein Beispiel dafür ist die Einführung von *Spezialisierern* (engl. specializer) wie dies in [Pul09] bzw. [PFS10] vorgestellt wurde. Dabei ermöglichen Spezialisierer spezifischere Betrachtungen zum Typ des Modellelements (wie Ereignissen oder Funktionen).

Neben der Spezifikationssprache haben aber beispielsweise auch Modellierungskonventionen Einfluss auf die Ausdrucksstärke bzw. -möglichkeiten im Rahmen der Validierung. Ein konkretes Beispiel ist der Einsatz von Zyklen (auch als Schleifen bezeichnet). Werden Zyklen eingesetzt, können bisher als gültig ausgewertete Validierungsregeln ungültig werden. Am Beispiel des Hauptprozesses in Abbildung 7.5 würde eine Regel, die das Erreichen des Ereignisses E3 nach dem Erreichen des Ereignisses E4 verbietet (siehe Abbildung 7.6(b)), ohne die optionale Kante als gültig geprüft werden. Durch das Einfügen eines Zyklus (durch die optionale Kante) wird die Regel hingegen verletzt.

Das Beispiel der Modellierungskonvention bezüglich Zyklen steht allerdings nur exemplarisch dafür, dass bei der Formulierung der grafischen Validierungsregeln gegebenenfalls auch die Rahmenbedingung der Modellierung wie Modellierungskonventionen zu berücksichtigen sind.

7.2 Vorgehen und Einordnung

Das in diesem Abschnitt vorgestellte Vorgehensmodell für die Validierung MultiView-basierter Prozessmodelle setzt die im letzten Abschnitt erläuterten Konzepte in einem Vorgehensmodell miteinander in Beziehung. Dabei werden prinzipiell zwei mögliche Ausgangspunkte berücksichtigt. Zum einen werden existierende Referenzprozesse für die entsprechende Modellierungsaufgabe angepasst und zum anderen werden die Prozessmodelle von Grund auf neu erstellt. Bei der Neuerstellung der Prozessmodelle können anstatt der Referenzprozesse auch andere Formen der Modellbildung bzw. Wiederverwendung eingesetzt werden. Als ein Beispiel sei die in [End04] präsentierte Nutzung von Geschäftsregeln als Ausgangspunkt für die Modellierung genannt. Damit wären folglich auch grafische Validierungsregeln als Ausgangspunkt der Modellierung geeignet.

Im Abschnitt 7.2.2 wird die Validierung MultiView-basierter Prozessmodelle in den Softwareentwicklungs- und Requirements-Engineering-Prozess (siehe Abschnitt 2.3 bzw. 3.2.3) eingeordnet.

7.2.1 Vorgehensmodell der Validierung MultiView-basierter (Geschäfts-) Prozessmodelle

Das Vorgehensmodell der Validierung MultiView-basierter Prozessmodellierung zeigt zum einen die notwendigen Komponenten in einem Modellierungswerkzeug und zum anderen den Ablauf und die Benutzung dieser Komponenten während der Modellierung und Validierung auf. Die Komponenten sind zudem farblich gekennzeichnet, um anzuzeigen, ob es sich um existierende, erweiterte oder im Rahmen dieser Arbeit neu entwickelte Funktionalität handelt.

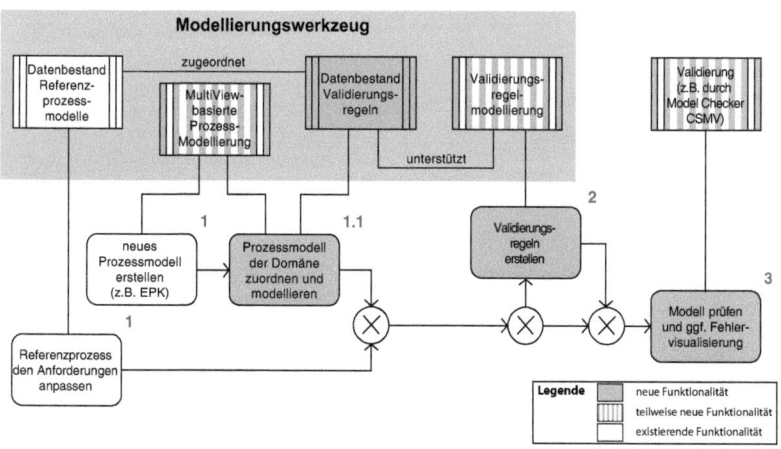

Abbildung 7.7: Vorgehensmodell der Modellierung und Validierung von MultiView-basierten Prozessmodellen.

Wie eingangs erwähnt und in Abbildung 7.7 dargestellt, kann die Modellierung mit der Erstellung von neuen Prozessmodellen (Nummer 1, oben) oder basierend auf Referenzprozessmodellen (Nummer 1, unten) des **Datenbestandes Referenzprozessmodelle** beginnen. Falls geeignete Referenzprozessmodelle existieren, können auch **zugeordnete** Validierungsregeln aus dem **Datenbestand Validierungsregeln** wiederverwendet werden. Die Zuordnung von Validierungregeln zu Referenzprozessen kann dabei entsprechend der unterschiedlichen Abstraktionsgrade der Validierungsregeln auf un-

7.2 Vorgehen und Einordnung

terschiedliche Weise erfolgen. In dem Ablaufmodell sind besonders domänenspezifische Validierungsregeln zu beachten, da diese über die entsprechende Domäne des Prozessmodells zugeordnet werden (Abbildung 7.7, Nummer 1.1).

In dem Vorgehensmodell in Abbildung 7.7 wird der Fall vernachlässigt, dass die Modellierung mit der Erstellung von grafischen Validierungsregeln begonnen wird. Dennoch können neue Validierungsregeln wie auch Validierungsregeln aus dem `Datenbestand Validierungsregeln` als Ausgangspunkt der Modellierung genutzt werden. Dies entspricht dem in [End04] präsentierten Vorgehen.

An der Modellierung der Prozessmodelle ist entsprechend Abbildung 7.7 sowohl die Komponente `MultiView-basierte Prozessmodellierung` als auch die Komponente `Datenbestand Validierungsregeln` beteiligt. Dies entspricht der notwendigen Verbindung (entsprechend Abbildung 5.3) zwischen den Modellelementen der Prozessmodelle und den Validierungsregeln.

Die Modellierung von Validierungsregeln ist mit Nummer 2 gekennzeichnet. Dabei muss diese strikte Abfolge im Modellierungsverlauf nicht zwingend eingehalten werden. Die Erstellung von grafischen Validierungsregeln erfolgt im Rahmen der Komponente `Validierungsregelmodellierung`, die auf einer der Prozessmodellierung ähnlichen Modellierungsumgebung basiert und daher eine *teilweise neue Funktionalität* ist.

Um die inhaltliche Korrektheit der Prozessmodelle gegenüber den Validierungsregeln zu überprüfen, wird der Komponente `Validierung` das zu prüfende Modell übergeben (Abbildung 7.7, Nummer 3). Die gegenüber dem existierenden Model Checker neu hinzugefügte Funktionalität umfasst die Transformation des Prozessmodells und der Validierungsregeln sowie gegebenenfalls die Rücktransformation des Validierungsergebnisses und dessen Visualisierung im Prozessmodell.

7.2.2 Einordnung in den Softwareentwicklungs- und Requirements-Engineering-Prozess

Während das in Abbildung 7.7 dargestellte Vorgehensmodell der Modellierung und Validierung von MultiView-basierten Prozessmodellen den prinzipiellen Ablauf beschreibt, werden in Abbildung 7.8 die Wiederverwendungspotentiale der Datenbestände der Referenzprozessmodelle und Validierungregeln dargestellt.

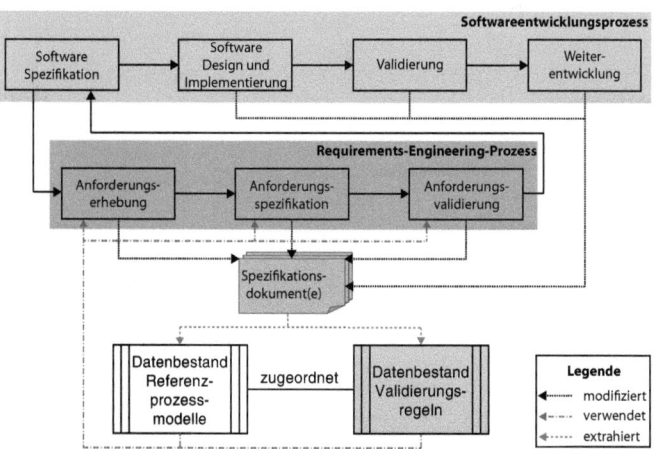

Abbildung 7.8: Wiederverwendungspotentiale im Rahmen der Modellierung und Validierung von MultiView-basierten Prozessmodellen.

Die Datenbestände zur Wiederverwendung können dabei aus unterschiedlichen Quellen resultieren. In Abbildung 7.8 ist der Fall der Extraktion von (Referenz-) Prozessmodellen aus Spezifikationsdokumenten von laufenden bzw. abgeschlossenen Projekten dargestellt. Die Prozessmodelle können zudem zum Aufbau einer Domänenstruktur genutzt werden, die zur grundsätzlichen Untergliederung der Datenbestände verwendet werden kann. Neben den Prozessmodellen können auch Anforderungen bzw. grafische Validierungsregeln wiederverwendet werden, wobei letztere entsprechend ihres Abstraktionsgrades direkt den Prozessmodellen zugeordnet bzw. eigenständig aufgenommen werden können.

Die Datenbestände Referenzprozessmodelle und Validierungregeln können grundsätzlich in allen Phasen des RE-Prozesses und damit in der Phase Software-Spezifikation des Softwareentwicklungsprozesses eingesetzt werden. Es wäre prinzipiell ebenfalls möglich in der Phase Software-Design und Implementierung des SEP die Datenbestände wiederzuverwenden, dies ist aber eng damit verbunden, inwieweit spezifische Modelle zur Wiederverwendung geeignet sind.

7.2 Vorgehen und Einordnung

Die bereits angesprochene Zuordnung der Validierungsregeln zu Prozessmodellen unterstützt dabei zum einen die Überprüfung der Korrektheit von angepassten Referenzprozessmodellen und zum anderen bei der Erhebung von Anforderungen. Die Zuordnung des Prüfens von Modellen zu den Phasen des SE- bzw. RE-Prozesses kann entsprechend der Abbildung 7.9 erfolgen.

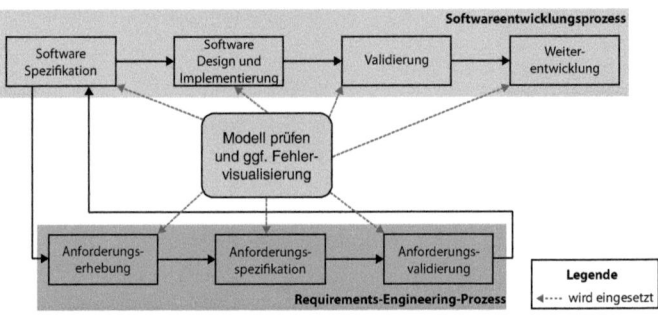

Abbildung 7.9: Einsatz der Validierung von Prozessmodellen im SE- bzw. RE-Prozess.

Unabhängig von der Wiederverwendung ist der Einsatz der Validierung der Modelle in allen Phasen des SE- bzw. RE-Prozesses möglich. Umso stärker der Einsatz von Modellen im SEP ist, umso größer ist die Vereinfachung und Aufwandsreduzierung der Überprüfung der inhaltlichen Korrektheit der Modelle.

Nach Eingliederung der MultiView-basierten Prozessmodellierung und Validierung in den allgemeinen SE- bzw. RE-Prozess soll die Einsetzbarkeit im Requirements Engineering in speziellen Einsatzgebieten kurz anhand von zwei Beispielen aufgezeigt werden.

Zum einen handelt es sich dabei um das Einsatzgebiet des Baugewerbes (engl. construction industry). Beispielhaft dient dazu ein *Requirements Engineering Framework for Construction Industries* [AAA06], welches die Entwicklung von Softwaresystemen für kollaboratives Arbeiten im Baugewerbe verbessern soll. In dem zehnstufigen Ablaufplan sollen mit Ausnahme einer Phase jeweils überarbeitete Versionen der Spezifikation erstellt werden, die unter anderem Prozessmodelle und Use Cases enthalten. Der hohe Aufwand durch die sich stetig wiederholende manuelle Überprüfung der Spezifikation kann durch den Einsatz des vorgestellten Validierungsverfahrens erheblich reduziert wer-

7 Validierung MultiView- basierter Prozessmodelle

den. Der Einsatz des MultiView-Konzeptes ist besonders in diesem durch heterogene Projektbeteiligte geprägten Umfeld als Ergänzung zur Prozessmodellierung als nützlich zu betrachten, da somit spezielle Darstellungsformen wie spezielle Diagrammtypen für verschiedene Gruppen von Projektgruppen bereitgestellt werden können.

Zum anderen soll die Integration der MultiView-basierten Prozessmodellierung und Validierung in ein Requirements Engineering Framework betrachtet werden, das speziell auf mittlere und kleinere Unternehmen (kurz KMU) ausgerichtet ist. Der RE-Prozess von KMUs ist laut [KHS98] gegenüber großen Unternehmen häufig weniger formal und die beteiligten Personengruppen sind weniger spezialisiert. Zudem sind benötigen KMUs „kompakte", direkt einsetzbare RE-Prozesse, da sie meist nicht die Möglichkeit und Mittel haben, verschiedene Verfahren zu probieren [ODKE05]. Das entsprechend der speziellen Anforderungen der KMUs konzipierte Requirements Engineering Framework [ODKE05] basiert auf einem allgemeinen RE-Prozess, der zusätzlich zu dem in Abschnitt 2.3.2 vorgestellten RE-Prozess die Phasen *Requirements Analysis* und *Requirements Management* beinhaltet. Die aktuelle Form des Requirements Engineering Framework trägt den Namen *ReqMan-Rahmenwerk* [DKOA06]. Grundlage des Rahmenwerks sind Praktiken, die als abstrakte Aktivitäten den Phasen des RE-Prozesses zugeordnet werden. Konkrete Aktivitäten einer Praktik werden als Technik bezeichnet. Praktiken werden nach ihrer Wichtigkeit in *Basis-Praktiken, Aufbau-Praktiken, Optimierungs-Praktiken* und *Kontext-Praktiken* unterteilt. Dabei sind die drei zuerst genannten Praktiken unabhängig vom Kontext einsetzbar. Aufbau-Praktiken und Optimierungs-Praktiken können aufbauend bzw. zusätzlich zu den Basis-Praktiken eingesetzt werden. Die Einordnung der MultiView-basierten Prozessmodellierung kann entsprechend Abbildung 7.9 und 7.8 erfolgen, ist aber aufgrund der konkreten Praktiken deutlich spezifischer. So ist der Einsatz der MultiView-basierten Prozessmodellierung sowie die Modellierung von grafischen Validierungsregeln der Aufbau-Praktik *Domänenmodell erstellen*, der Kontext-Praktik *Formale Modellierung* und der Optimierungs-Praktik *Sichtenbasierte Dokumentation* zuzuordnen. Während die Wiederverwendung von (Domänen-) Modellen im ReqMan-Rahmenwerk nur implizit erfolgt, wird die Wiederverwendung von Anforderungen als Kontext-Praktik *Anforderungen wiederverwenden* explizit genannt. Die Validierung der Prozessmodelle ist primär der Kontext-Praktik *Anforde-*

rungen formal überprüfen zuzuordnen. Zusammenfassend lässt sich feststellen, dass die in dieser Arbeit vorgestellten Konzepte zur Modellierung und Validierung konkret in ein auf KMUs ausgerichtetes Requirements Engineering Framework einordnen lassen.

7.3 Zuordnung der Konzepte zu verwandten Arbeiten

Die zum vorgestellten Konzept der *Validierung von MultiView-basierten Prozessmodellen* verwandten Arbeiten lassen sich zwei unterschiedlichen Bereichen zuordnen. Zum einen handelt es sich um Ansätze und gegebenenfalls Werkzeuge, die sich mit dem Einsatz von Validierungs- und Verifikationsverfahren für (Geschäfts-) Prozessmodelle im Rahmen der Softwareentwicklung bzw. dem Requirements Engineering beschäftigen (Abschnitt 7.3.1). Zum anderen sind Ansätze und gegebenenfalls Werkzeuge relevant, die Lösungen für den Einsatz bzw. die Entwicklung von verschiedenen Sichten im Rahmen der Modellierung liefern (Abschnitt 7.3.2). Darüber hinaus sind im Besonderen verwandte Arbeiten zu den zwei vorgestellten MultiViews SWS und IDM von Bedeutung und werden daher in den Abschnitten 7.3.3 bzw. 7.3.4 betrachtet.

7.3.1 Validierungs- und Verifikationsverfahren für (Geschäfts-) Prozessmodelle

Der Einsatz von automatisierten Validierungs- und Verifikationsverfahren erfordert maschinenlesbare Repräsentationen sowohl von den (Geschäfts-) Prozessmodellen als auch der Spezifikation. Wobei letztere den an die (Geschäfts-) Prozessmodelle gestellten Anforderungen entsprechen. Obwohl auch die Transformation der (Geschäfts-) Prozessmodelle keine trivial zu lösende Aufgabe ist, lässt sich bei Vorhandensein einer definierten Semantik eine maschinenlesbare, formale Beschreibung der (Geschäfts-) Prozessmodelle erstellen [SZS10]. Eine Semantik sollte dabei entsprechend der konkreten Erfordernisse des Aufgabenumfeldes entsprechen. Dies wurde im Abschnitt 5.3 unter dem Begriff des *Modellkonstruktionsproblems* betrachtet. Konkret wurde diese Transformation beispielsweise für UML-Diagramme in

7 Validierung MultiView- basierter Prozessmodelle

[LP99], [EW01], [SKM01] und [SZS10] sowie für EPKs in [Den06], [Men07] und [FF08] (siehe Abschnitt 5.4.3.3) vorgestellt. Im Rahmen der prototypischen Entwicklungen wurden die beiden zuletzt genannten Ansätze zur Transformation von EPKs genutzt.

Für die Erstellung bzw. Herleitung einer formalen und damit maschinenlesbaren Spezifikation wurden verschiedene Verfahren entwickelt. Die Erstellung bzw. Herleitung wird teilweise automatisch, soweit dies für bestimmte Eigenschaften möglich ist, meist aber manuell in textueller, gelegentlich in grafischer Form vorgenommen.

Die automatische Erzeugung von Eigenschaften erfolgt entweder anhand des Modells selbst oder aber ist nur pseudo-automatisch, da statisch vorgegebene Eigenschaften genutzt werden. In [JS04] wird beispielsweise die Verifikation von UMLsec (siehe Abschnitt 3.4.3.1 bzw. 7.3.3) Modellen vorgestellt. Dazu werden statische sowie dynamische Analysen (durch einen Model Checker bzw. in der späteren Version [JS07] durch einen Theorem-Beweiser) durchgeführt. Die Grundlage für die Analysen sind aus den Modellen *automatisch* ableitbare sowie statisch vordefinierte Aussagen. Die Einbeziehung von selbst spezifizierten Eigenschaften, wie die in dieser Arbeit entwickelten grafischen Validierungsregeln, ist nicht vorgesehen.

Wie auch in [JS04] angemerkt wird, existieren weitere Ansätze wie [LP99, CBC+99, SKM01, EW02], die sich mit der Verifikation von UML-Diagrammen befassen, teils begrenzt auf bestimmte Eigenschaften (z. B. Sicherheitseigenschaften). Jedoch sind diese im Unterschied zum allgemeinen Ansatz der grafischen Validierungsregeln und dem MultiView-Konzept auf eine Modellierungssprache eingeschränkt und basieren außerdem auf einer textuellen Spezifikationssprache. Außerdem sind die genannten Verfahren nicht ohne weiteres über die in den Verfahren speziell betrachteten Eigenschaften hinaus erweiterbar [JS04]. Das in [SZS10] vorgestellte Verfahren wird als komplementär zu Ansätzen wie [JS04] oder [BDL03] bezeichnet, weil es die Möglichkeit der *manuellen* Spezifikation von Eigenschaften bietet. Die Eigenschaften müssen allerdings in der *textuellen* auf LTL basierenden *USVF Property Specification Language* formuliert werden. Die USVF-Spezifikationssprache ist im Vergleich zur Spezifikationssprache des Ansatzes in [GM04] zwar ausdrucksstärker [SZS10], die im Rahmen dieser Arbeit entwickelten grafischen Validierungsregeln sind aber grundsätzlich auf den Austausch der Spezifikationssprache ausgerichtet, um die Mächtigkeit entsprechend den Anforderungen anpassen

7.3 Zuordnung der Konzepte zu verwandten Arbeiten

zu können. Darüber hinaus ermöglichen die grafischen Validierungsregeln durch deren verallgemeinerte bzw. abstrakte Formulierung (siehe Abschnitt 5.5) auch die Wiederverwendung unabhängig von konkreten Prozessmodellen bzw. Bezeichnern.

Zudem existieren Verfahren, die die Erstellung von formalen, textuellen bzw. grafischen Regeln unterstützen bzw. vereinfachen. Dazu wird in [LK10] der Ansatz verfolgt, die Erstellung von formalen, textuellen Aussagen durch die Unterstützung einer „benutzerfreundlichen", grafischen Oberfläche zu erleichtern, indem Bibliotheksfunktionen für die Formulierung für unterschiedlichen Spezifikationssprachen geliefert werden. Das textuelle Ergebnis der Verifikation wird in der grafischen Oberfläche durch Texthervorhebungen visualisiert. Dieses Vorgehen entspricht im Grunde der in Abschnitt 7.1.3 vorgestellten Fehlervisualisierung, ist aber auf die textuelle Darstellungsebene der Spezifikations- als auch Modellierungssprache begrenzt.

Sowohl die Fehlervisualisierung als auch die Spezifikation der Regeln ist bis auf wenige Ausnahmen auf die textuelle Darstellung begrenzt (siehe dazu [Awa10]). Ein Beispiel für grafische Regeln ist die in [XLW08] vorgestellte auf CTL und LTL basierende *Business Property Specification* (kurz BPSL). Das grundsätzliche Ziel der BPSL ist die automatisierte Erzeugung von logischen Aussagen aus Geschäftsanforderungen (wie FA). BPSL ist prinzipiell unabhängig von der Modellierungssprache und daher mit *-G-CTL vergleichbar, wobei die Spezifikationssprache allerdings nicht auswechselbar ist. Für die Anwendung auf ein bestimmtes Prozessmodell bzw. eine bestimmte Modellierungssprache muss aber der direkte Bezug der Bezeichner der Modellelemente sichergestellt werden. Ein weiteres Beispiel für grafische Regeln ist das in [Awa10] vorgestellte Konzept, das eine enge Verwandtschaft mit den in dieser Arbeit entwickelten grafischen Validierungsregeln bzw. dem TLVF aufweist. Denn es liefert mit der *Business Process Model and Notaion Query Language* (kurz BPMN-Q) die Möglichkeit, bestimmte Abfragen in einer grafischen Notation bezüglich BPMN-Prozessen zu formulieren. BPMN-Q entspricht bezogen auf das TLVF einer konkreten grafischen Regelnotation wie EPK-G-CTL. Wie auch die EPK-G-CTL auf der konzeptionellen grafischen Notation *-G-CTL basiert, fußt die BPMN-Q auf der konzeptionellen Regelnotation BPM-Q und ist damit auf andere Prozessmodellierungssprachen erweiterbar. Im Unterschied zum TLVF, welches die Austauschbarkeit der Spezifikationssprache ermöglicht, handelt es sich

7 Validierung MultiView- basierter Prozessmodelle

bei der *Business Process Model Query* (kurz BPM-Q) [Awa10] allerdings um eine konkrete Regel- bzw. Query-Sprache. Eine verallgemeinerte bzw. wiederverwendbare Formulierung von Regeln ist sowohl mit BPM-Q als auch mit den in dieser Arbeit vorgestellten grafischen Validierungsregeln möglich. Bei einer Überprüfung von Prozessmodellen mit BPMN-Q werden etwaige Modellierungsfehler im BPMN-Modell visualisiert und in einigen Fällen auch Lösungsvorschläge geliefert. Die Fehlervisualisierung beruht nicht auf dem Gegenbeispiel, sondern auf einer Ermittlung der konkret betroffenen Prozessteile und ist daher eher mit dem Ansatz aus [FSP09] vergleichbar.

Andere Ansätze verfolgen die Überführung von natürlichsprachlichen oder zumindest strukturierten Anforderungen in eine formale, textuelle Respräsentation. Ein Beispiel ist das in [KGLC06] bzw. [Kon06] vorgestellte *Requirements Visualization of UML* (kurz REVU). Dieses auf funktionale Anforderungen ausgerichtete Vorgehen zur Formulierung und Visualisierung von Anforderungen in einem UML-Modell basiert auf den Komponenten SPIDER [KC05], Hydra [MC01] und Theseus [GCKK06]. Wobei SPIDER die Formulierung von natürlichsprachlichen, strukturierten und dadurch formalisierten Eigenschaften ermöglicht. Das Verifikationsergebnis kann als Szenario im UML-Diagramm dargestellt werden. Die Erstellung der formalen Eigenschaften erfolgt zwar natürlichsprachlich, aber auf textueller Ebene. Zudem ist das Verfahren auf UML-Diagramme und funktionale Anforderungen beschränkt. Dies kann im Bereich der Geschäftsprozessmodellierung problematisch sein, da UML beispielsweise von Modellierern aus dem Geschäftsumfeld häufig nicht akzeptiert wird [Stö06]. Ein Beispiel für grafische Validierungsregeln findet sich in [BDSV05]. Darin wird die Generierung von grafischen LTL-Regeln in einer auf Basis der BPMN definierten grafischen Notation aus einem BPMN-Diagramm vorgestellt. Das Ziel der Überprüfung ist ein gegenüber der WebML angepasstes Modell, wobei die Regeldefinition auf BPMN beschränkt ist.

7.3.2 Sichtenkonzepte für (Geschäfts-) Prozessmodelle

Die Basis MultiView-basierter Prozessmodelle ist grundsätzlich die jeweilige Modellierungssprache und deren Ausdrucksmöglichkeiten.

7.3 Zuordnung der Konzepte zu verwandten Arbeiten

Über diese hinaus werden für bestimmte Eigenschaften oder Aussagen auch Anpassungen an den Ausdrucksmöglichkeiten der Modellierungssprache vorgenommen. Dazu können standardisierte Erweiterungen wie die SysML (siehe Abschnitt 3.4.3) oder proprietäre Erweiterungen zur Modellierung spezieller Aspekte wie Sicherheitseigenschaften (z. B. [Jür05, BDL03, RFMP07]) genutzt werden. Die Vielzahl der existierenden Erweiterungen bringt zum Ausdruck, dass eine Anpassung von Modellierungssprachen an (besonders) domänenspezifische Anforderungen weit verbreitet ist. Obwohl die Gründe für die Erweiterung der Ausdrucksmöglichkeiten sehr verschieden sind, ist nach [Sch01] einer der Hauptgründe dafür, dass derartig erweiterte Prozessmodelle zum besseren Verständnis der jeweiligen Domäne beitragen können.

Ein häufig eingesetztes Mittel zur Erweiterung sind die in Abschnitt 5.5 vorgestellten Annotationen. Allerdings steigt die Komplexität der entsprechend annotierten Modelle merklich an. Das MultiView-Konzept liefert in diesem Zusammenhang die Möglichkeit, Modellelemente und deren Eigenschaften über die Verwaltung von verschiedenen Sichten auf der Modellebene handhabbar zu machen. Dies zielt vor allem auf die mit der steigenden Anzahl an Modellelementen und Modellelementeigenschaften zunehmende *grafische* Komplexität der Prozessmodelle sowie die Zuordnung von Modellierungsaufgaben bzw. Verantwortlichkeiten zu bestimmten Personengruppen ab. Die Verwendung von Sichten ist dabei ein seit langem bekannter Ansatz, wie u. a. [NKF94, Poh94, Ver94] zeigen. Die existierenden Sichtenkonzepte basieren entsprechend der Erläuterungen des Abschnittes 3.4 auf der Erweiterung einer Prozessmodellierungssprache oder der Überführung bzw. Aggregation verschiedener Prozessmodelle.

Die einfachste Form bei der Verwendung eines zentralen, mehrdimensionalen Prozessmodells ist die Nutzung von *Vorlagen* (z. B. ARIS Platform [Sof11b]). Diese ändern im einfachsten Fall lediglich die grafische Darstellung und gegebenenfalls die Anordnung von Modellelementen und deren Eigenschaften. Das entspricht prinzipiell dem Mittel Verändern der MultiView. In gewissem Umfang können aber auch die Mittel Ausblenden und Hinzufügen durch eine Vorlage unterstützt werden, wobei die tatsächlichen Möglichkeiten einer Vorlage vom entsprechenden Modellierungswerkzeug abhängig sind. Die Veränderung der Anordnung sowie eine grafische Darstellungsanpassung für die EPK wird beispielsweise in [BAN03] vorgestellt. Dabei werden die Modelle in verschiedene Bereiche aufgeteilt, um so spezielle Perspektiven

7 Validierung MultiView- basierter Prozessmodelle

wie Kunden- und Verwaltungssicht bereit zu stellen. Den Modellbereichen werden für bestimmte Personengruppen relevante Modellelemente zugeordnet. Eine MultiView kann als Vorlage zur Darstellungsänderung bzw. -anpassung im beschriebenen Sinne genutzt werden.

Die Möglichkeiten einer Vorlage sind allerdings nicht ausreichend, um beispielsweise den Anforderungen für die modellgetriebene Softwareentwicklung gerecht zu werden. Dafür sind Konzepte nötig, die das Ausblenden, Hinzufügen oder Verändern von Modellelementen ermöglichen. Dabei ist der Einsatz der Mittel im Unterschied zur Vorlage nicht nur auf die grafische Darstellung begrenzt, sondern kann sich semantisch bzw. inhaltlich auf die Modellinhalte auswirken. Denn wie bereits in Abschnitt 3.2.3.1 bzw. 3.2.3.2 beschrieben, erfordert die modellgetriebene Softwareentwicklung eine schrittweise Anreicherung der Modelle mit den entsprechend notwendigen Informationen. Es gibt aber auch andere Anwendungsfälle für das Ausblenden, Hinzufügen oder Verändern von Modellelementen. So werden in [BDFK03] anhand des Automatisierungsgrades der in der EPK verwendeten Funktionen verschiedene Perspektiven für manuelle bzw. automatisierte Arbeitsschritte bereitgestellt. Eine Anpassung von EPKs an die Perspektive von Organisationseinheiten findet sich in [GRv05]. Diese Arten der Sichtenbildung werden von MultiViews ebenfalls unterstützt. Allerdings bieten MultiViews in Erweiterung zum Ausblenden, Hinzufügen und Verändern von Modellelementen die Möglichkeit, die Bearbeitung von bestimmten Modellelementen bzw. Prozessteilen zu verbieten. Diese Möglichkeit zielt auf die Unterstützung verschiedener Verantwortlichkeiten ab. Für die in Abschnitt 6.4 vorgestellte integrierte Datenschutzmodellierung bedeutet dies, dass der mit der Überprüfung bzw. Umsetzung des Datenschutzes beauftragte Modellierer nur bestimmte Modellelemente bearbeiten bzw. erstellen kann (z. B. Datencluster und Zulässigkeiten), aber Modellelemente des Kontrollflusses nur angezeigt bekommt und damit zumindest der Kontext des Prozessmodells erfasst werden kann.

Für die Überführung bzw. Aggregation von verschiedenen Prozessmodellen müssen neben der Anpassung der grafischen Darstellung auch Transformationen zwischen verschiedenen Diagrammtypen bereitgestellt werden. Zudem müssen Konsistenzprüfungen der Transformationsergebnisse durchgeführt werden, die sicherstellen, dass die Aggregation mehrerer Sichten bzw. die Transformationen korrekt durchgeführt wurden. Beispielhaft sei an dieser Stelle das *Multi-View Model*

Evolution Framework [Sto10] genannt, mit welchem Transformationen vom Geschäftsprozessmodell bis hin zur Quellcodegenerierung unterstützt werden. Weitere Beispiele, die verschiedene Diagrammarten für die Sichtenbildung verwenden, finden sich in [FKN+92, MV02, EG08]. Darüber hinaus existieren Ansätze wie in [RF94, FGH+94, NJJ+96, Hes09], die bestimmte Bereiche der Sichtenbildung wie die Konsistenzprüfung bzw. Konfliktlösung betrachten. Diese Art von Transformationen sind in der Grundidee der MultiView nicht integriert, da diese auf einem Prozessmodell basiert. Es existieren daher auch keine Konsistenzprüfungen. Dennoch ist eine Erweiterung des MultiView-Konzeptes auf die Überführung bzw. Aggregation unterschiedlicher Diagrammarten realisier- bzw. integrierbar.

7.3.3 Sicherheitsmodellierung und deren Validierung

Während die im vorangegangenen Abschnitt betrachteten Sichtenkonzepte eine ganzheitliche Unterteilung der Modellinhalte in verschiedene Sichten anstreben, kann der Bereich der Sicherheitsmodellierung als eine spezielle Sicht bzw. entsprechend dem MultiView-Konzept als MultiView betrachtet werden. Im Prinzip aber unabhängig von konkreten Sichtengedanken wurden verschiedene Erweiterungen für Modellierungssprachen entwickelt, die die Integration von Sicherheitsaspekten wie Integrität und Vertraulichkeit (siehe Abschnitt 6.3.1.1) vorsehen. Einige bekannte Vertreter wurden bereits in Abschnitt 3.4.3.1 genannt. In diesem Abschnitt erfolgt eine konkrete Betrachtung ausgewählter Ansätze bezüglich der Modellierungs-, Generierungs- und Validierungsmöglichkeiten. Ein Überblick zu Security-Engineering-Ansätzen liefert beispielsweise [MBSFM10].

Die Integration von Sicherheitsaspekten in (Prozess-) Modelle hat nach [BJN07] grundsätzlich das Ziel, Sicherheitsanalysen bzw. -mechanismen während des System-Designs anwend- bzw. spezifizierbar zu machen. Das in [BJN07] beschriebene *Model-based Security Engineering* basiert auf der UMLSec [Jür05] und liefert daher die durch UMLSec gelieferten Modellierungsmöglichkeiten für Sicherheitsaspekte. UMLSec bietet ein UML-Profil zur Erweiterung der Diagrammarten der Notation UML um Sicherheitsaspekte. Die Erweiterungen werden dabei als formale Annotationen konzipiert, um die Maschinenlesbarkeit zu gewährleisten. Neben UMLsec stellt auch Secureuml [BDL03] eine Erweiterung der UML um annotierbare Si-

7 Validierung MultiView- basierter Prozessmodelle

cherheitsaspekte bereit. Allerdings beschränken sich die Erweiterungen auf rollenbasierte Zugriffskontrolle (engl. access control) sowie Autorisierungsbedingungen und sind zudem nur auf die statischen Diagrammarten anwendbar. [RFMTP11] stellt im Speziellen den Ansatz *Business Process Security* (kurz BPSec) zur Modellierung von Sicherheitsaspekten für UML-Aktivitäten vor, der als kompatibel zu UMLsec bezeichnet wird, da BPSec auf Geschäftsprozesse fokussiert und UMLsec eher über implementierungsnahe Modellierungsmöglichkeiten verfügt. Die Modellierung von Sicherheitsaspekten wird neben der UML aber auch für andere Modellierungssprachen entwickelt. Beispielhaft sei das *BPMN Security Modeling* [RFMP07] genannt, welches entsprechend dem Namen auf die Notation der BPMN ausgerichtet ist. Die in Abschnitt 6.3 vorgestellte MultiView-SWS liefert grundsätzlich ähnliche Modellierungsmöglichkeiten für Sicherheitsaspekte, wobei aktuell Zugriffskontrolle nur oberflächlich integriert ist. Im Unterschied zu den genannten Ansätzen ist das der MultiView-SWS zugrundeliegende Sicherheitsmodell aber unabhängig von einer konkreten Modellierungssprache und bietet daher eine generische Definition der Modellierungsmöglichkeiten für die betrachteten Sicherheitsaspekte. Dies ermöglicht beispielsweise auch die Nutzung für die Notation der EPK.

Neben Ansätzen zur Modellierung von allgemeinen Sicherheitsaspekten stehen aber besonders die Ansätze zur Modellierung von Web-Service-Sicherheitseigenschaften im Vordergrund. Während UMLsec, Secureuml oder BPSec keine spezielle Ausrichtung dahingehend besitzen, befassen sich Ansätze wie MDS4WS [ABB04] oder die *Model-driven Business Process Security* [WMS$^+$09] sowohl konkret mit der Modellierung als auch teilweise mit der Generierung von maschinenlesbaren WS-SecurityPolicies. Erste Ansätze zur Generierung von WS-SecurityPolicies finden sich beispielsweise in [NTIO05] oder [TIN04], welche aber auf spezielle Ausführungsumgebungen und auf UML-Modelle fokussieren. Konkrete Generierungsverfahren im MDS4WS für die *Extended Access Control Markup Language* (kurz XACML) [OAS05] wurden allerdings erst durch das Rahmenwerk SECTET [Ala06] eingeführt. Zudem wurde mit der *Reference Architecture Security as a Service* (kurz SeAAS) [HMB09] der Fokus auf die Überführung von abstrakten (Geschäfts-) Prozessen in eine realisierungsunabhängige Modellebene gelegt. Die Transformation von dieser Zwischenebene der Abstraktionshierarchie zur konkreten Realisie-

7.3 Zuordnung der Konzepte zu verwandten Arbeiten

rung wird allerdings nicht betrachtet und ist als manueller Prozess vorgesehen. Die Model-driven Business Process Security stellt hingegen die vollständig automatisierte Generierung von Web Service SecurityPolicies zur Verfügung, wobei die Transformation bzw. das Transformationsergebnis des Prozessmodells durch Model Checking auf Korrektheit gegenüber dem annotierten (Geschäfts-) Prozessmodell überprüft wird. Der Ansatz der Model-driven Business Process Security ist wie auch die MultiView-SWS unabhängig von der Modellierungssprache. Erreicht wird dies durch die modellierungssprachenunabhängige Definition der *Security Policy* und des *Policy Constraint Model*. Die grafische Repräsentation der Sicherheitseigenschaften für eine konkrete Modellierungssprache kann dann basierend auf diesen definiert werden.

Dieses Vorgehen ist grundsätzlich mit dem der MultiView-SWS vergleichbar, allerdings werden im Rahmen der MultiView-SWS die grafischen Repräsentationen modellierungssprachenübergreifend verwendet. Im Unterschied zum BPMN Security Modeling und zur Modeldriven Business Process Security werden in der aktuellen Version der in der MultiView-SWS inbegriffenen Transformationen keine Verifikationsverfahren eingesetzt.

Während die Modellierungs- und Generierungsmöglichkeiten der betrachteten Sicherheitsmodellierungsansätze einen teils unterschiedlichen Umfang aufweisen, wird die Validierung bzw. Verifikation nur von wenigen Ansätzen unterstützt. So werden von den Ansätzen der Model-driven Business Process Security, Secureuml und MDS4WS keine Möglichkeiten zur Überprüfung der inhaltlichen Korrektheit der modellierten Sicherheitsaspekte bzw. -eigenschaften geliefert. Als einziges der genannten Verfahren bietet UMLsec Validierungs- bzw. Verifikationsverfahren zur Überprüfung der Sicherheitsmodellierung von sowohl dynamischen als auch statischen Diagrammarten. In [JS04] wird die Überprüfung noch durch einen Model Checker durchgeführt und später wie in [JS07] vorgestellt durch einen Theorem Beweiser ersetzt. Die Grundlage der Überprüfung sind auf den formal spezifizierten Sicherheitsannotationen basierende statisch vordefinierte sowie dynamisch aus den Modellen abgeleitete Eigenschaften. Im Unterschied dazu können mit dem Validierungsverfahren der MultiView-SWS neben den vordefinierten bzw. abgeleiteten Eigenschaften auch speziell für das konkrete Szenario erstellte Eigenschaften bzw. Regeln in die Überprüfung einbezogen werden.

7.3.4 Modellierung und Validierung (datenschutz-) rechtlicher Aspekte in (Geschäfts-) Prozessmodellen

Das grundsätzliche Ziel der Modellierung von datenschutzrechtlichen Aspekten in Prozessmodellen ist deren Berücksichtigung von Beginn des Entwicklungsprozesses eines (Software-) Systems. Das in der Praxis häufig anzutreffende Vorgehen, Datenschutz- und Datensicherheitsanforderungen erst während der Implementierung mit ad hoc gewählten technischen Lösungen zu berücksichtigen, verwehrt demgegenüber die an den Systemgesamtkontext angepasste Auswahl von Technologien, die den festgelegten Datenschutz- und Datensicherheitsanforderungen entspricht [VKTL10, MM03]. Zudem werden Datenschutzanforderungen von den meisten Entwicklungsmethoden für (Informations-) Systeme als NFA betrachtet, weshalb spezifische Ansätze zur Berücksichtigung sowohl auf der Modell- als auch der Realisierungsebene fehlen [VKTL10].

Mittlerweile hat sich wie im Abschnitt 7.3.3 aufgezeigt der Bereich des *Security Engineering* entwickelt. Da Datenschutzanforderungen häufig implizit durch Sicherheitsanforderungen umgesetzt werden, ist die Realisierung des Datenschutzes häufig inbegriffen. Die Datenschutzanforderungen müssen aber zudem auch explizit auf der Prozessmodellebene spezifizierbar sein und der Realisierung zugeordnet werden können.

Ansätze, die die Integration bzw. explizite Formulierung von Datenschutzanforderungen auf Modellebene ermöglichen, können eine Erweiterung der eingesetzten Modellierungssprachen darstellen oder stellen eine neu entwickelte Modellierungssprache zur Verfügung. Ersteres wird in [AO05] für EPKs durchgeführt. Dabei werden EPKs um die drei Modellelemente *General laws*, *Specific laws* und *Decrees and regulations* erweitert, welche die „Schwergewichtigkeit" des jeweiligen Gesetztes angeben, um den rechtlichen Rahmen in den Modellen zu verankern bzw. zu annotieren. Bei den in [KBK06] vorgestellten Erweiterungen der eW3DT [Sch00] handelt es sich um spezielle Sprachkonzepte zur Darstellung und damit Hinterlegung rechtlicher Anforderungen in den entsprechenden Modellen. Während die Erweiterungen der eW3DT grundsätzlich mit denen der MultiView-IDM vergleichbar sind, ermöglicht das MultiView-Konzept darüber hinaus die Erstellun-

7.3 Zuordnung der Konzepte zu verwandten Arbeiten

gen einer fokussierten und damit leichter erschließbaren Darstellung der Prozessmodelle. Die Prüfung der Korrektheit der rechtlichen als auch inhaltlichen Modellierungen in [KBK06] ist als manuelle Aufgabe vorgesehen. Im Unterschied dazu bietet die MultiView-IDM das in dieser Arbeit entwickelte Validierungskonzept der grafischen Validierungsregeln inklusive wiederverwendbarer Regelmodelle.

Eine spezielle formale Prozessmodellierungssprache zur Modellierung von rechtlichen Bedingungen wird in [SO05] vorgestellt. Bei den formalen Geschäftsprozessen handelt es sich um eine spezielle Form von Petri Netzen, welche allerdings für juristische Fachexperten im Rahmen des e-Government nicht geeignet sind [TSS$^+$04]. [Lig09] nennt dabei speziell den Datenschutzbeauftragten, der beispielsweise an formalen Inspektionstechniken beteiligt ist und daher die eingesetzten Prozessmodelle verstehen können muss. Das MultiView-Konzept erlaubt in diesem Zusammenhang die Erweiterung von beliebigen Prozessmodellierungssprachen und stellt gleichzeitig die durch die formale Formulierung ermöglichte Validierungs- und Verifikationsmöglichkeit bereit.

Weiterhin besteht zusätzlich zur Erweiterung der Modellierungssprache und der Entwicklung spezieller Notationen den Datenschutz betreffend die Möglichkeit, Musterprozesse (auch als Referenzprozesse bezeichnet) zur Verfügung zu stellen, die die Berücksichtigung von Datenschutzanforderungen in Prozessen erleichtert. Dieser Ansatz wurde beispielsweise von [KKG07] und [Mei07] verfolgt, wobei letzterer dies anhand des Beispieles der *IT Infrastructure Library* (kurz ITIL) [Off11] demonstrert. Die Integration der Prozessmuster in bereits existierende Prozessmodelle erfolgt in [Mei07] durch das Vorgehen *PDCA* (siehe Abschnitt 6.4.4), ähnlich wie dies auch in der MultiView-IDM vorgesehen ist. Die MultiView-IDM ist momentan auf die Bereitstellung von annotierten Datenmodellen beschränkt.

Die bisher genannten Datenschutzmodellierungen sind mit Ausnahme des in [SO05] entwickelten Verfahrens eher qualitativer Natur, was nach [KKG09] repräsentativ für Datenschutzmodellierungen im Allgemeinen ist. Daher ist deren Überprüfung und Bewertung zumeist auf manuelle Verfahren beschränkt.

Das Verifikationsverfahren in [SO05] basiert auf einem Modellvergleich von einem im Rahmen des Anwendungsfalles modellierten Prozess mit einem Prozessmodell, das den Ablauf der zu berücksichtigenden rechtlichen Bedingung abbildet. Ein ähnliches Verfahren wird in

7 Validierung MultiView- basierter Prozessmodelle

[OS08] vorgestellt, wobei die Modellierung der (datenschutz-) rechtlichen Anforderungen in der Semantic Process Language (kurz SPL) als Aufgabe der Fachexperten betrachtet wird. Das Validierungsverfahren im Rahmen dieser Arbeit und damit auch im Rahmen des MultiView-Konzeptes basiert auf der Modellierung von einzelnen (datenschutz-) rechtlichen Anforderungen, die im Ganzen betrachtet ebenfalls ein Prozessmodell abbilden. Im Unterschied zur impliziten Modellierung der rechtlichen Anforderungen als Prozessmodelle können Anforderungen bzw. Regeln im MultiView-Konzept explizit und damit direkter ersichtlich modelliert werden. Ein dem Validierungsverfahren dieser Arbeit ähnliches Verfahren findet sich in [HL08]. Dabei wird ein auf Alloy [Jac00, JSS01] sowie (Gesetztes-) Ontologien [Val95] und Prädikatenlogik (siehe Abschnitt 2.2.2.2) basierendes Verifikationsverfahren zum Abgleich von rechtlichen mit den Anforderungen aus dem Geschäftsumfeld vorgestellt. Die Ontologien dienen dabei zur Abbildung von nicht im Gesetz befindlichen Abhängigkeiten (beispielsweise familiäre Zusammenhänge in Bezug auf Familien-Gesetze). Die Prüfung wird durch den *Kodkod* SAT Solver [TCJ08] durchgeführt. Das Ergebnis der Überprüfung wird im zugrundeliegenden Modell dargestellt, indem das Objekt bzw. Modellelement und seine Verbindungen hervorgehoben werden. Im Unterschied zum Validierungsverfahren des MultiView-Konzeptes erfolgt die Formulierung der logischen Regeln in textueller Form. Außerdem werden keine Erweiterungen für spezielle Prozessmodelle bereitgestellt.

Nach Bereitstellung von Modellierungsmöglichkeiten für (datenschutz-) rechtliche Anforderungen muss deren Integration in die spätere Realisierung berücksichtigt werden. Eine ganzheitliche Betrachtung von der Modellierung bis hin zu Realisierung wird aber erst von neueren Verfahren unterstützt.

So wird in [LZHX11] das als *Privacy-Interface-Automat* (kurz PIA) bezeichnete Verfahren zur plattformspezifischen Modellierung von Datenschutzanforderungen für Web Services vorgestellt, welches neben der Modellierung die algorithmische Berechnung des minimalen „privacy authorization" Bedarfes ermöglicht. Das in [SS07] entwickelte Verfahren erlaubt die spezielle Betrachtung von relationalen Datenbanken in Bezug auf Datenschutzanforderungen. Die Modellierung im Rahmen der MultiView-IDM ist im Unterschied zu den beiden zuletzt genannten Verfahren grundsätzlich plattform- bzw. technologieunabhängig, kann aber über Transformationsschritte im Sinne der modell-

7.3 Zuordnung der Konzepte zu verwandten Arbeiten

getriebenen Softwareentwicklung in eine plattformspezifische Realisierung überführt werden. Dies kann speziell für die Plattform der Web Services unter Verwendung der MultiView-SWS erfolgen.

Die vollständige Berücksichtigung des Datenschutzes von der Modellierung bis hin zur Realisierung wird aber nur von umfangreichen Vorgehensmodellen unterstützt, die teilweise eigene Modellierungssprachen sowie Generierungsansätze für die Realisierung bereitstellen. Es ist allerdings anzumerken, dass trotz der zahlreich entwickelten Ansätze bzw. Verfahren von all den in [KKG09] genannten (u. a. KAOS [LL02], M-N-Framework [MN03], STRAP [JTPM05] und PriS [KKLG06]) die Validierung der Datenschutzanforderungen nur von NFR [Chu93], i* [Yu93], Tropos [MGM03b] bzw. SecureTropos [MGM03a], GBRAM [AE00] und RBAC [HA03] unterstützt wird. Wobei bei GBRAM keine formale Notation existiert und RBAC keine grafische Darstellung einsetzt. Das NFR Framework ist dabei keine Erweiterung einer Modellierungssprache, sondern basiert auf der Modellierung von Zielen (engl. goal). Die Überprüfung findet dann anhand eines Zielgraphen statt. Dieser kann z. B. auf Zielerfüllung oder Zielkonflikte überprüft werden. Die zu überprüfenden Regeln sind als textuelle Regeln zu spezifizieren. Die Modellierungssprache i* basiert ebenfalls auf der Modellierung von Zielen. Die Überprüfung der modellierten Ziele erfolgt abermals mit textuell zu spezifizierenden Regeln, die über das NFR Framework hinaus komplexe Bedingungen und Abhängigkeiten zwischen den einzelnen Zielen überprüfbar machen. In Anlehung an i* wurde Tropos entwickelt. Tropos bietet daher ähnliche auf textuellen Regeln basierende Überprüfungsmöglichkeiten der Ziele. Darüber hinaus liefert Tropos aber ein Vorgehensmodell zur Integration der Datenschutz- und Sicherheitsanforderungen in den SEP. Das MultiView-Konzept liefert grundsätzlich eine ebenso umfassende Sicht auf die Integration von Datenschutz- als auch Sicherheitsanforderungen wie die genannten umfassenden Ansätze, stellt jedoch kein Vorgehensmodell zur Verfügung. Die zur Validierung genutzten Anforderungen können im Rahmen des MultiView-Konzeptes aber in grafischer Notation erstellt werden. Zudem wurde bei der Formulierung der Validierungsregeln der Fokus auf eine projektübergreifende Wiederverwendbarkeit gelegt.

Teil III

Realisierung und Anwendung

8 Prototypische Realisierung der Konzepte

Das Konzept der MultiView-basierten Prozessmodellierung legt die theoretischen Grundlagen für den Einsatz von Sichten für (Geschäfts-) Prozessmodelle und deren Überprüfung auf inhaltliche Korrektheit. Die Umsetzung der theoretischen Grundlagen muss aber im praktischen Einsatz erfolgen. Dies setzt zum einen die Integration der MultiViews und der Validierung in die organisatorischen Prozesse, wie dies in Abschnitt 7.2 aufgezeigt wurde und zum anderen die Bereitstellung der entsprechenden Werkzeuge wie z. B. Modellierungswerkzeuge oder RETs (siehe Abschnitt 2.3.2.2) voraus. Daher werden im Folgenden die prototypische Integration bzw. Implementierung des MultiView-Konzeptes und des Validierungsmechanismus vorgestellt. Während die Integration eine mögliche Umsetzung der entwickelten Konzepte in einem *bestehenden* Werkzeug demonstriert, werden mit der *eigenständigen* Implementierung eines Forschungsprototypen die Konzepte unabhängig von einem kommerziellen Werkzeug umgesetzt.

Die Integration in ein bestehendes Werkzeug wird anhand des zur ARIS Platform [Sof11b] gehörenden *Business Architect* bzw. *SOA Architect* in Abschnitt 8.1 erläutert. Im Abschnitt 8.2 wird der speziell auf die im Rahmen dieser Arbeit entwickelten Konzepte ausgerichtete bzw. entwickelte *Business Application Modeler* (kurz BAM) vorgestellt. Zudem werden die Funktionalitäten des BAM in Abschnitt 8.2.4 in den allgemeinen RE-Prozess eingeordnet. Darauf aufbauend wird in Abschnitt 8.2.5 die Evaluation von BAM unter Verwendung eines *Requirements Engineering Tool Evaluation Framework* (kurz RET Evaluation Framework) durchgeführt.

8.1 Prototypische Realisierung: Auf Basis des ARIS Business Architect

Die Integrationsaufgabe besteht aus zwei Teilen. Zum einen muss die Modellierungsumgebung des ARIS Business Architect [Sof11a] um das Konzept der MultiViews erweitert bzw. angepasst werden. Zum anderen muss für den Einsatz des Validierungsmechanismus die Modellierung der grafischen Validierungsregeln ermöglicht werden sowie die Ausführung des Prüfwerkzeuges CSMV und die Darstellung des Validierungsergebnisses erfolgen.

Bevor in Abschnitt 8.1.1 die Beschreibung der Realisierung des MultiView-Konzeptes bzw. in Abschnitt 8.1.2 die Erläuterungen zur Umsetzung der grafischen Validierungsregeln und des Validierungsmechanismus im ARIS Business Architect folgen, soll zunächst ein kurzer Überblick zum Business Architect, der der *Design Platform* (einem Teil der ARIS Platform) angehört, geliefert werden. In Abbildung 8.1 ist dazu die Modellierungsumgebung (im ARIS Business Architect *Designer* genannt) sowohl für Prozessmodelle (Abbildung 8.1(a)) als auch für grafische Validierungsregeln (Abbildung 8.1(b)) dargestellt.

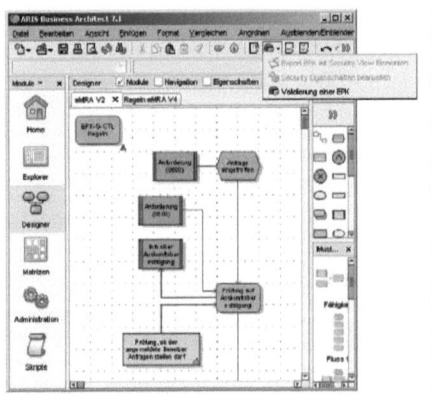 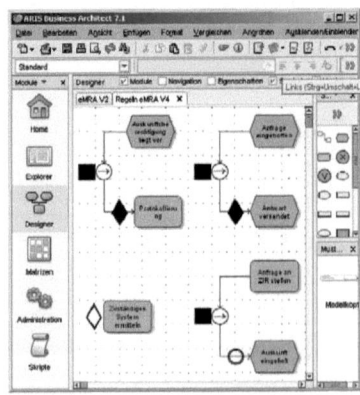

(a) Prozessmodell in ARIS.   (b) EPK-G-CTL Regeln in ARIS.

Abbildung 8.1: ARIS Business Architect 7.1 Oberfläche.

Zum Leistungsumfang des ARIS Business Architect gehören neben dem Designer noch zahlreiche weitere Features. Der Business Architect lässt sich damit am besten den zwei in Abschnitt 2.3.2.2 im Rahmen des RE benannten Werkzeugkategorien *Dokumentations-* und *mächtiges Analysewerkzeug* zuordnen. Die gesamte ARIS Platform bietet allerdings zu sämtlichen in Abschnitt 2.3.2.2 genannten Werkzeugkategorien Softwareprodukte an. An dieser Stelle steht allerdings ausschließlich die Modellierungsumgebung bzw. der Designer des Business Architect im Vordergrund.

Die Modellierungsumgebung erlaubt die Modellierung der Modelle der ARIS Methode (siehe Abschnitt 3.4.2.1), zu der auch die EPK (siehe Abschnitt 3.3.1) gehört. Zudem wird in bestimmten Varianten des Business Architect auch die Modellierung von BPMN- und UML-Modellen unterstützt. Dazu sind spezielle Varianten des Business Architect nötig, die beispielsweise der *Implementation Platform* (ebenfalls Teil der ARIS Platform) angehören. Als Beispiel ist der *SOA Architect* [Sof11c] zu nennen, der die modellgetriebene Entwicklung von BPEL-Prozessen aus EPKs unterstützt (siehe Abschnitt 3.2.3.2) und dazu auch die Modellierung von UML-Modellen erlaubt.

8.1.1 ARIS Business Architect: MultiView-basierte Prozessmodellierung

Die Definition der Modellierungsmöglichkeiten erfolgt im Rahmen des Business Architect auf Basis von *Methodenfiltern* (in Anlehnung an die Modellierungsmethode), die eine Festlegung der zur Verfügung stehenden Modelltypen sowie der Modellierungsmöglichkeiten im Rahmen der Modelltypen darstellt. Der Methodenfilter kann dabei in gewissem Umfang auch zur Festlegung der Modellierungskonventionen genutzt werden. Die Modellierungsmöglichkeiten werden zuvor in der *Methodendefinition* erstellt und beinhalten z. B. die zur Verfügung stehenden Modellelemente und Verknüpfungen sowie Attribute für Modelltypen und -elemente.

Neben der Methodendefinition existieren zur Festlegung der grafischen Darstellung der Modellinhalte *Vorlagen* (siehe Abschnitt 7.3.2). Vorlagen können als Grundlage für die Umsetzung der MultiView-basierten Prozessmodellierung genutzt werden. Dies umfasst vollständig die grafische Darstellung der Modellinhalte, was dem Mittel *Verändern* der MultiView entspricht. Die Mittel *Ausblenden*, *Hinzufügen* und *Zugriff einschränken* lassen sich über Vorlagen nur begrenzt umsetzen. Das führt beispielsweise dazu, dass Modellelemente bei weißem

8.1 Prototypische Realisierung: Auf Basis des ARIS BA

Hintergrund weiß darstellt werden und somit das Ausblenden erreicht wird. Der Zugriff bzw. das versehentliche Bearbeiten der Modellelemente wird damit aber nicht verhindert. Auch über den Methodenfilter lassen sich die fehlenden Mittel nur begrenzt umsetzen. Besonders den Zugriff auf bestimmte Modellelemente einzuschränken ist nur bedingt möglich. Die genannten Einschränkungen sind aber nicht als grundsätzliche Hinderungsgründe bei der Umsetzung der entwickelten Konzepte zu betrachteten, sondern resultieren vielmehr aus der Nutzung einer kommerziellen, nicht quelloffenen Software dar.

Trotz der Einschränkungen lassen sich benutzerseitig einige Einstellungen bzw. Erweiterungen im Business Architect vornehmen, die die Umsetzung der MultiViews zu großen Teilen ermöglicht. So sind beispielsweise der Beispielprozess zur MultiView-SWS in Abbildung 6.6 und der Beispielprozess zur IDM in Abbildung 6.11 unter Verwendung von Vorlagen im Business Architect modelliert worden. Einzig das Skalieren, Ausblenden und grafische Verändern einzelner Modellelemente sowie die Steuerung der Zugriffsrechte für einzelne Modellelemente ließ sich nicht ohne Weiteres im Business Architect umsetzen.

Die MultiView-SWS wurde neben den reinen Modellierungmöglichkeiten auch prototypisch um die Spezifikation der entsprechenden Sicherheitseinstellungen für die modellierten Sicherheitseigenschaften erweitert. Dies umfasst beispielsweise die Definition der Sicherheitseigenschaften einer Ende-zu-Ende-Beziehung. Dazu werden, wie bereits in [JF09] bzw. Abschnitt 6.3 beschrieben, die notwendigen Informationen wie z. B. Datenelemente der Web-Service-Nachrichten automatisiert aus der WSDL bzw. den Modellen ausgelesen. Die spezifizierten Sicherheitseigenschaften werden dann in die entsprechenden WS-Security Policies transformiert. Ausgelöst wird die Spezifikation bzw. Transformation über die in Abbildung 8.1(a) grau hinterlegten Menüeinträge über dem Eintrag **Validierung einer EPK**, die allerdings in der Abbildung aufgrund des falschen Kontextes (keine MultiView-SWS) aktuell nicht ausgewählt werden können.

8.1.2 ARIS Business Architect: Validierung-MultiView-basierter Prozessmodelle

Der Business Architect liefert die Möglichkeit, EPKs zu modellieren. Dies erfolgt im Rahmen eines Methodenfilters, der den Modelltyp EPK

8 Prototypische Realisierung der Konzepte

beinhaltet. Zur Modellierung von grafischen Validierungsregeln muss zunächst der neue Modelltyp *EPK Validierungsregeln* erstellt werden und dem Methodenfilter hinzugefügt werden. Auf die detaillierte Erläuterungen der Erweiterung soll an dieser Stelle verzichtet werden, da es sich dabei um eine Applikationsspezifische Aufgabe handelt.

Im Ergebnis ermöglicht der neue Modelltyp *EPK Validierungsregeln* die Modellierung der EPK-G-CTL-Operatoren in Verbindung mit EPK-Elementen. Wie in Abbildung 8.1(b) zu sehen, ist die Regelnotation gegenüber der in Abschnitt 5.4 erfolgten Festlegung etwas verändert. Beispielsweise ließen sich die umschließenden Kästen um die EPK-Elemente nicht einfügen. Die Regelaussage wird dadurch allerdings nicht verändert, auch wenn dadurch die Lesbarkeit bei größeren Regeln erschwert wird. Bei der Umsetzung der im Rahmen dieser Arbeit entwickelten Konzepte sind, wie bereits in Abschnitt 5.4 bzw. Kapitel 6 angemerkt, bestimmte Designentscheidungen bezüglich der konkreten Umsetzung zu treffen. Dies gilt sowohl für das MultiView-Konzept als auch für die grafischen Validierungsregeln. Ein Beispiel, die grafischen Validierungsregeln betreffend, ist die konkrete Umsetzung der, in Abbildung 5.5 betrachteten, Kantendefinition. Für die Modellierung einer Implikation wurde im Business Architect die Möglichkeit 1 genutzt, nämlich spezielle Kantentypen zu verwenden, da sich dies sehr gut in die Modellierungsabläufe bzw. -hilfen des Business Architect integriert.

Zur Umsetzung der Validierung ist neben der Modellierung der Validierungsregeln die Integration des Modellprüfers CSMV notwendig. Dies beschränkt sich im Prinzip aber auf den Aufruf aus dem Business Architect heraus sowie dem Auslesen des Validierungsergebnisses, wobei dieses in der aktuellen prototypischen Umsetzung nicht im Rahmen des Prozessmodells visualisiert wird.

Die für die Validierung notwendige globale Definition der Modellelemente wird im Business Architect nativ unterstützt, da eine übergreifende Definition der Modellelemente in der Datenbank des Business Architect erfolgt. Dies wird über eine globale Definition eines Modellelements erreicht. Dadurch handelt es sich bei einem Modellelement in einem Prozessmodell oder in einer grafischen Validierungsregel stets um eine Ausprägung der globalen Modellelementdefinition.

Die Zuordnung der Validierungsregeln zu EPKs erfolgt auf zwei Arten. Szenariospezifische Regeln können direkt dem entsprechenden Modell zugeordnet werden. Dies kann wie in Abbildung 8.1(a) darge-

8.2 Business Application Modeler

stellt über eine Hinterlegung an einer einzeln stehenden Funktion mit dem Namen `EPK-G-CTL-Regeln` erfolgen oder über das Setzen von bestimmten Modelleigenschaften, die als Verlinkung zu den zugehörigen Regeldiagrammen dient. Domänenspezifische oder allgemeingültige Regeln werden grundsätzlich über die Modelleigenschaften verlinkt. So besitzt ein Modell beispielsweise die Eigenschaft (oder das Attribut) **Domäne**, welches die Domäne anzeigt, zur der ein bestimmtes Modell gehört.

Die Ausführung der automatischen Validierung einer EPK wird über ein *ARIS Makro* gestartet. Dies wird über den in Abbildung 8.1(b) gezeigten Menüeintrag `Validierung einer EPK` ausgelöst. Dabei wird zunächst der Export der EPK und der zugehörigen EPK-G-CTL-Regeln in dem ARIS-spezifischen Format der *ARIS Markup Lanugage* (AML) durchgeführt. Im Anschluss wird über ein Batch-Skript sowohl die Transformation der EPKs und der Regeln (entsprechend Abschnitt 5.4.3.3 und unter Verwendung der Operator-Hierarchie [FP07]) als auch die Ausführung des CSMV ausgelöst. Nach Abschluss des Validierungsvorganges wird das Validierungsergebnis in Form einer Text-Datei geöffnet. Wobei anzumerken ist, dass in einer weiteren Entwicklung auch die Darstellung des Fehlerpfades wie in Abbildung 7.4(a) gezeigt denk- und machbar ist.

8.2 Prototypische Realisierung: Auf Basis von Eclipse - Business Application Modeler

Der *Business Application Modeler* (kurz BAM) wurde, wie bereits zu Beginn des Kapitels angesprochen, als Forschungsprototyp zur Umsetzung der in dieser Arbeit entwickelten Konzepte entworfen und implementiert. Damit liefert der BAM zum einen neben der prototypischen Integration in den ARIS Business Architect eine Realisierung zum Nachweis des Konzeptes (engl. Proof of Concept) und ermöglicht zum anderen die weiteren Forschungsarbeiten im Bereich der Validierung und Verifikation von Prozessmodellen im Allgemeinen. Um diesem Ziel gerecht zu werden, sind bei der Implementierung vom BAM die folgenden zentralen Anforderungen zu berücksichtigen:

8 Prototypische Realisierung der Konzepte

- Modellierung von auf Knoten und Kanten basierenden Modellierungssprachen
- Austauschbare Spezifikationssprachen sowie Prüfwerkzeuge

Durch die Flexibilität des BAM bezüglich der auswählbaren Modellierungssprache lassen sich die bisher ausschließlich an der EPK demonstrierten Konzepte auch für andere Sprachen einsetzen bzw. deren Einsatz für andere Sprachen überprüfen. Neben der freien Wahl der Modellierungssprache ist aber auch die flexible Anpassung der Notation möglich, wie sie gegebenenfalls im Rahmen einer MultiView notwendig ist. Die Austauschbarkeit der Spezifikationssprache resultiert aus den Strukturvorgaben des TLVF, welches im BAM umgesetzt wird. Somit können im BAM beliebige Spezifikationssprachen in Verbindung mit beliebigen Modellierungssprachen genutzt werden.

Neben der Flexibilität bezüglich der Modellierungs- und Spezifikationssprache wird das MultiView-Konzept umgesetzt. Im BAM wird die Verwaltung der unterschiedlichen Abstraktionsgrade der grafischen Validierungsregeln unterstützt. Die Validierung erfolgt inklusive der Visualisierung des Fehlerpfades, wie dies in Abbildung 7.4(a) gezeigt wurde.

Anhand der beschriebenen Funktionalitäten lässt sich der BAM, ähnlich wie auch der ARIS Business Architect, den Werkzeugkategorien *Dokumentations-* und *mächtiges Analysewerkzeug* (siehe Abschnitt 2.3.2.2) zuordnen. Ebenfalls ähnlich dem ARIS Business Architect ist BAM als Teil einer übergreifenden Plattform entwickelt worden – der Eclipse-Plattform [The11a]. Daher lassen sich neben den BAM-spezifischen Funktionalitäten weitere Projekte bzw. Plug-ins integrieren und somit beispielsweise Simulationen oder Code-Erzeugung erreichen.

Technisch gesehen ist der Business Application Modeler als Plug-in der IDE Eclipse entwickelt worden. Dabei wurde vor allem das Graphical Editing Framework (kurz GEF) [Hun08, The11b] verwendet, welches die Erstellung von grafischen Editoren auf der Basis von Eclipse unterstützt. Die Entscheidung zur Nutzung des GEF gegenüber dem Graphical Modeling Project (kurz GMP) [The11c], welches über das GEF hinaus zahlreiche Generierungsschritte zur Erstellung der grafischen Editoren liefert, resultiert vor allem aus der Notwendigkeit, eine möglichst große Flexibilität bei der Entwicklung vom BAM zu bewahren [And10].

8.2 Business Application Modeler

Im Folgenden wird zunächst die grundsätzliche Architektur des Business Application Modeler erläutert. Eine ausführliche und detaillierte Beschreibung der Grundlagen, Architektur und Implementierung vom BAM findet sich in [And10]. Nach der Beschreibung der Architektur findet eine Evaluation des BAM anhand eines Requirements Engineering Evaluation Framework statt. Darauf aufbauend werden die vom Business Application Modeler bereitgestellten Funktionalitäten in den Requirements-Engineering-Prozess eingeordnet.

Als Einstieg in die Erläuterungen zur Architektur vom BAM dient die Abbildung 8.2, die die beiden Hauptbereiche – den **BAM-Core** und das **BAM-Tool** – sowie deren Bestandteile zeigt.

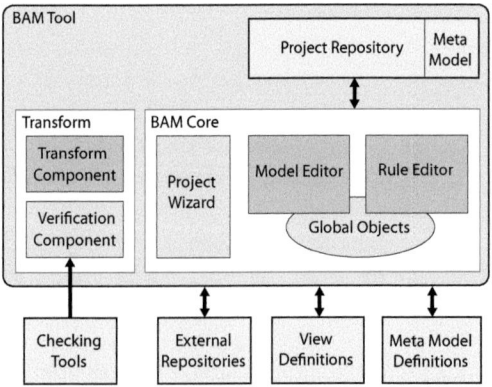

Abbildung 8.2: Vereinfachte Architektur des Business Application Modeler [And10].

8.2.1 BAM: Core

Der Kern (engl. core) vom BAM stellt die grundlegenden Komponenten zur Erstellung und Verwaltung von Modellierungsprojekten zur Verfügung. Dazu gehören die Editoren für die Prozess- und Regelmodellierung sowie die Mechanismen zur Projekterstellung.

8.2.1.1 Projekterstellung

Ein Modellierungsprojekt im BAM entspricht prinzipiell einem generellen Eclipse Projekt, dass um spezielle Eigenschaften erweitert wurde. Die für ein BAM-Projekt notwendigen Informationen werden mithilfe eines Wizards während der Projekterstellung abgefragt. Primär handelt es sich bei der Information um die Angabe, welche Modellierungssprache(n) verwendet werden soll(en). Die wählbaren Modellierungssprachen stehen als *Meta Model* zur Verfügung. Ein Meta Model entspricht (beispielsweise im Sinn der *Meta Object Facility* (kurz MOF) [Obj11d]) der Definition der zur Verfügung stehenden Modellinhalte wie Modellelemente oder Kantentypen. Das Meta Model ist damit die Basis der in diesem Projekt erstellbaren Prozessmodelle. Die Basis des Meta Model ist das *Meta Meta Modell*, welches wiederum die Modellinhalte des Meta Models definiert. Entsprechend der eingangs festgelegten Forderung, dass die Modellierung von auf Knoten und Kanten basierenden Modellierungssprachen durch den BAM bereit gestellt werden soll, liefert das Meta Meta Model die beiden Modellierungskonstrukte Knoten und Kanten. Anmerkend sei erwähnt, das die MOF als fundamentale Komponente der *Model Driven Architecture* (kurz MDA) [Obj11b] als Art der MDSD fungiert. Entsprechend dem Prinzip der MDSD sind die Editoren im BAM zu Teilen modellgetrieben entwickelt bzw. generiert. Technisch betrachtet handelt es sich beim Meta Meta Model und Meta Model um XML-Dokumente, wobei das Meta Meta Model gleichzeitig das XML-Schema des Meta Models darstellt. Aktuell definiert das Meta Model die zur Verfügung stehenden Modellinhalte und deren Eigenschaften wie die eindeutige Typbezeichnung, die Form (z. B. Rechteck) und die grafische Darstellung.

Im BAM wird eine Menge vordefinierter Meta-Modelle mitgeliefert, die aktuell primär Modelltypen der ARIS-Methode umfasst. Die mitgelieferten Modelltypen können im Rahmen der Möglichkeiten des (Meta) Meta Model angepasst werden. Zudem können aufbauend auf dem (Meta) Meta Model neue Modelltypen erstellt werden. Beim Erstellen des BAM-Projektes wird das gewählte Meta Model im Projektverzeichnis abgelegt. Zudem können weitere projektspezifische Informationen wie MultiView-Definitionen oder Attributbezeichnungen aufgenommen werden.

8.2.1.2 Modellierung der Prozesse

Nach der Erzeugung des Projektes kann die Erstellung von Prozess- und Regel-Modellen (siehe Abschnitt 8.2.1.3) erfolgen oder die Mo-

8.2 Business Application Modeler

dellierung basierend auf importierten Referenzprozessen- und Validierungsregelmodellen begonnen werden.

Die Modellierung der Prozesse erfolgt im *Model Editor* (siehe Abbildung 8.2). Eine Kernfunktionalität vom BAM, die in ähnlicher Form auch im ARIS Business Architect existiert, ist die Verwaltung der *Global Objects*. Während im ARIS Business Architect die globale Datenbank primär auf die konsistente Verwaltung der Modellinhalte abzielt, ist das primäre Ziel im BAM die in Abbildung 5.3 veranschaulichte logische Verkettbarkeit der Modellelemente in Prozessen und Validierungsregeln. Bei einem globalen Objekt handelt es sich um eigenständige Modellelemente wie Ereignisse oder Funktionen in einer EPK. In der globalen Definition des Modellelements werden alle Eigenschaften wie Name oder Attribute hinterlegt. Auf diese Art wird die Wiederverwendung von Modellinhalten ermöglicht. Änderungen an einer Ausprägung eines globalen Objekts wirken sich zunächst auf die globale Objektdefinition aus und werden von dieser an alle Ausprägungen weitergereicht.

Zusätzlich zu den Modellierungsmöglichkeiten realisiert BAM das MultiView-Konzept. Somit stehen im Rahmen der Prozessmodellierung die in Abschnitt 6.2 aufgezeigten Mittel der MultiView zur Verfügung. Die Definition der im Rahmen einer MultiView eingesetzten Mittel erfolgt aktuell projektübergreifend über Einstellungsdialoge in Eclipse. Technisch wird die Zuordnung der Modellelemente und deren grafische Darstellung über Stereotypen umgesetzt. Eine MultiView besitzt somit neben dem Namen auch eine bestimmte Menge an Stereotypen. Die Zuordnung der Stereotypen zu MultiView bzw. den Modellelementen erfolgt entsprechend einer vordefinierten Festlegung, lässt sich aber während der Modellierung anpassen.

8.2.1.3 Modellierung und Verwaltung der Validierungsregeln

Die Modellierung von grafischen Validierungsregeln erfolgt im *Rule Editor* (siehe Abbildung 8.2). In einem Regelmodell kann eine beliebige Anzahl an grafischen Validierungsregeln aufgenommen werden. Auf diese Weise kann eine inhaltliche Gruppierung beispielsweise in szenariospezifische, domänenspezifische und allgemeingültige Regeln erfolgen. Zudem erlaubt dies die einfach Wiederverwendung von inhaltlich zusammengehörenden Regeln in anderen Projekten.

Zur Modellierung einer grafischen Validierungsregel wird zunächst ein *Regel-Container* in das Regelmodell gesetzt. Der Regel Container dient als Rahmen für die Regelspezifikation und besitzt verschiedene Eigenschaften wie einen Namen und weiterführende Fähigkeiten, die der konkreten Regel zugeordnet werden können. Als Beispiel ist die Verlinkung der betreffenden Regel zu anderen Ressourcen wie die natürlichsprachliche Repräsentation in einem Requirements-Engineering-Werkzeug. Auf diese Weise kann der Forderung aus [Kor08] nachgekommen werden, dass eine Verlinkung zwischen Inhalten in Spezifikationsdokumenten und (Regel-) Modellen erforderlich ist.

Die Modellierung der aus Operatoren einer Spezifikationssprache und Modellelementen bestehenden grafischen Validierungsregeln erfolgt prinzipiell entsprechend dem Temporal Logics Visualization Framework. Wie aber bereits in Abschnitt 5.4 angemerkt, sind bestimmte Designentscheidungen im Rahmen der Umsetzung der entwickelten Konzepte zu treffen. Auf die ausführliche Erläuterung wird an dieser Stelle verzichtet und auf [And10] verwiesen. Da aber auch schon im Rahmen der Erläuterungen zum ARIS Business Architect das Beispiel der Kantendefinition aufgezeigt wurde, ist anzumerken, dass Kanten in grafischen Validierungsregeln im Rule Editor bzw. BAM entsprechend der Möglichkeit 2 in Abbildung 5.5 (Abschnitt 5.4.2.1) realisiert wurden.

8.2.2 BAM: Tool

Technisch gesehen ist das BAM Tool ein um verschiedene Plug-ins erweitertes Eclipse. Das eigentliche Plug-in beinhaltet die beiden Editoren (*Model Editor* und *Rule Editor*) sowie den *Extension Point Transform*. Der Extension Point erlaubt die Integration weiterer Plug-ins wie Transformations- oder Valdidierungs- und Verifikationskomponenten. Dadurch wird das einfache Austauschen des Prüfwerkzeuges und der zugehörigen Transformationen ermöglicht. Komplettiert wird das BAM Tool durch die Projekt-Repositories, die für die jeweiligen Projekte die notwendigen Informationen beinhalten.

Die Validierungs- bzw. Verifikationskomponente realisiert die Durchführung der Modellprüfung. Dazu können verschiedene Prüfwerkzeuge inklusive der notwendigen Transformationen am Extension Point *Transform* integriert werden.

8.2 Business Application Modeler

Ein entsprechendes Plug-in muss daher neben dem ausführbaren Prüfwerkzeug zum einen die Transformation des (Prozess-) Modells und zum anderen die Transformation der grafischen Validierungsregeln respektive der Spezifikationssprache in das Eingabeformat des Prüfwerkzeuges zur Verfügung stellen. Soll zudem die Visualisierung des Ergebnisses eines Prüfvorganges im Rahmen des (Prozess-) Modells erfolgen, muss auch dessen Transformation in das vom Extension Point *Transform* bzw. BAM erwartete Eingabeformat bereitgestellt werden. Der Fehlerpfad kann dann für die jeweils verletzten Validierungsregeln im (Prozess-) Modell dargestellt werden, wie in Abbildung 7.4(b) bzw. 8.3 gezeigt. In der aktuellen Version vom BAM wird die Transformation von EPKs und EPK-G-CTL-Regeln in das Eingabeformat des Model Checker CSMV sowie die Rücktransformation des Prüfergebnisses des CSMV mitgeliefert. Die in der aktuellen Version vom BAM eingesetzte Semantik [Wit11] zur Transformation der EPKs in das CSMV-Modell ist gegenüber der in Abschnitt 5.4.3.3 eingeführten Semantik erweitert und an [Men08] angelehnt.

8.2.3 BAM: Benutzeroberfläche

Vor den Erläuterungen zum Ablauf der Validierung MultiView-basierter Prozessmodelle mit dem BAM wird zunächst ein grober Überblick zur Benutzeroberfläche gegeben. Dazu dient Abbildung 8.3, die die zentralen Bereiche der Benutzeroberfläche zeigt bzw. nummeriert. Die Funktionsweise der meisten Bereiche der Benutzeroberfläche vom BAM wurde bereits in den letzten Abschnitten erläutert. Bei den durchnummerierten Bereichen in Abbildung 8.3 handelt es sich um:

1. Projekt Explorer
2. Modell Editor
3. Eigenschaften (Property View)
4. Regel Editor
5. Werkzeugpalette
6. Globale Objekte (Global Objects)

Im Model Editor der Abbildung 8.3 ist der Teilprozess *Zahlungsart wählen und Zahlung durchführen* des Beispielprozesses aus Abbildung 1.2 zu sehen. Der Prozess ist in der Repräsentation der MultiView-IDM (wählbar über Drop-Down Feld, aktuell ist `Privacy` angewählt) dargestellt.

8 Prototypische Realisierung der Konzepte

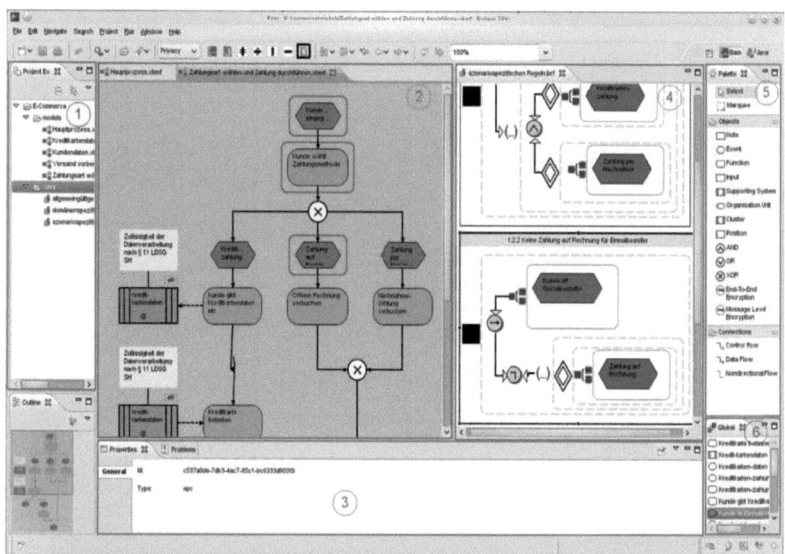

Abbildung 8.3: Benutzeroberfläche des Business Application Modeler.

Der Rule Editor (Nummer 4 in Abbildung 8.3) zeigt Teile von zwei exemplarischen Validierungsregeln. Die untere Regel entspricht der bereits in Abschnitt 7.1.3 erläuterten Anforderung, dass für Einmalbesteller keine **Zahlung auf Rechnung** erlaubt ist. Die obere (unvollständige) Regel führt im Gegensatz dazu die erlaubten Zahlungsarten (**Kreditkartenzahlung** und **Zahlung per Nachnahme**) auf und prüft deren Erreichbarkeit für den Prozessverlauf der Einmalbesteller. In Abbildung 8.3 ist zudem der Fehlerpfad dargestellt, der aus der Validierung des Beispielprozesses mit der unteren Validierungsregel resultiert. Dieser ist durch die Validierung des Hauptprozesses entstanden. Das heißt, bei der Anzeige des Fehlerpfades wird der Hinterlegung der Funktion **Zahlungsart wählen und Zahlung durchführen** des Hauptprozesses gefolgt und der Fehlerpfad auch in hierarchisch tiefer liegenden Prozessen visualisiert.

Um ein Prozessmodell zu validieren, wird dieses zunächst ausgewählt. Dann kann die Validierung durch Klicken auf den Validierungsbutton (schwarzer Kasten in Abbildung 8.3) gestartet werden. Dazu werden zunächst die zu überprüfenden Validierungsregeln (auf Basis einzelner Regeln oder ganzer Regelmodelle) und im Anschluss das ge-

8.2 Business Application Modeler

wünschte Prüfwerkzeug ausgewählt. Je nach Größe des Prozessmodells wird nach gewisser Zeit das Validierungsergebnis angezeigt. Dies ist im günstigsten Fall die Bestätigung der Konformität von Prozessmodell zu Validierungsregeln oder die Angabe, welche Validierungsregeln verletzt wurden, verbunden mit der Möglichkeit, den jeweiligen Fehlerpfad für die verletzte Regel im Modell anzuzeigen.

8.2.4 BAM: Einordnung in den Requirements-Engineering-Prozess

Nach Vorstellung der Grundkomponenten des Business Application Modeler sowie dessen prinzipieller Funktionalitäten kann an dieser Stelle die Zuordnung der Funktionalitäten in den allgemeinen RE-Prozess (siehe Abschnitt 2.3.2) erfolgen. Die Zuordnung ist schematisch in Abbildung 8.4 dargestellt.

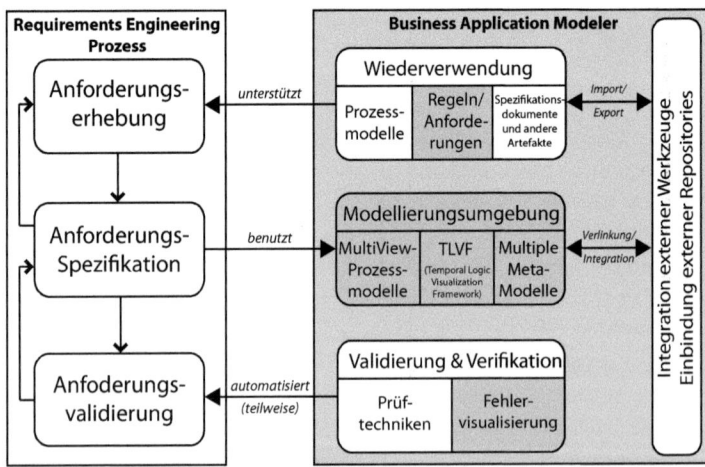

Abbildung 8.4: Zuordnung der Funktionalitäten des Business Application Modeler zum Requirements-Engineering-Prozess.

Auf der linken Seite der Abbildung 8.4 ist der allgemeine RE-Prozess dargestellt, dem die auf der rechten Seite der Abbildung dargestellten Funktionalitäten vom BAM zugeordnet werden. Der dargestellte RE-Prozess ist gegenüber den Erläuterungen des Abschnittes 2.3.2 um zwei Feedback-Kanten von der Anforderungsspezifikation zur Anforderungserhebung sowie von der Anforderungsvalidierung zur Anforderungsspezifikation erweitert, um das üblicherweise iterative Vorgehen im RE-Prozess darzustellen und damit den Nutzen vom BAM in dem iterativen Prozess hervorzuheben.

Die BAM-Grundkomponenten auf der rechten Seite der Abbildung 8.4 entsprechen den drei zentralen Aufgabenbereichen vom BAM *Wiederverwendung, Modellierungsumgebung* und *Validierung & Verifikation*. Die hervorgehobenen Bereiche der Grundkomponenten sind dabei spezielle durch BAM bereitgestellte Funktionalitäten, während die nicht hervorgehobenen Bereiche existierende Funktionalitäten wie existierende Prüftechniken bzw. -werkzeuge oder integriert externe Werkzeuge oder Repositories darstellen.

Der BAM-Grundkomponente *Wiederverwendung* ist primär der Phase *Anforderungserhebung* des Requirements-Engineering-Prozesses zuzuordnen, da durch vorhandene (Referenz-) Prozessmodelle, Spezifikationsdokumente, Anforderungen und die speziell durch BAM zur Verfügung gestellten grafischen Validierungsregeln eine Unterstützung bei der Erhebung von Anforderungen geleistet wird. Die Grundkomponente ist damit als Archiv für die genannten Artefakte zu verstehen, wobei die Artefakte sowohl aus Archiven des BAM als auch über externe Werkzeuge bzw. Repositories herangezogen werden können.

Der Kern des RE-Prozesses, die Phase der *Anforderungsspezifikation*, nutzt zur Spezifikation der erhobenen Anforderungen die BAM-Grundkomponente *Modellierungsumgebung*. Dabei stehen multiple Meta-Modelle für verschiedene Modellierungsnotationen zur Verfügung bzw. können entsprechend den Anforderungen angepasst wie auch erstellt werden. Die Prozessmodellierung kann dann unter Verwendung von MultiViews für die unterschiedlichen Projektbeteiligten erfolgen. Wie in Abschnitt 7.2.1 erläutert, kann die Modellierung der Validierungsregeln basierend auf oder zunächst unabhängig von den Prozessmodellen durchgeführt werden. Neben der Zuordnung der Regeln zu Modellen können diese durch den in Abbildung 8.4 angedeuteten Mechanismus der Verlinkung bzw. Integration auch anderen Repräsentationen (z. B. natürlichsprachliche Repräsentationen) oder sonstigen Artefakten zugeordnet bzw. mit diesen verbunden werden. Damit wird die Grundform der Nachverfolgbarkeit von Anforderungen über verschiedene Artefakte des SE- bzw. RE-Prozesses erreicht.

8.2 Business Application Modeler

Einmal erstellte Prozessmodelle bzw. Validierungsregeln können zur Wiederverwendung in die dafür vorgesehenen Archive unter Verwendung einen Domänenstruktur eingeordnet werden.

Die BAM-Grundkomponente *Validierung & Verifikation* ermöglicht die (teilweise) Automatisierung der Prüfung der spezifizierten Prozessmodelle mit Hilfe der grafischen Validierungsregeln. Dabei können die Validierungs- bzw. Verifikationsergebnisse der Prüfwerkzeuge zur Visualisierung etwaiger Fehler in Prozessmodellen genutzt werden und somit die Korrektur von fehlerhaften Prozessmodellen unterstützt werden. Dies entspricht der Feedback-Kante von der Phase *Anforderungsvalidierung* zur Phase *Anforderungsspezifikation* des RE-Prozesses.

Die genannten Funktionalitäten basieren primär auf speziell durch BAM implementierten Komponenten bzw. Plug-ins. Daneben werden im BAM aber auch die durch die IDE Eclipse und das Versionsverwaltungssystem SVN bereitgestellten Funktionalitäten genutzt. Letzteres wurde auch in [UNI11] zur Versionierung eingesetzt. Im BAM wird SVN zum einen für die Versionierung und zum anderen entsprechend der Möglichkeiten von SVN zur kollaborativen Nutzung von Modellen wie den Prozess- und Regelmodellen genutzt.

8.2.5 BAM: Evaluierung durch RET Evaluation Framework

Die vorangegangenen Abschnitte zum Business Application Modeler haben die grundsätzlichen Funktionalitäten, die technische Realisierung sowie die Einordnung der Funktionalitäten in den RE-Prozess beleuchtet. Um allerdings die Einsetzbarkeit eines Werkzeugs für die Prozessmodellierung oder die Anforderungsverwaltung für Benutzer bzw. bestimmte Projekte bewerten zu können, ist die Auflistung der unterstützten Funktionalitäten zumeist nicht ausreichend. Denn um den Nutzen von Requirements Engineering Tools (kurz RETs, siehe Abschnitt 2.3.2.2) für ein bestimmtes Unternehmen (und deren existierenden RE-Prozess) oder bestimmtes Projekt ermitteln zu können, sind kostengünstige und leicht anwendbare Vorgehensmodelle inklusive Bewertungskriterien nötig [Sch08]. Die Vorgehensmodelle können neben der Bewertungsfunktion gegebenenfalls noch weiteren Nutzen erbringen. Sie können beispielsweise dem schwachen Bewusstseins über

8 Prototypische Realisierung der Konzepte

die Existenz bzw. den Nutzen von RETs entgegenwirken und somit nachhaltig Verbesserungen des RE-Prozesses fördern [Mat09].

BAM kann prinzipiell auch als Geschäftsprozessmodellierungswerkzeug angesehen werden und könnte daher anstatt mit einem RET Evaluation Framework auch mit einem Framework zur Evaluation von Geschäftsprozessmodellierungswerkzeugen bewertet werden (siehe dazu [Sch08]). Da BAM über die Modellierung von (Prozess-) Modellen hinaus aber auch die Modellierung und Verwaltung von grafischen Validierungsregeln und damit Anforderungen bietet, soll an dieser Stelle der Anwendung eines RET Evaluation Framework der Vorzug gegeben werden.

Das ausgewählte Evaluations-Framework ist [MS03] bzw. [Mat05a] entnommen und basiert in der vorliegenden Version auf 14 Bewertungskriterien (siehe Tabelle 8.1, FEF1.1 bis FEF3.3), die als funktionale Anforderungen an RETs charakterisiert werden. Diese werden in Anlehnung an [Poh93] in die drei Kategorien *Representation Dimension*, *Agreement Dimension* und *Specification Dimension* unterteilt. Die *Representation Dimension* betrifft dabei den Grad der Formalisierung (siehe Abschnitt 2.2.1.1) der spezifizierten Artefakte wie Anforderungen oder Modelle, die *Agreement Dimension* befasst sich mit der Übereinstimmung bzw. Einigkeit der Projektbeteiligten bezüglich der Artefakte und die *Specification Dimension* betrachtet die Verständlichkeit der spezifizierten Artefakte zu einem bestimmten Zeitpunkt im Projektverlauf. Die Evaluation der RETs erfolgt anhand der Kriterien FEF1.1 bis FEF3.3, indem diese mit den Werten 3 (sehr gut), 2 (durchschnittlich) und 1 (schwach) belegt werden. Das Ergebnis der Evaluation der in [MS03] vorgestellten Stichprobe sowie vom BAM ist in Tabelle 8.1 abgebildet.

Die Berechnung der Gesamtpunktzahl erfolgt anhand der genannten Bewertung der einzelnen Features und der in der Spalte *Importance* aufgeführten Gewichtung. Die Gewichtung wurde wie in [Mat05a] beschrieben durch eine Umfrage mit 13 Wissenschaftlern ermittelt. In Fällen, in denen die Einschätzung der Wichtigkeit der an der Umfrage Beteiligten zu stark voneinander abwich (Spalte *Agreement > 5*), wurde das entsprechende Feature (in diesem Fall FEF1.3) aus der Gesamtwertung genommen. Anmerkend sei erwähnt, dass die Features FEF1.6 und FEF1.7 erst später in den Evaluationsprozess aufgenommen wurden. Der hohe Wert in der Spalte *Importance* für die beiden Features wurde festgelegt, weil die Features explizit durch die befrag-

8.2 Business Application Modeler

Features	Agreement	Importance	CORE 3.1 Trial	DOORS 5.2	CaliberRM Web v.4.0	Requisite Pro	VitalLink	XTie-RT 3.1	RDT Version 3.0	Cradle-4	BAM
FEF1.6 Define and maintain requirements constraints.	-	10	2	1	1	1	1	1	1	1	2
FEF1.7 Allow requirements definition on the abstract level.	-	10	1	1	1	1	1	1	1	1	2
FEF1.2 Specify requirements using semiformal language(s).	1,4	8,3	3	2	1	2	1	1	1	2	2
FEF2.3 Support secure, concurrent cooperative work between members of a multidisciplinary team, which may be geographically distributed.	1,9	8,3	1	2	2	2	1	1	1	1	2
FEF3.2 Generate predefined and ad hoc reports, documents that comply with standard industrial templates, with support for presentation quality output and in-built document quality controls.	1,9	8,3	2	3	3	3	2	3	2	3	1
FEF2.1 Maintain an audit trail of changes, archive baseline versions; and engage a mechanism to authenticate and approve change requests.	2,6	8,2	2	2	3	2	1	2	2	2	2
FEF1.1 Specify uniquely identifiable description using informal language.	2,8	8,1	3	2	2	2	2	3	3	2	2
FEF1.5 Connect seamlessly with other tools and systems, by supporting interoperable protocols and standards.	3,0	7,9	2	2	2	2	2	2	2	2	3
FEF3.3 Generate the complete specification, expressed using formal and semiformal languages might also be included), commonly agreed by all stakeholders.	3,4	7,9	1	1	1	2	2	1	2	3	2
FEF2.4 Maintain a comprehensive data dictionary of all project components and requirements in a shared repository.	3,6	7,6	1	3	2	2	1	2	2	3	1
FEF1.4 Define traceable associations between requirements and the different elements of requirements specification.	3,6	7,5	3	2	1	2	2	3	3	2	2
FEF2.2 Classify requirements into logical user- defined groupings.	4,3	7,4	2	3	2	3	2	3	3	2	3
FEF3.1 Collect and store a common system's and a product family's domain requirements.	4,3	7,3	1	2	2	2	1	1	2	3	2
FEF1.3 Specify requirements using formal language(s).	8,8	6,5	-0	-0	-0	-0	-0	-0	-0	-0	-0
Overall evaluation:			196,4	209	196,4	217,5	186,8	187,7	210	218,3	223

Tabelle 8.1: Ergebnis der Evaluierung durch das RET Evaluation Framework nach [MS03, Mat05a].

ten Wissenschaftler gefordert wurden und daher eine dementsprechend hohe Priorität besitzen.

Die Features der *Representation Dimension* gehören grundsätzlich zu den Stärken des BAM, da neben semiformalen vor allem formale Repräsentationen von Artefakten unterstützt werden. Im Besonderen wird das speziell geforderte Feature FEF1.7 durch die wiederverwendbaren Validierungsregeln sehr gut unterstützt. Auch die Verlinkung von Artefakten untereinander wie auch die Verbindung vom BAM mit anderen Werkzeugen (aufgrund der genutzten IDE Eclipse) wird durchschnittlich bis sehr gut unterstützt. Einzig die Verwaltung von informalen Anforderungen wird nicht besonders berücksichtigt, ist aber möglich.

Im Rahmen der *Agreement Dimension* geforderten Features werden vom BAM eher durchschnittlich bis schwach unterstützt, da keine RE-Prozessverwaltung integriert ist. Primär wird hierbei auf Funktionalitäten von SVN zurückgegriffen, welches kollaborative Arbeiten nur in Grenzen ermöglicht. Einzig die benutzerdefinierbare Struktur für Anforderungen wird sehr gut unterstützt.

Die Features der *Specification Dimension* werden ebenfalls wie die Features der *Agreement Dimension* nur durchschnittlich bis schwach vom BAM unterstützt. Die Ursache ist die Fokussierung des BAM auf Modelle, weshalb natürlichsprachliche Spezifikationsdokumente nur begrenzt unterstützt werden. Dieser Umstand wurde in der aktuellen Entwicklung durch die Integration von externen Tools (z. B. QPack [Orc11]) zur Verwaltung der natürlichsprachlichen Anforderungen gelöst. In zukünftigen Versionen ist aber die direkte Integration im BAM denkbar.

Trotz der häufig nur durchschnittlichen bis schwachen Wertung in *Agreement Dimension* und *Specification Dimension* liegt BAM nach Bewertung aller Features und Berechnung der Gesamtpunktzahl knapp vor den in der Stichprobe in [Mat05a] verwendeten RETS. Die resultiert vor allem aus der starken Unterstützung der (semi-) formalen Artefakte in der *Representation Dimension*. Die resultierende Gesamtaussage bezüglich BAM lautet jedoch nicht, dass BAM damit das „beste" RET der Stichprobe ist. Bei kritischer Betrachtung des Gesamtergebnisses ergeben sich im Speziellen zwei Problembereiche. Zunächst ist die Stichprobe teils mit Test-Versionen der RETs durchgeführt worden und zudem dürften die damals verwendeten Werkzeug mittlerweile durch neue Versionen ersetzt worden sein. Zu diesen lie-

8.2 Business Application Modeler

gen allerdings keine Bewertungen vor. Neben der Aktualität ist auch der spezielle Fokus von einzelnen Softwareprodukten problematisch. BAM beispielsweise liefert speziell die Modellierung von Modellen (Prozesse und Anforderungen) und bietet in der aktuellen Version keine Mittel zur Generierung von Textdokumenten, wie sie in aktuellen RE-Prozessen üblicherweise verwendet werden. Die Auswirkung in der Bewertung ist aber aufgrund der 1 als niedrigster Wert nicht derartig negativ, wie er an dieser Stelle zu erwarten wäre.

Zusammenfassend lässt sich also feststellen, dass durch die berechneten Gesamtpunktzahlen keine eindeutige Entscheidung über die Eignung bzw. den erwartbaren Nutzen getroffen werden kann. Es ist vielmehr nötig wie auch in [Sch08] für Geschäftsprozessmodellierungswerkzeuge gefordert die „Kriterienkataloge" entsprechend der tatsächlichen Anforderungen eines Unternehmens oder Projektes anzupassen. Damit der Evaluationsprozess aber in einem zeitlich sowie finanziell vertretbaren Rahmen ablaufen kann, sind existierende Evaluations-Frameworks gut als Ausgangsbasis für die Anpassung an die spezifischen Anforderungen geeignet.

Es sei angemerkt, dass neben den funktionalen Anforderungen an RETs in [Mat05a] auch nicht-funktionale Anforderungen an RETs definiert werden. Diese unterliegen entsprechend der Natur von nicht-funktionalen Anforderungen aber keinem Berechnungsverfahren und werden daher in Rahmen der Arbeit nicht näher betrachtet. Letzteres gilt ebenso für der in [Mat05a] ermittelten und in Tabelle 8.2 dargestellten Liste an fehlenden Features von RETs.

Allerdings können diese auch als Anhaltspunkte für die Auswahl eines RETs auf der einen Seite und auf der anderen Seite auch für die (Weiter-) Entwicklung von RETs genutzt werden. Obwohl die Entwicklung der Konzepte dieser Arbeit bzw. die Entwicklung des BAM nicht ursprünglich durch das vorgestellte RET Evaluation Framework motiviert wurde, ist beispielsweise der zweite Punkt der rechten Spalte in Tabelle 8.2 eines der Hauptziele, die mit den Konzepten und somit BAM verfolgt werden.

8 Prototypische Realisierung der Konzepte

RE-tool limitations	Maintaining Requirements Specifications
• Lack of stakeholder involvement • Stakeholder communication problems • Lack of defined responsibilities • Lack of requirements management • ...	• Need for requirements grouping • Need to specify using different representation techniques, including informal, semiformal, formal specifications • Lack of support for multiple, distributed users • Need for maintaining traceability relationship among different requirement elements • Repository needs for storing data about requirements specification • Support for flexible requirements management • ...

Tabelle 8.2: In [MS03, Mat05b] ermittelte fehlende Funktionalitäten von RETs (Auswahl).

9 Anwendungsfälle

Die in den folgenden Abschnitten vorgestellten Anwendungsfälle stellen beispielhaft die Abläufe der Validierung MultiView-basierter Prozessmodelle vor. Die Anwendungsfälle fokussieren dabei auf die Abläufe der Validierung sowohl von bestehenden als auch neu modellierten Prozessmodellen. Zudem wird in jeweils einem Anwendungsfall die Modellierung der MultiView-IDM und -SWS demonstriert.

Im folgenden Abschnitt 9.1 wird ein Szenario aus dem Bereich des *E-Government* vorgestellt. Die dargestellten Prozesse sind allerdings gegenüber dem realen Szenario aus Geheimhaltungsgründen verändert, indem sowohl die Bezeichner als auch der Prozessverlauf leicht geändert wurde. Der Fokus liegt aber wie auch im ursprünglichen Szenario auf der Modellierung der Prozesse sowie der Integration von gegebenenfalls notwendigen Datenschutzanforderungen (MultiView-IDM). In Abschnitt 9.2 wird die Modellierung und Validierung des fachlichen Prozessmodells der *Elektronischen Steuererklärung* präsentiert. Da es sich dabei um einen technisch ausführbaren Prozess handelt, bietet sich die Demonstration des Einsatzes der MultiView-SWS an. Abschließend werden in Abschnitt 9.3 ausgewählte Teile aus Referenzprozessen der *SAP-Referenzprozesse* (aus einer ARIS Datenbank) vorgestellt. Dabei wird allgemein der Einsatz des MultiView-Konzeptes sowie der grafischen Validierungsregeln betrachtet.

9.1 Anwendungsfall: E-Government

Das im Folgenden präsentierte Szenario beschreibt die *Verwaltung von Mitgliederdaten eines Vereins*. Es handelt sich bei den präsentierten Prozessen nicht um die realen Prozesse des ursprünglichen Anwendungsfalles bzw. Szenarios. Die vorgestellten Prozesse sind aber an das reale Szenario angelehnt und können daher die Ergebnisse des ursprünglichen Anwendungsfalles wiedergeben.

9.1 Anwendungsfall: E-Government

Die vorgestellten Prozesse reichen dabei von der ersten Kontaktaufnahme eines am Vereinsbeitritt Interessierten über die Aufnahme der Daten des neuen Mitglieds bis hin zur Verwaltung der Beitragszahlungen, Kurs- und Wettkampfteilnahmen der Mitglieder. Abbildung 9.1 zeigt den Hauptprozess der Mitgliederverwaltung.

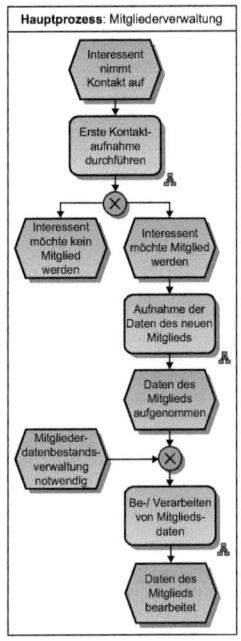

Abbildung 9.1: Hauptprozess der Mitgliederverwaltung.

Die Startereignisse des Hauptprozesses sind **Interessent nimmt Kontakt auf** und **Mitgliederdatenbestandsverwaltung notwendig**. Die drei Funktionen des Hauptprozesses besitzen jeweils weitere hinterlegte Prozesse, die die genauen Abläufe der Mitgliederverwaltung spezifizieren. Da die Präsentation aller Unterprozesse den Rahmen dieser Arbeit sprengen würde, werden in den folgenden Unterabschnitten nur die für das Verständnis notwendigen Teile der Prozesse vorgestellt. Einen Eindruck über die Größe des im Rahmen dieser Arbeit betrachteten Teil des Gesamtszenarios liefert Abbildung 9.2.

Die weiteren Unterprozesse finden sich in Anhang C.1. Die Anzahl der Modellelemente im betrachteten Gesamtprozess beträgt 71. Zudem

9 Anwendungsfälle

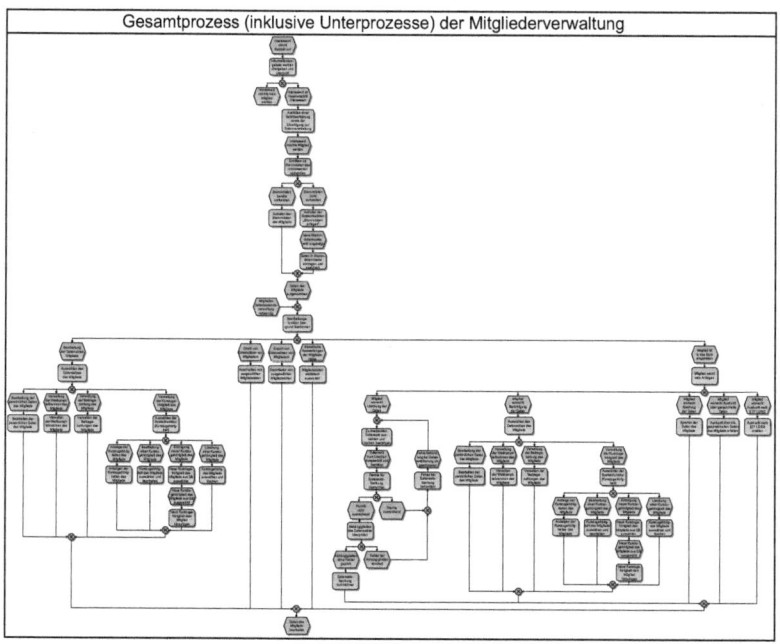

Abbildung 9.2: Betrachteter Gesamtprozess der Mitgliederverwaltung.

befinden sich 19 Konnektoren in dem Prozess. Dabei werden in der Zählung nur kontrollflussrelevante Modellelemente (im Fall der EPK-Ereignisse und -Funktionen) berücksichtigt, da sich nur diese auf die Größe des Zustandsraumes auswirken.

Im Rahmen des realen Szenarios ist das Ziel verfolgt worden, die Prozesse der betreffenden Einrichtung zu dokumentieren bzw. zu modellieren und diese speziell auf Datenschutzanforderungen zu überprüfen und gegebenenfalls um fehlende Datenschutzanforderungen zu ergänzen. Entsprechend des in Abschnitt 7.2.1 bzw. Abbildung 7.7 festgelegten Vorgehensmodell fand zunächst eine Überprüfung statt, ob ein geeignetes Referenzprozessmodell existiert. Da dies nicht der Fall war, wurde mit der Modellierung von Grund auf begonnen. Die Prozessmodelle wurden der Domäne E-Government zugeordnet. Wobei anzumerken ist, dass hier eine weitere Verfeinerung der Domänenstruktur notwendig ist.

9.1 Anwendungsfall: E-Government

9.1.1 MultiView-basierte Prozessmodellierung der Prozesse der Mitgliederverwaltung

Der Haupt- und Gesamtprozess (Abbildung 9.1 bzw. 9.2) sind als fachlicher Prozess dargestellt. In den Prozessen werden daher zunächst keine für den Datenschutz entscheidenden Modellelemente wie Datencluster dargestellt. Beim Einsatz der MultiView basierten Prozessmodellierung erfolgt dies erst in der MultiView-IDM (siehe Abschnitt 6.4). Aufgrund der Gesamtgröße des Prozesses wird der Einsatz der MultiView-IDM beispielhaft an den zwei in Abbildung 9.3(a) und 9.3(b) dargestellten Unterprozessen demonstriert.

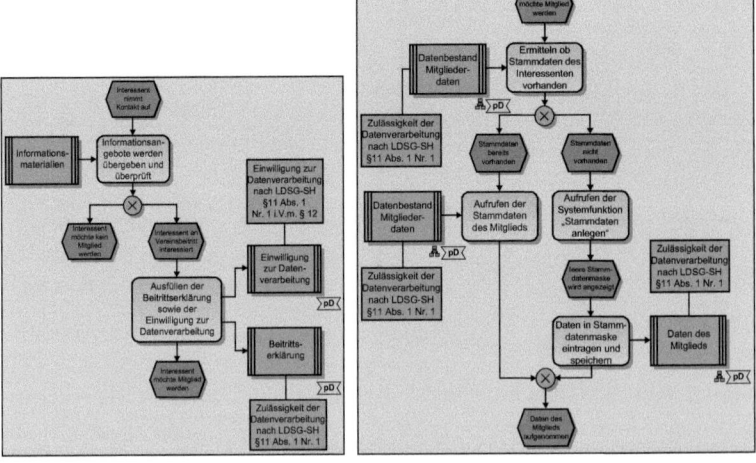

(a) „Erste Kontaktaufnahme durchführen" (b) „Aufnahme der Daten des neuen Mitglieds"

Abbildung 9.3: Zwei Unterprozesse der Mitgliederverwaltung in der MultiView-IDM.

Fachlich betrachtet, beinhaltet der Unterprozess in Abbildung 9.3(a) die Kontaktaufnahme eines Interessenten und die Entscheidung gegen oder für einen Vereinsbeitritt. Aus Datenschutzsicht sind dabei besonders die entstehenden Daten Einwilligung zur Datenverarbeitung und Beitrittserklärung zu beachten. Erstere Daten sind dabei die notwendige Voraussetzung für die Aufnahme bzw. Verarbeitung der Beitrittserklärung, da es sich dabei um die Einwilligung zur Datenverarbeitung handelt. In der MultiView-IDM werden diese Informationen durch die entsprechenden Vorbedingungen an den jeweiligen Datenclustern angezeigt, die durch entsprechende Symbole als personenbezogen gekennzeichnet sind. In Abbildung 9.3(b) erfolgt dies analog. Wobei die Aufnahme bzw. zweckgebundene Verarbeitung der Daten des Mitglieds aufgrund der zuvor unterzeichneten Einwilligung zur Datenverarbeitung datenschutzrechtlich zulässig ist. Die Kennzeichnung des Datenclusters Daten des Mitglieds als personenbezogen erfolgt automatisch, aufgrund wiederverwendeter Datenelemente wie das Datenelement Name, Vorname, Anschrift und Geburtsdatum aus dem Bereich Identitätsdaten (siehe Abbildung 6.9).

9.1.2 Validierungsregeln der Prozesse der Mitgliederverwaltung

Das reale Szenario des Anwendungsfalles wurde der Domäne E-Goverment zugeordnet. Allerdings existiert bisher kein Regelbestand, der wiederverwendet werden kann. Daher sind die Validierungsregeln vor allem szenariospezifischer und allgemeingültiger Natur. Die hier vorgestellte Mitgliederverwaltung konnte keiner existierenden Domäne zugeordnet werden. Eine möglicherweise neue Domäne könnte die Benutzerdatenverwaltung sein. Im Folgenden werden aber zunächst szenariospezifische Regeln betrachtet, die bei der Modellierung bzw. Überprüfung der korrekten Modellen unterstützen. Zudem wird aber auch der Einsatz der wiederverwendbaren allgemeingültigen Datenschutzregeln erläutert, die bereits in Abschnitt 6.4.5 bzw. Abbildung 6.12 vorgestellt wurden.

Die szenariospezifischen Validierungsregeln entsprechen im Prinzip den FA und NFA des vorliegenden Anwendungsfalles. Abbildung 9.4(a) stellt beispielhaft die grafische Validierungsregel der FA dar, dass die Bearbeitung von Mitgliedsdaten direkt nach dem auftretenden Geschäftsvorfall (z. B. Mitglied wünscht Berichtigung der Daten) erfolgen soll. Dabei wird entsprechend der Erläuterungen des Abschnittes 7.1.4 durch den temporalen Operator AX gefordert, dass in jedem Zustand nach Auftreten des jeweiligen Ereignisses das Bearbeiten von Daten des Mitglieds folgen soll. Das Hinterlegungssymbol an der Funktion bzw. der hinterlegte Prozess muss dabei nicht von Anfang an existieren, sondern kann auch erst im Verlauf der Modellierung hinzugefügt. Durch die globale Verwaltung der Modellelemente wird

9.1 Anwendungsfall: E-Government

aber stets auf die aktuelle Version des entsprechenden Elements referenziert. Bei der Transformation muss dies berücksichtigt werden (siehe Abschnitt 7.1.4).

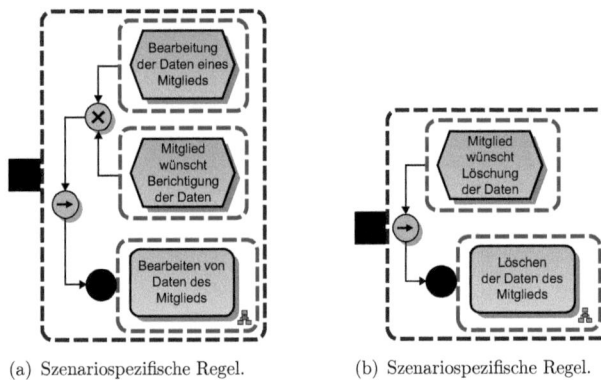

(a) Szenariospezifische Regel.   (b) Szenariospezifische Regel.

Abbildung 9.4: Modellierungsfehler und entsprechende grafische Validierungsregeln der Mitgliederverwaltung.

Abbildung 9.4(b) modelliert die Anforderung, dass das Löschen der Mitgliedsdaten auf Wunsch des Mitglieds zu erfolgen hat. Die Erläuterungen gelten analog zu den zu Abbildung 9.4(a). Ein Beispiel für einen als typisch zu bewertenden Modellierungsfehler, der mit der Validierungsregel in Abbildung 9.4(b) bzw. 9.4(a) gefunden werden kann, ist in Abbildung 9.5 zu sehen.

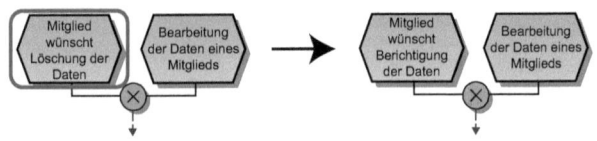

Abbildung 9.5: Typischer Modellierungsfehler.

Der Modellierungsfehler kann leicht beim Auslagern von bestimmten Prozessverläufen in Unterprozesse entstehen, da in dem Unterprozess alle Start- und Endereignisse aufgeführt werden müssen. Dies ist aber recht fehleranfällig, da häufig nur bei einer kleinen Anzahl von Prozessen die genaue Übersicht über existierende Start- und Endereignisse besteht. Ergänzend sei erwähnt, dass die Verwendung des AX-Operators im Rahmen dieses Anwendungsfalles bzw. der Prozessmodelle nicht durch das in Abschnitt 7.1.4 aufgezeigte Problem beeinflusst wird, da durch die ausschließliche Verwendung des XOR-Operators das Verhalten des Prozessmodells dem des formalen Modells entspricht.

Neben der Prüfung dieser eher formalen Korrektheit (syntaktische und semantische Korrektheit) des Prozesses, die gegebenenfalls auch mit anderen Verfahren überprüft werden kann, dienen szenariospezifische Regeln aber hauptsächlich zur Sicherstellung der inhaltlichen Korrektheit wie dem Vorhandensein bestimmter Funktionen oder Bedingungen bzw. deren korrekten zeitlichen Abfolge.

Allgemeingültige Regeln spezifizieren ebenfalls Validierungsregeln sowohl zur formalen als auch inhaltlichen Korrektheit der Prozessmodelle. Die Wiederverwendung der im Rahmen dieses Anwendungsfalles angewendeten Datenschutzregeln wird, entsprechend dem Vorgehensmodell der MultiView-IDM in Abbildung 6.10, zum einen durch die Verwendung von Datenclustern bzw. -elementen aus dem Datenmodell personenbezogene Daten (Abbildung 6.9) und zum anderen durch das Setzen der entsprechenden Datenschutzattribute an neuen Datencluster- bzw. -elementen sowie Funktionen ermöglicht.

Abbildung 9.6(a) zeigt eine szenariospezifische Löschregel. Diese Regel soll sicherstellen, das nach der Aufnahme von neuen Mitgliedsdaten bzw. bei der Verwaltung des Mitgliedsdatenbestandes das Löschen der Daten des Mitglieds mindestens einmal (EF) erreichbar ist. Die verallgemeinerte Form dieser Löschregel ist in Abbildung 9.6(b) dargestellt. Diese Regel, die bereits in Abschnitt 6.4.5 vorgestellt wurde, findet neben dem Beispielprozess (Abbildung 1.2 bzw. 6.11) auch Anwendung im Rahmen des Anwendungsfalles der Mitgliederverwaltung. Dabei wird durch die Regel gefordert, dass einmal erhobene personenbezogene Daten (gekennzeichnet durch das Symbol pD und die Identität) auch gelöscht werden können.

Entsprechend der Muster der allgemeingültigen Löschregel werden für die drei in den Abbildung 9.3(a) bzw. 9.3(b) erhobenen Daten(-clustern) drei konkrete Validierungsregeln erstellt. Diese automatisch erzeugten Regeln werden von den Prozessen der Mitgliederverwaltung erfüllt, da die drei personenbezogenen Daten im Unterprozess **Löschen der Daten des Mitglieds** (siehe Anhang C.5) gelöscht werden können.

9.2 Anwendungsfall: „Elektronische Steuererklärung"

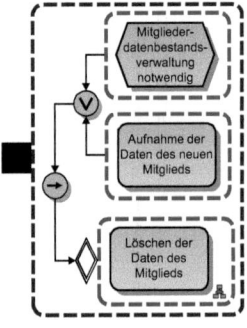
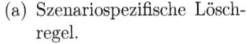
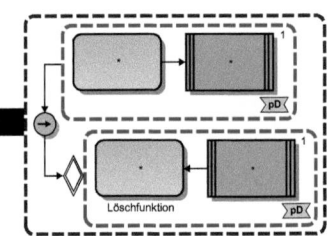

(a) Szenariospezifische Löschregel.

(b) Allgemeingültige Löschregel (entspricht Abbildung 6.12(b)).

Abbildung 9.6: Beispielhafte grafische Validierungsregeln der Mitgliederverwaltung.

Würde in dieser allgemeinen Löschregel (Abbildung 9.6(b)) anstatt des Operators EF der Operator AF verwendet, erfolgt eine deutliche stärkere Forderung an das Prozessmodell. Diese Forderung macht es erforderlich, dass in jedem Prozessverlauf die Löschfunktion für erhobene personenbezogene Daten erreicht wird. Die Prozesse der Mitgliederverwaltung erfüllen diese Forderung nicht. Erreicht werden könnte dies beispielsweise durch die Verwendung von Zyklen, wie bereits in Abschnitt 7.1.4 erläutert. Diese starke Forderung verlangt darüber hinaus aber auch die vollständige Ausrichtung des Prozessmodells auf das Löschen der Daten. Ein Beispiel dafür findet sich in dem in dieser Arbeit zur Demonstration verwendeten Beispielprozess (Abbildung 1.2 bzw. 6.11), da dort das Löschen der Kundendaten von Einmalbestellern auf allen Prozessverläufen erreicht wird.

9.2 Anwendungsfall: „Elektronische Steuererklärung"

Der der Domäne Steuerverwaltung entstammende Anwendungsfall *Elektronische Steuererklärung* betrifft die exemplarische Umsetzung der Vorhaben *ELSTER* und *EloSt* (elektronische Steuererklärung). Dabei ist das Ziel „die durchgängige, medienbruchfreie elektronische Verarbeitung von Einkommenssteuer-Erklärungen beginnend beim Bürger" [DF09]. Die Herausforderungen der Realisierung dieses Projektes liegen „in organisatorischen Unterschieden, heterogenen IT-Strukturen, unterschiedlich guter IT-Ausstattung der verschiedenen Finanzverwaltungen und Finanzämter und der Berücksichtigung länderspezifischen Besonderheiten" [DF09].

Der betrachtete Prozess beginnt mit dem Startereignis Nachricht eingetroffen, welches durch den Eingang einer ELSTER-Nachricht ausgelöst wird. Direkt nach dem Eingang muss die ELSTER-Nachricht archiviert werden. Danach wird eine Rückmeldung über den Eingang an den Absender gesendet und die ELSTER Nachricht für die manuelle oder automatische Bearbeitung in einer Datenbank abgelegt. Das fachliche Prozessmodell ist in Abbildung 9.7 dargestellt. Eine ausführlich Erläuterung des Anwendungsfalles und der entsprechenden Rahmenbedingungen ist in [PD08] zu finden.

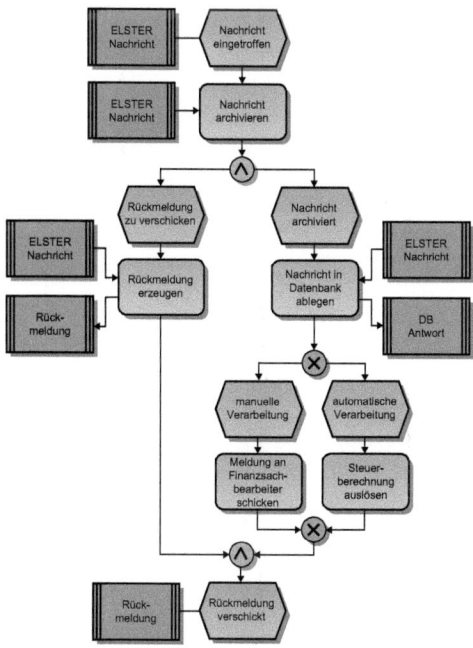

Abbildung 9.7: Fachliche EPK des ELSTER-Prozesses.

9.2 Anwendungsfall: „Elektronische Steuererklärung"

Der Fokus im Rahmen dieser Arbeit liegt wie auch bereits in der Veröffentlichung [DF09] auf den Modellierungsaufgaben sowie dem Einsatz des entwickelten Validierungsverfahrens. Die Realisierung des Anwendungsfalles erfolgte unter Verwendung verschiedener Methoden und Werkzeuge. Der im Folgenden vorgestellte Prozess der Elektronischen Steuererklärung wurde mit dem ARIS SOA Architect (siehe Abschnitt 8.1) erstellt und in einen ausführbaren BPEL-Prozess transformiert. Es ist anzumerken, dass aufgrund der fehlenden vollständigen Transformation der modellierten Sicherheitseigenschaften keine Sicherheitsmechanismen in den exemplarisch realisierten Prozessen integriert wurden. Die Ausführung des BPEL-Prozesses erfolgte mit dem Oracle-BPEL-Process-Manager.

9.2.1 MultiView-basierte Prozessmodellierung des Prozesses der „Elektronischen Steuererklärung"

Nach der Modellierung des fachlichen Prozessmodells (inklusive der konzeptionellen Datencluster) erfolgt die Modellierung der für die Transformation der EPK in einen BPEL-Prozess notwendigen Informationen in einer Web Service MultiView. Dies umfasst die Zuordnung der die Funktionen ausführenden Web Services sowie der entsprechenden Web Service Anfragen und Antworten. Der Gesamtprozess des Anwendungsfalles ist in Anhang C.2, Abbildung C.6 dargestellt.

Aufbauend auf der Web Service MultiView wurden dem Prozessmodell Sicherheitseigenschaften hinzugefügt. Da es sich um einen realen Prozess handelt, sind verfügbare Sicherheitsmechanismen wie die Verschlüsselung auf Nachrichtenebene (im Gegensatz zur Ende-zu-Ende-Verschlüsselung) ausgewählt worden. Konkret soll der Kommunikationskanal bzw. die eingehende `ELSTER-Nachricht` beim Archivieren, bei der Erzeugung der Rückmeldung und bei der Ablage in der Datenbank für die weitere Verarbeitung SSL verschlüsselt werden. Dies ist in Abbildung 9.8 zu sehen.

9.2.2 Validierungsregeln der Prozesse der „Elektronischen Steuererklärung"

Der in dieser Arbeit entwickelte Validierungsmechanismus erreicht besonders bei größeren Prozessmodellen seinen vollen Nutzen. Aber auch

9 Anwendungsfälle

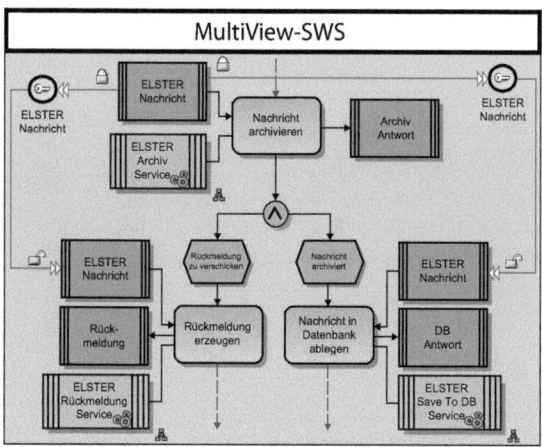

Abbildung 9.8: Ausschnitt des ELSTER-Prozesses in MultiView-SWS.

in kleinen Prozessmodellen können sich leicht Fehler einschleichen, die durch zuvor formulierte oder wiederverwendbare Validierungsregeln aufgedeckt werden können. Außerdem können von Prozessmodellen jeder Größe domänenspezifische und allgemeingültige Validierungsregeln abgeleitet werden.

So wies eine frühe Version des Prozessmodells anstatt des ELSTER Archiv Service nur einen Weiterleitungsdienst auf. Dies steht aber im Widerspruch zu der Forderung, dass jede ELSTER Nachricht nach dem Eintreffen sofort zu archivieren ist. Diese Anforderung wird als *Eingangsstempel* bezeichnet und ist in der grafischen Validierungsregel in Abbildung 9.9(a) dargestellt. Konkret besagt die Regel, dass jedes Starterereignis (Symbol am Ereignis) mit einer ELSTER-Nachricht direkt im Anschluss (EX) ein Web Service ebendiese Nachricht persistent abzulegen hat (Attribut Persistenz erfüllt: True). Bei dieser Regel wird zwar bereits vom konkreten Bezeichner des Starterereignisses und der Funktion abstrahiert, allerdings ist der Geltungsbereich der Regel eher auf Szenarioebene als auf Domänenebene zu sehen. Der Grund dafür liegt darin, dass jeder mit der ELSTER-Nachricht beginnende Prozess zuerst die Archivierung der Nachricht vornehmen müsste. Dies kann aber nicht domänenspezifisch oder allgemein gefordert werden.

9.2 Anwendungsfall: „Elektronische Steuererklärung"

Diese somit szenariospezifische Regel kann aber in eine als *Persistenz von Datenobjekten* bezeichnete allgemeine Regel überführt werden. Die allgemeine Forderung verlangt für jede an einem Startereignis befindliche Nachricht mit der Forderung nach Persistenz (*Persistenz gefordert: True*) direkt im Anschluss (**EX**) den Aufruf eines Web Service, der die Eigenschaft **Persistenz erfüllt: True** besitzt. Diese Regel ist auch auf den Prozess der Elektronischen Steuerklärung anwendbar, wenn die **ELSTER-Nachricht** mit dem entsprechenden Attribut gekennzeichnet wird.

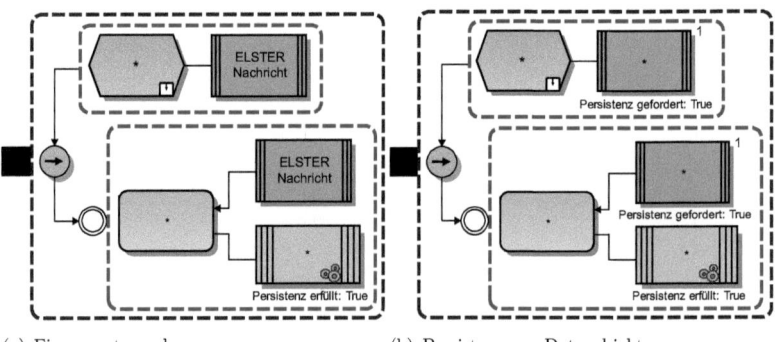

(a) Eingangsstempel (b) Persistenz von Datenobjekten

Abbildung 9.9: Beispielregeln für Regeltypen.

Die Regeln Eingangsstempel und Persistenz von Datenobjekten finden besonders im Rahmen der MultiView-SWS Anwendung, da sie sich direkt auf Web Services beziehen. Eine auf den fachlichen Prozess anwendbare Regel ist in Abbildung 9.10 zu sehen. Die Validierungsregel verbietet allen Prozessen (**AF**) mit einer **ELSTER-Nachricht** am Startereignis das Beschreiben bzw. Schreiben einer **ELSTER-Nachricht**. Fachlich gesehen wird damit sicher gestellt, dass eine eingegangene **ELSTER-Nachricht** in keinem Prozessverlauf verändert oder gar neu geschrieben wird. Da diese Regel für sämtliche Prozesse der Domäne „Elektronische Steuererklärung" gilt, ist die Regel als domänenspezifisch zu charakterisieren.

Im Rahmen des Anwendungsfalles wurden überwiegend Validierungsregeln für die MultiView SWS aufgenommen. Diese Regeln finden allerdings keine Anwendung auf die modellierten Sicherheitseigenschaften, da sich die eingesetzte Verschlüsselung, wie in Abschnitt

9 Anwendungsfälle

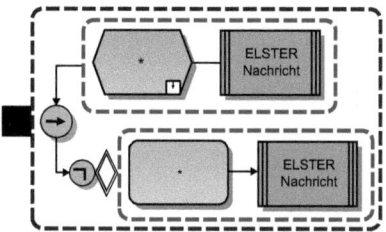

Abbildung 9.10: Grafische Validierungsregel Unveränderlichkeit.

6.3.5.3 erwähnt, nur auf der Kommunikations- bzw. Nachrichtenebene auswirkt.

9.3 SAP-Referenzprozesse

Die SAP-Referenzprozessmodelle [KT98] wurden von der SAP AG in Zusammenarbeit mit der damaligen IDS Scheer AG (heute Teil der Software AG [Sof11d]) aufgenommen. Inhaltlich umfassen die Prozessmodelle weitgehend alle durch das ERP-System der SAP AG abgedeckten Unternehmensbereiche vom Anlagen- und Beschaffungsmanagement über den Kundenservice bis hin zur Personalverwaltung und dem Vergütungsmanagement. Entsprechend der vielgestaltigen Ziele der Prozessmodellierung (siehe Tabelle 3.2) können auch die SAP-Referenzprozesse für unterschiedliche Zwecke wie eine prozessorientierte Reorganisation oder das modellbasierte Customizing von Standardsoftware verwendet werden. Für den Einsatz, das Customizing und die Umsetzung der SAP-Referenzprozessmodelle wurden u. a. vollständige Vorgehensmodelle entwickelt. Ein Beispiel dafür ist das *ARIS Value Enineering for SAP* (kurz AVE for SAP) [BE07], welches „ein ganzheitlicher, modellbasierter Ansatz [ist], der alle wichtigen Aspekte einer [SAP-] Implementierung betrachtet (Prozesse, Systeme, Daten, Organisation)". Ein allgemeineres Vorgehensmodell zur Einführung von ERP-Systemen findet sich beispielsweise in [Krc05], wobei aber ebenfalls wie beim *AVE for SAP* Referenzprozessmodelle den Mittelpunkt der Implementierung bzw. Einführung des jeweiligen ERP-Systems bilden. Grundsätzlich findet dabei zunächst die Auswahl der für die konkrete Implementierung relevanten Referenzprozessmodelle statt, die dann entsprechend der Vorgehensmodelle zunächst angepasst

9.3 SAP-Referenzprozesse

und schlussendlich realisiert werden. Das *AVE for SAP* sieht dabei die Entwicklung von BPEL-Prozessen als Realisierung vor.

Die im Folgenden beispielhaft vorgestellten Prozessausschnitte und die entwickelten Aussagen in Bezug auf das SAP-ERP-System besitzen aufgrund der Ähnlichkeit des prinzipiellen Vorgehens auch für andere ERP-Systeme und unter Umständen auch allgemein für Informationssysteme Gültigkeit. Aufgrund des großen Umfangs der SAP-Referenzprozesse, die vorliegende Version der SAP Referenzprozessmodelle umfasst 9845 Modelle, wovon es sich bei 4466 Modellen um EPKs handelt, können nur einzelne spezifische Aussagen zu den Prozessen vorgestellt werden. Die Analyse beschränkt sich konkret auf jeweils zwei Prozessmodelle aus den Bereichen Beschaffung und Kundenservice. Anmerkend sei erwähnt, dass an einigen Stellen aus Urheberrechtsgründen Bezeichner von Modellelementen in den abgebildeten Referenzprozessen unkenntlich gemacht worden.

Abbildung 9.11 zeigt drei EPKs aus dem Bereich Beschaffung, wovon allerdings nur die mittlere und rechte EPK ein vollständiges Prozessmodell darstellen. Diese Struktur ist typisch für die SAP-Referenzprozessmodelle. Auf der obersten Ebene werden zunächst die Aufgabenbereiche zusammengefasst, repräsentiert durch EPK-Funktionen mit Hinterlegungen, und erst auf tieferen Ebenen sind ausspezifizierte Prozessmodelle vorhanden. Auf der tiefsten Ebene der Referenzprozessmodelle sind ebenfalls wie auf den oberen Ebenen wieder EPKs mit Sammlungen von möglichen Funktionen zu finden. Neben den EPKs sind noch *Funktionszuordnungsdiagramme* (kurz FZD) [IDS10a] und *Role-Allocation-Diagrams* (kurz RAD) [IDS10a] vorhanden. Während FZDs im Rahmen der SAP-Referenzprozesse zur Zuordnung von Prozessen bzw. EPKs zu Transaktionen des SAP-ERP-Systems dienen, werden in RADs den Transaktionen zusätzlich konkrete Rollen zugeordnet.

Inhaltlich befasst sich die EPK *Interne Beschaffung* (Abbildung 9.11, Mitte) mit dem Ablauf des internen Beschaffungswesens vom Auftreten eines internen Beschaffungsbedarfes bis hin zur Lagerung und Rechnungsprüfung der beschafften Waren. Die hinterlegte EPK der Funktion **Bestellanforderung** (kurz BANF) ist in Abbildung 9.11 rechts dargestellt. Diese befasst sich mit der prinzipiellen Verarbeitung von Bestellanforderungen. Auf der nächst tieferen Ebene finden sich dann die angesprochenen FZDs und RADs, aber auch EPKs, die abermals keinen konkreten Kontrollfluss besitzen, sondern nur einzelne Funktionen beinhalten.

Die Struktur über die vier Hierarchiestufen des Bereiches Beschaffung ist so auch im Bereich Kundenservice (Abbildung 9.12) vorhanden. Die EPK *Langfristige Serviceleistungen* (Abbildung 9.12, links) beschreibt die Anbahnung und Abwicklung von Serviceverträgen, wobei die EPK *Presales-Aktivitäten* (Abbildung 9.12, rechts) konkret den Ablauf der Anbahnung veranschaulicht.

9.3.1 MultiView-basierte Prozessmodellierung im Rahmen der SAP-Referenzprozesse

Der Einsatz von MultiViews im Rahmen der SAP-Referenzprozesse erfolgt analog zur üblichen Geschäftsprozessmodellierung. Der Referenzcharakter der Prozessmodelle kann aber in gewisser Hinsicht auch auf die MultiViews übertragen werden, indem verschiedene MultiViews mit ihren entsprechenden Darstellungen der Modellinhalte vordefiniert werden. Über die Darstellung hinaus können auch bestimmte Attribute für Modellelemente definiert werden. Das sind beispielsweise spezielle Funktionsbeschreibungen wie Löschfunktion oder Annotationen an Datenelementen, die die betreffenden Daten charakterisieren. Zudem ist mit der Bereitstellung einer MultiView gleichzeitig auch die Bereitstellung von Datenmodellen (wie dies für die MultiView-IDM erfolgte) möglich. Neben neu zu definierenden Attributen können auch vorhandene Attribute für MultiViews genutzt werden. Dabei handelt es sich beispielsweise um die Attribute *SAP-Funktionstyp* sowie *Klassifikation* an EPK-Funktionen oder das Attribut *Condition* an EPK-Ereignissen.

Über die Nutzung von Attributen hinaus wird mit dem MultiView-Konzept auch die Realisierung von speziellen auf den Einsatz von Referenzprozessmodellen ausgerichtete Funktionalitäten ermöglicht. So lässt sich darüber ein Mechanismus realisieren, der anzeigt, welche der SAP-Referenzprozesse bisher nur übernommen wurden und welche bereits angepasst wurden. Auch die Bereitstellung von speziellen MultiViews, die insbesondere für den Einsatz bei Gesprächen mit den jeweiligen Fachbereichen geeignet sind (im Sinne einer DSL), sind denkbar.

9.3 SAP-Referenzprozesse

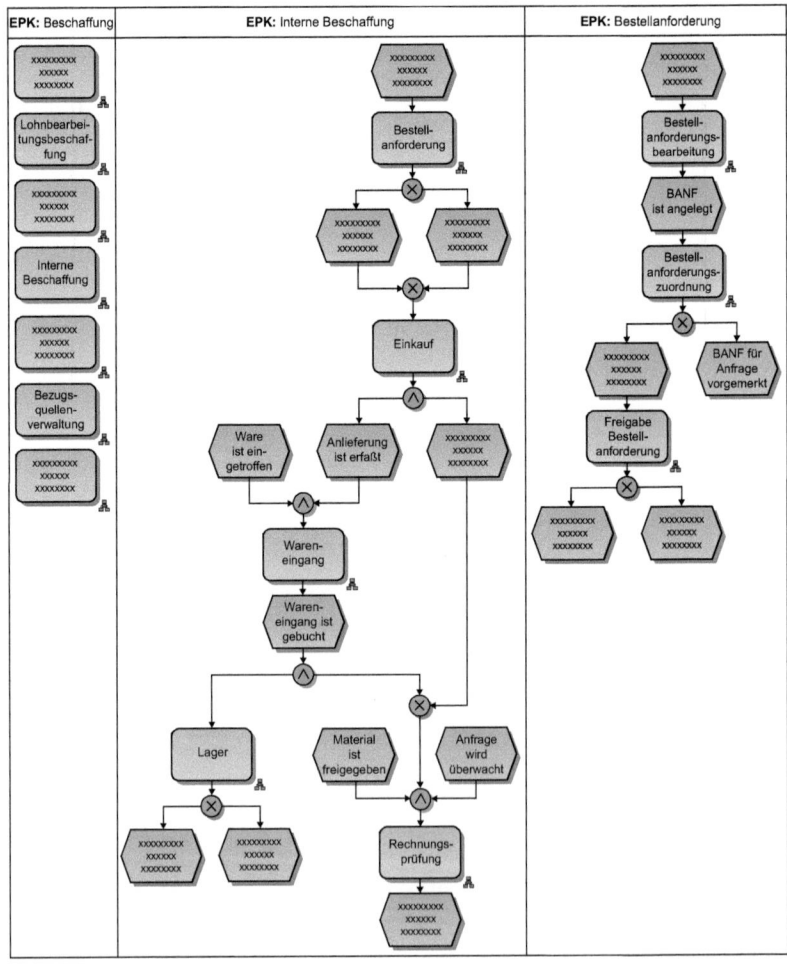

Abbildung 9.11: SAP-Referenzprozesse der Beschaffung.

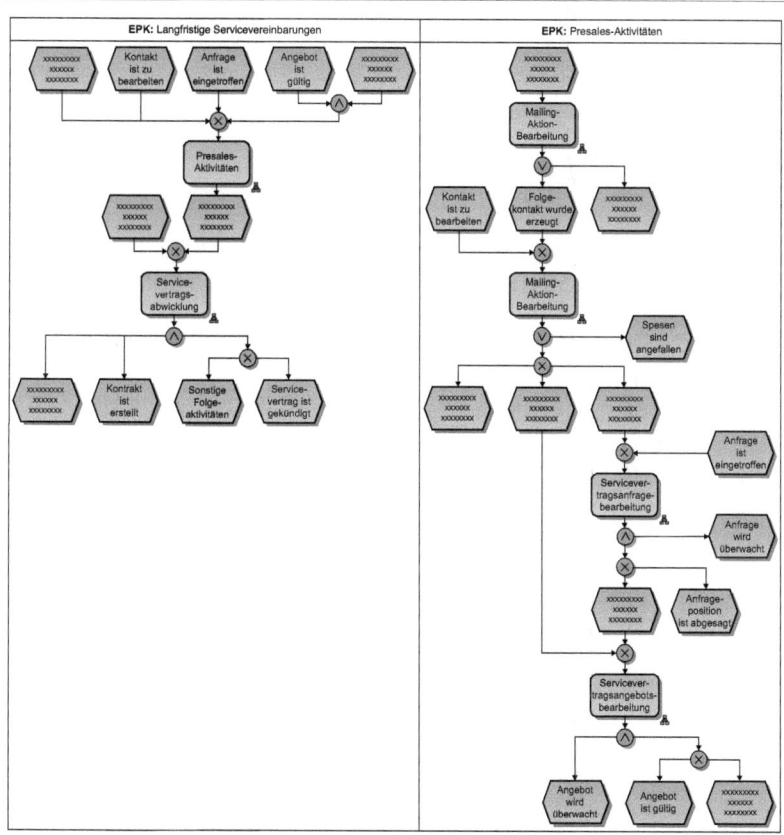

Abbildung 9.12: SAP-Referenzprozesse des Kundenservice.

9.3.2 Validierungsregeln im Rahmen der SAP-Referenzprozesse

Grafische Validierungsregeln sind in zweierlei Hinsicht als Ergänzung für die SAP-Referenzprozesse zu betrachten. Zum einen werden dadurch die in den Prozessen beinhalteten Anforderungen bzw. Regeln explizit formuliert. Dies wäre in ähnlicher Form aber auch mit natürlichsprachlichen Formulierungen möglich. Zum anderen kann die explizite Formulierung aber im Unterschied zu natürlichsprachlichen Anforderungen gleichzeitig auch zur Validierung genutzt werden.

9.3 SAP-Referenzprozesse

Aufgrund der bereits vorhanden Prozessmodelle können vor allem szenariospezifische Regeln erstellt werden. Drei szenariospezifische Beispielregeln für die EPKs der Abbildung 9.11 sind in Abbildung 9.13 dargestellt.

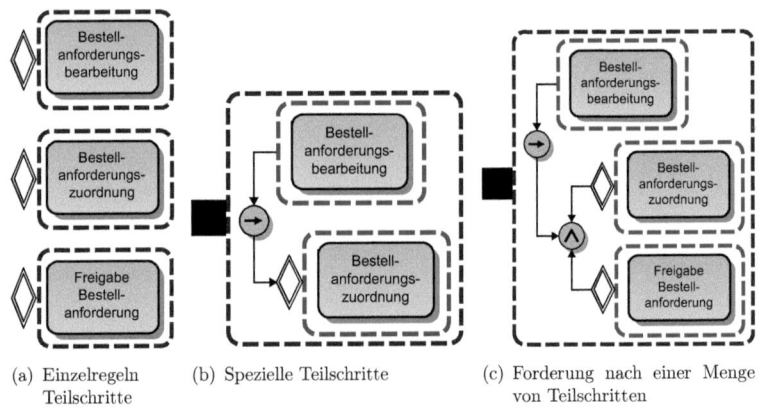

(a) Einzelregeln Teilschritte   (b) Spezielle Teilschritte   (c) Forderung nach einer Menge von Teilschritten

Abbildung 9.13: Beispielregeln unterschiedlicher Granularitätsstufen für SAP-Referenzprozesse.

Grundsätzlich fokussieren die dargestellten Regeln auf die Überprüfung von Teilschritten in Prozessen. Konkret wird in Abbildung 9.13(a) die Existenz der drei abgebildeten Teilschritte gefordert. Über die statische Prüfung hinaus wird aber durch den **EF**-Operator gleichzeitig die Erreichbarkeit im Prozessverlauf geprüft. Die Regeln in Abbildung 9.13(b) und 9.13(c) stellen weitere Granularitätsstufen für Regeln mit Bezug zu Teilschritten dar. Auf diese Weise lassen sich entsprechende Aussagen, die in den Prozessmodellen angedacht wurden, explizit formulieren und nach der Anpassung der Referenzprozesse auch weiterhin überprüfen.

Da bei der Anpassung der SAP-Referenzprozesse nicht alle Prozesse verwendet werden müssen, muss dies auch bei der Auswahl der Validierungsregeln berücksichtigt werden. Die Auswahl kann dabei über die Zugehörigkeit zu einzelnen Prozessmodellen bis hin zu einzelnen Prozessmodellelementen gesteuert werden. Die Auswahl ist darüber hinaus auch für die in Abschnitt 7.1.4 angesprochene Problematik der Teilprozess- und Gesamtprozessbetrachtung relevant.

Die Anwendung von allgemeingültigen Validierungsregeln hat in den vorliegenden SAP-Referenzprozessen keinen besonders hohen Stellenwert. Dies liegt in der Tatsache begründet, dass für allgemeingültige Regeln speziell die Eigenschaften der Modellelemente betrachtet werden. In den SAP-Referenzprozessen sind aber bis auf wenige Ausnahmen kaum Attributierungen vorhanden. Mögliche allgemeingültige Validierungsregeln beschränken sich daher meist auf eher statische Aussagen. Abbildung 9.14(a) zeigt eine beispielhafte allgemeingültige Valdierungsregel.

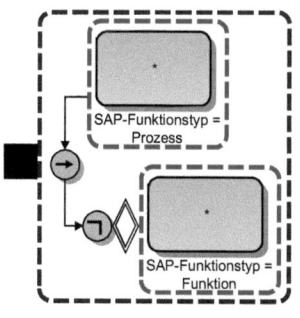
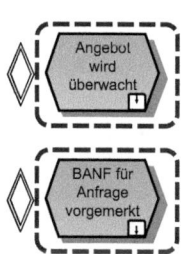

(a) Allgemeingültige Regeln bezüglich SAP-Funktionstypen

(b) Szenariospezifische Regeln der Forderung nach Existenz als Startereignis

Abbildung 9.14: Szenariospezifische und allgemeingültige Beispielregeln für SAP-Referenzprozesse.

Die Regel fordert, dass nach dem Auftreten einer Funktion des SAP-Funktionstyps **Prozess** niemals eine Funktion mit dem SAP-Funktionstyp **Funktion** auftritt. Da der SAP-Funktionstyp für alle Funktionen eine Hierarchieebene der SAP-Referenzprozesse verwendet wird, muss diese Regel grundsätzlich auf der Ebene eines Teilprozesses überprüft werden. Dies ermöglicht aber wiederum eine statische Prüfung. Ebenfalls auf der Teilprozessebene können Prüfungen zu Start- und Endereignissen wie diese in Abbildung 9.14(b) durchgeführt werden. Obwohl diese abermals auch statisch überprüft werden können, kann mit der grafischen Validierungregel bzw. durch das Model Checking auch die tatsächliche Erreichbarkeit der jeweiligen Modellelemente sichergestellt werden.

10 Zusammenfassung und Ausblick

Geschäftsprozessmodelle (kurz GPM) sind weit verbreiteter Bestandteil der Softwarespezifikation im Rahmen der Entwicklung von (kommerziellen) Software (-systemen) geworden. GPMs dienen dabei der Veranschaulichung der durch die Software umgesetzten Abläufe. Dazu werden die erhobenen Anforderungen in eine grafische Ablaufdarstellung überführt. Für eine Software entstehen dabei umfangreiche und hierarchisch miteinander vernetzte Landschaften von Prozessmodellen, die eine dementsprechend hohe Komplexität aufweisen. Außerdem hat der zunehmende Fokus auf GPMs dazu geführt, dass Prozessmodellen eine Vielzahl an Informationen hinzugefügt werden und sich damit neben der *grundsätzlichen* durch die Größe der GPMs hervorgerufenen Komplexität auch die *grafische* Komplexität erhöht.

Entscheidend für den Einsatz bzw. die Nutzung von GPMs bleibt aber, dass sie *inhaltlich* den zugrundeliegenden Anforderungen entsprechen. Die steigende Komplexität der GPMs macht manuelle Verfahren, wie sie häufig zur Sicherstellung der inhaltlichen Korrektheit der GPMs eingesetzt werden, zunehmend unwirtschaftlicher und fehleranfälliger. Alternativ zu manuellen Verfahren existieren Verfahren zur (teil-) automatisierten Überprüfung der GPMs. Allerdings erfordern diese eine formale Repräsentation sowohl von den Prozessmodellen als auch von den Anforderungen. Formale zumeist *textuelle* Repräsentationen werden im Umfeld der Geschäftsprozessmodellierung nur in Ausnahmefällen akzeptiert.

Die zentralen Ziele dieser Arbeit sind dementsprechend die Unterstützung bei der Überprüfung der inhaltlichen Korrektheit mit Hilfe von formalen automatisierbaren Verfahren und die Verbesserung der Beherrschbarkeit von grafisch komplexen GPMs. Besonders mit dem Hintergrund des in [Lig09] angemerkten Mangels von fehlenden Werkzeugen für den praktischen Einsatz automatisierbarer Verfahren werden die entwickelten Konzepte als Nachweis der Realisierbarkeit (engl. *Proof-of-Concept*) auf Basis eines bereits existierenden als auch neu entwickelten Werkzeuges prototypisch realisiert.

10.1 Ergebnisse

Das im Rahmen dieser Arbeit entwickelte *Temporal Logics Visualization Framework* (kurz TLVF) ermöglicht die Formulierung von grafischen formalen Validierungsregeln, die die erhobenen Anforderungen an die Software repräsentieren. Das Konzept des TLFV ist auf die grundsätzliche Komplexität der GPMs ausgerichtet und ermöglicht die automatisierte Überprüfung von GPMs auf deren inhaltliche Korrektheit. Die Erstellung der Validierungsregeln in Anlehnung an das Prozessmodell sowie deren grafische Repräsentation können zur Verbesserung der Akzeptanz von formalen Spezifikationen im Bereich der Geschäftsprozessmodellierung beitragen.

Die grafische Repräsentation der Validierungsregeln basiert zum einen auf den Ausdrucksmöglichkeiten einer entsprechend der Eignung für das jeweilige Softwareentwicklungsprojekt wählbaren Spezifikationssprache und zum anderen auf den Modellelementen der Modellierungssprache der eingesetzten GPMs. Die Modellierungssprache ist dabei ebenfalls entsprechend der Eignung wählbar. Neben der projekt- bzw. szenariospezifischen Formulierung von Validierungsregeln mit konkreten Bezeichnern können verallgemeinerte Validierungsregeln mit Bezug auf die Eigenschaften der Modellelemente erstellt werden. Verallgemeinerte Validierungsregeln können daher auch in bestimmten Domänen oder noch allgemeingültiger in frei strukturierbaren Regelmodellen (Sammlungen von grafischen Validierungsregeln) verwaltet und wiederverwendet werden.

Die Validierungsregeln können dann im Rahmen von automatisierten Verfahren zur Überprüfung der korrekten Umsetzung der Anforderungen in den GPMs und damit zur Überprüfung der *inhaltlichen Korrektheit* der GPMs genutzt werden, wobei die Prüfverfahren abermals entsprechend ihrer Eignung ausgewählt werden können.

Das TLVF beschreibt dahingehend den konzeptionellen Rahmen inklusive der notwendigen Komponenten eines entsprechenden Modellierungs- und Prüfwerkzeuges. Der Aufwand zur Überprüfung der inhaltlichen Korrektheit von GPMs kann durch den Einsatz von automati-

10 Zusammenfassung und Ausblick

sierbaren Verfahren gegenüber bisher üblichen manuellen Verfahren sowie der Möglichkeit der Wiederverwendung von Validierungsregeln reduziert werden. Zudem wird durch die Darstellung des Fehlerpfades im GPM die Korrektur gegebenenfalls gefundener Fehler unterstützt bzw. vereinfacht.

Zusätzlich zum TLVF wurde im Rahmen dieser Arbeit das Konzept der *MultiViews* zur Verbesserung der Beherrschbarkeit der grafischen Komplexität von GPMs entwickelt. Dazu stehen in einer MultiView, die eine spezielle an die Bedürfnisse einer bestimmten Personengruppen angepasste Sicht darstellt, die Mittel *Hinzufügen*, *Ausblenden*, *Verändern* und *Zugriff einschränken* zur Anpassung der grafischen Darstellung der Modellinhalte zur Verfügung. Das Mittel *Zugriff einschränken* ermöglicht über die Darstellungsanpassung hinaus auch die Einschränkung der Bearbeitbarkeit bestimmter Modellinhalte und erlaubt damit die Zuordnung bestimmter Aufgaben- und Verantwortungsbereiche zu Personengruppen.

Als konkrete Ausprägungen des MultiView-Konzeptes werden die MultiView *Sicherheitsmodellierung für Web Service* (kurz SWS) und die MultiView *Integrierte Datenschutzmodellierung* (kurz IDM) vorgestellt. Die MultiView-SWS ermöglicht dabei entsprechend dem Namen die Modellierung von Sicherheitseigenschaften in GPMs. Die modellierten Sicherheitseigenschaften werden zunächst durch grafische Validierungsregeln auf Korrektheit überprüft und können anschließend mit Hilfe eines prototypisch implementierten Verfahrens automatisiert in die konkrete Realisierung der WS-SecurityPolicies überführt werden. Die MultiView-IDM stellt eine spezielle auf den Datenschutz ausgerichtete Sicht für den Aufgaben- bzw. Verantwortungsbereich eines Datenschutzbeauftragten oder eines Datenschutzauditors bereit. Dazu wird neben der Darstellungsanpassung (beispielsweise spezielle grafische Attribute für Datenelemente) die Bearbeitbarkeit auf die notwendigen Modellinhalte eingeschränkt und zudem ein Datenmodell zur Unterstützung bei der eigentlichen Modellierung von GPMs zur Verfügung gestellt.

Das TLVF und das MultiView-Konzept wurden als *Proof-of-Concept* in dem existierenden Geschäftsprozessmodellierungswerkzeug ARIS SOA Architect als auch dem für die IDE Eclipse entwickelten Plug-in *Business Application Modeler* (kurz BAM) prototypisch realisiert. Für den Business Application Modeler wurde zudem ein Verlinkungsmechanismus zur Verknüpfung der grafischen Validierungsregeln mit

10.2 Ausblick

anderen Repräsentationen der Regeln in externen Werkzeugen zur Anforderungsverwaltung integriert. Darüber hinaus wurde der mögliche Nutzen von BAM im Rahmen des Requirements Engineering mit Hilfe eines Requirements Tool Evaluation Framework bewertet, wobei sich als Wertung eine gute Eignung herausstellte.

Die Ergebnisse wurden im Rahmen der Arbeit und den Implementierungen primär an der Modellierungssprache *EPK* und der Spezifikationssprache *CTL* demonstriert. Die generische Definition des TLVF erlaubt aber darüber hinaus den Einsatz anderer Modellierungs- und Spezifikationssprachen. Für die Überprüfung der (Geschäfts-) Prozessmodelle auf inhaltliche Korrektheit wurde das Validierungs- bzw. Verifikationsverfahren Model Checking bzw. konkret der Model-Checker *Cadence SMV* ausgewählt und eingesetzt.

10.2 Ausblick

Aufbauend auf den im vergangenen Abschnitt aufgezeigten Ergebnissen dieser Arbeit ergeben sich verschiedene weiterführende Fragestellungen bzw. Forschungsrichtungen. Dabei entstehen aus dem Konzept des TLVF vor allem Fragestellungen bezüglich der Ausdrucksmöglichkeiten der den grafischen Validierungsregeln zugrundeliegenden Spezifikationssprache. Dazu muss zunächst ein umfangreicheres Repository an Spezifikationssprachen erstellt werden und im Anschluss die grafische Repräsentation der Operatoren der einzelnen Sprachen entwickelt werden. Eng im Zusammenhang mit den Ausdrucksmöglichkeiten einer Spezifikationssprache stehen Betrachtungen bezüglich der im Rahmen der Geschäftsprozessmodellierung *benötigten* Ausdrucksmöglichkeiten (z. B. Anzahl des Auftretens bestimmter Modellelemente oder Aussagen mit Vergangenheitsbezug). Dazu sind zunächst weitere Analysen anhand weiterer Anwendungsfälle erforderlich. Neben den dabei ermittelten notwendigen Ausdrucksmöglichkeiten ergeben sich daraus gegebenenfalls auch neue Anforderungen an die bei der Transformation der GPMs in die formale Repräsentation eingesetzte Semantik. Dabei müssen stets Betrachtungen zur Skalierbarkeit in Bezug auf das Zustandsexplosionsproblem erfolgen. Dies kann unter Umständen auch die Anpassung oder Entwicklung von Prüfwerkzeugen erforderlich machen.

10 Zusammenfassung und Ausblick

In Bezug auf Validierungsregeln ist neben den Ausdrucksmöglichkeiten eine weitere zukünftige Forschungsrichtung die Erleichterung der Handhabung der Validierungsregeln selbst. Das betrifft zum einen die Möglichkeit, Erleichterungen bei der Erstellung von Regeln beispielsweise durch die Bereitstellung von Mustern, Wizards oder Transformationen aus anderen Repräsentationen wie natürlichsprachlichen Anforderungen. Zum anderen kann durch den Einsatz von Verfahren zur Überprüfung der formulierten Regeln selbst (z. B. auf Inkonsistenzen oder deren syntaktische Korrektheit) zur Steigerung der Qualität der Anforderungen bzw. der grafischen Validierungsregeln beigetragen werden. Anhand der Validierungsregeln ist zudem zu ergründen, welche weiterführenden Möglichkeiten für Unterstützungen bei der Fehlerauflösung sich aus bestimmten Aussagen der Validierungsregeln ergeben.

Bezüglich der MultiViews steht zum einen die grundsätzliche Erweiterung des MultiView-Konzeptes um weitere MultiViews z. B. zur Nutzung im Rahmen der modellgetriebenen Softwareentwicklung oder der Transformationen zwischen verschiedenen MultiViews im Mittelpunkt. Zum anderen ist der Ausbau der MultiViews-SWS und -IDM ein zukünftiges Vorhaben. Für die MultiView-SWS bedeutet dies zunächst die vollständige Umsetzung der Spezifikation der WS-SecurityPolicy sowie der notwendigen Transformationsaufgaben. Daneben ist die Vervollständigung des für die Validierung der Sicherheitsmodellierung eingesetzten Regelwerks geplant. Wobei die zukünftige Forschung vor allem auch auf die Beweisbarkeit der korrekten Umsetzung der modellierten Sicherheitseigenschaften im Rahmen der Implementierung ausgerichtet ist. Die weiteren Forschungen zur MultiView-IDM erfordern zunächst die Vervollständigung um Berechtigungs- und Rollenkonzepte im Rahmen der Modelle. Darauf aufbauend sind Analysen bezüglich zusätzlich benötigter Modellierungsmöglichkeiten sowie der Aufbau von Regelwerken den Datenschutz betreffend geplant. Dabei soll die Modellierung und Validierung der MultiView-SWS als auch der MultiView-IDM auf die Nutzung im Rahmen von Zertifizierungen oder Audits hin untersucht werden.

Die Weiterentwicklungen der Konzepte TLVF und MultiView sind primär in dem entwickelten Modellierungs- und Validierungswerkzeug BAM geplant. Im Zusammenhang mit dem Werkzeug ergeben sich zudem weitere Fragestellungen bezüglich der weiteren Integration bzw.

10.2 Ausblick

dem weiteren Austausch mit anderen Requirements-Engineering- als auch Geschäftsprozessmodellierungswerkzeugen. Dies umfasst auch Betrachtungen zur Traceability zwischen Anforderungen und Beziehungen zwischen verschiedenen Anforderungen sowie gegebenenfalls die Transformation zwischen verschiedenen Repräsentationen von Anforderungen.

A Anforderungsdefinitionen

A.1 Aktivitäten in Validierungs- und Verifikationslebenszyklus

Traceability analysis requirements for the Requirements Phase	
Requirement No.	V&V Requirement
3.1.1.R	V&V shall assure all the appropriate system requirements and software requirements are in a relationship.
3.1.2.R	V&V shall assure that the system requirements are related to the right software requirements.
3.1.3.R	V&V shall assure that relationships are consistent in their level of detail.

Traceability analysis requirements for the Design Phase V&V Requirement	
Requirement No.	V&V Requirement
3.1.1.D	V&V shall assure all the appropriate software requirements and design elements are in a relationship.
3.1.2.D	V&V shall assure that the software requirements are related to the right design elements.
3.1.3.D	V&V shall assure that relationships are consistent in their level of detail.

A.1 Aktivitäten in Validierungs- und Verifikationslebenszyklus

\multicolumn{2}{l}{Traceability analysis requirements for the Implementation Phase}
Requirement No.	V&V Requirement
3.1.1.I	V&V shall assure all the appropriate design elements and code elements are in a relationship.
3.1.2.I	V&V shall assure that the design elements are related to the right code elements.
3.1.3.I	V&V shall assure that relationships are consistent in their level of detail.
\multicolumn{2}{l}{Traceability analysis requirements for the Test Phase}	
Requirement No.	V&V Requirement
3.1.1.T	V&V shall assure all the appropriate code elements and com- ponent tests are in a relationship.
3.1.2.T	V&V shall assure all the appropriate software requirements and integration tests are in a relationship.
3.1.3.T	V&V shall assure all the appropriate system requirements and system tests arc in a relationship.
3.1.4.T	V&V shall assure all the appropriate concept requirements and acceptance tests are in a relationship.
3.1.5.T	V&V slmll assure that the code elements arc related to the right component tests.
3.1.6.T	V&V shall assure that the software requirements are related to the right integration tests.
3.1.7.T	V&V shall assure thm the system requirements arc related to the right system tests.
3.1.8.T	V&V shall assure that the concept requirements are related to the right acceptance tests.
3.1.9.T	V&V shall assure that relationships are consistent in their level of detail.

Tabelle A.1: Aktivitäten in den Phasen des Validierungs- und Verifikationslebenszyklus nach [Fis07].

A.2 Anforderungen an Multi-View-Ansätze nach Verlage

Die folgenden Anforderungen sind [Ver94] entnommen:

Step 1: Modeling Every participating role develops its own view. This results in a role-specific description which is more likley to prepresent the real world than a description made by other people.

Step 2: Integration The seperately developed views have to be integrated into a comprehensive software process model. Because all roles have described the same project, there has to be a match. If views cannot be connected, the project itself is misunderstood; cooperative work is based on no common basis.

Step 3: Use Every role uses its own view during project guidance. The comprehensive software process model is not presented as a whole, and unnecessary information is filtered. The process is presented using the role's own terms defined in the corresponding view.

R1 Different perspectives on the same process element must be offered. Different roles need different information about a product, process or resource.

R2 Tailorable (user-defined) perspectives. We can not assume a static set of predefined perspectives will be sufficient since it is impossible to define a satic set of roles.

R3 Structuring views. Process elements should be explicitly grouped to form a view.

R4 Independent modeling of views. The description of views may not be influenced by other views. Correspondence between views should be established after their description.

R5 Detecting similarities between views. Seperately defined views may describe the same process elements. Similarities have to be detected to connect views.

A.2 Anforderungen an Multi-View-Ansätze nach Verlage

R6 Detecting inconsistencies between views. Views developed independently may contain inconsistent information. Semantic information about software processes has to be provided in order to detect such situations.

R7 Dynamic change of perspectives. Not all roles participate during the whole project. Actors are assigned and released asynchonously; even the same process element may be viewed differently by the same role in different situations. Mechanisms are needed to support a change of perspectives.

R8 Concurrent Views. Many people are involved in a project. Different views should be presented concurrently to the different people.

B Quelltexte

B.1 SMV bzw. CTL

B.1.1 SMV-Quelltext der Beispiel-EPK in Abbildung 5.10

```
1   MODULE main() {
2
3   -- process: epk
4   -- creator: Sven Feja
5
6   -- declaration section
7   E_E1 : boolean;
8   E_E2 : boolean;
9   E_E3 : boolean;
10  E_E4 : boolean;
11  E_E5 : boolean;
12  E_E6 : boolean;
13  F_F1 : boolean;
14  F_F2 : boolean;
15  F_F3 : boolean;
16  F_F4 : boolean;
17  F_F5 : boolean;
18
19  -- initiation section
20  init(E_E1) := 1;
21  init(E_E2) := 0;
22  init(E_E3) := 0;
23  init(E_E4) := 0;
24  init(E_E5) := 0;
25  init(E_E6) := 0;
26  init(F_F1) := 0;
27  init(F_F2) := 0;
28  init(F_F3) := 0;
29  init(F_F4) := 0;
30  init(F_F5) := 0;
31
32  -- process section
```

B.1 SMV bzw. CTL

```
33   next(E_E1) := case {
34   E_E1 : 0;
35   1 : E_E1;
36   };
37
38   next(F_F1) := case {
39   E_E1 : 1;
40   F_F1 : 0;
41   1 : F_F1;
42   };
43
44   next(E_E2) := case {
45   F_F1 : {0,1};
46   E_E2 : 0;
47   1 : E_E2;
48   };
49
50   next(E_E3) := case {
51   F_F1 : {!next(E_E2),1};
52   E_E3 : 0;
53   1 : E_E3;
54   };
55
56   next(F_F2) := case {
57   E_E2 : 1;
58   F_F2 & (F_F4 | F_F5) : 0;
59   F_F2 & !E_E3 & !F_F3 & !E_E4 & !E_E5 & !F_F4 & !F_F5 : 0;
60   1 : F_F2;
61   };
62
63   next(F_F3) := case {
64   E_E3 : 1;
65   F_F3 : 0;
66   1 : F_F3;
67   };
68
69   next(E_E4) := case {
70   F_F3 : {0,1};
71   E_E4 : 0;
72   1 : E_E4;
73   };
74
75   next(E_E5) := case {
76   F_F3 : !next(E_E4);
77   E_E5 : 0;
78   1 : E_E5;
79   };
80
81   next(F_F4) := case {
```

B Quelltexte

```
82    E_E4 : 1;
83    F_F4 : 0;
84    1 : F_F4;
85    };
86
87    next(F_F5) := case {
88    E_E5 : 1;
89    F_F5 : 0;
90    1 : F_F5;
91    };
92
93    next(E_E6) := case {
94    F_F2 & !E_E3 & !F_F3 & !E_E4 & !E_E5 & !F_F4 & !F_F5 : 1;
95    F_F2 & ((F_F4 & !F_F5) | (!F_F4 & F_F5)) : 1;
96    !F_F2 & ((F_F4 & !F_F5) | (!F_F4 & F_F5)) : 1;
97    E_E6 : 0;
98    1 : E_E6;
99    };
100   }
```

B.1: SMV Quelltext der Beispiel-EPK in Abbildung 5.10.

B.1.2 SMV-Quelltext des E-Procurement Beispielprozesses in Abbildung 5.11

```
1     MODULE main() {
2
3     -- process: e-procurement
4     -- creator: Sven Feja
5
6     -- declaration section
7     E_Bedarfsanforderung_eingegangen : {0,1};
8     E_Keine_Genehmigung_benoetigt : {0,1};
9     E_Genehmigung_benoetigt : {0,1};
10    E_erweitertes_Genehmigungsverfahren : {0,1};
11    E_Abteilungsspezifisches_Genehmigungsverfahren : {0,1};
12    E_Bedarfsanforderung_genehmigt : {0,1};
13    E_Bedarfsanforderung_abgelehnt : {0,1};
14    F_Bedarfsanforderung_auswerten : {0,1};
15    F_Bedarfsanforderung_ueberpruefen : {0,1};
16    F_Erweitertes_Genehmigungsverfahren_durchfuehren : {0,1};
17    F_Abteilungsspezifisches_Genehmigungsverfahren_durchfuehren :
         {0,1};
18
19    -- initiation section
20    init(E_Bedarfsanforderung_eingegangen) := 1;
```

B.1 SMV bzw. CTL

```
21    init(E_Keine_Genehmigung_benoetigt) := 0;
22    init(E_Genehmigung_benoetigt) := 0;
23    init(E_erweitertes_Genehmigungsverfahren) := 0;
24    init(E_Abteilungsspezifisches_Genehmigungsverfahren) := 0;
25    init(E_Bedarfsanforderung_genehmigt) := 0;
26    init(E_Bedarfsanforderung_abgelehnt) := 0;
27    init(F_Bedarfsanforderung_auswerten) := 0;
28    init(F_Bedarfsanforderung_ueberpruefen) := 0;
29    init(F_Erweitertes_Genehmigungsverfahren_durchfuehren) := 0;
30    init(F_Abteilungsspezifisches_Genehmigungsverfahren_durchfuehren
         ) := 0;
31
32    -- process section
33    next(E_Bedarfsanforderung_eingegangen) := case{
34    E_Bedarfsanforderung_eingegangen : 0;
35    1 : E_Bedarfsanforderung_eingegangen;
36    };
37
38    next(F_Bedarfsanforderung_auswerten) := case{
39    E_Bedarfsanforderung_eingegangen : 1;
40    F_Bedarfsanforderung_auswerten : 0;
41    1 : F_Bedarfsanforderung_auswerten;
42    };
43
44    next(E_Keine_Genehmigung_benoetigt) := case{
45    F_Bedarfsanforderung_auswerten : {0,1};
46    E_Keine_Genehmigung_benoetigt : 0;
47    1 : E_Keine_Genehmigung_benoetigt;
48    };
49
50    next(E_Genehmigung_benoetigt) := case{
51    F_Bedarfsanforderung_auswerten : !next(
         E_Keine_Genehmigung_benoetigt);
52    E_Genehmigung_benoetigt : 0;
53    1 : E_Genehmigung_benoetigt;
54    };
55
56    next(E_erweitertes_Genehmigungsverfahren) := case{
57    F_Bedarfsanforderung_auswerten : (!next(
         E_Keine_Genehmigung_benoetigt) & !next(
         E_Genehmigung_benoetigt));
58    E_erweitertes_Genehmigungsverfahren : 0;
59    1 : E_erweitertes_Genehmigungsverfahren;
60    };
61
62    next(E_Abteilungsspezifisches_Genehmigungsverfahren) := case{
63    F_Bedarfsanforderung_auswerten : (!next(
         E_Keine_Genehmigung_benoetigt) & !next(
```

B Quelltexte

```
            E_Genehmigung_benoetigt) & !next(
            E_erweitertes_Genehmigungsverfahren));
64      E_Abteilungsspezifisches_Genehmigungsverfahren : 0;
65      1 : E_Abteilungsspezifisches_Genehmigungsverfahren;
66      };
67
68      next(F_Bedarfsanforderung_ueberpruefen) := case{
69      E_Genehmigung_benoetigt  : 1;
70      F_Bedarfsanforderung_ueberpruefen : 0;
71      1 : F_Bedarfsanforderung_ueberpruefen;
72      };
73
74      next(F_Erweitertes_Genehmigungsverfahren_durchfuehren) := case{
75      E_erweitertes_Genehmigungsverfahren : 1;
76      F_Erweitertes_Genehmigungsverfahren_durchfuehren : 0;
77      1 : F_Erweitertes_Genehmigungsverfahren_durchfuehren;
78      };
79
80      next(F_Abteilungsspezifisches_Genehmigungsverfahren_durchfuehren
            ) := case{
81      E_Abteilungsspezifisches_Genehmigungsverfahren : 1;
82      F_Abteilungsspezifisches_Genehmigungsverfahren_durchfuehren : 0;
83      1 : F_Abteilungsspezifisches_Genehmigungsverfahren_durchfuehren;
84      };
85
86      next(E_Bedarfsanforderung_genehmigt) := case{
87      (F_Bedarfsanforderung_ueberpruefen & !
            F_Erweitertes_Genehmigungsverfahren_durchfuehren & !
            F_Abteilungsspezifisches_Genehmigungsverfahren_durchfuehren)
            : {0,1}; (!F_Bedarfsanforderung_ueberpruefen &
            F_Erweitertes_Genehmigungsverfahren_durchfuehren & !
            F_Abteilungsspezifisches_Genehmigungsverfahren_durchfuehren)
            : {0,1}; (!F_Bedarfsanforderung_ueberpruefen & !
            F_Erweitertes_Genehmigungsverfahren_durchfuehren &
            F_Abteilungsspezifisches_Genehmigungsverfahren_durchfuehren)
            : {0,1};
88      E_Bedarfsanforderung_genehmigt : 0;
89      1 : E_Bedarfsanforderung_genehmigt;
90      };
91
92      next(E_Bedarfsanforderung_abgelehnt) := case{
93      (F_Bedarfsanforderung_ueberpruefen &
            F_Erweitertes_Genehmigungsverfahren_durchfuehren & !
            F_Abteilungsspezifisches_Genehmigungsverfahren_durchfuehren)
            : !next(E_Bedarfsanforderung_genehmigt);
94      (!F_Bedarfsanforderung_ueberpruefen &
            F_Erweitertes_Genehmigungsverfahren_durchfuehren & !
            F_Abteilungsspezifisches_Genehmigungsverfahren_durchfuehren)
            : !next(E_Bedarfsanforderung_genehmigt);
```

B.1 SMV bzw. CTL

```
95      (!F_Bedarfsanforderung_ueberpruefen & !
            F_Erweitertes_Genehmigungsverfahren_durchfuehren &
            F_Abteilungsspezifisches_Genehmigungsverfahren_durchfuehren)
            : !next(E_Bedarfsanforderung_genehmigt);
96      E_Bedarfsanforderung_abgelehnt : 0;
97      1 : E_Bedarfsanforderung_abgelehnt;
98      };
99
100     SPEC AG((E_Bedarfsanforderung_eingegangen) -> AF(EF(
            E_Keine_Genehmigung_benoetigt & !
            E_Bedarfsanforderung_genehmigt & !
            E_Bedarfsanforderung_abgelehnt) | EF(
            E_Keine_Genehmigung_benoetigt & !
            E_Bedarfsanforderung_genehmigt & !
            E_Bedarfsanforderung_abgelehnt) | EF(
            E_Keine_Genehmigung_benoetigt & !
            E_Bedarfsanforderung_genehmigt & !
            E_Bedarfsanforderung_abgelehnt)));
101     }
```

B.2: SMV Quelltext des E-Procurement Beispielprozesses in Abbildung 5.11.

C Prozessmodelle

C.1 Prozessmodelle des Anwendungsfalles „E-Government" bzw. „Mitgliederverwaltung"

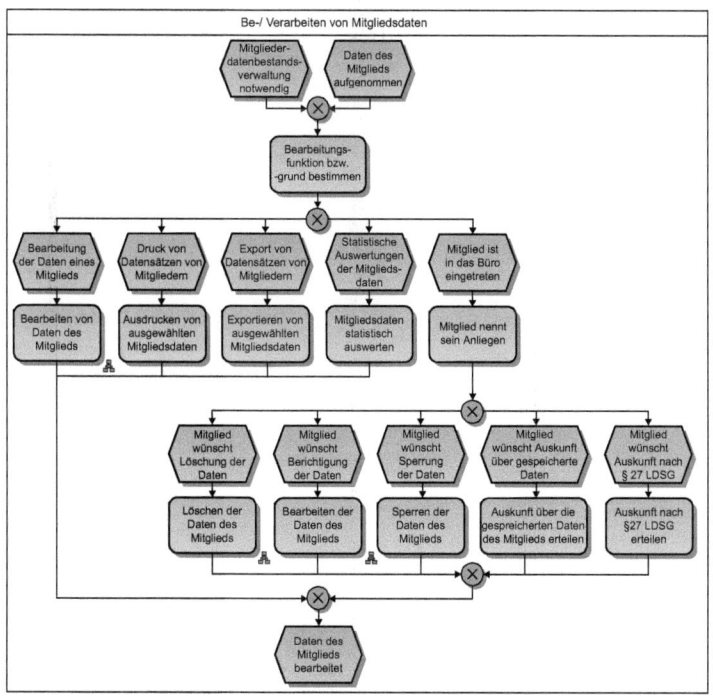

Abbildung C.1: EPKs der Prozesse der Mitgliederverwaltung.

C.1 Prozessmodelle des Anwendungsfalles „E-Government" bzw. „Mitgliederverwaltung"

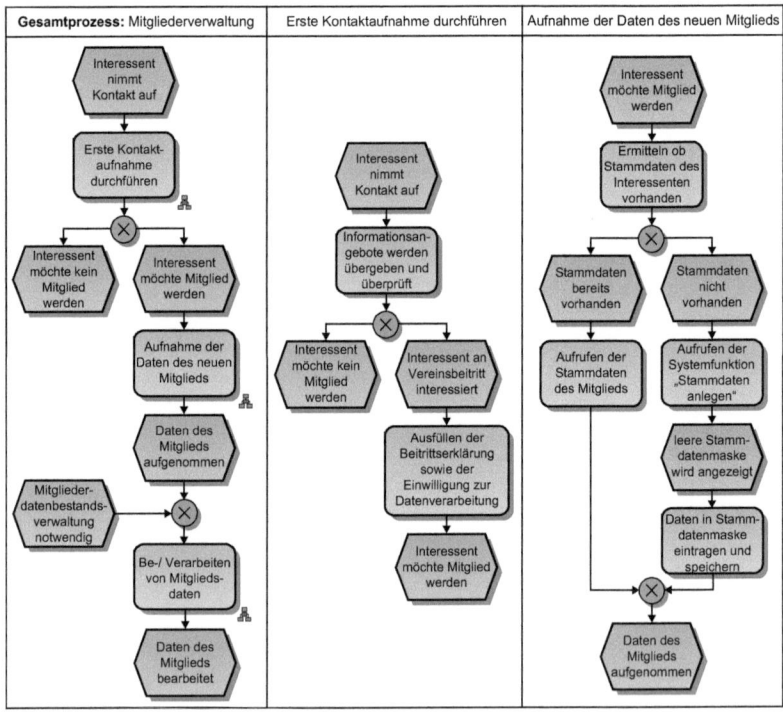

Abbildung C.2: EPKs der Prozesse der Mitgliederverwaltung.

C Prozessmodelle

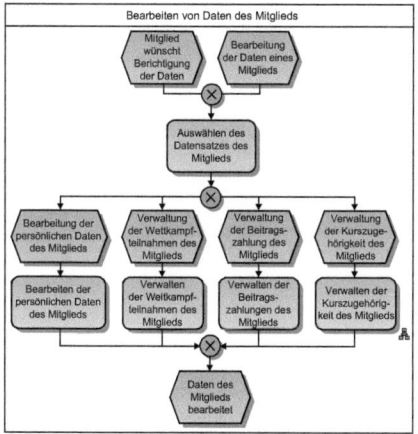

Abbildung C.3: EPKs der Prozesse der Mitgliederverwaltung.

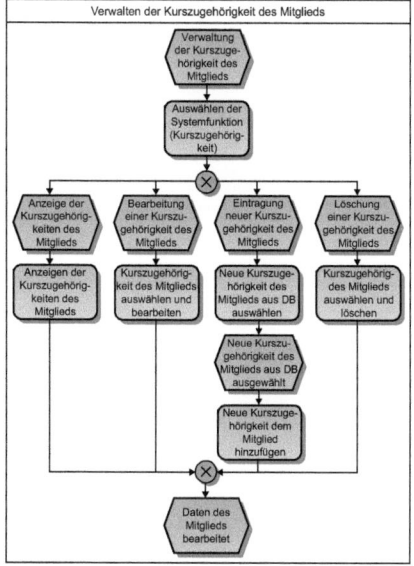

Abbildung C.4: EPKs der Prozesse der Mitgliederverwaltung.

C.1 Prozessmodelle des Anwendungsfalles „E-Government" bzw. „Mitgliederverwaltung"

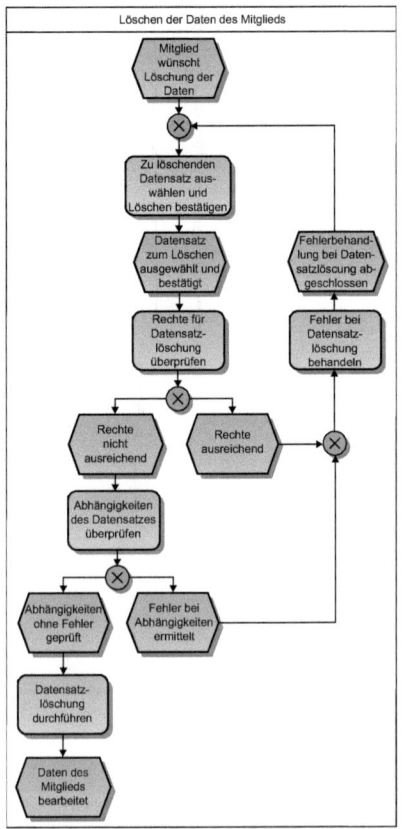

Abbildung C.5: EPKs der Prozesse der Mitgliederverwaltung.

C.2 Prozessmodell des Anwendungsfalles „Elektronische Steuererklärung"

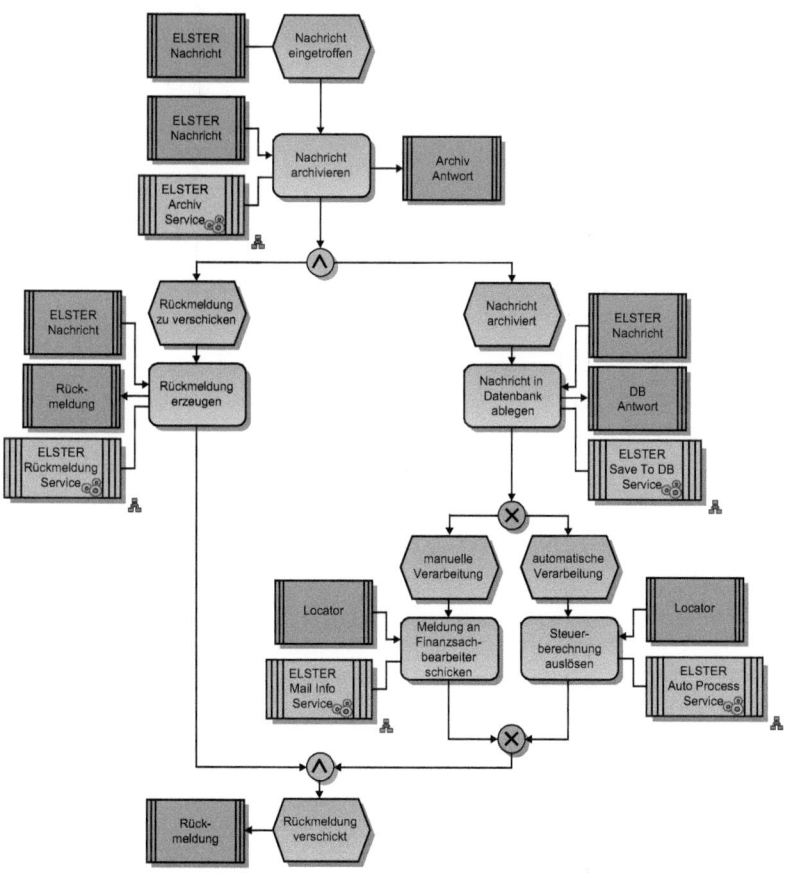

Abbildung C.6: Web Service MultiView des ELSTER-Prozesses.

Literaturverzeichnis

[AAA06]   ARAYICI, Yusuf ; AHMED, Vian ; AOUAD, Ghassan: A requirements engineering framework for integrated systems development for the construction industry. In: *ITcon-Electronic Journal of Information Technology in construction* 11 (2006), S. 35–55

[ABB04]   ALAM, Muhammad M. ; BREU, Ruth ; BREU, Michael: Model driven security for Web services (MDS4WS). In: *Proceedings of INMIC 2004. 8th International Multitopic Conference.*, 2004, S. 498 – 505

[ACD93]   ALUR, Rajeev ; COURCOUBETIS, Costas ; DILL, David L.: Model-checking in dense real-time. In: *Information and Computation* 104 (1993), Nr. 1, S. 2–34. – ISSN 0890–5401

[AE00]   ANTON, Annie I. ; EARP, Julia B.: Strategies for Developing Policies and Requirements for Secure Electronic Commerce Systems. In: *1st Workshop on Security and Privacy in E-Commerce at CCS2000*, 2000, S. 1–4

[Ala06]   ALAM, Muhammad M.: Model Driven Security Engineering for the Realization of Dynamic Security Requirements in Collaborative Systems. In: KÜHNE, Thomas (Hrsg.): *Proceedings of the 2006 international conference on Models in software engineering*. Berlin, Heidelberg : Springer-Verlag, 2006, S. 278–287

[Ale11]   ALEXANDER, Ian: *Requirements Tools.* http://easyweb.easynet.co.uk/%7eiany/other/vendors.htm. Version: 2011. – Zugriff am: 26.05.2011

[All05]   ALLWEYER, Thomas: Maßgeschneiderter Methodeneinsatz für die Entwicklung betriebswirtschaftlicher Soft-

Literaturverzeichnis

ware. In: *Von Prozessmodellen zu lauffähigen Anwendungen - ARIS in der Praxis*. Berlin : Springer, 2005, S. 173–195

[All09a] ALLWEYER, Thomas: *BPMN 2.0 - Business Process Modeling Notation: Einführung in den Standard für die Geschäftsprozessmodellierung*. 2. Auflage. Books on Demand, 2009

[All09b] ALLWEYER, Thomas: *Buch BPMN Method & Style*. http://www.kurze-prozesse.de/2009/08/28/buch-bpmn-method-style/. Version: 2009. – Zugriff am: 26.05.2011

[And05] ANDERSON, Steve: *Web Services Secure Conversation Language (WS-SecureConversation)*. http://specs.xmlsoap.org/ws/2005/02/sc/WS-SecureConversation.pdf. Version: 2005. – Zugriff am: 19.05.2009

[And10] ANDERS, Eckhard: *Modellierung und Validierung von Prozessmodellen auf Basis variabler Modellierungsnotationen und Validierungsmethoden als Erweiterung für Eclipse*, Christian-Albrechts-Universität zu Kiel, Diplomarbeit, 2010

[AO05] ALPAR, Paul ; OLBRICH, Sebastian: Legal Requirements and Modelling of Processes in e-Government. 3 (2005), Nr. 3, S. 107–116

[Atl11] ATLANTIC SYSTEMS GUILD LTD.: *Requirements Tools*. http://www.volere.co.uk/tools.htm. Version: 2011. – Zugriff am: 26.05.2011

[Awa10] AWAD, Ahmed Mahmoud Hany A.: *A Compliance Management Framework for Business Process Models*, University of Potsdam, Dissertation, 2010

[BAN03] BECKER, Jörg ; ALGERMISSEN, Lars ; NIEHAVES, Björn: Prozessmodellierung in eGovernment-Projekten mit der eEPK. In: NÜTTGENS, Markus (Hrsg.) ; RUMP,

Frank J. (Hrsg.): *EPK 2003 - Geschäftsprozessmanagement mit Ereignisgesteuerten Prozessketten, Proceedings des GI-Workshops und Arbeitskreistreffens (Bamberg, Oktober 2003)*, GI-Arbeitskreis Geschäftsprozessmanagement mit Ereignisgesteuerten Prozessketten, 2003, S. 31–44

[BBB+01] BECK, Kent ; BEEDLE, Mike ; BENNEKUM, Arie van ; COCKBURN, Alistair ; CUNNINGHAM, Ward ; FOWLER, Martin ; GRENNING, James ; HIGHSMITH, Jim ; HUNT, Andrew ; JEFFRIES, Ron ; KERN, Jon ; MARICK, Brian ; MARTIN, Robert C. ; MELLOR, Steve ; SCHWABER, Ken ; SUTHERLAND, Jeff ; THOMAS, Dave: *Manifesto for Agile Software Development.* http://agilemanifesto.org/. Version: 2001. – Zugriff am: 26.05.2011

[BBF+05] BIEBERSTEIN, Norbert ; BOSE, Sanjay ; FIAMMANTE, Marc ; JONES, Keith ; SHAH, Rawn: *Service-Oriented Architecture (SOA) Compass: Business Value, Planning, and Enterprise Roadmap.* IBM Press, 2005

[BBF+08] BARTEL, Martin ; BOYER, John ; FOX, Barb ; LAMACCHIA, Brian ; SIMON, Ed ; EASTLAKE, Donald (Hrsg.) ; REAGLE, Joseph (Hrsg.) ; SOLO, David (Hrsg.) ; HIRSCH, Frederick (Hrsg.) ; ROESSLER, Thomas (Hrsg.): *XML Signature Syntax and Processing (Second Edition).* W3C Recommendation. Version: 2008. http://www.w3.org/TR/xmldsig-core/

[BCM+92] BURCH, Jerry. R. ; CLARKE, Edmund M. ; MCMILLAN, Kenneth L. ; DILL, David L. ; HWANG, L. J.: Symbolic Model Checking: 10^{20} States and Beyond. In: *Information and Computation* 98 (1992), Nr. 2, S. 142–170

[BDFK03] BECKER, Jörg ; DELFMANN, Patrick ; FALK, Thorsten ; KNACKSTEDT, Ralf: Multiperspektivische ereignisgesteuerte Prozessketten. In: NÜTTGENS, Markus (Hrsg.) ; RUMP, Frank J. (Hrsg.): *EPK 2003 - Geschäftsprozessmanagement mit Ereignisgesteuerten Prozessketten, Proceedings des GI-Workshops*

Literaturverzeichnis

und Arbeitskreistreffens (Bamberg, Oktober 2003), GI-Arbeitskreis Geschäftsprozessmanagement mit Ereignisgesteuerten Prozessketten, 2003, S. 45–60

[BDL03] BASIN, David ; DOSER, Jürgen ; LODDERSTEDT, Torsten: Model driven security for process-oriented systems. In: *SACMAT '03: Proceedings of the eighth ACM symposium on Access control models and technologies*. New York, NY, USA : ACM, 2003. – ISBN 1–58113–681–1, S. 100–109

[BDSV05] BRAMBILLA, Marco ; DEUTSCH, Alin ; SUI, Liying ; VIANU, Victor: The Role of Visual Tools in a Web Application Design and Verification Framework: A Visual Notation for LTL Formulae. In: *ICWE 2005* (2005), S. 557–568

[BE07] BRABÄNDER, Eric ; ERBACH, Fabian: „AVE for SAP" – Eine Vorgehensweise für das Geschäftsprozessmanagement mit SAP. In: *Informatik Spektrum* 30 (2007), Nr. 6, S. 419–427. http://dx.doi.org/10.1007/s00287-007-0193-1. – DOI 10.1007/s00287-007-0193-1

[BG00] BRUNS, Glenn ; GODEFROID, Patrice: Generalized Model Checking: Reasoning about Partial State Spaces. In: *CONCUR '00: Proceedings of the 11th International Conference on Concurrency Theory*. Berlin / Heidelberg : Springer-Verlag, 2000. – ISBN 3–540–67897–2, S. 168–182

[BHWN05] BREU, Ruth ; HAFNER, Michael ; WEBER, Barbara ; NOVAK, Andrea: Model Driven Security for Inter-organizational Workflows in e-Government. In: *E-Government: Towards Electronic Democracy* Volume 3416/2005 (2005), S. 122–133

[Biz06] BIZER, Johann: Datenschutz in die Prozesse. In: *DuD Datenschutz und Datensicherheit* 30 (2006), Nr. 10, S. 598

Literaturverzeichnis

[BJN07] BEST, Bastian ; JÜRJENS, Jan ; NUSEIBEH, Bashar: Model-based Security Engineering of Distributed Information Systems using UMLsec. In: *29th Internation Conference on Software Engineering (ICES'07)*, 2007, S. 581–590

[BK96] BÜNTING, Karl-Diter ; KARATAS, Ramona: *Deutsches Wörterbuch*. Isis Verlag, 1996

[BK08] BUNSE, Christian ; KNETHEN, Antje von: *Vorgehensmodelle kompakt*. 2. Auflage. Heidelberg : Spektrum Akademischer Verlag, 2008

[Boe76] BOEHM, Barry W.: Software Engineering. In: *IEEE Transactions on Computers* 25 (1976), Dezember, Nr. 12, S. 1226–1241

[Boe81] BOEHM, Barry W.: *Software Engineering Economics (Prentice-Hall Advances in Computing Science & Technology Series)*. Prentice Hall PTR, 1981. – ISBN 0138221227

[Boe88] BOEHM, Barry W.: A spiral model of software development and enhancement. In: *Computer* 21 (1988), Nr. 5, S. 61–72. http://dx.doi.org/10.1109/2.59. – DOI 10.1109/2.59

[BPG07] BORODAY, Sergiy ; PETRENKO, Alexandre ; GROZ, Roland: Can a Model Checker Generate Tests for Non-Deterministic Systems? In: *Proceedings of the Third Workshop on Model Based Testing* Bd. 190, 2007, S. 3–19

[BPM10] BPM OFFENSIVE BERLIN: *BPMN 2.0 - Business Process Model and Notation*. http://www.bpmb.de/images/BPMN2_0_Poster_DE.pdf. Version: 2010. – Zugriff am: 26.05.2011

[BR70] BUXTON, John N. (Hrsg.) ; RANDELL, Brian (Hrsg.): *Software Engineering Techniques: Report on a Conference sponsored by the NATO Science Committee*. NATO Science Committee, 1970

Literaturverzeichnis

[BRS95] BECKER, Jörg ; ROSEMANN, Michael ; SCHÜTTE, Reinhard: Grundsätze ordnungsgemässer Modellierung. In: *Wirtschaftsinformatik* 37 (1995), S. 435–445

[BRU00] BECKER, Jörg ; ROSEMANN, Michael ; UTHMANN, Christoph V.: Guidelines of Business Process Modeling. In: VAN DER AALST, Wil (Hrsg.) ; DESEL, Jörg (Hrsg.) ; OBERWEIS, Andreas (Hrsg.): *Business Process Management*. Berlin / Heidelberg : Springer Verlag, 2000, S. 241–262

[Bru05] BRUGGER, Ralph: *IT-Projekte strukturiert realisieren: Situationen analysieren, Lösungen konzipieren - Vorgehen systematisieren, Sachverhalte visualisieren - UML und EPKs nutzen.* Wiesbaden : Vieweg, 2005

[BSI06] BSI: *„Maßnahmen und Datenschutz-Kontrollziele" zu Baustein 1.5 „Datenschutz".* 2006

[BSW06] BEUTELSPACHER, Albrecht ; SCHWENK, Jörg ; WOLFENSTETTER, Klaus-Dieter: *Moderne Verfahren der Kryptographie. Von RSA zu Zero-Knowledge.* Vieweg, 2006. – ISBN 383480083X

[CBC+99] CHO, Seung M. ; BAE, Doo H. ; CHA, Sung D. ; KIM, Young G. ; YOO, Byung K. ; KIM, Sang T.: Applying Model Checking to Concurrent Object-Oriented Software. In: *The Fourth International Symposium on Autonomous Decentralized Systems, 1999. Integration of Heterogeneous Systems.* Los Alamitos, CA, USA : IEEE Computer Society Press, 1999, S. 380–383

[CCMW01] CHRISTENSEN, Erik ; CURBERA, Francisco ; MEREDITH, Greg ; WEERAWARANA, Sanjiva: *Web Services Description Language (WSDL) 1.1.* W3C Note. Version: 2001. http://www.w3.org/TR/wsdl

[CCO+04] CHAKI, Sagar ; CLARKE, Edmund M. ; OUAKNINE, Joël ; SHARYGINA, Natasha ; SINHA, Nishant: State/Event-Based Software Model Checking. In: BOITEN, Eerke A. (Hrsg.) ; DERRICK, John (Hrsg.) ;

Literaturverzeichnis

SMITH, Graeme (Hrsg.): *Proceedings of the 4th International Conference on Integrated Formal Methods (IFM '04)* Bd. 2999, Springer, 2004 (Lecture Notes in Computer Science). – ISBN 3–540–21377–5, S. 128–147

[CD89] CLARKE, Edmund M. ; DRAGHICESCU (BROWNE), I. A.: Expressibility results for linear-time and branching-time logics. In: *Lecture Notes in Computer Science, Linear Time, Branching Time and Partial Order in Logics and Models for Concurrency, School/Workshop* 354 (1989), S. 428–437. ISBN 3–540–51080–X

[CDH+00] CORBETT, James C. ; DWYER, Matthew B. ; HATCLIFF, John ; LAUBACH, Shawn ; PĂSĂREANU, Corina S. ; ROBBY ; ZHENG, Hongjun: Bandera: extracting finite-state models from Java source code. In: *ICSE '00: Proceedings of the 22nd international conference on Software engineering*. New York, NY, USA : ACM, 2000. – ISBN 1–58113–206–9, S. 439–448

[CE82] CLARKE, Edmund M. ; EMERSON, Ernest A.: Design and Synthesis of Synchronization Skeletons Using Branching-Time Temporal Logic. In: *Logic of Programs*. London, UK : Springer Verlag, 1982, S. 52–71

[CGP01] CLARKE, Edmund M. ; GRUMBERG, Orna ; PELED, Doron A.: *Model Checking*. 3. Auflage. Cambridge, Massachusetts : The MIT Press, 2001

[CH00] CLARKE, Edmund M. ; HEINLE, Wolfgang: *Modular translation of Statecharts to SMV (CMU-CS-00-XXX)*. 2000

[Chu93] CHUNG, Lawrence: Dealing with Security Requirements During the Development of Information Systems. In: ROLLAND, Colette (Hrsg.) ; BODART, François (Hrsg.) ; CAUVET, Corine (Hrsg.): *Advanced Information Systems Engineering*. Berlin / Heidelberg : Springer Verlag, 1993, S. 234–251

Literaturverzeichnis

[CK96] CLARKE, Edmund M. ; KURSHAN, Robert P.: Computer-aided verification. In: *IEEE Spectrum* 33 (1996), Nr. 6, S. 61–67. http://dx.doi.org/10.1109/6.499951. – DOI 10.1109/6.499951. – ISSN 0018–9235

[CK04] CUNTZ, Nicolas ; KINDLER, Ekkart: On the semantics of EPCs: Efficient calculation and simulation. In: *EPK2004*. Bonn : Gesellschaft für Informatik, 2004, S. 7–26

[Cla08] CLARKE, Edmund M.: The Birth of Model Checking. In: GRUMBERG, Orna (Hrsg.) ; VEITH, Helmut (Hrsg.): *25 Years of Model Checking: History, Achievements, Perspectives*. Berlin, Heidelberg : Springer-Verlag, 2008. – ISBN 978–3–540–69849–4, S. 1–26

[Coo04] COOK, Steve: Domain-Specific Modeling and Model Driven Architecture. In: *MDA Journal* (2004)

[Coo06] COOK, Steve: Domain-Specific Modeling. In: *The Architecture Journal* 9 (2006), S. 10–17

[CP09] CHUNG, Lawrence ; PRADO LEITE, Julio C.: On Non-Functional Requirements in Software Engineering. In: *Conceptual Modeling: Foundations and Applications: Essays in Honor of John Mylopoulos*. Berlin, Heidelberg : Springer-Verlag, 2009. – ISBN 978–3–642–02462–7, S. 363–379

[Dav03] DAVIS, Rob: *Business Process Modelling with ARIS. A Practical Guide*. 3. Auflage. London : Springer Verlag, 2003

[Dem79] DEMARCO, Tom: *Structured Analysis and System Specification*. Pentice Hall, 1979

[Dem86] DEMING, William E.: *Out of the crisis*. Cambridge : Massachusetts Institute of Technology, 1986

[Den06] DENNE, Stefan: Verifying Properties of (Timed) Event Driven Process Chains by Transformation to Hybrid Automata. In: NÜTTGENS, Markus (Hrsg.) ; RUMP,

Frank J. (Hrsg.) ; MENDLING, Jan (Hrsg.): *5. Workshop der Gesellschaft für Informatik e.V. (GI) und Treffen ihres Arbeitskreises „Geschäftsprozessmanagement mit Ereignisgesteuerten Prozessketten (WI-EPK)"*, Wien, 30. November - 01. Dezember 2006, 2006, S. 157–176

[DF09] DRAWEHN, Jens ; FEJA, Sven: Anwendung von grafischen Validierungsregeln bei der Entwicklung von IT-Integrationsprozessen. In: *Software Engineering 2009 - Workshopband* Bd. P-150. Bonn : Köllen Druck+Verlag GmbH, 2009 (Lecture Notes in Informatics). – ISBN 978–3–88579–244–4, S. 367–374

[DH08] DRAWEHN, Jens ; HÖSS, Oliver: Ausführung von Geschäftsprozessen. In: SPATH, Dieter (Hrsg.) ; WEISBECKER, Anette (Hrsg.): *Business Process Management Tools 2008 - Eine evaluierende Marktstudie zu aktuellen Werkzeugen*. Stuttgart : Fraunhofer IRB Verlag, 2008. – ISBN 978–3–8167–7596–6

[Dij82] DIJKSTRA, Edsger W.: EWD 447: On the role of scientific thought. In: *Selected Writings on Computing: A Personal Perspective*, Springer-Verlag, 1982, S. 60–66

[DIN05] DIN EN ISO 9000 05: *Qualitätsmanagementsysteme - Grundlagen und Begriffe. (ISO 9000:2005)*. Berlin : Beuth Verlag, 2005

[DKOA06] DÖRR, Jörg ; KOENIG, Tom ; OLSSON, Thomas ; ADAM, Sebastian: *Das ReqMan Prozessrahmenwerk*. http://www.re-wissen.de/export/sites/default/Allgemeine_Dateien/iese-141_06.pdf. Version: 2006

[DLGHB+05] DELLA-LIBERA, Giovanni ; GUDGIN, Martin ; HALLAM-BAKER, Phillip ; HONDO, Maryann ; GRANQVIST, Hans ; MARUYAMA, Hiroshi ; MCINTOSH, Michael ; NAGARATNAM, Nataraj ; PHILPOTT, Rob ; PRAFULLCHANDRA, Hemma ; SHEWCHUK, John ; WALTER, Doug ; ZOLFONOON, Riaz ; KALER, Chris (Hrsg.) ; NADALIN, Anthony (Hrsg.): *Web Services*

Literaturverzeichnis

Security Policy Language (WS-SecurityPolicy) Version 1.1. 2005

[Ebe05] EBERT, Christof: *Systematisches Requirements Management*. 1. Auflage. dpunkt.verlag, 2005

[EG08] ESHUIS, Rik ; GREFEN, Paul: Constructing customized process views. In: *Data & Knowledge Engineering* 64 (2008), Nr. 2, S. 419–438. `http://dx.doi.org/10.1016/j.datak.2007.07.003`. – DOI 10.1016/j.datak.2007.07.003

[EH86] EMERSON, Ernest A. ; HALPERN, Joseph Y.: Sometimes and not never revisited: on branching versus linear time temporal logic. In: *J. ACM* 33 (1986), Nr. 1, S. 151–178. `http://dx.doi.org/10.1145/4904.4999`. – DOI 10.1145/4904.4999. – ISSN 0004–5411

[Ehr02] EHRENBERGER, Wolfgang: *Software-Verifikation: Verfahren für den Zuverlässigkeitsnachweis von Software*. München Wien : Hanser, 2002

[Eis03] EISLE, Daniela ; ACKERMANN, Karl-Friedrich (Hrsg.) ; WAGNER, Dieter (Hrsg.): *Online-Bewerbungssysteme in der Personalbeschaffung. Analyse und Gestaltungsmöglichkeiten*. Deutscher Universitäts-Verlag/GWV Fachverlage, 2003

[End04] ENDL, Rainer: *Regelbasierte Entwicklung betrieblicher Informationssysteme*. Eul, J, 2004

[Eng10] ENGELS, Gregor: *Modellierungssprache*. `http://www.enzyklopaedie-der-wirtschaftsinformatik.de/lexikon/technologien-methoden/Sprache/Modellierungssprache/index.html`. Version: 2010. – Zugriff am: 26.05.2011

[EW01] ESHUIS, Rik ; WIERINGA, Roel: *A Formal Semantics for UML Activity Diagrams – Formalising Workflow Models*. Enschede, 2001

[EW02] ESHUIS, Rik ; WIERINGA, Roel: Verification Support for Workflow Design with UML Activity Graphs. In: *Proceedings of the 24th International Conference on Software Engineering*. New York, NY, USA : ACM, 2002, S. 166–176

[Fag76] FAGAN, Michael E.: Design and Code Inspections to Reduce Errors in Program Development. In: *IBM Systems Journal* 15 (1976), Nr. 3, S. 258–287

[FF08] FEJA, Sven ; FÖTSCH, Daniel: Model Checking with Graphical Validation Rules. In: *15th IEEE International Conference on the Engineering of Computer-Based Systems (ECBS 2008), Belfast, NI, GB*, IEEE Computer Society, April 2008, S. 117–125

[FGH+94] FINKELSTEIN, Anthony C. ; GABBAY, Dov M. ; HUNTER, Anthony ; KRAMER, Jeff ; NUSEIBEH, Bashar: Inconsistency handling in multiperspective specifications. In: *IEEE Transactions on Software Engineering* 20 (1994), Nr. 8, 569–578. http://dx.doi.org/10.1109/32.310667. – DOI 10.1109/32.310667. – ISSN 00985589

[FH10] FENSTER, Len ; HAMILTON, Brooke: UML or DSL: Which Bear Is Best? In: *The Architecture Journal* 23 (2010)

[Fis07] FISHER, Marcus S.: *Software Verification and Validation: An Engineering and Scientific Approach*. Secaucus, NJ, USA : Springer-Verlag New York, Inc., 2007. – 172 S. – ISBN 0–387–32725–8

[FKN+92] FINKELSTEIN, Anthony C. ; KRAMER, Jeff ; NUSEIBEH, Bashar ; FINKELSTEIN, Ludwik ; GOEDICKE, Michael: Viewpoints: A Framework for Integrating Multiple Perspectives in System Development. In: *International Journal of Software Engineering and Knowledge Engineering* 2 (1992), Nr. 1, S. 31–58

Literaturverzeichnis

[Flo67] FLOYD, Robert W.: Assigning Meaning to Programs. In: *Proceedings of Symposium on Applied Mathematics*, A.M.S., 1967, S. 19–32

[FP07] FÖTSCH, Daniel ; PULVERMÜLLER, Elke: Constructing higher-level Transformation Languages based on XML. In: *Proceeding of the 6th International Conference on Software Methodologies, Tools and Techniques (SOMET'07), 7-9 November 2007, Rome, Italy*. Amsterdam, The Netherlands : IOS Press, November 2007, S. 269–284

[FS90] FERSTL, Otto K. ; SINZ, Elmar J.: Objektmodellierung betrieblicher Informationssysteme im Semantischen Objektmodell. In: *WIRTSCHAFTSINFORMATIK* 32 (1990), Nr. 6, S. 566–581

[FS96] FUCHS, Norbert E. ; SCHWITTER, Rolf: Attempto Controlled English (ACE). In: *The First International Workshop on Controlled Language Applications*, 1996, S. 124–136

[FS06] FERSTL, Otto K. ; SINZ, Elmar J.: *Grundlagen der Wirtschaftsinformatik*. 5. überarb. Oldenbourg Wissenschaftsverlag, 2006. – ISBN 3486579428

[FS10] FERSTL, Otto K. ; SINZ, Elmar J.: *SOM (Semantisches Objektmodell)*. http://www.enzyklopaedie-der-wirtschaftsinformatik.de/wi-enzyklopaedie/lexikon/is-management/Systementwicklung/Hauptaktivitaten-der-Systementwicklung/Problemanalyse-/Geschaftsprozessmodellierung/SOM. Version: 2010. – Zugriff am: 26.05.2011

[FSP09] FEJA, Sven ; SPECK, Andreas ; PULVERMÜLLER, Elke: Business Process Verification. In: *INFORMATIK 2009, Im Focus das Leben, Beiträge zur 39. Jahrestagung des Gesellschaft für Informatik e. V. (GI)*, Gesellschaft für Informatik (GI), 2009, S. 4037–4051

[FWB+10]   FEJA, Sven ; WITT, Sören ; BROSCHE, Andreas ; SPECK, Andreas ; PRIETZ, Christian: Modellierung und Validierung von Datenschutzanforderungen in Prozessmodellen. In: *Vernetzte IT für einen effektiven Staat - Gemeinsame Fachtagung Verwaltungsinformatik (FTVI) und Fachtagung Rechtsinformatik (FTRI) 2010, 25.-26.03. 2010 in Koblenz* Bd. 162, GI, 2010 (LNI). – ISBN 978–3–88579–256–7, S. 155–166

[FY04]   FUNG, Jane ; YU, Colin: *Getting started with BPEL4WS in WebSphere Studio.* http://www.ibm.com/developerworks/websphere/library/techarticles/0406_fung/0406_fung.html. Version: 2004. – Zugriff am: 26.05.2011

[Gab11]   GABLER WIRTSCHAFTSLEXIKON: *Stichwort: Pragmatik.* http://wirtschaftslexikon.gabler.de/Archiv/13088/pragmatik-v6.html. Version: 2011. – Zugriff am: 26.05.2011

[Gad05]   GADATSCH, Andreas: *Grundkurs Geschäftsprozess-Management: Methoden und Werkzeuge für die IT-Praxis: Eine Einführung für Studenten und Praktiker.* 4. Auflage. Wiesbaden : Friedr. Vieweg & Sohn GWV Fachverlage GmbH, 2005

[Gad09]   GADATSCH, Andreas: *Grundkurs Geschäftsprozess-Management: Methoden und Werkzeuge für die IT-Praxis: Eine Einführung für Studenten und Praktiker. Mit Online-Service.* 6. Auflage. Vieweg+Teubner, 2009

[GCKK06]   GOLDSBY, Heather ; CHENG, Betty H. C. ; KONRAD, Sascha J. ; KAMDOUM, Stephane: A Visualization Framework for the Modeling and Formal Analysis of High Assurance Systems. In: NIERSTRASZ, Oscar (Hrsg.) ; WHITTLE, Jon (Hrsg.) ; HAREL, David (Hrsg.) ; REGGIO, Gianna (Hrsg.): *Proceedings of the ACM/IEEE 8th International Conference on Model Driven Engineering Languages and Systems.* Berlin : Springer Verlag, 2006, S. 707–721

[Ger04] GERRITS, Rik: Business rules, can they be re-used? In: *Business Rules Journal* 5 (2004)

[GG94] GILB, Tom ; GRAHAM, Dorothy: *Software Inspection*. Addison-Wesley Professional, 1994

[GHM+07] GUDGIN, Martin ; HADLEY, Marc ; MENDELSOHN, Noah ; MOREAU, Jean-Jacques ; NIELSEN, Henrik F.: *SOAP Version 1.2 Part 1: Messaging Framework (Second Edition)*. W3C Proposed Recommendation. http://www.w3.org/TR/2003/PR-soap12-part1-20030507/. Version: Mai 2007

[GHR06] GUDGIN, Martin ; HADLEY, Marc ; ROGERS, Tony: *Web Services Addressing 1.0 - SOAP Binding*. W3C Recommendation. http://www.w3.org/TR/ws-addr-soap/. Version: 2006

[GJD07] GRUSCHKA, Nils ; JENSEN, Meiko ; DZIUK, Torben: Event-Based Application of WS-SecurityPolicy on SOAP Messages. In: NING, Peng (Hrsg.) ; DAMIANI, Ernesto (Hrsg.) ; PROCTOR, Seth (Hrsg.): *Proceedings of the 2007 ACM Workshop on Secure Web Services*, ACM, 2007, S. 1–8

[GLH06] GRUSCHKA, Nils ; LUTTENBERGER, Norbert ; HERKENHÖNER, Ralph: Event-based SOAP Message Validation for WS-SecurityPolicy-enriched Web Services. In: ARABNIA, Hamid R. (Hrsg.): *Proceedings of the 2006 International Conference on Semantic Web & Web Services*, CSREA Press, 2006, S. 80–86

[Gli07] GLINZ, Martin: On Non-Functional Requirements. In: *IEEE International Conference on Requirements Engineering*, 2007, S. 21–26

[GM04] GNESI, Stefania ; MAZZANTI, Franco: On the fly model checking of communicating UML State Machines. In: *Proceeding of the Second International Conference on Software Engineering Research Management and Applications*, 2004, S. 331–338

Literaturverzeichnis

[GMM08]   GOTEL, Orlena C. Z. ; MARCHESE, Francis T. ; MORRIS, Stephen J.: The Potential for Synergy between Information Visualization and Software Engineering Visualization. In: *IV '08: Proceedings of the 2008 12th International Conference Information Visualisation*. Washington, DC, USA : IEEE Computer Society, 2008, S. 547–552

[GRM06]   GORTON, Stephen ; REIFF-MARGANIEC, Stephan: Towards a Task-Oriented, Policy-Driven Business Requirements Specification for Web Services. In: DUSTDAR, Schahram (Hrsg.) ; FIADEIRO, José Luiz (Hrsg.) ; SHETH, Amit P. (Hrsg.): *Business Process Management*. Berlin Heidelberg : Springer Verlag, 2006, S. 465–470

[GRv05]   GOTTSCHALK, Florian ; ROSEMANN, Michael ; VAN DER AALST, Wil M. P.: My own process: Providing dedicated views on EPCs. In: NÜTTGENS, Markus (Hrsg.) ; RUMP, Frank J. (Hrsg.): *EPK 2005 Geschäftsprozessmanagement mit Ereignisgesteuerten Prozessketten*, 2005, S. 156–175

[GW06]   GORSCHEK, Tony ; WOHLIN, Claes: Requirements Abstraction Model. In: *Requirements Engineering* 11 (2006), S. 79–101. http://dx.doi.org/10.1007/s00766-005-0020-7. – DOI 10.1007/s00766-005-0020-7

[HA03]   HE, Qingfeng ; ANTON, Annie I.: A Framework for Modeling Privacy Requirements in Role Engineering. In: *Internation Workshop on Requirements Engineering for Software Quality*, 2003, S. 137–146

[Han07]   HANSEN, Marit (Hrsg.) ; MEISSNER, Sebastian (Hrsg.): *Verkettung digitaler Identitäten*. 2007

[Hen81]   HENDERSON, P.: System Design: Analysis. In: HENDERSON, P. (Hrsg.): *System Design. Infotech State of the Art Report 9:6*. Maidenhead : Pergamoll Infotech Ltd, 1981, S. 5–163

Literaturverzeichnis

[Hes09] HESSELLUND, Anders: *Domain-Specific Multimodeling*, IT University of Copenhagen, Denmark, PhD, 2009

[HH00] HAY, David ; HEALY, Keri A.: *Defining Business Rules ~ What Are They Really?* http://www.businessrulesgroup.org/first_paper/BRG-whatisBR_3ed.pdf. Version: 2000. – Zugriff am: 26.05.2011

[HKWB04] HOFFMANN, Matthias ; KÜHN, Nicolas ; WEBER, Matthias ; BITTNER, Margot: Requirements for Requirements Management Tools. In: *12th IEEE International Requirements Engineering Conference*. Washington, D.C., USA : IEEE Computer Society, 2004, S. 301–308

[HL08] HASSAN, Wael ; LOGRIPPO, Luigi: Requirements and compliance in legal systems: a logic approach. In: *First International Workshop on Requirements Engineering and Law*. Los Alamitos, CA, USA : IEEE Computer Society Press, 2008, S. 40–44

[HMB09] HAFNER, Michael ; MEMON, Mukhtiar ; BREU, Ruth: SeAAS - A Reference Architecture for Security Services in SOA. In: *Journal of Universal Computer Science* 15 (2009), Nr. 15, S. 2916–2936

[Hoc97] HOCHMÜLLER, Elke: Requirements Classification as a First Step to Grasp Quality Requirements. In: *Proc. Third International Workshop on Requirements Engineering: Foundation of Software Quality, Barcelona*, 1997, S. 133–144

[Hof08] HOFFMANN, Dirk W.: *Software-Qualität*. Berlin : Springer-Verlag, 2008

[HPv05] HOPPENBROUWERS, Stijn J. B. A. ; PROPER, Hendrik A. ; VAN DER WEIDE, Theo P.: A Fundamental View on the Process of Conceptual Modeling. In: *Conceptual Modeling - ER 2005, 24th International Conference on Conceptual Modeling, Klagenfurt, Austria, October 24-28, 2005*. Berlin : Springer-Verlag, 2005, S. 128–143

[HR08]　　　　HUTH, Michael R. A. ; RYAN, Mark D.: *Logic in Computer Science: Modelling and Reasoning about Systems*. 4. Auflage. Cambridge : Cambridge University Press, 2008

[HRBE06]　　HEINDL, Matthias ; REINISCH, Franz ; BIFFL, Stefan ; EGYED, Alex: Value-Based Selection of Requirements Engineering Tool Support. In: *EUROMICRO '06: Proceedings of the 32nd EUROMICRO Conference on Software Engineering and Advanced Applications*. Washington, DC, USA : IEEE Computer Society, 2006, S. 266–273

[Hru91]　　　HRUSCHKA, Peter: *Mein Weg zu CASE. Von der Idee über Methoden zu Werkzeugen*. München Wien : Hanser, 1991

[Hun08]　　　HUNTER, Anthony: *Graphical Editing Framework (GEF) Documentation*. http://www.eclipse.org/gef/reference/documentation.php. Version: 2008. – Zugriff am: 26.05.2011

[HWSD07]　　HÖSS, Oliver ; WEISBECKER, Anette ; SPECHT, Thomas ; DRAWEHN, Jens: Migration zu serviceorientierten Architekturen - top-down oder bottom-up? In: HILDEBRAND, Knut (Hrsg.): *HMD - Praxis der Wirtschaftsinformatik* Bd. 257. dpunkt.verlag, 2007, S. 39–46

[IAB]　　　　IABG: *Das V-Modell ®*. http://v-modell.iabg.de/. – Zugriff am: 26.05.2011

[IDS10a]　　　IDS SCHEER AG: *ARIS Platform Version 7.1 - Service Release 8 – ARIS-Methode*. Saarbrücken, Dezember 2010

[IDS+10b]　　IMAMURA, Takeshi ; DILLAWAY, Blair ; SIMON, Ed ; YIU, Kelvin ; NYSTRÖM, Magnus ; EASTLAKE, Donald (Hrsg.) ; REAGLE, Joseph (Hrsg.): *XML Encryption Syntax and Processing Version 1.1*. W3C Recommendation. Version: 2010. http://www.w3.org/TR/xmlenc-core/

Literaturverzeichnis

[IEE90] IEEE COMPUTER SOCIETY: *IEEE Standard Glossary of Software Engineering Terminology*. New York, 1990

[IEE98] IEEE COMPUTER SOCIETY: *IEEE Recommended Practice for Software Requirements Specifications*. Bd. 1998. IEEE Press, 1998

[Jac90] JACKSON, Michael: Some Complexities in Computer-Based Systems and Their Implications for System Development. In: *Proceedings of International Conference on Computer Systems and Software Engineering (CompEuro '90)*, IEEE Computer Society Press, 1990, S. 344–351

[Jac00] JACKSON, Daniel: Automating First-Order Relational Logic. In: *Proceedings of the 8th ACM SIGSOFT international symposium on Foundations of software engineering: twenty-first century applications*. New York, NY, USA : ACM, 2000, S. 130–139

[Jac06] JACKSON, Daniel: *Software Abstractions: Logic, Language, and Analysis*. The MIT Press, 2006

[JEA+07] JORDAN, Diane ; EVDEMON, John ; ALVES, Alexandre ; ARKIN, Assaf ; ASKARY, Sid ; BARRETO, Charlton ; BLOCH, Ben ; CURBERA, Francisco ; FORD, Mark ; GOLAND, Yaron ; GUIZAR, Alejandro ; KARTHA, Neelakantan ; LIU, Canyang K. ; KHALAF, Rania ; KNIG, Dieter ; MARIN, Mike ; MEHTA, Vinkesh ; THATTE, Satish ; RIJN, Danny van d. ; YENDLURI, Prasad ; YIU, Alex: Web Services Business Process Execution Language Version 2.0 (WS-BPEL 2.0). In: *OASIS Standard* (2007)

[JF09] JENSEN, Meiko ; FEJA, Sven: A Security Modeling Approach for Web-Service-based Business Processes. In: *16th Annual IEEE International Conference and Workshop on the Engineering of Computer Based Systems, ECBS 2009, San Francisco, California, USA, 14-16 April 2009*, IEEE Computer Society, 2009, S. 340–347

[JG09] JENSEN, Meiko ; GRUSCHKA, Nils: Privacy Against the Business Partner: Issues for Realizing End-to-End Confidentiality in Web Service Compositions. In: *International Workshop on Database and Expert Systems Applications*. Los Alamitos, CA, USA : IEEE Computer Society, 2009, S. 117–121

[JS04] JÜRJENS, Jan ; SHABALIN, Pasha: Automated Verification of UMLsec Models for Security Requirements. In: BAAR, Thomas (Hrsg.) ; STROHMEIER, Alfred (Hrsg.) ; MOREIRA, Ana M. D. (Hrsg.) ; MELLOR, Stephen J. (Hrsg.): *UML 2004 - The Unified Modelling Language: Modelling Languages and Applications. 7th International Conference, Lisbon, Portugal, October 11-15, 2004.*, Springer-Verlag, 2004, S. 365–379

[JS07] JÜRJENS, Jan ; SHABALIN, Pasha: Tools for secure systems development with UML. In: *International Journal on Software Tools for Technology Transfer (STTT)* 9 (2007), Nr. 5, S. 527–544. http://dx.doi.org/10.1007/s10009-007-0048-8. – DOI 10.1007/s10009-007-0048-8

[JSS01] JACKSON, Daniel ; SHLYAKHTER, Ilya ; SRIDHARAN, Manu: A Micromodularity Mechanism. In: *Proceedings of the 8th European software engineering conference held jointly with 9th ACM SIGSOFT international symposium on Foundations of software engineering*. New York, NY, USA : ACM, 2001, S. 62–73

[JTPM05] JENSEN, Carlos ; TULLIO, Joe ; POTTS, Colin ; MYNATT, Elizabeth D.: *STRAP: A Structured Analysis Framework for Privacy.* Atlanta, GA, USA, 2005

[Jür05] JÜRJENS, Jan: *Secure Systems Development with UML Secure Systems Development with UML.* 1. Auflage. Berlin Heidelberg : Springer Verlag, 2005

[KBK06] KNACKSTEDT, Ralf ; BRELAGE, Christian ; KAUFMANN, Noogie C.: Entwicklung rechtssicherer Web-

Anwendungen. In: *Wirtschaftsinformatik* 48 (2006), S. 27–35

[KC05] KONRAD, Sascha J. ; CHENG, Betty H. C.: Facilitating the Construction of Specification Pattern-based Properties. In: *RE '05: Proceedings of the 13th IEEE International Conference on Requirements Engineering*. Washington, DC, USA : IEEE Computer Society, 2005, S. 329–338

[KGLC06] KONRAD, Sascha J. ; GOLDSBY, Heather ; LOPEZ, Karli ; CHENG, Betty H. C.: Visualizing Requirements in UML Models. In: *REV '06: Proceedings of the 1st international workshop on Requirements Engineering Visualization*. Washington, DC, USA : IEEE Computer Society, 2006, S. 1–10

[KHS98] KAMSTIES, Erik ; HÖRMANN, Klaus ; SCHLICH, Maud: Requirements engineering in small and medium enterprises. In: *Requirements Engineering* 3 (1998), Nr. 2, S. 84–90. http://dx.doi.org/10.1007/BF02919967. – DOI 10.1007/BF02919967. – ISSN 0947–3602. – 10.1007/BF02919967

[Kin06] KINDLER, Ekkart: On the semantics of EPCs: resolving the vicious circle. In: *Data Knowledge Engineering* 56 (2006), Nr. 1, S. 23–40. – ISSN 0169–023X

[KK05] KASTENS, Uwe ; KLEINE BÜNING, Hans: *Modellierung: Grundlagen und formale Methoden*. Hanser, 2005

[KKG07] KALLONIATIS, Christos ; KAVAKLI, Evangelia ; GRITZALIS, Stefanos: Using Privacy Process Patterns for Incorporating Privacy Requirements into the System Design Process. In: *Second International Conference on Availability, Reliability and Security (ARES'07)*. Los Alamitos, CA, USA : IEEE Computer Society Press, 2007, S. 1009–1017

[KKG08] KALLONIATIS, Christos ; KAVAKLI, Evangelia ; GRITZALIS, Stefanos: Addressing privacy requirements in system design: the PriS method. In: *Requirements Engineering* 13 (2008), Nr. 3, S. 241–255. http://dx.doi.org/10.1007/s00766-008-0067-3. – DOI 10.1007/s00766-008-0067-3

[KKG09] KALLONIATIS, Christos ; KAVAKLI, Evangelia ; GRITZALIS, Stefanos: Methods for Designing Privacy Aware Information Systems: A review. In: *13th Panhellenic Conference on Informatics*. Los Alamitos, CA, USA : IEEE Computer Society Press, 2009, S. 185–194

[KKLG06] KAVAKLI, Evangelia ; KALLONIATIS, Christos ; LOUCOPOULOS, Pericles ; GRITZALIS, Stefanos: Incorporating privacy requirements into the system design process. In: *Internet Research* 16 (2006), Nr. 2, S. 140–158. http://dx.doi.org/10.1108/10662240610656483. – DOI 10.1108/10662240610656483

[KM08] KRÖGER, Fred ; MERZ, Stephan: *Temporal Logic and State Systems*. Berlin Heidelberg : Springer-Verlag, 2008

[KNS92] KELLER, Gerhard ; NÜTTGENS, Markus ; SCHEER, August-Wilhelm: *Semantische Prozessmodellierung auf der Grundlage Ereignisgesteuerter Prozessketten (EPK)*. Saarbrücken, 1992

[Knu64] KNUTH, Donald E.: Backus normal form vs. Backus Naur form. In: *Commun. ACM* 7 (1964), Nr. 12, 735–736. http://dx.doi.org/10.1145/355588.365140. – DOI 10.1145/355588.365140. – ISSN 0001-0782

[Kon06] KONRAD, Sascha J.: *Model-Driven Development and Analysis of High Assurance Systems*, Michigan State University, Dissertation, 2006

[Kor08] KORFF, Andreas: *Modellierung von eingebetteten Systemen mit UML und SysML*. Heidelberg : Spektrum, 2008. – ISBN 978–3–8274–1690–2

[Krc05] KRCMAR, Helmut: *Informationsmanagment*. 4. Auflage. Berlin Heidelberg : Springer Verlag, 2005

Literaturverzeichnis

[KT98] KELLER, Gerhard ; TEUFEL, T.: *SAP(R) R/3 Process Oriented Implementation: Iterative Process Prototyping*. Addison-Wesley Professional, 1998

[KT09] KRALLMANN, Hermann ; TRIER, Matthias: *Systemanalyse*. http://www.enzyklopaedie-der-wirtschaftsinformatik.de/wi-enzyklopaedie/lexikon/daten-wissen/Informationsmanagement/Information-/System/Systemanalyse/index.html/?searchterm=systemtheorie. Version: 2009. – Zugriff am: 26.05.2011

[KTS05] KÜHNE, Stefan ; THRÄNERT, Maik ; SPECK, Andreas: Towards a methodology for orchestration and validation of cooperative e-business components. In: RUTHERFORD, Matthew J. (Hrsg.): *7th GPCE Young Researcher Workshop*, 2005, S. 29–34

[LAB06] LOCKHART, Hal ; ANDERSON, Steve ; BOHREN, Jeff: *Web Services Federation Language (WS-Federation)*. http://specs.xmlsoap.org/ws/2006/12/federation/ws-federation.pdf. Version: 2006. – Zugriff am: 26.05.2011

[Lam00] LAMSWEERDE, Axel V.: Formal Specification: a Roadmap. In: FINKELSTEIN, Anthony C. W. (Hrsg.): *Proceedings of the Conference on The Future of Software Engineering*. New York, NY, USA : ACM, 2000, S. 147–159

[LBD02] LODDERSTEDT, Torsten ; BASIN, David ; DOSER, Jürgen: SecureUML: A UML-Based Modeling Language for Model-Driven Security. In: *UML 2002 - The Unified Modeling Language : 5th International Conference, Dresden, Germany, September 30 - October 4, 2002. Proceedings*. London, UK : Springer-Verlag, 2002, S. 426–441

[Leh07] LEHMANN, Frank R.: *Integrierte Prozessmodellierung mit ARIS*. Heidelberg : dpunkt.verlag, 2007

[Lig09]   LIGGESMEYER, Peter: *Software-Qualität. Testen, Analysieren und Verifizieren von Software*. 2. Auflage. Heidelberg : Spektrum Akademischer Verlag, 2009. – ISBN 978–3–8274–2056–5

[LK10]   LAPETS, Andrei ; KFOURY, Assaf: A User-friendly Interface for a Lightweight Verification System. In: *9th International Workshop On User Interfaces for Theorem Provers*, 2010, S. 1–14

[LL02]   LETIER, Emmanuel ; LAMSWEERDE, Axel V.: Deriving Operational Software Specifications from System Goals. In: *SIGSOFT Software Engineering Notes* 27 (2002), Nr. 6, S. 119–128

[LLSG08]   LÜBKE, Daniel ; LÜECKE, Tim ; SCHNEIDER, Kurt ; GÓMEZ, Jorge M.: Using Event-Driven Process Chains for Model-Driven Development of Business Applications. In: *International Journal of Business Process Integration and Management (IJBPIM)* 3 (2008), Nr. 2, S. 109–117

[LP99]   LILIUS, Johan ; PALTOR, Ivan P.: vUML: a Tool for Verifying UML Models. In: *ASE '99: Proceedings of the 14th IEEE international conference on Automated software engineering*. Washington, DC, USA : IEEE Computer Society, 1999, S. 255–259

[LPC07]   LI, Yin H. ; PAIK, Hye-young ; CHEN, Jun: Privacy Inspection and Monitoring Framework for Automated Business Processes. In: *WISE 2007, 8th International Conference on Web Information Systems Engineering, Nancy, France, December 3-7, 2007*, 2007, S. 603–612

[LS09]   LASKI, Janusz ; STANLEY, William: *Software Verification and Analysis*. Springer, 2009

[LVD09]   LOHMANN, Niels ; VERBEEK, Eric ; DIJKMAN, Remco: Petri Net Transformations for Business Processes – A Survey. In: JENSEN, Kurt (Hrsg.) ; VAN DER AALST, Wil M. P. (Hrsg.): *Transactions on Petri Nets*

Literaturverzeichnis

	and Other Models of Concurrency II. Berlin, Heidelberg : Springer-Verlag, 2009, S. 46–63
[LZHX11]	LIU, Linyuan ; ZHU, Haibin ; HUANG, Zhiqiu ; XIE, Dongqing: Minimal privacy authorization in web services collaboration. In: *Computer Standards & Interfaces* 33 (2011), Nr. 3, 332–343. http://dx.doi.org/10.1016/j.csi.2010.09.001. – DOI 10.1016/j.csi.2010.09.001. – ISSN 0920–5489
[Mai98]	MAIDEN, Neil A. M.: CREWS-SAVRE: Scenarios for Acquiring and Validating Requirements 1. In: *Automated Software Engineering* 5 (1998), Nr. 4, S. 419–446
[Maj09]	MAJERNIK, Filip: *Design and Implementation of Security Mechanisms in BPEL-based Service Orchestration System*, Ruhr-University Bochum, diploma thesis, 2009
[Man05]	MANTELL, Keith: From UML to BPEL – Model Driven Architecture in a Web services world. In: *IBM developerWorks whitepaper* (2005). http://www.ibm.com/developerworks/webservices/library/ws-uml2bpel/
[Mat05a]	MATULEVIČIUS, Raimundas: *Process Support for Requirements Engineering*, Norwegian University of Science and Technology, Doctoral thesis, 2005
[Mat05b]	MATULEVIČIUS, Raimundas: Prototype of the Evaluation Framework for Functional Requirements of RE-tools. In: *Proceedings of the 2005 13th IEEE International Conference on Requirements Engineering (RE'05)*. Los Alamitos, CA, USA : IEEE Computer Society, 2005, S. 483–484
[Mat05c]	MATULEVIČIUS, Raimundas: Validating an Evaluation Framework for Requirements Engineering Tools. In: KROGSTIE, John (Hrsg.) ; HALPIN, Terry A. (Hrsg.) ; SIAU, Keng (Hrsg.): *Information Modeling Methods and Methodologies (Adv. Topics of Database Research)*, Idea Group Publishing, 2005, S. 148–174

[Mat09]	MATULEVIČIUS, Raimundas: Aggregated process for evaluating requirements engineering tools. In: *Information Technologies 2009*, 2009, S. 393–403
[MBB01]	MERTENS, Peter ; BACK, Andreas ; BECKER, Jörg: *Lexikon der Wirtschaftsinformatik*. 4. Auflage. Berlin : Springer Verlag, 2001
[MBSFM10]	MELLADO, Daniel ; BLANCO, Carlos ; SÁNCHEZ, Luis E. ; FERNÁNDEZ-MEDINA, Eduardo: A systematic review of security requirements engineering. In: *Computer Standards & Interfaces* 32 (2010), Nr. 4, 153–165. http://dx.doi.org/10.1016/j.csi.2010.01.006. – DOI 10.1016/j.csi.2010.01.006. – ISSN 0920–5489
[MC01]	MCUMBER, William E. ; CHENG, Betty H. C.: A General Framework for Formalizing UML with Formal Languages. In: *ICSE '01: Proceedings of the 23rd International Conference on Software Engineering*. Washington, DC, USA : IEEE Computer Society, 2001, S. 433–442
[Mcg98]	MCGRAW, Gary: Testing for Security During Development: Why we should scrap penetrate-and-patch. In: *IEEE Aerospace and Electronic Systems* 13 (1998), S. 13–15
[McM93]	MCMILLAN, Kenneth L.: *Symbolic model checking*. Assinippi Park : Kluwer Academic Publishers, 1993
[McM99]	MCMILLAN, Kenneth L.: *The SMV language*. http://santos.cis.ksu.edu/smv-doc/language/language.html. Version: 1999
[McM01]	MCMILLAN, Kenneth L.: *The Cadence SMV Model Checker*. http://www.kenmcmil.com/smv.html. Version: 2001. – Zugriff am: 26.05.2011
[Mei07]	MEINTS, Martin: Datenschutz durch Prozesse. In: *DuD Datenschutz und Datensicherheit Datenschutz und Datensicherheit* 31 (2007), Nr. 2, S. 91–95

[Mel08] MELZER, Ingo: *Service-orientierte Architekturen mit Web Services: Konzepte – Standards – Praxis*. 3. Auflage. Heidelberg : Spektrum Akademischer Verlag, 2008

[Mel10] MELZER, Ingo: *Service-orientierte Architekturen mit Web Services: Konzepte - Standards - Praxis*. 4. Auflage. Heidelberg : Spektrum Akademischer Verlag, 2010

[Men07] MENDLING, Jan: *Detection and Prediction of Errors in EPC Business Process Models*, Vienna University of Economics and Business Administration (WU Wien), Austria, Dissertation, 2007

[Men08] MENDLING, Jan ; VAN DER AALST, Wil M. P. (Hrsg.) ; MYLOPOULOS, John (Hrsg.) ; SADEH, Norman M. (Hrsg.) ; SHAW, Michael J. (Hrsg.) ; SZYPERSKI, Clemens (Hrsg.): *Metric for Process Models -Empirical Foundations of Verification, Error Prediction, and Guidelines for Correctness*. Berlin : Springer-Verlag, 2008. – ISBN 3–540–89223–0

[Men09] MENDLING, Jan: Empirical Studies in Process Model Verification. In: *T. Petri Nets and Other Models of Concurrency 2* (2009), S. 208–224

[Mer06] MERTENS, Peter: *Moden und Nachhaltigkeit in der Wirtschaftsinformatik*. 2006

[MGM03a] MOURATIDIS, Haralambos ; GIORGINI, Paolo ; MANSON, Gordon: An Ontology for Modelling Security: The Tropos Approach. In: *Proceedings of the 7th International Conference on Knowledge-Based Intelligent Information & Engineering Systems (KES 2003), Invited Session Ontology and Multi-Agent Systems Design (OMASD '03)*, 2003, S. 7

[MGM03b] MOURATIDIS, Haralambos ; GIORGINI, Paolo ; MANSON, Gordon: Integrating Security and Systems Engineering: Towards the Modelling of Secure Information Systems. In: EDER, Johann (Hrsg.) ; MISSIKOFF, Michele (Hrsg.): *Advanced Information Systems Enginee-*

ring. Berlin / Heidelberg : Springer Verlag, 2003, S. 63–78

[MH03] MONIN, Jean-François ; HINCHEY, Michael G.: *Understanding Formal Methods*. Springer, 2003

[MLM+06] MACKENZIE, C. M. ; LASKEY, Ken ; MCCABE, Francis ; BROWN, Peter F. ; METZ, Rebekah: Reference Model for Service Oriented Architecture 1.0. In: *OASIS Committee Specification* (2006)

[MM99] MORGAN, Mary S. (Hrsg.) ; MORRISON, Margaret (Hrsg.): *Models as mediators: perspectives on natural and social science*. Cambridge University Press, 1999

[MM03] MITROU, Lilian ; MOULINOS, Konstantinos: Privacy and Data Protection in Electronic Communications. In: GORODETSKY, Vladimir (Hrsg.) ; POPYACK, Leonard (Hrsg.) ; SKORMIN, Victor (Hrsg.): *Computer Network Security*. Berlin / Heidelberg : Springer Verlag, 2003, S. 432–435

[MN03] MOFFETT, Jonathan D. ; NUSEIBEH, Bashar A.: *A Framework for Security Requirements Engineering*. 2003

[MRA10] MENDLING, Jan ; REIJERS, Hajo A. ; AALST, W M P Van D.: Seven process modeling guidelines (7PMG). In: *Information and Software Technology* 52 (2010), Nr. 2, 127–136. http://dx.doi.org/10.1016/j.infsof.2009.08.004. – DOI 10.1016/j.infsof.2009.08.004. – ISSN 0950–5849

[MS03] MATULEVIČIUS, Raimundas ; STRAŠUNSKAS, Darijus: Evaluation Framework of Requirements Engineering Tools for Verification and Validation. In: *Advanced Conceptual Modeling Techniques ER 2002 Workshops, ECDM, MobIMod, IWCMQ, and eCOMO*. Berlin Heidelberg : Springer-Verlag, 2003, S. 251–263

[MS05] MATULEVIČIUS, Raimundas ; SINDRE, Guttorm: Tool Support and Specification Quality: Experimental Validation of an RE-Tool Evaluation Framework. In:

Literaturverzeichnis

AKOKA, Jacky (Hrsg.) ; LIDDLE, Stephen W. (Hrsg.) ; SONG, Il-Yeol (Hrsg.) ; BERTOLOTTO, Michela (Hrsg.) ; COMYN-WATTIAU, Isabelle (Hrsg.) ; CHERFI, Samira Si-Said (Hrsg.) ; HEUVEL, Willem-Jan V. (Hrsg.) ; THALHEIM, Bernhard (Hrsg.) ; KOLP, Manuel (Hrsg.) ; BRESCIANI, Paolo (Hrsg.) ; TRUJILLO, Juan (Hrsg.) ; KOP, Christian (Hrsg.) ; MAYR, Heinrich C. (Hrsg.): *Perspectives in Conceptual Modeling ER 2005 Workshops CAOIS, BP-UML, CoMoGIS, eCOMO, and QoIS*. Berlin : Springer Verlag, 2005, S. 433 – 443

[Mue08] MUELLER SCIENCE: *Modellgeschichte ist Kulturgeschichte*. http://www.muellerscience.com/MODELL/Begriffsgeschichte/ModellgeschichteistKulturgeschichte.htm. Version: 2008. – Zugriff am: 26.05.2011

[MV02] MOSTERMAN, Pieter J. ; VANGHELUWE, Hans: Guest Editorial: Special Issue on Computer Automated Multi-Paradigm Modeling. In: *ACM Transaction on Modeling and Computer Simulation* 12 (2002), Nr. 4, S. 249–255

[NGG+07] NADALIN, Anthony ; GOODNER, Marc ; GUDGIN, Martin ; BARBIR, Abbie ; GRANQVIST, Hans: *OASIS WS-Trust 1.3*. OASIS Standard, 2007. – Zugriff am: 19.05.2009

[NJJ+96] NISSEN, Hans W. ; JEUSFELD, Manfred A. ; JARKE, Matthias ; ZEMANEK, Georg V. ; HUBER, Harald: Managing multiple requirements perspectives with metamodels. In: *IEEE Software* 13 (1996), Nr. 2, S. 37–48. http://dx.doi.org/10.1109/52.506461. – DOI 10.1109/52.506461

[NKF94] NUSEIBEH, Bashar ; KRAMER, Jeff ; FINKELSTEIN, Anthony C.: A Framework for Expressing the Relationships Between Multiple Views in Requirements Specification. In: *IEEE Transaction on Software Engineering* 20 (1994), Nr. 10, S. 760–773

Literaturverzeichnis

[NKMHB06] NADALIN, Anthony ; KALER, Chris ; MONZILLO, Ronald ; HALLAM-BAKER, Phillip: *Web Services Security: SOAP Message Security 1.1 (WS-Security 2004)*. OASIS Standard Specification. http://www.consystec.com/c2cxml/rtm/wss-v1.1-spec-os-SOAPMessageSecurity.pdf. Version: 2006

[NR69] NAUR, Peter (Hrsg.) ; RANDELL, Brian (Hrsg.): *Software engineering: report on a conference sponsored by the nato science committee*. Scientific Affairs Division, 1969

[NTIO05] NAKAMURA, Yuichi ; TATSUBORI, Michiaki ; IMAMURA, Takeshi ; ONO, Koichi: Model-Driven Security Based on a Web Services Security Architecture. In: *SCC '05: Proceedings of the 2005 IEEE International Conference on Services Computing*. Washington, DC, USA : IEEE Computer Society, 2005, S. 7–15

[NZJK06] NEPAL, Surya ; ZIC, John ; JACCARD, Frederic ; KRAEHENBUEHL, Gregoire: A Tag-Based Data Model for Privacy-Preserving Medical Applications. In: GRUST, Torsten (Hrsg.) ; HÖPFNER, Hagen (Hrsg.) ; ILLARRAMENDI, Arantza (Hrsg.) ; JABLONSKI, Stefan (Hrsg.) ; MESITI, Marco (Hrsg.) ; MÜLLER, Sascha (Hrsg.) ; PATRANJAN, Paula-Lavinia (Hrsg.) ; SATTLER, Kai-Uwe (Hrsg.) ; SPILIOPOULOU, Myra (Hrsg.) ; WIJSEN, Jef (Hrsg.): *Current Trends in Database Technology*. Berlin / Heidelberg : Springer Verlag, 2006, S. 433 – 444

[OAS05] OASIS: *eXtensible Access Control Markup Language (XACML) Version 2.0*. 2005

[Obj08] OBJECT MANAGEMENT GROUP: *OMG Systems Modeling Language (OMG SysML)*. http://www.omg.org/spec/SysML/1.1. Version: 2008. – Zugriff am: 26.05.2011

Literaturverzeichnis

[Obj11a]   OBJECT MANAGEMENT GROUP: *Business Process Model and Notation (BPMN) Version 2.0.* Needham, MA, 2011

[Obj11b]   OBJECT MANAGEMENT GROUP: *MDA.* http://www.omg.org/mda/. Version: 2011. – Zugriff am: 03.06.2011

[Obj11c]   OBJECT MANAGEMENT GROUP: *Object Management Group - UML.* http://www.uml.org/. Version: 2011. – Zugriff am: 26.05.2011

[Obj11d]   OBJECT MANAGEMENT GROUP: *OMG's Meta-Object Facility (MOF).* http://www.omg.org/mof/. Version: 2011. – Zugriff am: 03.06.2011

[ODKE05]   OLSSON, Thomas ; DOERR, Joerg ; KOENIG, Tom ; EHRESMANN, Michael: A Flexible and Pragmatic Requirements Engineering Framework for SME. In: RALYTÉ, Jolita (Hrsg.): *1st International Workshop on Situational Requirements Engineering Processes*, 2005, S. 1–12

[Oes06]   OESTEREICH, Bernd: *Analyse und Design mit UML 2.1.* 8. Auflage. München Wien : Oldenbourg Verlag, 2006

[Oes09]   OESTEREICH, Bernd: *Analyse und Design mit UML 2.3: Objektorientierte Softwareentwicklung.* 9. Auflage. München Wien : Oldenbourg, 2009

[Off11]   OFFICE OF GOVERNMENT COMMERCE: *ITIL Home.* 2011

[OR98]   ODELL, James ; RAMACKERS, Guus: Martin/Odell Approach: A Formalization for OO. In: ZAMIR, Saba (Hrsg.): *Handbook of Object Technology.* Boca Raton, London, New York : Crc Press, 1998, S. 12–1–12–9

[O'R06]   O'REGAN, Gerard: *Mathematical Approaches to Software Quality.* London : Springer, 2006

Literaturverzeichnis

[Ora11] ORACLE: *Oracle BPEL Process Manager.* http://www.oracle.com/technetwork/middleware/bpel/overview/index.html. Version: 2011. – Zugriff am: 26.03.2011

[Orc11] ORCANOS LTD.: *QPack Application Lifecycle Management - ALM 2.0.* http://www.orcanos.com/Orcanos_QPack.htm. Version: 2011

[Ort05] ORTNER, Erich: *Sprachbasierte Informatik: Wie man mit Wörtern die Cyber-Welt bewegt.* 1. Auflage. Leipzig : Edition Am Gutenbergplatz, 2005

[OS08] OLBRICH, Sebastian ; SIMON, Carlo: Process Modelling towards e-Government – Visualisation and Semantic Modelling of Legal Regulations as Executable Process Sets. In: *The Electronic Journal of e-Government* 6 (2008), Nr. 1, S. 43 – 54

[Par98] PARTSCH, Helmuth: *Requirements Engineering systematisch: Modellbildung für softwaregestützte Systeme.* 1. Auflage. Berlin : Springer-Verlag, 1998

[PCI10] PCI SECURITY STANDARDS COUNCIL: *Payment Card Industry (PCI) –Data Security Standard.* 2010

[PD08] PAPE, Oliver ; DRAWEHN, Jens: Anwendungsszenario Elektronische Steuererklärung. In: FÄHNRICH, Klaus-Peter (Hrsg.) ; KÜHNE, Stefan (Hrsg.) ; THRÄNERT, Maik (Hrsg.): *Model-Driven Integration Engineering.* Universität Leipzig, 2008, S. 157–170

[Pet62] PETRI, Carl A.: *Kommunikation mit Automaten.* Bonn, 1962

[PFS10] PULVERMÜLLER, Elke ; FEJA, Sven ; SPECK, Andreas: Developer-friendly verification of process-based systems. In: *KNOWLEDGE-BASED SYSTEMS* 23 (2010), Nr. 7, 667–676. http://dx.doi.org/10.1016/j.knosys.2010.03.005. – DOI 10.1016/j.knosys.2010.03.005. – ISSN 0950–7051

Literaturverzeichnis

[PH97] PFLEEGER, Shari L. ; HATTON, Les: Investigating the Influence of Formal Methods. In: *Computer* 30 (1997), Nr. 2, S. 33–43

[Pnu77] PNUELI, Amir: The Temporal Logic of Programs. In: *18th Annual Symposium on Foundations of Computer Science (FOCS), Providence, Rhode Island, USA*. Washington, DC, USA : IEEE Computer Society, 1977, S. 46–57

[Poh93] POHL, Klaus: The Three Dimensions of Requirements Engineering. In: ROLLAND, Colette (Hrsg.) ; BODART, François (Hrsg.) ; CAUVET, Corine (Hrsg.): *Advanced Information Systems Engineering* Bd. 6353. Berlin : Springer Verlag, 1993, S. 275–292

[Poh94] POHL, Klaus: The three dimensions of requirements engineering: a framework and its applications. In: *CAISE '93: Selected papers from the fifth international conference on Advanced information systems engineering*. Elmsford, NY, USA : Pergamon Press, Inc., 1994, S. 243–258

[Poh07] POHL, Klaus: *Requirements Engineering. Grundlagen, Prinzipien, Techniken.* Heidelberg : Dpunkt.Verlag GmbH, 2007

[Poh10] POHL, Klaus: *Requirements Engineering.* 1. Auflage. Heidelberg : Springer Verlag, 2010

[Poo06] POOL, Jonathan: Can Controlled Languages Scale to the Web? In: *5th International Workshop on Controlled Language Applications*, 2006

[PR09] POHL, Klaus ; RUPP, Chris: *Basiswissen Requirements Engineering: Aus- und Weiterbildung nach IREB-Standard zum Certified Professional for Requirements Engineering Foundation Level.* 1. Auflage. Heidelberg : dpunkt Verlag, 2009

[PRS04] PFEIFFER, Hendrik J. ; ROSSAK, Wilhelm R. ; SPECK, Andreas: Applying Model Checking to Workflow Verification. In: *ECBS '04: Proceedings of the 11th IEEE International Conference and Workshop on the Engineering of Computer-Based Systems (ECBS'04)*. Washington, DC, USA : IEEE Computer Society, 2004. – ISBN 0-7695-2125-8, S. 144–151

[PSP09] PENZENSTADLER, Birgit ; SIKORA, Ernst ; POHL, Klaus: A Requirements Reference Model for Model-Based Requirements Engineering in the Automotive Domain. In: GLINZ, Martin (Hrsg.) ; HEYMANS, Patrick (Hrsg.): *Requirements Engineering: Foundation for Software Quality*. Berlin : Springer Verlag, 2009, S. 212–217

[Pul09] PULVERMÜLLER, Elke: Reducing the Gap between Verification Models and Software Development Models. In: *Proceeding of the 2009 conference on New Trends in Software Methodologies, Tools and Techniques*. Amsterdam, The Netherlands : IOS Press, 2009, S. 297–313

[RD09] RUPP, Chris ; DIE SOPHISTEn ; METZGER, Margarete (Hrsg.): *Requirements-Engineering und -Management Professionelle, iterative Anforderungsanalyse für die Praxis*. 5. Auflage. München : Carl Hanser Verlag, 2009. – ISBN 978-3-446-41841-7

[Rei10] REISIG, Wolfgang: *Petrinetze: Modellierungstechnik, Analysemethoden, Fallstudien*. 1. Vieweg+Teubner, 2010

[RF94] ROBINSON, William N. ; FICKAS, Stepehn: Supporting Multi-Perspective Requirements Engineering. In: *IEEE First Internatoinal Conference on Requirements Engineering*, IEEE Computer Society, 1994, S. 206–215

[RFMP07] RODRÍGUEZ, Alfonso ; FERNÁNDEZ-MEDINA, Eduardo ; PIATTINI, Mario: A BPMN Extension for the Modeling of Security Requirements in Business Processes. In: *IEICE - Transaction on Information Systems* E90-D (2007), Nr. 4, S. 745–752. – ISSN 0916-8532

Literaturverzeichnis

[RFMTP11]   RODRÍGUEZ, Alfonso ; FERNÁNDEZ-MEDINA, Eduardo ; TRUJILLO, Juan ; PIATTINI, Mario: Secure business process model specification through a UML 2.0 activity diagram profile. In: *Decision Support Systems* 51 (2011), Nr. 3, 446–465. http://dx.doi.org/10.1016/j.dss.2011.01.018. – DOI 10.1016/j.dss.2011.01.018. – ISSN 0167–9236

[Ric10]   RICHTER, Robin: *Web Service Security Modellierung auf Basis der EPK zur automatischen Erzeugung von Web Service Security Policies*, Christian-Albrechts-Universität zu Kiel, Bachelorarbeit, 2010

[Roy87]   ROYCE, Winston W.: Managing the development of large software systems: concepts and techniques. In: *Proceedings of the 9th international conference on Software Engineering*. Los Alamitos, CA, USA : IEEE Computer Society Press, 1987, S. 328–338

[RP09]   ROST, Martin ; PFITZMANN, Andreas: Datenschutz-Schutzziele – revisited. In: *Datenschutz und Datensicherheit (DuD)* 33 (2009), Nr. 6, S. 353–358

[RR06]   ROBERTSON, Suzanne ; ROBERTSON, James: *Mastering the Requirements Process*. 2. Auflage. Amsterdam : Addison-Wesley Longman, 2006

[RSD05]   ROSEMANN, Michael ; SCHWEGMANN, Ansgar ; DELFMANN, Patrick: Vorbereitung der Prozessmodellierung. In: BECKER, Jörg (Hrsg.) ; KUGELER, Martin (Hrsg.) ; ROSEMANN, Michael (Hrsg.): *Prozessmanagement*. Berlin Heidelberg : Springer Verlag, 2005, S. 45–103

[Rup01]   RUPP, Chris ; SOMMER, Manfred (Hrsg.): *Requirements-Engineering und -Management*. Hanser, 2001

[SBS09]   SNEED, Harry M. ; BAUMGARTNER, Manfred ; SEIDL, Richard: *Der Systemtest*. 2. Auflage. München : Hanser, 2009

[Sch00]	SCHARL, Arno: *Evolutionary Web Development – Automated Analysis, Adaptive Design, and Interactive Visualization of Commercial Web Information Systems.* 1. Auflage. London, UK : Springer Verlag, 2000
[Sch01]	SCHMULLER, Joseph: *Teach Yourself UML in 24 Hours.* 2. Sams, 2001
[Sch02]	SCHEER, August-Wilhelm: *ARIS - Vom Geschäftssystem zum Anwendungssystem.* Springer, 2002
[Sch07]	SCHNEIDER, Stephan: *Konstruktion generischer Datenmodelle auf fachkonzeptioneller Ebene im betrieblichen Anwendungskontext: Methode und Studie.* Aachen : Shaker, 2007
[Sch08]	SCHMIETENDORF, Andreas: Assessment of Business Process Modeling Tools under Consideration of Business Process Management Activities. In: DUMKE, Reiner (Hrsg.) ; BRAUNGARTEN, René (Hrsg.) ; BÜREN, Günter (Hrsg.) ; ABRAN, Alain (Hrsg.) ; CUADRADO-GALLEGO, Juan (Hrsg.): *Software Process and Product Measurement.* Berlin / Heidelberg : Springer Verlag, 2008, S. 141–154
[Sel98]	SELIC, Bran: Using UML for Modeling Complex Real-Time Systems. In: *LCTES '98: Proceedings of the ACM SIGPLAN Workshop on Languages, Compilers, and Tools for Embedded Systems.* London, UK : Springer-Verlag, 1998. – ISBN 3–540–65075–X, S. 250–260
[SI07]	STEIN, Sebastian ; IVANOV, Konstantin: EPK nach BPEL Transformation als Voraussetzung für praktische Umsetzung einer SOA. In: BLEEK, Wolf-Gideon (Hrsg.) ; RAASCH, Jörg (Hrsg.) ; ZÜLLIGHOVEN, Heinz (Hrsg.): *Software Engineering 2007.* Hamburg, Germany : Gesellschaft für Informatik (GI), 2007, S. 75–80
[Sil09]	SILVER, Bruce: *Bpmn Method and Style: A Levels-Based Methodology for Bpm Process Modeling and Improvement Using Bpmn 2.0.* Cody-Cassidy Press, 2009

Literaturverzeichnis

[SKD+08]   STEIN, Sebastian ; KÜHNE, Stefan ; DRAWEHN, Jens ; FEJA, Sven ; ROTZOLL, Werner: Evaluation of OrViA Framework for Model-Driven SOA Implementations: An Industrial Case Study. In: DUMAS, Marlon (Hrsg.) ; REICHERT, Manfred (Hrsg.) ; SHAN, Ming-Chien (Hrsg.): *6th International Conference on Business Process Management*. Berlin / Heidelberg : Springer Berlin / Heidelberg, 2008, S. 310–325

[SKM01]   SCHÄFER, Timm ; KNAPP, Alexander ; MERZ, Stephan: Model Checking UML State Machines and Collaborations. In: *Workshop on Software Model Checking (in connection with CAV '01)*, Elsevier B.V., 2001, S. 357–369

[SLI08]   STEIN, Sebastian ; LAUER, Jens ; IVANOV, Konstantin: ARIS Method Extension for Business-Driven SOA. In: *Wirtschaftsinformatik* 50 (2008), Nr. 6, S. 436–444

[SO05]   SIMON, Carlo ; OLBRICH, Sebastian: The influence of legal constraints on business process modeling. In: IRANI, Zahir (Hrsg.) ; ELLIMAN, Tony (Hrsg.) ; SARIKAS, Omiros D. (Hrsg.): *eGovernment Workshop* Bd. 05, 2005, S. 14

[Sof11a]   SOFTWARE AG: *ARIS Business Architect & Designer*. http://www.softwareag.com/de/products/aris_platform/aris_design/business_architect/capabilities/analysis_optimization.asp. Version: 2011. – Zugriff am: 03.06.2011

[Sof11b]   SOFTWARE AG: *ARIS Platform*. http://www.softwareag.com/de/products/aris_platform/default.asp. Version: 2011. – Zugriff am: 26.05.2011

[Sof11c]   SOFTWARE AG: *ARIS SOA Architect*. http://www.softwareag.com/de/products/aris_platform/aris_implementation/soa_architect/overview/default.asp. Version: 2011. – Zugriff am: 03.06.2011

Literaturverzeichnis

[Sof11d]   SOFTWARE AG: *Software AG auf einen Blick.* http://www.softwareag.com/de/company/ companyinfo/overview/default.asp. Version: 2011. – Zugriff am: 12.08.2011

[Som06]   SOMMERVILLE, Ian: *Software Engineering.* 8. Auflage. Addison-Wesley, 2006

[Som10]   SOMMERVILLE, Ian: *Software Engineering (Web Chapters).* 9. Auflage. Addison Wesley, 2010

[Sow04]   SOWA, John F.: *Common Logic Controlled English.* http://www.jfsowa.com/clce/specs.htm. Version: 2004. – Zugriff am: 26.05.2011

[SP01]   SPECK, Andreas ; PULVERMÜLLER, Elke: Versioning in Software Engineering. In: *The 27th Annual Conference of the IEEE Industrial Electronics Society.* Los Alamitos, CA, USA : IEEE Computer Society Press, 2001, S. 1856–1861

[Spe80]   SPECK, Josef: *Handbuch wissenschaftstheoretischer Begriffe.* Stuttgart : UTB, 1980

[SRS+07]   STAAB, Steffen ; RINGELSTEIN, Christop ; SCHWAGEREIT, Felix ; GRIMM, Rüdiger ; PÄHLER, Daniel ; BIZER, Johann ; MEISSNER, Sebastian ; ROST, Martin ; SCHALLABÖCK, Jan: *SOAinVO - Chancen und Risiken von Service-orientierten Architekturen in Virutellen Organisationen.* 2007

[SS03]   SCHEURING, Johannes ; SCHNEIDER, Gabriel: *Einführung in die Geschäftsprozessmodellierung mit Beispielen, Repetitionsfragen und Antworten.* Zürich : Compendio Bildungsmedien, 2003

[SS07]   STOUPPA, Phiniki ; STUDER, Thomas: A Formal Model of Data Privacy. In: VIRBITSKAITE, Irina (Hrsg.) ; VORONKOV, Andrei (Hrsg.): *Perspectives of Systems Informatics.* Berlin / Heidelberg : Springer Verlag, 2007, S. 400–408

Literaturverzeichnis

[ST05] SCHEER, August-Wilhelm ; THOMAS, Oliver: Geschäftsprozessmodellierung mit der Ereignisgesteuerten Prozesskette. In: *Das Wirtschaftsstudium* 34 (2005), Nr. 8-9, S. 1069–1078

[Stö05] STÖRRLE, Harald: *UML 2 für Studenten*. 1. Auflage. München : Pearson Studium, 2005

[Stö06] STÖRRLE, Harald: A Comparison of (e)EPCs and UML 2 Activity Diagrams. In: *5. Workshop der Gesellschaft für Informatik e.V. (GI) und Treffen ihres Arbeitskreises „Geschäftsprozessmanagement mit Ereignisgesteuerten Prozessketten (WI-EPK)"*, Wien, 30. November - 01. Dezember 2006, CEUR-WS.org, 2006, S. 177–188

[Sto10] STOLZ, Volker: An integrated multi-view model evolution framework. In: *Innovations in Systems and Software Engineering* 6 (2010), S. 13–20. http://dx.doi.org/10.1007/s11334-009-0102-7. – DOI 10.1007/s11334-009-0102-7

[SVEH07] STAHL, Thomas ; VÖLTER, Markus ; EFFTINGE, Sven ; HASE, Arno: *Modellgetriebene Softwareentwicklung - Techniken, Engineering, Management*. dpunkt.verlag, 2007

[SZS10] SIVERONI, Igor ; ZISMAN, Andrea ; SPANOUDAKIS, George: A UML-based static verification framework for security. In: *Requirements Engineering* 15 (2010), S. 95–118. http://dx.doi.org/10.1007/s00766-009-0091-y. – DOI 10.1007/s00766-009-0091-y

[Tab06] TABELING, Peter: *Softwaresysteme und ihre Modellierung*. 1. Auflage. Springer-Verlag, 2006 http://dx.doi.org/10.1007/3-540-29276-4. – ISBN 10 3-540-25828-0

[TCJ08] TORLAK, Emina ; CHANG, Felix Sheng-Ho ; JACKSON, Daniel: Finding Minimal Unsatisfiable Cores of Declarative Specifications. In: *Proceedings of the 15th international symposium on Formal Methods.* Berlin / Heidelberg : Springer-Verlag, 2008, S. 326–341

[The11a] THE ECLIPSE FOUNDATION: *Eclipse Platform.* http://www.eclipse.org/platform/. Version: 2011. – Zugriff am: 03.06.2011

[The11b] THE ECLIPSE FOUNDATION: *GEF.* http://www.eclipse.org/gef/. Version: 2011. – Zugriff am: 03.06.2011

[The11c] THE ECLIPSE FOUNDATION: *Graphical Modeling Project.* http://www.eclipse.org/modeling/gmp/. Version: 2011. – Zugriff am: 03.06.2011

[TIN04] TATSUBORI, Michiaki ; IMAMURA, Takeshi ; NAKAMURA, Yuichi: Best-Practice Patterns and Tool Support for Configuring Secure Web Services Messaging. In: *ICWS '04: Proceedings of the IEEE International Conference on Web Services (ICWS'04).* Washington, DC, USA : IEEE Computer Society, 2004. – ISBN 0–7695–2167–3, S. 244–251

[TS07] TILKOV, Stefan ; STARKE, Gernot: SOA aus technischer Perspektive. In: *SOA-Expertenwissen.* dpunkt.verlag, 2007, S. 16–23

[TSS+04] THOMAS, Oliver ; SEEL, Christian ; SEEL, Christian ; KAFFAI, Bettina ; MARTIN, Gunnar: *Referenzarchitektur für E-Government (RAFEG): Konstruktion von Verwaltungsverfahrensmodellen am Beispiel der Planfeststellung.* Saarbrücken, 2004

[UNI11] UNICASE: *EMFStore - unicase - A model repository for EMF.* https://code.google.com/p/unicase/wiki/EMFStore. Version: 2011. – Zugriff am: 26.05.2011

[Vaa06] VAANDRAGER, Frits: Does it Pay Off? Model-Based Verification and Validation of Embedded Systems! In: KARELSE, Frank A. (Hrsg.): *PROGRESS White papers 2006.* Utrecht : STW, the Netherlands, 2006, S. 43–66

Literaturverzeichnis

[Val95] VALENTE, Andre: *Legal Knowledge Engineering.* IOS Press, 1995

[Var01] VARDI, Moshe Y.: Branching vs. Linear Time: Final Showdown. In: *7th International Conference Tools and Algorithms for the Construction and Analysis of Systems.* Berlin / Heidelberg : Springer Verlag, 2001, S. 1–22

[vDK02] VAN DER AALST, Wil M. P. ; DESEL, Jörg ; KINDLER, Ekkart: On the semantics of EPCs: A vicious circle. In: RUMP, Frank J. (Hrsg.): *EPK 2002, Geschäftsprozessmanagement mit Ereignisgesteuerten Prozessketten,* 2002, S. 71–79

[Ver91] VEREIN DEUTSCHER INGENIERE E.V., Verband der Elektrotechnik I.: *Lastenheft/Pflichtenheft für den Einsatz von Automatisierungssystemen.* 1991

[Ver94] VERLAGE, Martin: Multi-View Modeling of Software Processes. In: WARBOYS, Brian C. (Hrsg.): *Software Process Technology Third European Workshop, EWSPT '94 Villard de Lans, France, February 7–9, 1994 Proceedings.* Berlin : Springer Verlag, 1994, S. 123–126

[VKTL10] VRAKAS, Nikos ; KALLONIATIS, Christos ; TSOHOU, Aggeliki ; LAMBRINOUDAKIS, Costas: Privacy Requirements Engineering for Trustworthy e-Government Services. In: ACQUISTI, Alessandro (Hrsg.) ; SMITH, Sean W. (Hrsg.) ; SADEGHI, Ahmad-Reza (Hrsg.): *Trust and Trustworthy Computing.* Berlin / Heidelberg : Springer Verlag, 2010, S. 298–307

[VS06] VÖLTER, Markus ; STAHL, Thomas: *Model-Driven Software Development: Technology, Engineering, Management.* John Wiley & Sons, 2006

[Wal03] WALLACE, Chris: Using Alloy in process modelling. In: *Information and Software Technology* 45 (2003), Nr. 15, S. 1031–1043. http://dx.doi.org/10.1016/S0950-5849(03)00131-9. – DOI 10.1016/S0950-5849(03)00131-9

[WCL+05]   WEERAWARANA, Sanjiva ; CURBERA, Francisco ; LEYMANN, Frank ; STOREY, Tony ; FERGUSON, Donald F.: *Web Services Platform Architecture: SOAP, WSDL, WS-Policy, WS-Addressing, WS-BPEL, WS-Reliable Messaging, and More*. Prentice Hall PTR, 2005

[WH90]   WIJERS, Gerard M. ; HEIJES, H.: Automated support of the modelling process: a view based on experiments with expert information engineers. In: *CAiSE '90: Proceedings of the second Nordic conference on Advanced information systems engineering*. New York, NY, USA : Springer-Verlag New York, Inc., 1990. – ISBN 0–387–52625–0, S. 88–108

[Whi04]   WHITE, Stephen A.: *Introduction to BPMN*. http://www.bpmn.org/Documents/Introduction_to_BPMN.pdf. Version: 2004. – Zugriff am: 26.05.2011

[WHJW00]   WANG, Wenlin ; HIDVEGI, Zoltan ; JR. BAILY, Andrew D. ; WHINSTON, Andrew B.: E-Process Design and Assurance Using Model Checking. In: *Computer* 33 (2000), Nr. 10, S. 48–53

[Wit11]   WITT, Sören: *Entwicklung eines an [Men08] angelehnten Transformationskonzeptes von EPKs in das Eingabeformat des Cadence Symbolic Model Verifier*. 2011

[WKL94]   WANG, Chang-Jia ; KOH, Liang-Seng ; LIU, Ming T.: Protocol validation tools as test case generators. In: *7th IFIP WG 6.1 international workshop on Protocol test systems*. London, UK : Chapman & Hall, Ltd., 1994, S. 155–170

[WMS+09]   WOLTER, Christian ; MENZEL, Michael ; SCHAAD, Andreas ; MISELDINE, Philip ; MEINEL, Christoph: Model-driven business process security requirement specification. In: *Journal of Systems Architecture* 55 (2009), Nr. 4, 211–223. http://dx.doi.org/10.1016/j.sysarc.2008.10.002. – DOI 10.1016/j.sysarc.2008.10.002. – ISSN 1383–7621

Literaturverzeichnis

[WSO06] WADA, Hiroshi ; SUZUKI, Junichi ; OBA, Katsuya: Modeling Non-Functional Aspects in Service Oriented Architecture. In: *IEEE International Conference on Services Computing, 2006*. Washington, DC, USA : IEEE Computer Society, 2006, S. 222–229

[XLW08] XU, Ke ; LIU, Ying ; WU, Cheng: BPSL Modeler – Visual Notation Language for Intuitive Business Property Reasoning. In: *Electronic Notes in Theoretical Computer Science* 211 (2008), April, 211–220. http://dx.doi.org/10.1016/j.entcs.2008.04.043. – DOI 10.1016/j.entcs.2008.04.043. – ISSN 15710661

[Yeh82] YEH, Raymond T.: Requirements Analysis - a Management Perspective. In: *Proceedings of the 6th International Computer Software & Applications*, 1982, S. 410–416

[You89] YOURDON, Edward: *Structured Walkthroughs (Yourdon Press Computing Series)*. 4. Auflage. Prentice Hall PTR, 1989

[Yu93] YU, Eric S. K.: Modelling Organizations for Information Systems Requirements Engineering. In: *Requirements Engineering*. Los Alamitos, CA, USA : IEEE Computer Society Press, 1993, S. 34–41

i want morebooks!

Buy your books fast and straightforward online - at one of world's fastest growing online book stores! Environmentally sound due to Print-on-Demand technologies.

Buy your books online at
www.get-morebooks.com

Kaufen Sie Ihre Bücher schnell und unkompliziert online – auf einer der am schnellsten wachsenden Buchhandelsplattformen weltweit! Dank Print-On-Demand umwelt- und ressourcenschonend produziert.

Bücher schneller online kaufen
www.morebooks.de

VDM Verlagsservicegesellschaft mbH
Heinrich-Böcking-Str. 6-8   Telefon: +49 681 3720 174   info@vdm-vsg.de
D - 66121 Saarbrücken   Telefax: +49 681 3720 1749   www.vdm-vsg.de

Printed by Books on Demand GmbH, Norderstedt / Germany